mandelbaum *verlag*

Reihe: Gesellschaft – Entwicklung – Politik (GEP)

Band 20

Mattersburger Kreis für Entwicklungspolitik
an den österreichischen Universitäten
Sensengasse 3, A-1090 Wien
T. +43 1 3174017
www.mattersburgerkreis.at/site/de/publikationen/gep
office@mattersburgerkreis.at

Karin Fischer, Christian Reiner, Cornelia Staritz (Hg.)

GLOBALE WARENKETTEN UND UNGLEICHE ENTWICKLUNG

Arbeit, Kapital, Konsum, Natur

mandelbaum *verlag*

Die Deutsche Bibliothek – CIP-Einheitsaufnahme

Karin Fischer, Christian Reiner, Cornelia Staritz (Hg.)
Globale Warenketten und ungleiche Entwicklung.
Arbeit, Kapital, Konsum, Natur
Mandelbaum 2021
ISBN: 978385476-957-6
0101 deutsche buecherei

1. Auflage 2021

Redaktionelle Betreuung: Clemens Pfeffer, Carola Köhler
Satz: Julia Löw
Umschlaggestaltung: Michael Baiculescu, Clemens Pfeffer
Umschlagfoto: Paul Jarvie, Berthing a Freighter (2020)
Produktionsleitung: Clemens Pfeffer
Druck: Primerate, Budapest

ÖSTERREICHISCHE
ENTWICKLUNGS
ZUSAMMENARBEIT

INHALT

TEIL 3 ARBEIT

TEIL 4 KAPITAL

TEIL 5 NATUR

TEIL 6 KONSUM

TEIL 7 ENTWICKLUNG

1

Karin Fischer, Christian Reiner, Cornelia Staritz

EINLEITUNG: GLOBALE WARENKETTEN UND UNGLEICHE ENTWICKLUNG

Die Produktion von Waren und Dienstleistungen erfolgt zunehmend in komplexen, netzwerkartigen Organisationsformen, die eine Vielzahl von Akteuren und Weltregionen miteinander verbinden. Diese verwickelten Prozesse globaler Wertschöpfung zu untersuchen ist ein lohnendes Forschungsfeld. Mehrere Disziplinen – von Wirtschafts- und Arbeitssoziologie über Wirtschaftsgeografie und die interdisziplinäre Entwicklungsforschung bis hin zur Globalgeschichte – liefern Einsichten, warum und unter welchen Bedingungen Produktion und Arbeit für den Weltmarkt an konkreten Standorten und transnational vernetzt stattfinden.

Die Mainstreamforschung interessiert, wie sich Firmen, Regionen und Länder des Globalen Südens vorteilhaft in globale Warenketten integrieren und ihre Position verbessern können. Kritische Forschung richtet ihren Blick auf ungleiche Machtverhältnisse zwischen den beteiligten Akteuren und fragt danach, wer sich wieviel Wert entlang der Warenkette aneignet.

Die Forschungsergebnisse werden unterschiedlich genutzt. Weltbank, OECD oder die UN-Konferenz für Handel und Entwicklung (UNCTAD) formulieren auf Grundlage von Sektorstudien entwicklungsstrategische Empfehlungen für Firmen und

Regierungen. Die internationale Arbeitsorganisation (ILO) definiert Normen, die für Arbeit in transnationalen Produktionsnetzwerken gelten sollen. Nichtregierungsorganisationen nutzen Analysen, um für menschenwürdige Arbeitsbedingungen und ökologische Standards in globalen Produktionsnetzwerken zu kampagnisieren, und Gewerkschaften setzen Initiativen, sich grenzüberschreitend entlang von Produktionsketten zu organisieren.

Wir geben in der Folge einen Überblick über Struktur, Entstehung und Ausbreitung von globalen Warenketten. Wir diskutieren ihre entwicklungspolitische Relevanz und fragen nach künftigen Herausforderungen, mit Blick auf neuere Entwicklungen wie Digitalisierung und die Covid-19-Pandemie sowie auf wirtschaftspolitische Veränderungen und ökologische Grenzen.

Was sind globale Warenketten?

Globale Warenketten werden meist von transnationalen Konzernen gesteuert und kontrolliert. Die überwiegend in den Zentren der Weltwirtschaft angesiedelten Leitunternehmen (*lead firms*) bestimmen, was, wann, wo und von wem in welcher Menge und Qualität zu liefern ist. Bis in die 1970er Jahre galt das aus den USA stammende Modell des vertikal integrierten und oftmals räumlich konzentrierten Großunternehmens als „*best practice*" für eine profitmaximierende Organisationsweise. Heute konzentrieren sich Leitunternehmen meist auf Kernkompetenzen wie Forschung, Design und Branding. Weniger profitable Produktionsschritte und Dienstleistungsinputs lagern sie räumlich (*offshoring*) und organisatorisch (*outsourcing*) an Zulieferer aus. Als Folge davon unterhalten Unternehmen wie Apple, H&M oder Nike keine eigenen Produktionsstätten (*manufacturers without manufacturing*). Offshoring orientiert sich typischerweise an vergleichsweise niedrigen Arbeits-, Sozial- und Umweltstandards; für Agrarketten sind auch klimatische und naturräumliche Bedingungen von Bedeutung (siehe Kapitel 14 Fischer in diesem Band). Mittlerweile werden technologisch anspruchsvolle und kapitalintensive Prozesse sowie unternehmensbezogene Dienstleistungen ebenfalls an Standorte im Globalen Süden ausgelagert.

Die Computerindustrie ist ein gutes Beispiel für globale Warenketten, denn die weitgehende Standardisierung und Modularisierung der Einzelteile eines PCs oder Mobiltelefons prädestinieren diese Industrie für eine Zerlegung der Wertschöpfungskette und die Zuweisung der jeweiligen Aktivitäten an den dafür vorteilhaftesten Standort (Abbildung 1).

Eine idealtypische Standortkonfiguration eines Apple-iPhone-Produktionsnetzwerkes könnte so aussehen: In den Konzernzentralen in den USA finden technische Forschung, Produktentwicklung und -design statt. Die verbauten Rohstoffe – u.a. Quarzsand, Aluminium, Kupfer, Kobalt, Tantal und Palladium – werden überwiegend in Ländern des Globalen Südens extrahiert, etwa in Chile, Sambia, Peru oder im Kongo (siehe Kapitel 10 Radhuber in diesem Band). Bluetooth- und Wifi-Komponenten werden in Japan hergestellt, ein taiwanesischer Zulieferer sorgt für die Beschleunigungsmesser und Sensoren für die Lagebestimmung. Mikroelektronische Bestandteile werden in Taiwan produziert, die Displays, Speicher- und Anwendungsprozessoren in Korea und die Mobilfunkkomponenten in Deutschland. Zusammengebaut wird das iPhone in chinesischen Fabriken. Danach erfolgt der weltweite Vertrieb über Händler und – im Falle Österreichs nach einem durchschnittlichen Gebrauch von 18 bis 24 Monaten – die Entsorgung. Diese findet zum Teil wiederum im Globalen Süden statt, weil dort Elektroschrott ohne strenge Auflagen abgelagert werden kann. Während Callcenter in Indien oder Chile unterhalten werden, beauftragt Apple für gehobene produktionsbezogene Dienstleistungen wie Rechts-, Steuer- und Finanzberatung Kanzleien in „Global Cities“ wie Tokio, New York, Frankfurt oder London.

Verknüpft man die regionale Verteilung von Standorten mit der Zahl der Beschäftigten und der Höhe der Löhne, tritt die Ungleichheit von Wertaneignung in Form räumlich differenziert anfallender Lohnsummen hervor. Linden et al. (2011) haben für den Apple iPod die Anzahl der Beschäftigten nach Land, Tätigkeit und Löhnen untersucht. In den USA und in China sind etwa gleich viele Menschen involviert. Auf die Beschäftigten in den USA entfallen 70 Prozent der Lohnsumme, auf jene in China nur 2,2 Prozent (Linden et al. 2011: 229f.). Diese Ungleichheit bei den Löhnen korreliert mit den verschiedenen Unternehmensfunktionen in der Warenkette. In den USA sind Händler und Produktentwickler beschäftigt, in China ArbeiterInnen am Fließband.

Abbildung 1: Elemente einer globalen Warenkette – das Beispiel Mobiltelefon

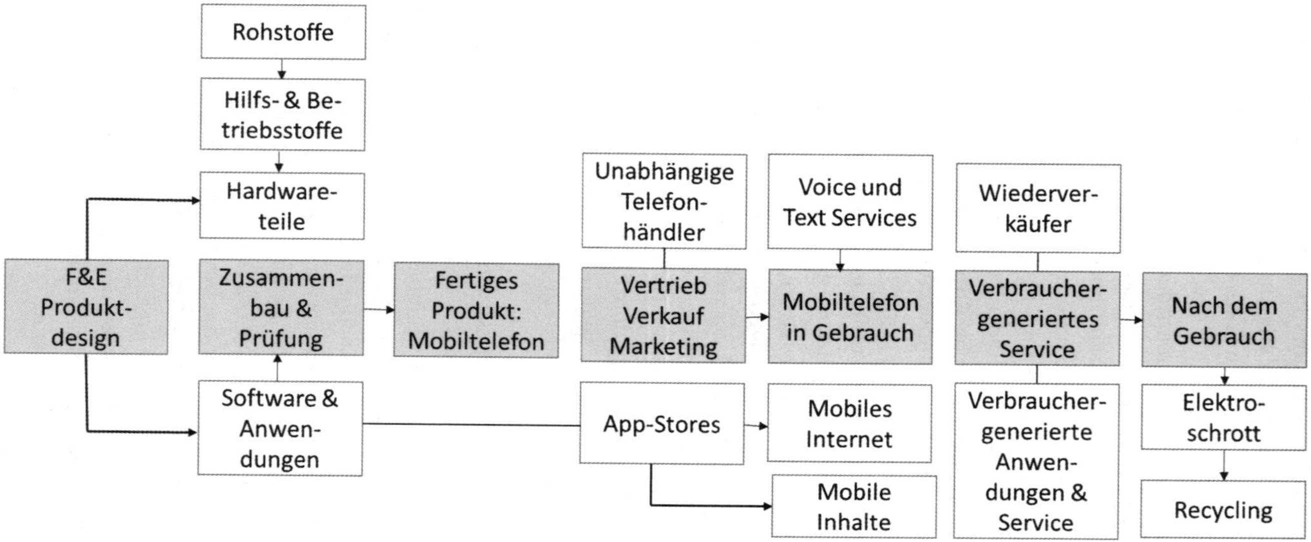

Quelle: eigene Darstellung nach Lee et al. 2013: 3

Abbildung 2 zeigt am Beispiel eines Apple iPhones, wer sich wie viel vom Endverkaufspreis aneignet. Den größten Teil – fast 60 Prozent – eignet sich das Leitunternehmen Apple an, d.h. seine EigentümerInnen und die Beschäftigten in den USA. Dies geschieht zum einen durch Einnahmen aus Patenten und Lizenzen; zum anderen sind Tätigkeiten mit hoher Wertschöpfung wie Entwicklung, Design, Logistik und Marketing an den Unternehmensstandorten in Kalifornien konzentriert. Den zweitgrößten Anteil verbuchen koreanische Zulieferer wie LG und Samsung. Bei den ArbeiterInnen in China verbleiben lediglich 1,8 Prozent des Verkaufspreises. Handelsunternehmen und Supermärkte, an die üblicherweise ein großer Wertanteil entfällt (siehe Kapitel 12 Reiner in diesem Band), tauchen in der Abbildung nicht auf, weil Apple direkt von den Telefongesellschaften, die den Verkauf der Geräte abwickeln, bezahlt wird.

Abbildung 2: Verteilung des Werts beim iPhone

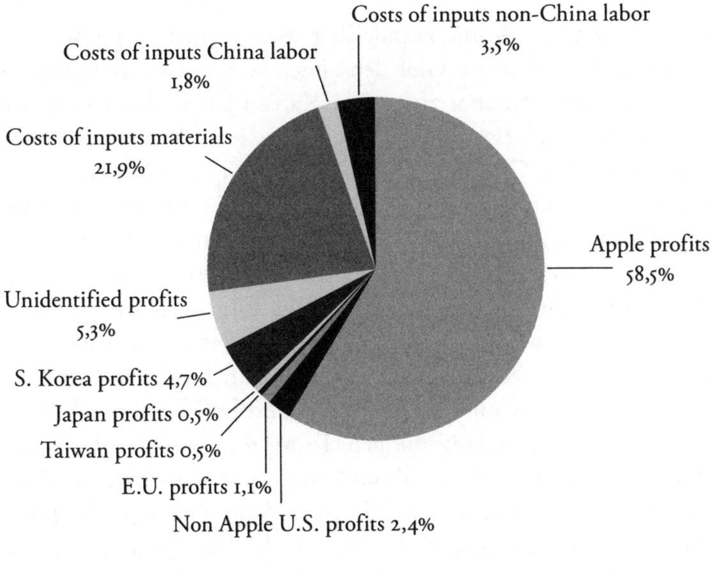

Quelle: Kraemer et al. 2011: 5.
Basis der Berechnung: Bruttogewinn der beteiligten Unternehmen und Lohnsummen

Wie sind globale Warenketten entstanden?

Globale Warenketten sind kein neues Phänomen. Den kolonialen Eroberungen der westeuropäischen Mächte folgten Handelsschiffe, die in die eine Richtung Edelmetalle, Tee, Kaffee, Baumwolle und Zucker, in die andere Richtung versklavte Arbeitskräfte transportierten. Ein Weltmarkt für industrielle und agrarische Massenprodukte entstand aber erst ab den 1970er Jahren.

Den Hintergrund dafür bildete die Profitkrise in Westeuropa und den USA: Industriesektoren, die in den Nachkriegsjahrzehnten der Wachstumsmotor der Wirtschaft gewesen waren, verzeichneten eine sinkende Profitabilität. Das auf Fließband beruhende Produktionsmodell ermöglichte keine hohen Produktivitätszuwachsraten mehr, und aus Unternehmersicht verhinderten regulierte Arbeitsverhältnisse und „zu hohe Löhne" eine flexiblere Produktion. Die Verlagerung industrieller Massenproduktion in sogenannte Billiglohnländer sollte Profite wiederherstellen und gleichzeitig Zonen gewerkschaftlichen Konflikts umgehen. Unternehmen erwarteten nämlich nicht nur hinreichend qualifizierte und billige, sondern auch gewerkschaftlich schwach organisierte Arbeitskräfte im Globalen Süden. Agrar-, Lebensmittel- und Handelskonzerne trieben die großflächige Exportlandwirtschaft im Globalen Süden voran und verlängerten so die Agrarketten (Amanor 2019; siehe Kapitel 5 Langthaler in diesem Band). Fröbel et al. (1978) beschrieben als erste die Verlagerungen der bundesdeutschen Chemie-, Textil-, Automobil- und Maschinenproduktion in die europäische Peripherie, nach Lateinamerika und Asien und prägten dafür den Begriff „Neue Internationale Arbeitsteilung".

Die weltweite Neuverteilung der Standorte (agro-)industrieller Produktion und die netzwerkartige Organisation der Lieferketten wären ohne die rasante Entwicklung der Informations- und Kommunikationstechnologien nicht denkbar. Moderne Transportmöglichkeiten wie Containerschifffahrt und Luftfracht ermöglichen den schnellen und relativ billigen Transport zwischen den unterschiedlichen Standorten der Produktion und Endmontage und den zentralen Verbrauchermärkten. Entscheidend aber sind die politischen Rahmenbedingungen, in denen technische Neuerungen zum Einsatz kommen.

Die internationale Schuldenkrise Anfang der 1980er Jahre und die darauf folgenden Strukturanpassungsprogramme von Weltbank und Internationalem Währungsfonds verpflichteten die Länder des Globalen Südens auf exportorientierte Entwicklungsstrategien. Die Jahrzehnte davor waren von Importsubstitution geprägt und globale Warenketten waren durch Regulierungen – etwa Importzölle – kürzer. Der Washington Consensus legte den verschuldeten Ländern in Lateinamerika und Afrika weitreichende Liberalisierungen auf, z.B. Zollsenkungen, den Abbau von Subventionen und die Aufgabe von Kapitalverkehrskontrollen. Bei dieser entwicklungsstrategischen Wende spielte die „Vorbildwirkung" der asiatischen Tigerstaaten eine wichtige Rolle. VertreterInnen des neoliberalen Washington Consensus priesen deren Exporterfolge, vergaßen dabei allerdings gerne, dass die industrielle Basis der „Tiger" unter den protektionistischen Verhältnissen der Importsubstitution aufgebaut und geopolitisch im Kontext des Kalten Krieges, vor allem von den USA, unterstützt wurde.

Die wirtschaftspolitische Öffnung Indiens und Chinas brauchte keinen externen Druck. Ende der 1970er/Anfang der 1980er Jahre begann die Kommunistische Partei, mit der Errichtung der ersten Sonderwirtschaftszonen die Integration Chinas in globale Warenketten voranzutreiben. Der Zusammenbruch der Sowjetunion erweiterte Anfang der 1990er Jahre noch einmal das weltweite Reservoir potenzieller Arbeitskräfte für Leitunternehmen aus dem Globalen Norden. Die Gründung der Welthandelsorganisation (WTO) im Jahr 1994 und vielzählige bilaterale, regionale und multilaterale Freihandelsabkommen gaben Warenketten einen enormen Schub. Die Liberalisierung der Gütermärkte und des Dienstleistungshandels machen „verlängerte Werkbänke" überhaupt erst profitabel. Solche Abkommen erleichtern den Leitunternehmen etwa durch Zollsenkungen, Investitionsschutz, Regeln für die Vergabe öffentlicher Aufträge und Wettbewerbspolitik das Geschäft (siehe Kapitel 8 Kapeller/Gräbner in diesem Band).

Empirische Relevanz von globalen Warenketten

Die Bedeutung globaler Warenketten hat insbesondere während der 1990er und 2000er Jahre stark zugenommen. Zur statistischen Erfassung werden Güter, die mindestens zweimal eine Grenze überschreiten, dem Handel in globalen Warenketten zugerechnet, während der Rest dem traditionellen Handel entspricht, d.h. ein Endprodukt wird in einem Land produziert und in ein anderes Land exportiert. Laut Weltbank (2020) erreicht der Anteil des Handels in globalen Warenketten am Gesamthandel gegenwärtig ca. 50 Prozent. Seit der Finanz- und Wirtschaftskrise stagniert dieser Wert; er lag 2015 um etwa vier Prozentpunkte unter dem Höchstwert von 52 Prozent im Jahr 2008. Basierend auf anderen statistischen Definitionen beziffert die OECD (2020) den aktuellen Anteil des Warenkettenhandels am Gesamthandel mit 70 Prozent, die UNCTAD (2020) mit 30 Prozent.

Verbunden mit der Bedeutung von globalen Warenketten expandierten weltweit sowohl das Handelsvolumen als auch die ausländischen Direktinvestitionen rascher als die Produktion (UNCTAD 2020). Weiters ist der Handel mit Zwischengütern (*intermediate goods*), die im Gegensatz zu Finalgütern zumindest eine weitere Verarbeitungsstufe durchlaufen, stark angestiegen. Er macht mittlerweile beinahe doppelt so viel wie der Handel mit Endprodukten aus (Carstens 2018). Empirische Daten belegen die große Bedeutung von transnationalen Konzernen für globale Warenketten: Etwa ein Drittel des Welthandels ist *intra-firm trade*, findet also innerhalb der Netze transnationaler Konzerne statt (Lanz/Miroudot 2011); in ca. 80 Prozent des Welthandels sind transnationale Konzerne involviert (UNCTAD 2013).

Länder und Weltregionen in globalen Warenketten

Länder bzw. Ländergruppen sind in unterschiedlicher Intensität und Form in globale Warenketten integriert. Die Integration wird statistisch über die „*Global Value Chain (GVC)*-Partizipationsrate“ erfasst, die aus der Summe von Rückwärtsintegration (*backward GVC integration*) und Vorwärtsintegration (*foreward GVC integration*) besteht. Rückwärtsintegration bezieht sich auf die Verwendung von importierten Zwischengütern für den Export und wird gemessen als Anteil der ausländischen Wertschöpfung in Form von importierten Inputs an den Gesamtexporten eines Landes. Vorwärtsintegration bezieht sich auf die Verwendung der exportierten Güter eines Landes für die Exporte eines anderen Landes; die Messung erfolgt über den Anteil der Exporte eines Landes, der als importierter Input eines anderen Landes in dessen Exporte eingeht (siehe Kapitel 3 Stöllinger in diesem Band).

Abbildung 3 zeigt die GVC-Partizipationsrate für verschiedene Weltregionen und Ländergruppen. *Developed Economies* weisen mit 60 Prozent eine höhere Partizipationsrate auf als *Developing Economies* (56 Prozent) und *Least Developed Countries* (41 Prozent). Nach Weltregionen differenziert weisen „Factory Europe" und „Factory Asia" mit 65 bzw. 61 Prozent die höchsten Partizipationsraten auf. Dies ist vor allem auf deren hohe regionale Integration zurückzuführen. Bei einem durchschnittlichen europäischen Land stammen etwa 65 Prozent der in den Exporten verwendeten importierten Vorleistungen aus einem anderen europäischen Land. In Ostasien und dem Pazifik liegt der Anteil bei 55 Prozent, während Nordamerika (39 Prozent), Lateinamerika und die Karibik (26 Prozent) sowie Subsahara-Afrika (11 Prozent) deutlich geringere Werte und entsprechend geringere regionale Integrationsgrade aufweisen (UNCTAD 2018a).

Die Abbildung zeigt auch, dass Länder mit einer hohen Rückwärtsintegration eine geringere Vorwärtsintegration aufweisen. Die Ursachen dafür sind aber verschieden. Während in den USA und Japan der große Heimmarkt für eine relativ niedrige Rückwärtsintegration und die Wettbewerbsfähigkeit von Technologieprodukten für eine hohe Vorwärtsintegration sorgen, verursacht der geringe Industrialisierungsgrad und die hohe Rohstoffexportquote in Afrika bzw. in den *Least Developed Countries* statistisch betrachtet das gleiche Ergebnis. Generell geht eine sektorale Spezialisierung auf Rohstoffe und Agrarprodukte mit einer hohen Vorwärtsintegration einher, denn diese Güter werden für die Weiterverarbeitung exportiert; hohe Industrie- und Dienstleistungsanteile begünstigen die Rückwärtsintegration, denn es bedarf hier vieler importierter Inputs.

Abbildung 3: GVC-Partizipationsrate, Anteil an den Exporten in Prozent

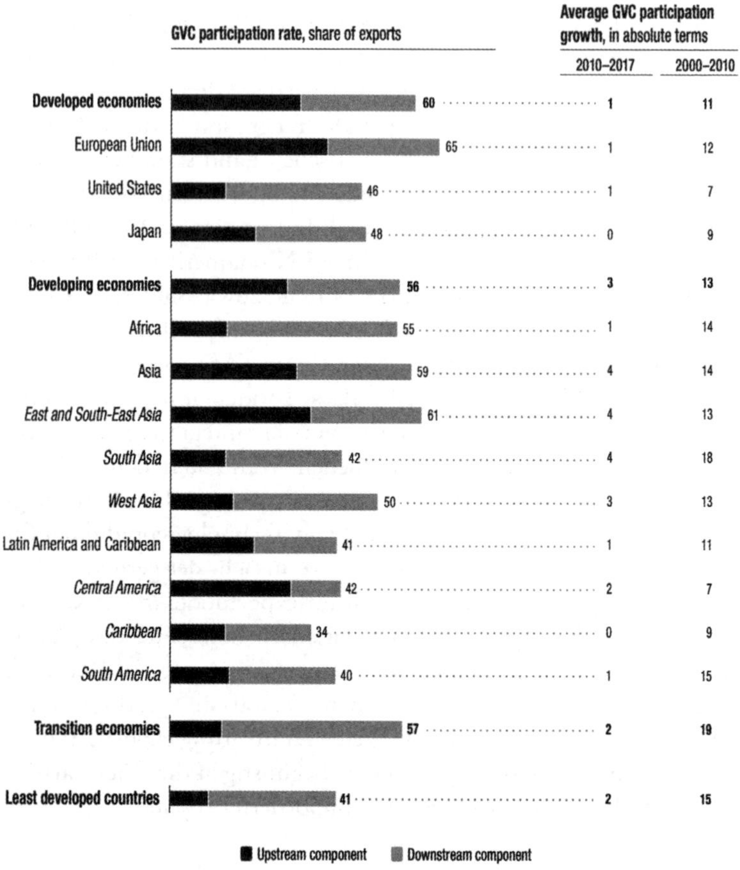

Anmerkung: schwarz = Rückwärtsintegration, grau = Vorwärtsintegration

Quelle: UNCTAD 2018a: 24

Abbildung 4 zeigt die Verteilung der Wertschöpfungsanteile an globalen Warenketten für Industrieprodukte. Demnach hat der Anteil der traditionellen weltwirtschaftlichen Zentren (EU, USA, Japan) von 60 auf 44 Prozent abgenommen, während China seinen Anteil vervierfachen konnte. China ist damit die wichtigste Volkswirtschaft in industriellen Warenketten. Allein auf die EU, USA, Japan, China und Indien entfallen 70 Prozent der globalen Wertschöpfung. Die Gruppe der 47 *Least Developed Countries* ist von diesen Prozessen weitgehend ausgeschlossen: Auf sie entfällt nur etwa ein Prozent der Weltexporte (UNCTAD 2018b).

Abbildung 4: Wertschöpfungsanteile von Ländergruppen bzw. Ländern an globalen Warenketten für industrielle Güter

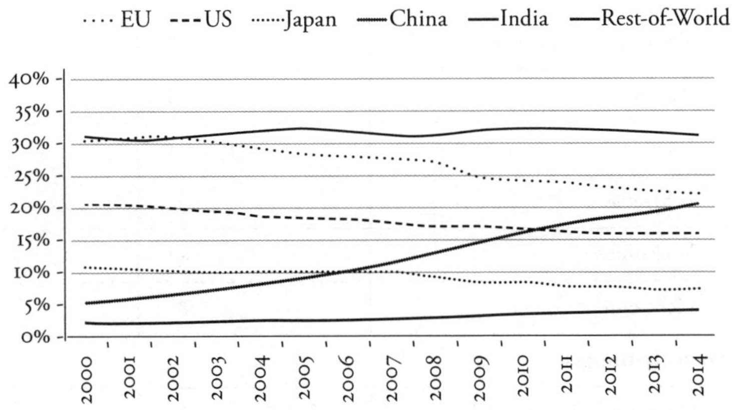

Quelle: https://voxeu.org/article/eu-s-declining-share-global-manufacturing-value-chains, 29.9.2020

Tabelle 1: Kennzahlen von globalen Warenketten differenziert nach Branchen

	Internationalisierungsintensität	
	Bruttoexporte in % des Outputs	Rückwärtsintegration (in %)
Primärer Sektor		
Landwirtschaft	14	12
Extraktive Sektoren	58	7
Industrie		
Lebensmittel und Getränke	35	22
Textil und Bekleidung	78	25
Pharma	48	26
Chemie	52	31
Fahrzeuge	73	34
Maschinen	80	30
Elektronik	82	30
Dienstleistungen		
Groß- und Einzelhandel	8	10
Transport und Logistik	24	17
Finanzdienste	7	7
Unternehmensdienste	15	7
Median	48	22

Quelle: UNCTAD 2020: 132-137

	Geografie der Warenkette		
ndel in Waren- ten in % des samthandels	Anzahl grenz- überschreitender Produktionsstufen	Distanz von der ersten zur finalen Produktionsstufe (km)	Anzahl der Länder, die 80 % der Wertschöpfung der Exporte erbringen
34	1,9	1.484	29
48	1,5	1.402	22
34	2,4	1.971	23
40	2,6	2.278	20
34	1,8	2.433	21
56	2,4	2.911	21
48	2,8	2.789	12
48	2,5	2.457	16
50	2,6	2.990	14
38	1,7	1.083	16
38	1,9	1.935	28
34	1,7	858	18
34	1,5	1.203	16
38	1,9	1.971	20

Die unterschiedliche Rolle von Branchen in globalen Warenketten

Die Expansion globaler Warenketten basiert auf einigen wenigen Branchen. Während die räumliche Verlagerung der Produktion in der Textil- und Lederindustrie bereits in den 1970er und 1980er Jahren stattfand, wurde die Zunahme globaler Warenketten in den 1990er und 2000er Jahren vor allem durch technologieintensive Industrien (Elektronik und optische Erzeugnisse, Fahrzeug- und Maschinenbau) und extraktive Branchen verursacht. Um komplexe Transaktionen in Warenketten abzuwickeln, braucht es Dienstleistungen. Der Anteil des Dienstleistungshandels am Welthandel nahm zwischen 2000 und 2013 von 11 auf 16 Prozent zu (*gross trade*), der Wertschöpfungsanteil der Dienstleistungen am Handel (*trade in value added*) von 21 auf 27 Prozent. Diese Differenz erklärt sich durch die *servicefication* des Industriesektors: Global gestreute Produktion verlangt nach gehobenen produktionsbezogenen Dienstleistungsinputs (technische Dienstleistungen, Finanz- und Versicherungsdienstleistungen, Rechtsdienste etc.), sodass Dienstleistungen über den Sachgüterhandel internationalisiert werden (Raei et al. 2019).

Tabelle 1 beschreibt die Intensität der Einbindung in globale Warenketten sowie die geografische Konfiguration der Ketten für unterschiedliche Branchen. Die Industriebranchen weisen im Durchschnitt die höchste Internationalisierungsintensität auf, gefolgt vom Primär- und Dienstleistungssektor. Bezogen auf die räumliche Konzentration sind Dienstleistungsketten am stärksten konzentriert: Im Durchschnitt werden 80 Prozent der exportbezogenen Wertschöpfung in 17 Ländern erbracht, während die Industrie (20) und der Primärsektor (25,5) eine geringere Konzentration aufweisen. Auf der Ebene einzelner Branchen zeigt die Landwirtschaft die geringste Konzentration: 29 Länder sind für 80 Prozent der exportbezogenen Wertschöpfung verantwortlich. Die Fahrzeugindustrie weist mit 34 Prozent an ausländischem Wertschöpfungsanteil an den Exporten die höchste Rückwärtsintegration aller Branchen auf. Der hohen Fragmentierung der Produktion steht die höchste räumliche Konzentration der Wertschöpfung gegenüber: Nur 12 Länder erbringen 80 Prozent der exportbezogenen Wertschöpfung. Als ebenfalls besonders stark internationalisiert erweist sich die Elektronikindustrie. 82 Prozent des Outputs werden exportiert, und die Distanz zwischen erstem und letztem Produktionsschritt erreicht das Maximum von 2.990 Kilometern.

Entwicklungspolitische Relevanz von globalen Warenketten

Angesichts der Bedeutung von globalen Warenketten und exportorientierten Entwicklungsmodellen in vielen Ländern des Globalen Südens ist die Integration und das Upgrading in globalen Warenketten zu einem zentralen entwicklungspolitischen Ziel geworden. Unter wirtschaftlichem Upgrading wird die Aufwertung von geringwertigen zu höherwertigeren Aktivitäten in einer Warenkette verstanden. Daran knüpft sich die Erwartung, mehr Kompetenzen, bessere Arbeitsplätze und höhere Verkettungseffekte (*linkages*) mit der lokalen Ökonomie zu erzielen. Empirische Studien zu verschiedenen Sektoren und Ländern zeigen, dass die Einbindung in globale Warenketten nicht automatisch zu wirtschaftlichem Upgrading führt. Zulieferfirmen können auch auf geringwertigen oder gering entlohnten Positionen verbleiben oder gar ein Downgrading, eine Verschlechterung ihrer Position, erfahren. Selbst wenn wirtschaftliches Upgrading gelingt, führt dies nicht notwendigerweise zu sozialem Upgrading, d.h. zu einer Verbesserung der Arbeitsbedingungen (siehe Kapitel 6 Flecker und Kapitel 7 Schüßler in diesem Band). Upgrading und die Verteilung von Wert in globalen Warenketten sind umkämpfte Prozesse. Beide sind abhängig vom Sektor und von der Position in Warenketten und nicht ohne Einbeziehung des größeren politischen und sozioökonomischen Kontextes zu erklären. Sie sind immer auch Ergebnis von staatlichen Politiken und sozialen Kämpfen.

Up- und Downgrading-Dynamiken von Firmen, ArbeiterInnen und Regionen lassen sich gut anhand der Entwicklungen in La Laguna (Mexiko), der ehemaligen „Hauptstadt der Jeansproduktion", veranschaulichen. Das Handelsabkommen NAFTA zwischen USA, Kanada und Mexiko begünstigte die Ansiedelung von Zulieferfirmen und führte zu einem Anstieg der Produktion und der Arbeitsplätze im Bekleidungssektor in den 1990er Jahren. Anfangs fand vor allem das arbeitsintensive Nähen in La Laguna statt, bald wurden auch höherwertige Produktionsschritte dorthin verlagert: Die größten Zulieferfirmen waren nunmehr auch für Beschaffung und Finanzierung der Inputs, Färben, Verpacken und Logistik verantwortlich. Das Upgrading hatte auch positive regionale Entwicklungseffekte, wie etwa die Gründung von Textilfabriken, die Fäden oder Stoffe für die Bekleidungsfabriken vor Ort herstellten, sowie von industriellen Waschanlagen und Verteilungszentren. Das Auslaufen des Multifaser-Abkommens im Jahr 2004, das Exporte aus asiatischen Produktionsländern durch Quoten beschränkt hatte, führte dazu, dass Lee, Levi's und andere Leitunternehmen ihre Aufträge verstärkt nach Asien vergaben. Die Folge waren Betriebsschließungen; die Beschäftigung in La Laguna ging zwischen 1999 und 2009 um mehr als 40 Prozent zurück. Die verbleibenden Jobs wurden vor allem von Männern übernommen, Frauen also verdrängt (Bair/Werner 2011; siehe Kapitel 4 Komlosy in diesem Band).

Aber auch in Boomphasen sind Upgrading-Möglichkeiten für ausländische und lokale, für große und kleine Firmen sehr unterschiedlich verteilt. Im Kontext von „Fast Fashion" wälzen Leitunternehmen Kosten und Risiken durch ihre hohen Anforderungen hinsichtlich Qualität, Lieferzeiten und Flexibilität bei gleichzeitig hohem Kostendruck auf Zulieferfirmen ab. Diese geben den Druck in Form flexibler Arbeitszeiten, hoher Arbeitsintensität und unsicherer Verträge an ArbeiterInnen weiter. Auch eine erfolgreiche Performance garantiert den Zulieferern oftmals keine Auftragssicherheit. Noch seltener erfahren ArbeiterInnen ein soziales Upgrading, etwa in Form höherer Löhne oder besserer Arbeitsbedingungen. Wie das Beispiel La Laguna zeigt, können Upgrading-Erfolge von kurzer Dauer sein und von einem Abzug von Investitionen abgelöst werden, wobei der Exportboom in einer anderen für Leitunternehmen vorteilhafteren Region von Neuem beginnt (Plank/Staritz 2015).

Überblicksstudien ermöglichen eine gesamthafte Einschätzung über globale Up- und Downgrading-Prozesse. So hat die UNCTAD (2007) die Entwicklung von 24 Warenketten in den 50 *Least Developed Countries* für den Zeitraum 1995 bis 2005 untersucht. Ihr Ergebnis ist ernüchternd: Nur in sieben Warenketten konnte ein wirtschaftliches Upgrading identifiziert werden, zwölf Warenketten waren aus der Sicht der *Least Developed Countries* mit einem Downgrading verbunden. Die Downgrading-Sektoren verdeutlichen die Rolle dieser Länder in globalen Warenketten: Es handelte sich um Fisch, Obst und Gemüse, Holz- und Lederverarbeitung sowie um gering verarbeitete Rohstoffe wie Baumwolle, Zucker, Kakao oder Kupfer (siehe Kapitel 9 Staritz/Tröster in diesem Band). Eine rezente Analyse des Internationalen Währungsfonds betont die signifikanten Unterschiede zwischen verschiedenen Ländergruppen (Raei et al.

2019): Länder mit hohem und mittleren Einkommen profitieren am meisten von der Integration in globale Warenketten; Niedrigeinkommensländer konnten keine Vorteile lukrieren. Bernhardt und Milberg (2011) zeigen für die Sektoren Bekleidung, Mobiltelefone, agrarische Nahrungsmittel und Tourismus (1990–2009), dass wirtschaftliches und soziales Downgrading in Warenketten nicht untypisch ist.

Zukunft von globalen Warenketten

Wir diskutieren im Folgenden vier zeitgenössische Entwicklungen, die auf die Gestaltung und die Länge von globalen Warenketten Einfluss haben.

Digitalisierung

Wie Digitalisierung auf globale Warenketten wirkt, wird unterschiedlich beurteilt. Einerseits wird argumentiert, dass digitale Technologien die Bedeutung von globalen Warenketten erhöhen, weil es leichter wird, die global verteilte Produktion zu steuern, die Resilienz durch breitere Diversifizierung erhöht werden kann und sich die Teilnahmekosten an globalen Warenketten reduzieren (Antràs 2020). Dieser Perspektive steht die These gegenüber, wonach durch digitale Technologien wie Robotik oder 3-D-Druck niedrige Arbeitskosten relativ an Bedeutung verlieren und Unternehmen die Produktion daher wieder stärker nach Europa bzw. Nordamerika verlagern werden. *Reshoring* und *Nearshoring* würde globales *Offshoring* ersetzen und hätte starke Auswirkungen auf Länder des Globalen Südens, deren „Wettbewerbsvorteil" oft auf billigen, niedrigqualifizierten Arbeitskräften beruhe. Digitale Technologien würden die Eintrittsbarrieren für Firmen erhöhen, weil Infrastruktur- und Qualifikationserfordernisse zunähmen (UNIDO 2020).

Allerdings ist an Produktionsstandorten im Globalen Süden eine nachholende Automatisierung zu beobachten, und angesichts der bestehenden Unterschiede bei den Produktionskosten wird *Offshoring* weiterhin für Kosteneinsparung, Flexibilisierung und Profitsteigerung von Bedeutung sein. Automatisierung hängt auch nicht nur von technischen Kosten- und Risikokalkulationen ab, sondern ist ein politischer und gesellschaftlich umkämpfter Prozess (Butollo 2020).

Wirtschaftspolitische Veränderungen

Der seit der Finanz- und Wirtschaftskrise von 2008/09 zunehmende wirtschaftspolitische Interventionismus sorgt insbesondere durch Handelskonflikte, Desintegrationsprozesse (z.B. Brexit) und einen verstärkten Schutz heimischer Unternehmen vor ausländischen und vor allem chinesischen Übernahmen dafür, dass vonseiten der Wirtschaftspolitik im Globalen Norden keine starken Expansionsimpulse für globale Warenketten ausgehen dürften. Weltwirtschaftlich relevante wirtschaftspolitische Veränderungen finden v.a. auch in China statt. Obwohl China nach der Krise 2008/09 weiter Knotenpunkt globaler Warenketten blieb, könnte der durch steigende Löhne zunehmende Binnenkonsum sowie der politisch forcierte Aufbau eigener Zulieferfirmen und Leitunternehmen dazu führen, dass der Internationalisierungsgrad Chinas abnimmt.

Viele Länder des Globalen Südens verfolgen exportorientierte Entwicklungsmodelle, auch wenn es zunehmend Bemühungen gibt, regionale Märkte und Warenketten zu stärken, wie an der *African Continental Free Trade Area* zu sehen ist. Die historische Rolle als Rohstofflieferanten, eine untergeordnete Position in Warenketten und Freihandelsregime engen die Spielräume ein. Denn die vermehrt protektionistischen Maßnahmen, insbesondere durch die USA, und das Stocken von multilateralen Handelsabkommen im Rahmen der WTO sollten nicht darüber hinwegtäuschen, dass bilaterale und regionale Handels- und Investitionsabkommen auch in den letzten zehn Jahren stark zugenommen haben, vor allem vonseiten der EU. Die Reichweite dieser Abkommen weist über traditionelle Handelspolitik wie Quoten und Zölle hinaus und betrifft Wettbewerbsrecht, öffentliche Beschaffung, Industrie-, Arbeitsmarkt- und Umweltpolitik (Grumiller et al. 2018; siehe Kapitel 15 Staritz/Reiner/Plank in diesem Band).

Klimakrise

Vor dem Hintergrund der sich zuspitzenden globalen Klima- und Umweltkrise könnte und müsste eine ambitionierte Klimapolitik zu einem Bedeutungsverlust von globalen Warenketten beitragen – nicht zuletzt angesichts des hohen Ressourcenverbrauchs in Produktion, Verpackung und Transport (siehe Kapitel 11 Stenmanns/Ouma in diesem Band). Prospektiv könnten steigende Transportkosten globale Produktion verteuern sowie die Einführung von CO_2-Zöllen das Ausnützen von regulatorischen Unterschieden im Bereich der Umweltpolitik durch transnationale Unternehmen erschweren.

Internationale klimapolitische Abkommen sind aber weiterhin sehr schwach und die Stringenz nationaler Politiken variiert. Die Einführung und staatliche Förderung von neuen „grünen" Produkten und (Wachstums-)Märkten könnte auch die Bedeutung von globalen Warenketten erhöhen. Grüne, exportorientierte Wachstumsstrategien spielen nicht nur in der EU und China (z.B. Batterien), sondern auch in einigen Ländern des Globalen Südens eine wichtige Rolle. Gleichzeitig stärkt die Klimakrise die Diskussion über Alternativen. Diese setzen bei Regionalisierung, Kreislaufwirtschaft und fairen Produktionsketten an (siehe Kapitel 16 Ungericht und Kapitel 13 Wenner in diesem Band).

Covid-19-Pandemie

Die Versorgungsengpässe bei Schutzausrüstung, Testmaterialien und Medikamenten haben in vielen Ländern dazu geführt, globale Warenketten und die hohe Abhängigkeit von Asien, insbesondere von China, zu hinterfragen (Gereffi 2020). Die Organisation globaler Warenketten mittels *Offshoring, Outsourcing,* aber auch Prinzipien wie *Just-in-time*-Produktion und *Single Sourcing* stehen dadurch auf dem Prüfstand. Diese Managementtechniken steigern zwar aus Sicht der Leitunternehmen die kurzfristige Effizienz der Warenkette, machen diese aber auch verletzlicher gegenüber Schocks und Unterbrechungen. Alternative Strategien wie erhöhte Lagerhaltung, diversifizierte Zulieferstrukturen und *Reshoring* bzw. *Nearshoring* könnten die Resilienz von Lieferketten erhöhen, führen aber zu steigenden Kosten und geringeren Profiten der Leitunternehmen.

Ihre zentrale Position erlaubt es Leitunternehmen, Kosten und Risiken zu externalisieren – gerade in Krisen. Beispielsweise kündigten oder verschoben Leitunternehmen im Bekleidungssektor Aufträge an Zulieferfirmen infolge von Absatzrückgängen während der Covid-19-Pandemie. In vielen Fällen stoppten sie sogar die Bezahlung für schon hergestellte Produkte. Dies führte zu Fabrikschließungen und Arbeitsplatzverlusten, oft ohne soziale Absicherung, in Produktionsländern wie Bangladesch (Anner 2020).

Die wirtschaftspolitischen Maßnahmen im Rahmen der Covid-19-Krise schließen an wirtschaftspolitische Debatten und Veränderungen seit der Finanz- und Wirtschaftskrise an, bei denen vor allem die Verringerung der Abhängigkeit von China und Asien sowie die Erhöhung der Wettbewerbsfähigkeit bei zentralen hochwertigen und „grünen" Technologien angestrebt wird (Butollo 2020). Rettungspakete in der EU und den USA unterstützen etwa bestimmte nationale Industriesektoren und die Rolle von nationalen Leitunternehmen in globalen Warenketten.

LERNFRAGEN

- Welche Entwicklungen führten zur Ausbreitung von globalen Warenketten?
- Wie sind unterschiedliche Länder bzw. Ländergruppen und Branchen in globale Warenketten eingebunden?
- Was versteht man unter wirtschaftlichem Upgrading bzw. Downgrading? Was sind Beispiele dafür?
- Welche aktuellen politischen und technologischen Entwicklungen beeinflussen die Länge und Organisation von globalen Warenketten? Welche Auswirkungen sind denkbar?

Motivation und Struktur des Buches

Im Jahr 2010 erschien der von uns herausgegebene Band *Globale Güterketten. Weltweite Arbeitsteilung und ungleiche Entwicklung*. Die Publikation etablierte sich als eine wichtige Grundlage für die deutschsprachige Debatte zu globalen Warenketten. Nach nunmehr über zehn Jahren erscheint eine Neubearbeitung angebracht. Konzeptuelle Weiterentwicklungen, neue Forschungsergebnisse und die skizzierten Trends und Krisen unterstreichen die Notwendigkeit, den aktuellen Forschungsstand in systematischer Form in deutscher Sprache zusammenzutragen, kritisch zu reflektieren und für ein breiteres, interessiertes Publikum aufzubereiten.

Weltweite Arbeitsteilung und ungleiche Entwicklung bleiben auch in der Neubearbeitung zentral. Begrifflich haben wir von „Güterkette" auf „Warenkette" gewechselt. Zum einen ist Warenkette im deutschsprachigen Raum üblicher, zum anderen verweist der Begriff Ware in der kritischen Theorie auf die sozialen Verhältnisse von Produktion und Tausch. Unseren Autorinnen und Autoren haben wir die Begriffsverwendung freigestellt. Je nach Perspektive und Disziplin verwenden sie globale Warenkette, Güterkette, Wertschöpfungskette, Profitschöpfungskette oder globales Produktionsnetzwerk. Diese und weitere Konzepte erläutert das anschließende

Theorie-Kapitel. Methoden im Bereich der quantitativen Analyse von Warenketten erhalten in diesem Band einen eigenständigen Platz.

Inhaltlich lassen sich die Beiträge den Kategorien Geschichte, Arbeit, Kapital, Konsum, Natur und Entwicklung zuordnen. Diese Kategorien stehen symbolisch für jeweils differenzierte, aber miteinander verflochtene Perspektiven und Herausforderungen. Im Vergleich zur Publikation von 2010 wird damit insbesondere der sich verschärfenden Klimakrise Rechnung getragen. Die Themen Transport und Regionalisierung werden ebenso unter die Lupe genommen wie Ressourcenkonflikte und die industrielle Agrarproduktion. Die Folgen von Finanzialisierung sowie Spielräume für Industriepolitik sind weitere thematische Neuerungen, die rezente Debatten in Wissenschaft und Politik reflektieren. Die Diskussion über soziales Upgrading in globalen Warenketten wird in Richtung transnationaler Regulierung von Arbeit und Arbeitskämpfe erweitert. Die Aufsätze werden von Exkursen ergänzt, die in Form von Fallbeispielen ausgewählte Aspekte veranschaulichen.

Basisliteratur

Fröbel, Folker/Heinrichs, Jürgen/Kreye, Otto (1978): Die neue internationale Arbeitsteilung: Ursachen, Erscheinungsformen, Auswirkungen. In: Gewerkschaftliche Monatshefte 29 (1), 41-54. https://library.fes.de/gmh/main/pdf-files/gmh/1978/1978-01-a-041.pdf, 29.9.2020.

Bernhardt, Thomas/Milberg, William (2011): Does Economic Upgrading Generate Social Upgrading? Insights from the Horticulture, Apparel, Mobile Phones and Tourism Sectors. Capturing the Gains Working Paper 2011/07, Manchester.

UNCTAD (2020): World Investment Report 2020. Geneva: United Nations Publications.

Literatur

Amanor, Kojo S. (2019): Global Value Chains and Agribusiness in Africa: Upgrading or Capturing Smallholder Production? In: Agrarian South – Journal of Political Economy 8 (1-2), 30-63.

Anner, Marc (2020): Abandoned? The Impact of Covid-19 on Workers and Businesses at the Bottom of Global Garment Supply Chains. Center for Global Workers' Rights Research Report, Pennsylvania State University.

Antràs, Pol (2020): Conceptual Aspects of Global Value Chains. World Bank Policy Research Working Paper 9114. Washington, D.C.: World Bank.

Butollo, Florian (2020): Digitalization and the geographies of production: Towards reshoring or global fragmentation? In: Competition & Change. https://doi.org/10.1177/1024529420918160.

Bair, Jennifer/Werner, Marion (2011): The place of disarticulations: Global commodity production in La Laguna, Mexico. In: Environment and Planning A 43 (5), 998-1015.

Carstens, Agustin (2018): Global market structures and the high price of protectionism, https://www.bis.org/speeches/sp180825.pdf, 30.9.2020

Gereffi, Gary (2020): What does the Covid-19 pandemic teach us about global value chains? The case of medical supplies. In: Journal of International Business Policy (3) 3, 287-301.

Grumiller, Jan/Raza, Werner/Staritz, Cornelia/Tröster, Bernhard/von Arnim, Rudi (2018): The economic and social effects of the Economic Partnership Agreements on selected African countries. ÖFSE Research Report 7. Vienna: ÖFSE.

Kraemer, Kenneth L./Linden, Greg/Dedrick, Jason (2011): Capturing Value in Global Networks: Apple's iPad and iPhone, Mimeo, https://webzoom.freewebs.com/phsworldhistory/AP%20WH%20Unit%20V/Value_iPad_iPhone.pdf, 30.09.2020.

Lanz, Rainer/Miroudot, Sébastien (2011): Intra-Firm Trade: Patterns, Determinants and Policy Implications, OECD Trade Policy Papers 114. Paris: OECD Publishing.

Lee, Joonkoo/Gereffi, Gary/Nathan, Dev (2013): Mobile phones: who benefits in shifting global value chains? Capturing the Gains, Revised Summit Briefing 6.1, Manchester.

Linden, Greg/Dedrick, Jason/Kraemer, Kenneth L. (2011): Innovation and Job Creation in a Global Economy: The Case of Apple's iPod. In: Journal of International Commerce and Economics 3 (1), 223-240.

OECD (2020): Trade policy implications of global value chains. Trade Policy Brief. Paris: OECD.

Plank, Leonhard/Staritz, Cornelia (2015): Global competition, institutional context, and regional production networks: Up- and downgrading experiences in Romania's apparel industry. In: Cambridge Journal of Regions, Economy and Society 8 (3), 421-438.

Raei, Faezeh/Ignatenko, Anna/Mircheva, Borislava (2019): Global Value Chains: What are the Benefits and Why Do Countries Participate? Working Paper No. 19/18. Washington, D.C.: International Monetary Fund.

UNCTAD (2007): The Least Developed Countries Report 2007. Geneva: United Nations Publications.

UNCTAD (2013) World Investment Report 2013. Geneva: United Nations Publications.

UNCTAD (2018a): World Investment Report 2018. Geneva: United Nations Publications.

UNCTAD (2018b): The Least Developed Countries Report 2018. Geneva: United Nations Publications.

World Bank (2020): World Development Report 2020. Trading for Development in the Age of Global Value Chains. Washington, D.C.: World Bank Publications.

Websites mit Publikationen zu Warenketten

The Global Value Chains Initiative an der Duke University: http://www.globalvaluechains.org

Global Value Chains Center an der Duke University: https://gvcc.duke.edu/

IDS/Institute of Development Studies, University of Sussex: https://globalvaluechains.org/organization/institute-development-studies

Internationales Forschungsnetzwerk Capturing the Gains: http://www.capturingthegains.org/

Center on Labour and Global Production (CLGP), Queen Mary, University of London: https://www.qmul.ac.uk/busman/research/research-centres/clgp/

Internationale Arbeitsorganisation (ILO): https://libguides.ilo.org/global-supply-chains-en/home

OECD: https://www.oecd.org/industry/ind/global-value-chains.htm

UNCTAD/UN-Konferenz für Handel & Entwicklung: https://unctad.org/

UNIDO/UN-Organisation für industrielle Entwicklung: https://www.unido.org/resources/publications/publications-type/working-papers/global-value-chains

Weltbank: https://www.worldbank.org/en/topic/global-value-chains

Welthandelsorganisation (WTO) mit Daten zu Trade in Value-Added: https://www.wto.org/english/res_e/statis_e/miwi_e/miwi_e.htm

TEIL 1
GRUNDLEGUNGEN

2

Karin Fischer, Christian Reiner, Cornelia Staritz

GLOBALE WARENKETTEN UND PRODUKTIONSNETZWERKE: KONZEPTE, KRITIK, WEITERENTWICKLUNGEN

Seit den 1990er Jahren hat sich ein interdisziplinäres Forschungsfeld entwickelt, das die strukturellen Veränderungen in der Weltwirtschaft und in der internationalen Arbeitsteilung mit Ketten- oder Netzwerkansätzen analysiert. Ausgangspunkt bildet eine Ware. Es wird gezeigt, welche Stationen die Herstellung einer Ware durchläuft, angefangen bei Forschung, Design, Planung und der Beschaffung von Rohstoffen, über verschiedene Fertigungsprozesse und Dienstleistungsinputs bis hin zum Vertrieb und Marketing, um schließlich beim Endkonsum und der Entsorgung zu enden. Die zentrale Frage ist, welche Akteure wo und wie in der Kette oder im Netzwerk Werte schaffen und wer sich diese Werte aneignet.

Die Forschung über Warenketten und Produktionsnetzwerke baut auf keiner einheitlichen Theorie auf. Stattdessen existieren eine Reihe von Forschungsperspektiven und theoretischen Konzepten, die in der Forschungspraxis miteinander kombiniert werden. Im Laufe der Zeit wurden diese Konzepte verfeinert und um zusätzliche Aspekte erweitert. Das Kapitel stellt zu Beginn vier Forschungsstränge vor, die das Forschungsfeld begründet haben. Anschließend werden kritische Einsprüche dargelegt, die zur Weiterentwicklung des Forschungsparadigmas geführt haben.

Es können vier Stränge von Ketten- und Netzwerkansätzen unterschieden werden (Bair 2005; Hess 2009). In der Tradition der historischen Weltsystemanalyse verwendeten Hopkins und Wallerstein als Erste den Begriff Warenkette (*Commodity Chain,* CC) und definierten diese als „Netzwerk aus Arbeits- und Produktionsprozessen, deren Endergebnis eine fertige Ware ist" (Hopkins/Wallerstein 1986: 159, Ü.d.A.). Ihr Konzept verweist auf die räumlich ungleiche Verteilung von Konkurrenz entlang einer Warenkette und die daraus folgende ungleiche Verteilung der Möglichkeiten, jenen Wert anzueignen, der entlang der Warenkette geschaffen wird. Auf diese Weise strukturieren und reproduzieren Warenketten ungleiche Entwicklung und ein hierarchisches Weltsystem bestehend aus Zentrum, Semiperipherie und Peripherie. Strukturelle Ungleichheiten aufgrund der überlegenen Ressourcen und Macht von Staaten und Unternehmen des Zentrums führen dazu, dass Akteure im Globalen Süden vor allem geringwertige Aufgaben in der Kette übernehmen.

Beeinflusst von Wirtschaftssoziologie und Entwicklungsforschung entwickelten Gary Gereffi und ein Team von SozialwissenschaftlerInnen in den 1990er Jahren ein kohärentes und operationalisierbares Forschungsparadigma. Sie definierten *Global Commodity Chains* (GCC) als „interorganisatorische Netzwerke um eine Ware oder ein Produkt, die Haushalte, Unternehmen und Staaten innerhalb der Weltwirtschaft miteinander verbinden" (Gereffi et al. 1994: 2, Ü.d.A.). Eine GCC weist vier Dimensionen auf: Die (1) Input-Output-Struktur zeigt, dass an jedem Ort und auf jeder räumlichen Ebene bestimmte Inputs und wertschöpfende Aktivitäten erbracht und im Produktionsprozess miteinander verknüpft werden. Die (2) räumliche Dimension veranschaulicht die geografische Konzentration oder Streuung von Produktions- und Vertriebsnetzwerken. Die (3) Governance von Warenketten beschreibt die unternehmerischen Steuerungsmodelle und Machtverhältnisse, die darüber bestimmen, wie finanzielle, materielle und menschliche Ressourcen innerhalb einer Kette eingesetzt werden. Die vierte Dimension bildet (4) das institutionelle Gefüge aus lokalen, nationalen und internationalen Institutionen und Regulierungen (Gereffi 1994).

Der Großteil der im Rahmen dieses Forschungsparadigmas vorgelegten Analysen befasst sich mit der Steuerung von globalen Warenketten und im Speziellen mit der Rolle der Leitunternehmen (*lead firms*), die als die primären *organising agents* des globalen Kapitalismus verstanden werden (Gereffi 1994: 97). Unterschieden wird idealtypisch zwischen zwei Governance-Typen. (1) Leitunternehmen in produzentengesteuerten Ketten (*producer-driven commodity chains*) beziehen ihre Macht aus der Kontrolle über Technologie und Wissen in der Produktion. Dieser Steuerungstypus kommt vor allem in kapitalintensiven Sektoren – beispielsweise im Automobilsektor oder in der Luftfahrtindustrie – vor. Zentrale Produktionsschritte erfolgen meist *in-house*, nur arbeitsintensive Aktivitäten werden an Zulieferfirmen ausgelagert. (2) In käufergesteuerten Ketten (*buyer-driven commodity chains*) kontrollieren *global buyers* räumlich weit gestreute Netzwerke aus Zulieferfirmen, vor allem in arbeitsintensiven Sektoren. Die Leitunternehmen sind in der Regel sogenannte „hohle Konzerne" oder „*manufacturers without factories*". Sie spezialisieren sich auf immaterielle Aktivitäten wie Design, Marketing und Branding sowie den Vertrieb unter ihrem Markennamen. Neben Markenunternehmen, etwa im Bekleidungs-, Sportartikel- und Spielzeugsektor, gehören auch große Einzelhandelsketten zu dieser Art Leitunternehmen. Diese Governance-Typologie wurde später differenziert. Händlergesteuerte Ketten treten zum Beispiel in Rohstoffsektoren auf; bei „bi-polarer" oder „hybrider Governance" kontrollieren mehrere Leitunternehmen unterschiedliche Teile einer Kette (Gibbon et al. 2008).

Im GCC-Ansatz spielt der Begriff des Upgradings eine wichtige Rolle. Unter wirtschaftlichem Upgrading wird die Aufwertung von geringwertigen zu höherwertigeren Aktivitäten in einer Warenkette verstanden, mit der im Allgemeinen ein erfolgreicher Entwicklungspfad von exportorientierten Firmen sowie von lokalen, regionalen und nationalen Ökonomien unterstellt wird. Dahinter steht die Annahme, dass unterschiedliche Positionen in der internationalen Arbeitsteilung in einer hierarchischen Abfolge durchlaufen werden: von einfachen Montagearbeiten hin zu einem komplexeren Bündel an Aktivitäten, die eine höhere Wertschöpfung beinhalten und auch stärkere *linkages* zur lokalen oder regionalen Ökonomie aufweisen (Gereffi/Fernandez-Stark 2016).

Seit der Jahrtausendwende wird der GCC-Ansatz von einer dritten Strömung abgelöst, die mit dem Begriff der globalen Wertschöpfungskette (*Global Value Chain*, GVC) operiert. Unter dem Einfluss der internationalen Unternehmens- und Managementliteratur werden wirtschaftliche Upgrading-Potenziale für Industrien und Unternehmen vor allem im Globalen Süden analysiert (Gereffi et al. 2001). In Übereinstimmung mit diesem Forschungsanliegen hat der GVC-Ansatz neue Typologien im Bereich Governance vorgelegt, weil die Art der Macht- und Kontrollbeziehungen entscheidend ist für die Upgrading-Möglichkeiten, die Akteure aus dem Globalen Süden vorfinden (Humphrey/Schmitz 2002). Die dichotome Kategorie der produzenten- und käufergesteuerten Governance wurde durch fünf Steuerungsformen ersetzt, die der Vielzahl unterschiedlicher Akteursbeziehungen in Warenketten besser gerecht werden sollen. Im Gegensatz zum GCC-Ansatz bezieht sich Governance nicht auf die ganze Kette, sondern auf die Beziehung und Koordination an einem bestimmten Knoten, zumeist zwischen Leitunternehmen und direkten Zulieferfirmen, sowie auf „ketteninterne" Kriterien (Gereffi et al. 2005).

Innerhalb des Kontinuums zwischen (1) hierarchischen und (5) auf reinen Marktbeziehungen beruhenden Steuerungsformen werden drei weitere Idealtypen der Ketten-Governance eingeführt (Abbildung 1). (2) Quasi-hierarchische oder kaptive Governance-Strukturen sind durch ein hohes Maß an Kontrolle durch die Leitunternehmen über die abhängigen Zulieferer geprägt. Sie entstehen vor allem dann, wenn die Kompetenzen der Zulieferer gering sind und diese daher auf die technologische und/oder organisatorische Unterstützung der Leitunternehmen angewiesen sind. (3) Relationale Governance-Strukturen entstehen bei komplexen Interaktionen zwischen Zulieferern und Leitunternehmen, bei denen implizites Wissen (*tacit knowledge*) ausgetauscht werden muss, um das Produkt in der spezifizierten Form arbeitsteilig erzeugen zu können. Der Zulieferer verfügt über hohe Kompetenzen, die komplementär sind zu jenen des Leitunternehmens. Als Folge dieser Konstellation entstehen wechselseitige Abhängigkeiten und symmetrischere Machtbeziehungen. In (4) modularen Governance-Strukturen werden einzelne Produktteile weitgehend unabhängig voneinander gefertigt. Da die Zulieferer aufgrund der modularen Produktarchitektur an viele unterschiedliche Käufer liefern und unabhängig von diesen ihre Produktion organisieren, bestehen hier geringere Abhängigkeiten und Machtasymmetrien zwischen den in der Warenkette verbundenen Unternehmen (Gereffi et al. 2005; zu einer Verbindung vom GCC- und GVC-Governance-Konzept siehe Ponte/Sturgeon 2014).

Abbildung 1: Governance-Modelle in der GVC-Forschung

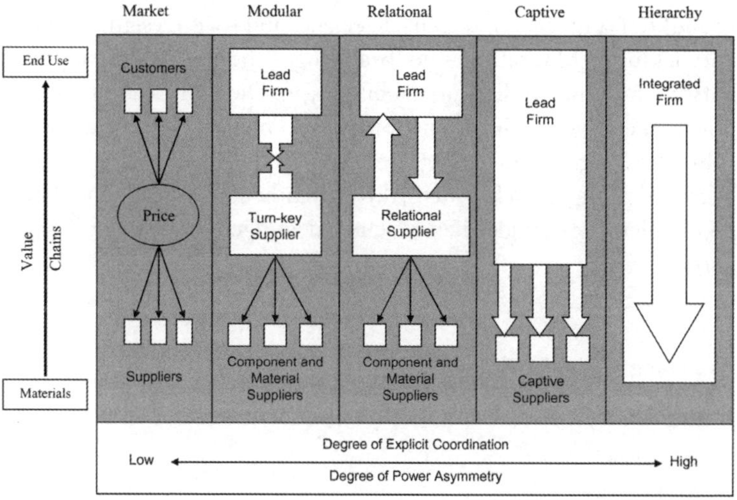

Quelle: Gereffi et al. 2005: 89

Auch im Bereich des wirtschaftlichen Upgradings entwickelte der GVC-Ansatz eine weithin genutzte Typologie (Humphrey/ Schmitz 2002). Im Rahmen von (1) Prozess-Upgrading tragen neue Technologien oder besser organisierte Produktionsprozesse zu Effizienzgewinnen bei. Bei (2) Produkt-Upgrading werden komplexere oder höherwertige Produkte hergestellt. Bei (3) funktionalem Upgrading verbessern Firmen ihre Position, indem sie neue, höherwertige Funktionen entlang der Kette übernehmen. Das kann dadurch geschehen, dass sie Arbeitsschritte wie Logistik oder Design übernehmen oder eigene Vertriebsstrukturen und Marketingabteilungen aufbauen. Zuletzt beschreibt das (4) intersektorale bzw. *inter-chain*-Upgrading, dass die Fähigkeiten, die in einer Kette angeeignet wurden, in einer anderen, höherwertigeren Kette eingesetzt werden. Später wurden weitere Upgrading-Dimensionen identifiziert. Von Bedeutung sind vor allem *end market upgrading*, bei dem vorteilhaftere geografische bzw. höherwertige Produktmärkte bedient werden, sowie *supply chain upgrading*, bei dem vorgelagerte oder nachgelagerte Produktionsschritte in der Wertschöpfungskette übernommen werden (Gereffi/Fernandez-Stark 2016).

Die sogenannte *smile curve* zeigt, dass Aktivitäten, die dem Produktionsprozess vor- oder nachgelagert sind – wie Design, Produktentwicklung, Marketing und Branding – höhere Wertschöpfung aufweisen als die Produktion (Abbildung 2). Diese Aktivitäten werden überwiegend von Leitunternehmen im Globalen Norden durchgeführt. Im Vergleich zu den 1970er Jahren sind die Unterschiede in der Wertschöpfung zwischen den Aktivitäten heute größer – eine Folge nicht zuletzt von ungleichen Machtbeziehungen in globalen Warenketten.

Abbildung 2: „Smile"-Kurve

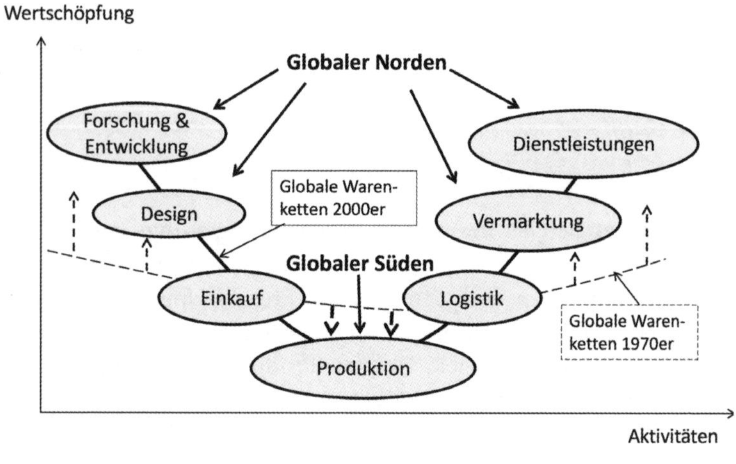

Quelle: eigene Abbildung nach Gereffi/Fernandez-Stark 2016: 14

Als vierter Ansatz ist das aus der Wirtschaftsgeografie stammende Konzept der globalen Produktionsnetzwerke (*Global Production Networks*, GPN) zu nennen (Henderson et al. 2002; Coe/Dicken/Hess 2008). Er entstand in kritischer Auseinandersetzung mit der Forschungspraxis der GCC- und GVC-Analysen. Neben der Kritik, dass diese die räumliche Dimension von Warenketten vernachlässigt hätten, betonen GPN-ForscherInnen zwei wesentliche Unterschiede. Erstens eröffnet der Begriff ‚Netzwerk' eine bessere Annäherung an die komplexen, multiskalaren und dynamischen Beziehungen in globalen Produktionszusammenhängen als die Vorstellung einer ‚Kette', die Produktion und Verteilung als lineare Prozesse erscheinen lassen. Zweitens will der GPN-Ansatz eine auf Unternehmen verengte Forschungsperspektive vermeiden und Akteure wie Staaten, internationale Organisationen, Gewerkschaften, Unternehmensverbände und NGOs sowie die Kontexte, in die Produktionsnetzwerke eingebettet sind, stärker berücksichtigen. Das wird auch im Konzept des *strategic coupling* sichtbar. Aus der Wirtschaftsgeografie kommend und mit Regionalentwicklung befasst, hebt der GPN-Ansatz damit die Bedeutung von (sub-)staatlicher Politik für die regionale Einbettung global orientierter unternehmerischer Tätigkeiten und Upgrading-Prozesse hervor.

Um gesellschaftliche Kontexte zu berücksichtigen, operiert die GPN-Forschung mit den Begriffen (i) Wert, (ii) Macht und (iii) Einbettung (*embededdness*). ‚Wert' wird unterschieden nach Entstehung (*creation*), Erweiterung (*enhancement*) und Aneignung (*capture*). Diese Unterscheidung ist wichtig, da Wert zwar an bestimmten Orten geschaffen und gesteigert, aber an ganz anderen Orten angeeignet werden kann (Henderson et al. 2002: 449). ‚Macht' wird nicht nur als Konzern- oder Unternehmensmacht begriffen. Institutionelle Macht verweist auf die Bedeutung (sub- und supra-)staatlicher Institutionen und internationaler Organisationen; kollektive Macht auf zivilgesellschaftliche Akteure wie Interessenverbände und NGOs. Mit dem Begriff der ‚Einbettung' (*embeddedness*) betont der GPN-Ansatz, dass institutionelle, soziale und kulturelle Kontexte Unternehmensstrategien und -handeln beeinflussen. Er geht damit über den „institutionellen Kontext", wie ihn GCC- und GCV-Ansatz beschrieben haben, hinaus. Kritisiert wird an dem Konzept, dass Einbettung – zumindest implizit – „positiv" im Gegensatz zu „negativen" Marktlogiken gedeutet wird. Dabei ist die Einbettung wirtschaftlicher Tätigkeiten in lokale oder regionale Kontexte genauso von Macht- und Herrschaftsbeziehungen geprägt (McGrath 2018).

Der GPN-Ansatz wurde zu „GPN 2.0" weiterentwickelt. Während der ursprüngliche Ansatz auf eine statische Analyse von Governance-Typologien fokussiert, will GPN 2.0 Dynamiken in Produktionsnetzwerken erklären. Vier Faktoren bestimmen demnach die Strategien von Leitunternehmen: (1) Optimierung des Verhältnisses von Kosten und Kompetenzen (*cost-capability ratios*); (2) Marktentwicklung durch Streben nach Marktdominanz und Zugang zu neuen Märkten; (3) Zugang zu Finanzmitteln und Shareholder-Value-Orientierung sowie (4) Risiken und Unsicherheit in der globalen Ökonomie (Yeung/Coe 2015). Diese Typologie wird kritisiert, weil der enge Fokus auf wenige unabhängige Variablen im Widerspruch zur breiten, nichtlinearen, multifaktoriellen und relationalen Perspektive des ursprünglichen GPN-Ansatzes steht (Neilson et al. 2018).

Konzeptuelle Beschränkungen: Kritik und Weiterentwicklung

Die vorgestellten Ansätze weisen eine Reihe von Beschränkungen auf. Wir diskutieren fünf Aspekte, die aus unserer Sicht besonders relevant sind.

Breites Verständnis von Governance

Im Anschluss an den GPN-Ansatz lässt sich schlussfolgern, dass eine breitere politökonomische Betrachtung von Ketten und Netzwerken wesentlich ist; viele empirische Analysen bleiben aber weiterhin auf die Governance- und Machtbeziehungen zwischen Leitunternehmen und Zulieferfirmen beschränkt. Besonders (sub- und supra-)nationale Institutionen und Regulierungen haben großen Einfluss auf die Geografie und Gestaltung sowie die Verteilung von Wert in globalen Warenketten. Der Staat tritt in vielen Politikfeldern – etwa Handels- und Investitions(schutz)politik, Forschungsförderung, Produktregulierungen und Industriepolitik – als *facilitator* von Kapitalakkumulation in globalen Warenketten in Erscheinung. Der Staat agiert auch als Regulierungsinstanz (*regulator*), indem er bestimmte ökonomische Aktivitäten einschränkt, zum Beispiel im Bereich von Arbeits- und Umweltregulierungen, oder durch besondere Bedingungen für ausländische Firmen. Vielfach unterbelichtet ist die Rolle des Staates als Produzent, besonders in strategischen Sektoren wie der Energiebereitstellung oder Grundstoffindustrie, oder als Konsument durch öffentliche Beschaffung; als solcher stabilisiert er die Nachfrage und fördert neue, strategische Industrien (Horner 2017). Aufgrund seiner grundlegenden Aufgaben fungiert der Staat selbst als

Schauplatz von Klassenkonflikten und anderen sozialen Auseinandersetzungen, auch um die Ausgestaltung von globalen Warenketten, und wird als Spiegelbild der gesellschaftlichen Machtverhältnisse von solchen Konflikten geprägt (Smith 2015; Werner 2020).

Gibbon et al. (2008) machen zudem darauf aufmerksam, dass Governance nicht nur auf „rationalen" Überlegungen und „objektiven" Gegebenheiten beruht, sondern auch diskursive und normative Dimensionen eine Rolle spielen. Entscheidungen des Managements, in der Produktion und beim Konsum werden von gegenseitigen Erwartungen und Konventionen beeinflusst, die diese legitimieren. Solche normativen Kontexte nehmen Einfluss darauf, wie Leitunternehmen die Arbeitsteilung gestalten, welche Anforderungen sie an Zulieferfirmen stellen, welche Qualitäts- und Nachhaltigkeitsstandards verwendet werden und wie sie diese kontrollieren. Eine wichtige Maxime bildet im finanzialisierten Kapitalismus beispielsweise die Shareholder-Value-Orientierung, nach der das übergeordnete Ziel von Unternehmen darin besteht, Gewinne für die EigentümerInnen (AktionärInnen) zu erwirtschaften. Eine solche Praxis ist eng mit Outsourcing, Offshoring, Kostendruck und Risikoabwälzung seitens der Leitunternehmen verbunden. Dallas et al. (2019) schließen hier an und unterscheiden einerseits dyadische und kollektive, andererseits direkte und diffuse Machtformen. Dies führt zu vier idealtypischen Machtkonstellationen: (1) Verhandlungsmacht (dyadisch/direkt), wobei die Warenkettenforschung auf bilaterale Firmenbeziehungen fokussiert; (2) demonstrative (dyadisch/diffus); (3) institutionelle (kollektiv/direkt) und (4) konstitutive (kollektiv/diffus) Macht, die in Ketten oder Netzwerken nebeneinander auftreten können.

Makroebene und ungleiche Entwicklung

Mit dem Begriff des *network essentialism* wird die Tendenz kritisiert, globale Warenketten isoliert und von politökonomischen Kontexten und der Struktur des globalen Kapitalismus abstrahierend zu analysieren (Taylor 2007: 534). Durch die starke Orientierung auf die Mesoebene sektoraler Dynamiken und die Mikroebene des Upgradings einzelner Unternehmen gingen die Systemebene und die kapitalismuskritische Traditionslinie des Weltsystemansatzes in den letzten zwei Jahrzehnten weitgehend verloren. Dabei bewirken Makroprozesse und die strukturellen Eigenschaften des globalen Kapitalismus – wie Wettbewerb, Konzentration, Vermögensverteilung, Finanzialisierung – systemweite Verteilungsdynamiken und (ungleiche) Entwicklung, die auch die Konfiguration von globalen Warenketten prägen (Bair 2005; Werner 2019).

Werden Makroprozesse ausgeklammert, kann ein „Upgrading-Paradox" (Brewer 2011) entstehen: Was für ein Unternehmen oder eine Region sinnvoll ist, muss nicht für alle Firmen oder Regionen gleichzeitig sinnvoll sein. Zulieferfirmen im Globalen Süden sind zum Beispiel auf der einen Seite mit der starken Konzentration der Leitunternehmen konfrontiert, auf der anderen Seite stehen sie einem hohen Wettbewerbsdruck zwischen Zulieferfirmen in Ländern des Globalen Südens gegenüber. Dies kann zu sinkenden Exportpreisen bei gleichzeitig höheren Anforderungen an Zulieferfirmen führen. Generell ist Upgrading ein umkämpfter Prozess, vor allem, wenn es die Übernahme von wertschöpfungs-, wissens- und rentenintensiveren Aktivitäten betrifft, die Leitunternehmen als ihre Kernkompetenzen betrachten. Zulieferfirmen verbleiben oft auf geringwertigen Positionen oder erfahren gar ein Downgrading.

Grundlegender ist zu kritisieren, dass Upgrading oft mit „Entwicklungsfortschritten" gleichgesetzt und entlang eines allgemein gültigen Musters von geringwertigen hin zu höherwertigen Tätigkeiten konzeptualisiert wird. Das entspricht einem linearen Entwicklungsdenken in modernisierungstheoretischer Tradition. Dabei ist der von der Mainstreamforschung skizzierte Entwicklungspfad lediglich einer unter vielen möglichen, die sich aus der Teilnahme an globalen Warenketten ergeben können. Bair und Werner (2011) stellen dem eine auf ungleiche Entwicklung fokussierende Betrachtung entgegen. Die Integration von Akteuren in globale Warenketten sei nur eine Seite der Medaille. Kapitalistische Produktion und Warenketten gingen immer auch mit dem Abzug von Investitionen, Entwertung von Regionen und dem Ausschluss aus Warenketten einher. Es gelte daher, Integration *und* Ausschluss als Erscheinungen desselben Phänomens – der ständigen Produktion und Reproduktion ungleicher Entwicklungsdynamiken im Kapitalismus – zu betrachten.

Arbeit in globalen Warenketten

Ein weiterer Kritikpunkt zielt auf die mangelnde Befassung mit Arbeit, den Arbeitenden und Arbeitskämpfen in globalen Warenketten. Arbeit, so die Kritik, würde nur als Produktionsfaktor behandelt und im Kontext von Offshoring und Lohndifferenzen thematisiert. ArbeiterInnen träten als Akteure so gut wie nie in Erscheinung (Taylor 2007; Selwyn 2013). Zumindest implizit würde angenommen, dass die ArbeiterInnen von einem wirtschaftlichen Upgrading in Gestalt höherer Löhne und besserer Arbeitsbedingungen profitieren würden. Das ähnele dem Trickle-down-Postulat der Modernisierungstheorie, das davon ausgeht, dass wirtschaftliche Wachstumsprozesse quasi automatisch der breiten Bevölkerung zugutekommen.

Die Kritik wurde mit dem Konzept des sozialen Upgradings beantwortet, das unabhängig von wirtschaftlichem Upgrading zu einem eigenen Untersuchungsgegenstand wurde. Basierend auf der *Decent Work Agenda* der Internationalen Arbeitsorganisation (ILO) umfasst soziales Upgrading zum einen Arbeitsnormen, die sich auf materielle Aspekte wie Lohnniveau, Vertragsbedingungen, Arbeitszeiten und Sozialschutz beziehen; zum anderen betreffen sie soziale und politische Rechte wie Vereinigungsfreiheit sowie das Recht, Kollektivverträge auszuhandeln (Barrientos et al. 2011). Von besonderem Interesse ist hier das Verhältnis zwischen wirtschaftlichem und sozialem Upgrading bzw. Downgrading. Untersuchungen zeigen ein gemischtes Bild. Wirtschaftliches Upgrading kann Teilen der Belegschaft Verbesserungen bringen; in anderen Teilen kann es mit erhöhtem Qualitäts- und Flexibilitätsdruck, höherer Beschäftigungsunsicherheit oder Geschlechterungleichheit einhergehen.

Die kritische Entwicklungsforschung monierte, dass die Aussichten auf soziales Upgrading meist an das Verhalten von Unternehmen geknüpft werden und bessere Arbeitsbedingungen und Rechte top down durch das gemeinsame Interesse von Leitunternehmen, Staaten, internationalen und zivilgesellschaftlichen Organisationen zustande kämen. Dadurch würden antagonistische Beziehungen zwischen Arbeit und Kapital ausgeblendet. Soziales Upgrading sollte daher als Bottom-up-Prozess betrachtet werden, der auf Arbeits-, Klassen- und sozialen Kämpfen der ArbeiterInnen und ihren Verbündeten beruht (Selwyn 2013; Werner 2019). In eine ähnliche Richtung gehen die marxistische Arbeitsforschung (*Labour Process Theory*) und die Geografie der Arbeit (*Labour Geography*). Beide verweisen darauf, dass ArbeiterInnen keine machtlosen Subjekte sind, sondern aktiv in die Gestaltung von Warenketten eingreifen (Newsome et al. 2015). Umgekehrt profitiert die meist auf einzelne Betriebe oder Branchen fokussierte Arbeitsforschung von der Ketten- oder Netzwerkperspektive und fordert sie auf, die transnationale Kombination unterschiedlicher Arbeitsverhältnisse zu betrachten (Fischer 2021).

Die globalgeschichtliche und feministische Arbeitsforschung verweist auf die Vielgestaltigkeit von Arbeit, nicht zuletzt, indem sie die un(ter)bezahlter Arbeit von Frauen in privaten Haushalten miteinbezieht (Dunaway 2014). Haushalte sorgen nicht nur für die soziale Reproduktion von Arbeitskräften, sie erbringen auch nicht entlohnte produktive Tätigkeiten (z.B. Frauen, die unbezahlt in der Landwirtschaft mithelfen) und informelle heimbasierte Produktionsarbeit (z.B. in der Textil- und Bekleidungs- oder auch der Elektronikindustrie). Auf diese Weise „verbilligen" sie die Produktion und tragen dazu bei, dass niedrige Löhne überhaupt verkraftet werden können. Die feministische Forschung thematisiert auch Geschlechterverhältnisse und andere Formen der Ungleichheit in der globalen Produktion, etwa beruhend auf „Rasse"/Ethnizität, Herkunft und Religion, die Belegschaften fragmentieren sowie Hierarchien schaffen, die Grundlage für unterschiedliche Entlohnung und Arbeitsbedingungen sind. In Bekleidungsfabriken prägen zum Beispiel soziale und kulturelle Stereotypen und Geschlechterkonstruktionen die Vorstellung von „Frauen-" und „Männerarbeit": Nähen wird als gering qualifizierte „weibliche" Tätigkeit „für flinke Finger" betrachtet, Bügeln dagegen als „männliche" Aufgabe, da sie Körperkraft benötigt (für einen Überblick siehe Sproll 2020).

Wert als unzureichend definiertes und operationalisiertes Konzept

Obwohl die Schaffung (*creation*) und Aneignung (*capture*) von Wert im Zentrum der Warenkettenforschung steht und damit ein Verständnis des Wertbegriffs voraussetzt, fehlt es ihr an operationalisierbaren Konzepten. Der GVC-Ansatz versteht unter Wert primär Wertschöpfung (*value added*). Unter der Wertschöpfung eines Unternehmens versteht man vereinfacht gesagt die Umsatzerlöse minus zugekaufter Vorleistungen. Zur Berechnung werden Marktpreise verwendet. Dieser Zugang findet sich insbesondere in den Statistiken zum Wertschöpfungshandel. Ein der Wertschöpfung verwandtes Konzept ist das Bruttoergebnis (*gross profit*) (Dedrick et al. 2011). Man erhält das Bruttoergebnis, indem man vom Umsatz die Vorleistungen und die Lohneinzelkosten abzieht. Der Vorteil dieser Konzeption von Wert als Wertschöpfung bzw. Bruttoergebnis ist die Anschlussfähigkeit an wirtschaftsstatistische Datenwerke. Der Nachteil besteht darin, dass Marktpreise in vielfacher Weise verzerrt sein können (z.B. wegen Marktmacht oder fehlenden Umweltkosten) und nicht marktförmig erbrachte Leistungen wie unbezahlt geleistete Haus- und Subsistenzarbeit keine Berücksichtigung finden.

Im GPN-Ansatz werden zwei Wertkonzepte verwendet (Henderson et al. 2002): (i) der aus der klassischen Arbeitswertlehre abgeleitete und von Marx entwickelte Mehrwert (Differenz zwischen dem Tauschwert der von den ArbeiterInnen produzierten Güter und dem Tauschwert der Arbeitskraft); (ii) die Theorie der Rente. In der Praxis findet sich beinahe ausschließlich der zweite Zugang. Vereinfacht gesagt versteht man unter einer Rente ein Einkommen, das sich aus der Abwesenheit von Konkurrenz ergibt. Das bekannteste Beispiel ist die Monopolrente: Der Monopolist erzielt einen höheren Gewinn (Rente) als unter Konkurrenzbedingungen. Kaplinsky (1998) unterscheidet zwischen verschiedenen Typen von Rente, wie z.B. politischen Renten (*policy rents*) oder technologischen Renten (*technology rents*). Im ersten Fall reduzieren politische Eingriffe den Wettbewerb, im zweiten Fall kann das Unternehmen durch Innovationen eine temporäre Monopolstellung erlangen. Der Vorteil der Rentenbetrachtung liegt darin, dass unmittelbar sichtbar wird, welche Unternehmen bzw. Regionen eine vorteilhaftere Position in der Warenkette einnehmen. Das Problem bei der Ermittlung von Renten ist zum einen, dass diese erst in einem aufwendigen Prozess berechnet werden müssen. Zum anderen sagen Renten eines Unternehmens nichts über deren Verteilung aus und ob zum Beispiel auch die ArbeiterInnen davon profitieren.

Daneben finden sich in der Literatur auch Zugänge, die nicht versuchen, im engeren Sinn an eine Werttheorie anzuknüpfen, sondern die die allgemeinere Frage stellen, welche Vorteile ein Unternehmen oder eine Region aus der Integration in eine Warenkette zieht. Die Anzahl der Arbeitsplätze oder die Verteilung der Lohnsummen entlang der Kette können dafür ein sinnvoller Indikator sein (Dedrick et al. 2011). Aufgrund der Schwierigkeit, theoretisch anspruchsvollere Konzepte empirisch zu operationalisieren, schlagen Taylor (2007: 537) und McGrath (2018: 512f.) vor, auf eine rechnerische Bestimmung zu verzichten und sich stattdessen den sozialen, politischen und diskursiven Auseinandersetzungen zuzuwenden, die über den ökonomischen Wert von Arbeit geführt werden.

„Ökologisierung" der Warenkettenforschung

Ökologische Fragen spielen in der Warenkettenforschung bislang eine untergeordnete Rolle. Dies ist problematisch angesichts der multiplen Umweltkrisen und weil globale Warenketten neben dem Ressourcenverbrauch in der Produktion auch aufgrund der Transportintensität von Zwischengütern sowie der höheren Abfallvolumina eine sehr schlechte Ökobilanz aufweisen. Weiters haben Warenketten nicht nur problematische soziale, sondern auch ökologische Effekte an den Orten der Ressourcenextraktion und Produktion, die oft miteinander verbunden sind.

Das Thema Ökologie wurde in der Warenkettenforschung bislang vor allem über umweltbezogene Aufwertungsprozesse behandelt (De Marchi et al. 2019). Unter *environmental upgrading* versteht man die Veränderung von Unternehmensaktivitäten mit dem Ziel, den ökologischen Fußabdruck (ein Maß für Umweltbelastung) zu senken. Hierunter fallen etwa Maßnahmen zur Reduktion von Treibhausgasemissionen, die Substitution toxischer Materialien oder Einsparungen beim Wasser- oder Bodenverbrauch. Diese Effekte können durch Prozess-, Produkt- und Organisationsverbesserungen erzielt werden. Dabei kann es auch zu ambivalenten Effekten kommen, etwa wenn eine neue Technologie zwar weniger Wasser verbraucht, dafür aber mehr Strom. Beziehungen zu wirtschaftlichem und sozialem Upgrading sind variabel. Geringerer Ressourcenverbrauch geht oftmals mit Prozess-Upgrading einher, aber wirtschaftliches Upgrading kann auch zu ökologischem Downgrading führen. Ökologische Upgradingprozesse können eine Reaktion auf zivilgesellschaftlichen Druck oder staatliche Regulierung sein, aber auch proaktive Strategien von (Leit-)Unternehmen darstellen, solange dadurch Kosten gesenkt oder neue „grüne" (Wachstums-)Märkte erschlossen werden. Leitunternehmen können ökologische Aufwertungsprozesse befördern und davon profitieren, die dafür notwendigen Investitionen aber auf Zulieferer im Globalen Süden abwälzen oder vom Staat einfordern (Ponte 2019).

Eine politökonomische oder politökologische Konzeptualisierung des Zusammenhangs von Ökologie und Warenketten schlagen Irarrázaval und Bustos-Gallardo (2019) vor. Ausgangspunkt ist der Begriff der *„ecological contradictions"*: Auf der einen Seite ist die Natur, deren biophysikalische Zusammensetzung der Kommodifizierung Grenzen setzt. Auf der anderen Seite stehen die Unternehmen, die ihren Profit aus der Ausbeutung der Natur schlagen. Hierzu wenden

Unternehmen Strategien an, die Natur möglichst genau zu kontrollieren und, wenn nötig, etwa durch gentechnische Eingriffe zu verändern, um die naturbedingten Beschränkungen der kapitalistischen Verwertung zu überwinden. Die durch solche Unternehmensstrategien sich ergebenden Folgen für die räumliche Konfiguration und Steuerung von globalen Warenketten stellen eine wichtige Ergänzung zum Konzept des *ökologischen Upgradings* dar. Die politökologische Perspektive betont, dass es nicht nur um die Auswirkungen von globalen Warenketten auf die Natur geht, sondern dass Natur die materielle Grundlage kapitalistischer Produktionsverhältnisse ist. Macht, Wert und Natur sollen demnach nicht isoliert, sondern gemeinsam konzeptualisiert werden (Campling/Havice 2019).

LERNFRAGEN

- Welche Gemeinsamkeiten und Unterschiede kennzeichnen die vier Kettenansätze, die die Warenkettenforschung begründet haben, hinsichtlich (a) ihrer jeweiligen Stammdisziplin, (b) ihres Analysegegenstands und (c) ihrer intellektuellen Einflüsse? Welches Forschungsinteresse leitet sie jeweils?

- Welche konzeptuellen Beschränkungen weist die Warenkettenforschung auf? Wie antwortet die Forschung darauf?

Resümee

Die Forschung zu globalen Warenketten und Produktionsnetzwerken lässt, indem sie auf Orte und Akteure globaler Produktion und deren Vernetzung fokussiert, die traditionelle Staatszentriertheit in den Sozialwissenschaften hinter sich. Vier Forschungsstränge haben für die Analyse der wechselhaften „Geografie des Profits“ Konzepte entwickelt, die in der Praxis flexibel miteinander kombiniert werden. Unter reger Beteiligung sozial-, wirtschafts- und geisteswissenschaftlicher Disziplinen werden diese diskutiert und weiterentwickelt. Als zentrale Debattenfelder erachten wir die Herausforderung, die Analyse von Warenketten in breitere politische, ökonomische, soziale und kulturelle Kontexte einzubetten, die ökologische Dimension von globaler Produktion einzubeziehen sowie Mechanismen von ungleicher Entwicklung, auch in Hinblick auf Wertschaffung und Wertaneignung, auf den Grund zu gehen.

Basisliteratur

Bair, Jennifer (2005): Global capitalism and commodity chains: looking back, going forward. In: Competition & Change 9 (2), 153-180.

Coe, Neil/Dicken, Peter/Hess, Martin (2008): Global production networks: realizing the potential. In: Journal of Economic Geography 8, 271-295.

Gereffi, Gary/Humphrey, John/Kaplinsky, Raphael/Sturgeon, Timothy J. (2001): Introduction: Globalisation, value chains and development. In: IDS Bulletin 32 (3), 1-8.

Literatur

Bair, Jennifer/Werner, Marion (2011): Commodity chains and the uneven geographies of global capitalism: a disarticulations perspective. In: Environment and Planning A 43 (5), 988-997.

Barrientos, Stephanie/Gereffi, Gary/Rossi, Arianna (2011): Economic and social upgrading in global production networks: A new paradigm for a changing world. In: International Labour Review 150 (3-4), 319-340.

Brewer, Benjamin D. (2011): Global Commodity Chains & World Income Inequalities: The Missing Link of Inequality and the „Upgrading" Paradox. In: Journal of World-Systems Research 17 (2), 308-327.

Campling, Liam/Havice, Elisabeth (2019): Bringing the environment into GVC analysis: antecedents and advances, In: Ponte, Stefano/Gereffi, Gary/Raj-Reichert, Gale (Hg.): Handbook on global value chains. Cheltenham: Edward Elgar, 214-227.

Dallas, Mark/Ponte, Stefan/Sturgeon, Timothy (2019): Power in global value chains. In: Review of International Political Economy 26 (4), 666-694.

De Marchi, Valentina/Di Maria, Eleonora/Krishnan, Aarti/Ponte, Stefano (2019): Environmental upgrading in global value chains. In: Ponte, Stefano/Gereffi, Gary/Raj-Reichert, Gale (Hg.): Handbook on global value chains. Cheltenham: Edward Elgar, 310-323.

Dedrick, Jason/Kraemer, Kenneth L./Linden, Greg (2011): The distribution of value in the mobile phone supply chain. In: Telecommunications Policy 35 (6), 505-521.

Dunaway, Wilma (Hg., 2014): Gendered Commodity Chains: Seeing Women's Work and Households in Global Production. Stanford: Stanford University Press.

Fischer, Karin (2021): Global Labor and Labor Studies – Breaking the Chains. In: Komlosy, Andrea/Musić, Goran (Hg.): Global Commodity Chains and Labor Relations. Leiden: Brill, 361-381.

Gereffi, Gary (1994): The Organization of Buyer-Driven Global Commodity Chains: How U.S. Retailers Shape Overseas Production Networks. In: Gereffi, Gary/Korzeniewicz, Miguel (Hg.): Commodity Chains and Global Capitalism. Westport: Praeger, 95-122.

Gereffi, Gary/Humphrey, John/Sturgeon, Timothy (2005): The governance of global value chains. In: Review of the International Political Economy 12 (1), 78-104.

Gereffi, Gary/Korzeniewicz, Miguel/Korzeniewicz, Roberto P. (1994): Introduction: Global Commodity Chains. In: Gereffi, Gary/Korzeniewicz, Miguel (Hg.): Commodity Chains and Global Capitalism. Westport: Praeger, 1-14.

Gereffi, Gary/Fernandez-Stark, Karina (2016): Global Value Chain Analysis: A Primer. Center on Globalization, Governance & Competitiveness, Duke University, July 2016.

Gibbon, Peter/Bair, Jennifer/Ponte, Stefano (2008): Governing global value chains. In: Economy and Society 37 (3), 315-338.

Henderson, Jeffrey/Dicken, Peter/Hess, Martin/Coe, Neil/Yeung, Henry Wai-chung (2002): Global production networks and the analysis of economic development. In: Review of Political Economy 9 (3), 436-464.

Hess, Martin (2009): Investigating the archipelago economy: chains, networks and the study of uneven development. In: Journal für Entwicklungspolitik 25 (2), 20-37.

Horner, Rory (2017): Beyond facilitator? State roles in global value chains and global production networks. In: Geography Compass 11 (2). https://doi.org/10.1111/gec3.12307.

Humphrey, John/Schmitz, Hubert (2002): How does insertion in global value chains affect upgrading in industrial clusters? In: Regional Studies 36 (9), 1017-1027.

Irarrázaval, Felipe/Bustos-Gallardo, Beatriz (2019): Global salmon networks: unpacking ecological contradictions at the production stage. In: Economic Geography 95 (2), 159-178.

Kaplinsky, Raphael (1998): Globalisation, industrialization and sustainable growth: The pursuit of the nth rent. IDS Discussion Paper 365. https://core.ac.uk/download/pdf/286048627.pdf, 1.10.2020.

McGrath, Siobhan (2018): Dis/articulations and the interrogation of development in GPN research. In: Progress in Human Geography 42, 509-528.

Neilson, Jeffrey/Pritchard, Bill/Fold, Niels/Dwiartama, Angga (2018): Lead firm in the cocoa-chocolate global production network: An assessment of the deductive capabilities of GPN 2.0. In: Economic Geography 94 (4), 400-424.

Newsome, Kirsty/Taylor, Philip/Bair, Jennifer/Rainnie, Al (Hg., 2015): Putting Labour in its Place. Labour Process Analysis and Global Value Chains. London/New York: Palgrave Macmillan.

Ponte, Stefano/Sturgeon, Tim (2014): Explaining Governance in Global Value Chains: A Modular Theory-building Effort. In: Review of International Political Economy 21 (1), 195-223.

Ponte, Stefano (2019): Sustainability, global value chains and green capital accumulation, In: Ponte, Stefano/Gereffi, Gary/Raj-Reichert, Gale (Hg.): Handbook on global value chains. Cheltenham: Edward Elgar, 228-238.

Selwyn, Benjamin (2013): Social Upgrading and Labour in Global Production Networks: A Critique and an Alternative Conception. In: Competition & Change 17 (1), 75-90.

Smith, Adrian (2015): The state, institutional frameworks and the dynamics of capital in global production networks. In: Progress in Human Geography 39 (3), 290-315.

Sproll, Martina (2020): Ungleichheit in globalen Wertschöpfungsketten: Eine intersektionale Perspektive auf soziale Reproduktion. In: Österreichische Zeitschrift für Soziologie 45 (4), 385-401.

Taylor, Marcus (2007): Rethinking the Global Production of Uneven Development, In: Globalizations 4 (4), 529-542.

Werner, Marion (2019): Geographies of production I: Global production and uneven development. In: Progress in Human Geography 43 (5), 948-958.

Yeung, Henry Wai-chung/Coe, Neil (2015): Toward a dynamic theory of global production networks. In: Economic Geography 91 (1), 29-58.

Patrick Neveling

Sonderwirtschaftszonen und globale Warenketten

Sonderwirtschaftszonen (*Special Economic Zones*, SEZs) nehmen entscheidend Einfluss auf die Organisation globaler Warenketten. Weltweit betreiben gegenwärtig 147 Nationalstaaten circa 5.400 solche Zonen. Mit über 100 Millionen ArbeiterInnen sind die Unternehmen in diesen Zonen in vielen dieser Staaten wichtige, teils gar die wichtigsten, ArbeitgeberInnen (UNCTAD 2019). Der Trend zur Gründung immer neuer Sonderwirtschaftszonen ist seit Jahrzehnten trotz zunehmender Konkurrenz untereinander ungebrochen.

Zonen im Stil der zuweilen ebenfalls als SEZs bezeichneten Freihandelshäfen existierten schon in der Antike. Allerdings waren diese ebenso wie die italienischen Freihafenstädte Venedig, Genua und Triest, die nordeuropäischen Hansestädte der frühen Neuzeit und die britischen Häfen in Hongkong und Singapur im 19. Jahrhundert keine Produktionsstandorte, sondern Warenumschlagplätze, die einen Monopolstatus anstrebten. Erst die internationale Verbreitung des Verlagswesens im frühen 20. Jahrhundert veränderte globale Warenketten grundlegend. Insbesondere US-amerikanische Kaufhäuser vergaben Aufträge für Stickereien und andere arbeitsintensive Tätigkeiten in die Kolonie Puerto Rico, nach Irland und Mexiko. In Puerto Rico arbeiteten Ende der 1920er Jahre knapp 100.000 Frauen in kleinen Fabriken und in Heimarbeit Aufträge für Mittelsmänner aus Chicago, Philadelphia und New York ab. Nach dem Zweiten Weltkrieg institutionalisierte die lokale Regierung mit Unterstützung politischer Gremien und der damals weltweit führenden Marketingagentur Arthur D. Little das Modell des Verlagswesens hin zum heute weltweit verbreiteten Outsourcing (Neveling 2017).

Im Zuge einer neuen Politik nachholender Entwicklung über exportorientierte Industrialisierung überzeugte die Regierung Puerto Ricos zunächst insbesondere Konzerne vom US-amerikanischen Festland mit Steuererleichterungen, schlüsselfertigen Fabriken zu geringen Mieten und einer gewerkschaftlich kaum organisierten, auf niedrigem Lohnniveau arbeitenden Bevölkerung zur Verlagerung ihrer Produktion auf die Karibikinsel. Dieses Programm war vordergründig zunächst außerordentlich erfolgreich. Allerdings schufen 500 Fabrikneugründungen bis 1957 nur knapp über 32.000 Arbeitsplätze, zu wenig, um die hohen Arbeitslosenzahlen unter den mehr als eine Million PuertoricanerInnen nachdrücklich zu senken. Vielmehr verhinderte die parallel zur Etablierung des Verlagswesens einsetzende, anhaltende massenhafte Emigration aufs US-Festland die Armuts- und Hungerkatastrophe, die Ökonomen und Politikberater im Sinne der neomalthusschen Bevölkerungstheorien der Nachkriegsjahre heraufbeschworen hatten. Diejenigen EmigrantInnen, die eine Zukunft in den etablierten Standorten der Textil- und Bekleidungsindustrie im Nordosten der USA suchten, fanden sich bald in Konkurrenz mit den neuen Fabriken in ihrer Heimat. Betriebe in Lonsdale (Minnesota) und Nashua (New Hampshire) schlossen oder entließen zehntausende angestammte und neue ArbeiterInnen, weil in den US-Südstaaten und insbesondere in Puerto Rico höhere Profitmargen zu erzielen waren (Chomsky 2008; Neveling 2017).

Diese Ereignisse sind aus drei Gründen bedeutsam für die Position exportorientierter Sonderwirtschaftszonen in den Warenketten des kapitalistischen Weltsystems nach 1945. Erstens unterstreichen sie die Verflechtung von Arbeitsbedingungen und Industriezweigen durch die Etablierung von SEZs. Proteste von Gewerkschaften wie der *International Lady Garment Workers Union* gegen die Produktionsverlagerungen der damals auf dem US-Markt führenden Firma Textron nach Puerto Rico fanden landesweites Medienecho. Die Dokumentation einer Anhörung vor einem Komitee des US-Senats belegt, dass die in den 1970er Jahren richtungsweisende Theorie einer neuen internationalen Arbeitsteilung infolge der Industrialisierung der damaligen „Dritten Welt“ (Fröbel et al. 1977) bereits für die späten 1940er Jahre gültig ist. Damals etablierte sich im US-Nordosten ein Schlüsselmerkmal dieser neuen Arbeitsteilung, nämlich strukturelle Arbeitslosigkeit infolge des Verschwindens eines Kernsektors regionaler Industrialisierung. Am neuen Produktionsstandort der Bekleidungsindustriewarenkette, in Puerto Rico, zeichnete sich ein zweites Schlüsselmerkmal ab: Die Neuansiedlungen, ab den 1950er Jahren auch in der Leichtelektroindustrie, rekrutierten primär junge Frauen für Arbeit in Sweatshops, deren Entlohnung kaum zur Reproduktion der Arbeitskraft oder von Haushalten genügte. Investoren verhinderten Gewerkschaftsaktivitäten mit Hilfe der lokalen Regierung und etablierten erfolgreich extreme Ausbeutungsstrukturen, die in bereits industrialisierten Regionen nicht durchsetzbar waren.

Zweitens zogen die Investoren seit den späten 1950er Jahren weiter, um von noch geringeren Löhnen und neuen Subventionen in neuen Zonen auf den Philippinen, in Singapur und Taiwan sowie den bis heute berüchtigten *maquilas*, die sich ab 1965 zur Produktion unter Sweatshopbedingungen in Nordmexiko ansiedelten, zu profitieren. Eine Ironie der Geschichte ist, dass US-Regierungen der 1950er und 1960er Jahre Puerto Rico offensiv im weltweiten Blockwettstreit mit sozialistischen Staaten gegenüber den vielen nun unabhängigen ehemaligen Kolonien als Erfolgsmodell nachholender Entwicklung und Industrialisierung unter kapitalistischen Wirtschaftsbedingungen anpriesen. Für Puerto Rico war der kurze Boom exportorientierter Entwicklung damit ebenso ein Verhängnis wie Boomphasen späterer Jahrzehnte in Sonderwirtschaftszonen in Mauritius, der Republik Irland, Jamaika oder Nepal. Immer blieben Regierungen nach dem Ende des jeweiligen Booms und der Abwanderung von SEZ-Betrieben in noch gewinnbringendere Zonen – beispielsweise in Bangladesch, Indien oder der Volksrepublik China – auf den Investitionskosten für Industrieinfrastruktur sitzen und mussten zudem die soziale und ökonomische Absicherung der nun ebenfalls strukturell Arbeitslosen bezahlen. Der US-Nordosten und Puerto Rico stehen damit am Anfang des bis heute währenden Phänomens sogenannter *runaway shops*, die den internationalen Wettbewerb um sogenannte Standortvorteile strategisch zu ihren eigenen Vorteilen ausnutzen, ohne eine nachholende Industrialisierung in Gang zu setzen (Neveling 2020).

Drittens beginnt in Puerto Rico ein weltweiter Triumphzug neoliberaler Praxis. Der Epochenbruch zur neoliberalen Globalisierung und deren Auswirkungen auf die Organisation und Verbreitung globaler Warenketten ist nämlich mit der Etablierung von *runaway shops* und einem postfordistischen, globalisierten Verlagswesen Mitte der 1970er Jahre bereits in knapp 80 SEZs vollzogen. Die dann in westlichen Industrienationen eskalierenden Betriebsabwanderungen in den Sektoren Kohle, Stahl und in vielen verarbeitenden Industrien profitieren natürlich auch von der Containerisierung der Frachtindustrie während der 1960er Jahre, sind aber nur aufgrund der Durchsetzung des entwicklungspolitischen Projekts der SEZs zu diesem Zeitpunkt denkbar. Mit der in Wien ansässigen *United Nations Industrial Development Organisation* (UNIDO) übernahm eine auf Druck der blockfreien Staaten gegründete UN-Organisation die Federführung in der weiteren Verbreitung von SEZs, unter anderem in der Volksrepublik China ab 1980 und der Sowjetunion ab 1990. Insbesondere erklärten Weltbank und Internationaler Währungsfonds die Gründung von SEZs zur Voraussetzung von Soforthilfen und Krediten für Strukturanpassungsprogramme.

Der bislang letzte Schritt in der Revolution globaler Warenketten durch SEZs vollzog sich Mitte der 1990er Jahre mit Gründung der Welthandelsorganisation und der sukzessiven Liberalisierung des Weltmarktes über den Abbau von Handelspräferenzen und -beschränkungen. Solche Präferenzen existierten seit den 1930er Jahren und spitzten sich zu, als westliche Staaten über präferenzielle Importquoten im sogenannten Multifaserabkommen (MFA) von 1974 kapitalistische Diktaturen und Regime in Bangladesch, Mauritius und andernorts protegierten. Mit Eintritt in die Welthandelsorganisation in den 2000er Jahren öffneten sich für die VR China, Vietnam, Kambodscha und Laos die Türen zum Weltmarkt. Immer mehr Unternehmen verlagerten kleinteilig Produktionsschritte. Globale Produktionsnetzwerke entstanden, beispielsweise wenn aus Luxusgütern wie Laptops und Mobiltelefonen Massenprodukte wurden. Samsung, Foxconn, Li & Fung, die Crystal Group, Hyundai und viele andere Unternehmen aus Ostasien haben inzwischen Schnittstellen oder ganze Netzwerke übernommen und agieren dabei oft in Joint Ventures mit Konzernen in SEZs. Dass die Zonen wegen extrem ausbeutender Arbeitsbedingungen regelmäßig in der öffentlichen Kritik stehen, zuletzt beispielsweise nach dem Einsturz des Rana-Plaza-Gebäudes in Bangladesch im Jahr 2013, verhindert die weitere weltweite Verbreitung leider nicht. Vielmehr wettstreiten auch afrikanische Staaten, mit Äthiopien an der Spitze, um InvestorInnen aus Indien, China, der Türkei, aus Westeuropa und den USA.

Literatur

Chomsky, Aviva (2008): Linked Labor Histories. New England, Colombia, and the Making of a Global Working Class. Durham: Duke University Press.

Fröbel, Folker/Heinrichs, Jürgen/Kreye, Otto (1977): Die neue internationale Arbeitsteilung. Strukturelle Arbeitslosigkeit in den Industrieländern und die Industrialisierung der Entwicklungsländer. Reinbek bei Hamburg: Rowohlt.

Neveling, Patrick (2017): The Global Spread of Export Processing Zones, and the 1970s as a Decade of Consolidation. In: Andresen, Knut/Müller, Stefan (Hg.): Contesting Deregulation. Debates, Practices and Developments in the West since the 1970s. New York: Berghahn, 23-40.

Neveling, Patrick (2020): The Political Economy of Special Economic Zones. Pasts, Presents, Futures. In: Oqubay, Arkebe/Lin, Justin Yifu (Hg.): The Oxford Handbook of Industrial Hubs and Economic Development. Oxford: Oxford University Press, 150-165.

UNCTAD (2019): World Investment Report. Special Economic Zones. New York: United Nations.

3

Roman Stöllinger

Globale Wertschöpfungsketten: Quantitative Methoden und empirische Ergebnisse

Einleitung

Die Globalisierung der 1990er Jahre machte globale Wertschöpfungsketten (*Global Value Chains* – GVCs) zu einem der prägenden Merkmale des Welthandels. Wertschöpfungsketten werden in diesem Beitrag als Sequenzen von produktiven (also wertschaffenden) Aktivitäten, an deren Ende der Verbrauch steht, verstanden (Sturgeon 2001). Wertschöpfung ist den hier dargelegten Methoden und Statistiken entsprechend definiert als Differenz zwischen dem erzielten Marktpreis des produzierten Produkts (=Produktionswert) und den zugekauften Vorleistungen von anderen Unternehmen. Globale Wertschöpfungsketten implizieren, dass die für die Herstellung eines Produkts erforderlichen Produktionsschritte auf unterschiedliche Standorte – regional oder weltweit – verteilt sind. Man spricht in diesem Zusammenhang von der geografischen Fragmentierung des Produktionsprozesses (Jones/Kierzkowski 1990; Jones/Kierzkowski 2001).

Hinter dem Entstehen globaler Wertschöpfungsketten steht eine Reihe ineinandergreifender Faktoren. Dazu zählen zum einen *politische Entwicklungen* wie der Abbau von Handelshemmnissen (z.B. Importzölle), insbesondere die Öffnung vieler Länder für ausländische Direktinvestitionen, und zum anderen der *technolo-*

gische Fortschritt, der zu einem Rückgang der Kosten im Transport (z.B. Containerschiffe) und in der Kommunikation (etwa durch das Internet) führte (Hillberry 2011). Eine zentrale Rolle kommt transnationalen Unternehmen (*Transnational Companies* – TNCs) zu, deren Produktionsauslagerungen die Herausbildung globaler Wertschöpfungsketten begünstigt haben. Diese Auslagerungen können in Form der Gründung eines Tochterunternehmens erfolgen oder durch Auftragsfertigung, die von (rechtlich) unabhängigen, ausländischen Unternehmen übernommen wird. Wichtig zu erwähnen ist, dass diese neue Form der Organisation des Produktionsprozesses durch die politischen und technologischen Entwicklungen ermöglicht, jedoch erst durch die bestehenden Lohnunterschiede zwischen den Ländern profitabel wurden (Baldwin 2013).

Während TNCs durch den Aufbau von GVCs, der anfangs vor allem in der Auslagerung der arbeitsintensiven Teile des Produktionsprozesses in „Billiglohnländer" bestand, Effizienzgewinne lukrieren konnten, boten die Auslagerungen für einige Volkswirtschaften (wie z.B. China oder Vietnam) die Chance auf zusätzliche Investitionen und die Schaffung von Arbeitsplätzen. Insbesondere konnten Arbeitsplätze in Wirtschaftsbereichen geschaffen werden, deren Ankurbelung für viele Länder aufgrund der fehlenden Technologie und Fähigkeiten äußerst schwierig bis unmöglich war. Ein Beispiel ist die Elektroindustrie, die ein wichtiges Standbein für eine Reihe von südostasiatischen Ländern geworden ist. Das Einstiegstor für de facto alle Länder in diese Industrie stellten arbeitsintensive Segmente des Produktionsprozesses dar. Auf globaler Ebene führte die räumliche Auslagerung (*offshoring*) von Wertschöpfungsstufen durch TNCs zu einer markanten Verschiebung der Produktions- und Handelsanteile. China ist dabei sicher das prominenteste Beispiel, wenngleich bei Weitem nicht das einzige. Auch eine Reihe anderer Länder wie z.B. Indien, Brasilien, Indonesien, Thailand, Mexiko und die Türkei haben den Sprung in die Liste der 20 wichtigsten Sachgüterexporteure geschafft (OECD 2013).

Globale Wertschöpfungsketten haben das Welthandelssystem aber auch strukturell verändert. Insbesondere kam es zu einem Anstieg im Handel mit Zwischenprodukten. Das sind Güter, die nicht dem Endverbrauch, sondern zur weiteren Verwendung im Produktionsprozess dienen. Zu ihnen zählen neben Rohstoffen und Halbfertigprodukten auch Produktteile und Komponenten. Ein wachsender Anteil der Zwischenprodukte an den weltweiten Exporten und Importen impliziert, dass die internationale Arbeitsteilung nicht mehr vorrangig aus einem Austausch von Endprodukten besteht; er verdeutlicht die verstärkte geografische Fragmentierung der Produktionsprozesse. Ergänzt wird dieses komplexe System aus Handelsströmen von Investitionsströmen, die für den Aufbau oder den Kauf von Produktionskapazitäten im Ausland erforderlich sind. Bereits 1995 lag der Anteil des weltweiten Handels mit Zwischenprodukten mit 60 Prozent sehr hoch und stieg bis zur Finanzkrise 2007/08 weiter auf 64 Prozent an (Abbildung 1). Obwohl sich der Handel mit Zwischenprodukten relativ rasch von der Krise erholte, ist die Zunahme an den Gesamtexporten – auf hohem Niveau – vorerst zum Erliegen gekommen; 2018 lag der Anteil bei 62 Prozent.

Abbildung 1: Anteil der Zwischenprodukte am Welthandel

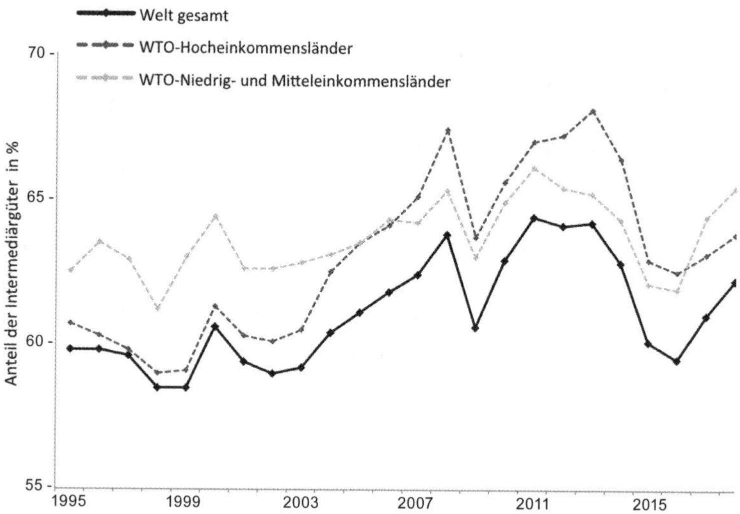

Anmerkung: Berechnungen exkludieren Benzin und nicht klassifizierte Güter. Basierend auf der Kategorisierung von Gütern nach ökonomischer Verwendung (BEC). Welthandel ermittelt als Summe von (Exporte + Importe) / 2.

Quelle: UN Comtrade (Download via WITS-Datenportal); eigene Berechnungen

Eine unmittelbare Folge der gewachsenen Bedeutung von Zwischenprodukten ist, dass die herkömmlichen Handelsstatistiken, die auf Basis der Exportpreise der Güter erstellt werden und sogenannte Bruttoexporte darstellen, nur mehr bedingt Auskunft darüber geben, wie hoch der Anteil der inländischen Wertschöpfung an den Exporten eines Landes ist. Denn ein beträchtlicher Teil des Produktions- bzw. Exportwertes eines Gutes ist auf den Import von Zwischenprodukten zurückzuführen. Beispielsweise stammt etwa ein Drittel der österreichischen Exporte aus importierten Vorprodukten (Stehrer/Stöllinger 2013). Um globale Wertschöpfungsketten und die Position einzelner Länder im globalen Produktionsprozess zu verstehen, ist es daher erforderlich, über konventionelle Handelsstatistiken hinauszugehen und den Weg der in Handelsströmen enthaltenen Wertschöpfung nachzuverfolgen. Dies erfordert die Analyse des internationalen Handels auf Basis der generierten Wertschöpfung oder kurz des Wertschöpfungshandels. Der Wertschöpfungshandel unterscheidet sich demnach von den auf Basis der Produktionswerte erfassten Bruttoexporte dadurch, dass enthaltene Vorleistungen herausgerechnet werden und somit allein auf die von einer Industrie bzw. einem Land erbrachte Wertschöpfung abgestellt wird.

Eine Methode für eine solche Analyse besteht darin, detaillierte Fallstudien einzelner Produkte vorzunehmen und auf Basis von Unternehmensbefragungen die Bezugsquellen ihrer Zulieferprodukte zu eruieren. Fallstudien über den Wertschöpfungsprozess von komplexen Produkten wie dem iPod haben maßgeblich dazu beigetragen, globale Wertschöpfungsketten besser zu verstehen (Dedrick et al. 2010). Ein einschränkender Faktor bei Fallstudien dieser Art ist allerdings das Problem der externen Validität. Damit ist gemeint, dass die Ergebnisse der Untersuchung eines Produkts – etwa, dass China nur etwa 2 Prozent der Wertschöpfung eines iPods erwirtschaftet (ebd.) – sich nicht auf andere Produkte und Branchen in China übertragen lassen, geschweige denn auf andere Länder (Timmer et al. 2014).

Eine alternative Methode zu Fallstudien besteht in der Verwendung von internationalen Input-Output(IO)-Tabellen. IO-Tabellen versuchen die Produktion und Nachfrage einer gesamten Volkswirtschaft sowie die Verflechtungen zwischen den einzelnen Industrien darzustellen. Internationale IO-Tabellen sind eine Erweiterung nationaler IO-Tabellen, in denen auch die Importe und Exporte detailliert erfasst sind. Der Vorteil einer solchen Analyse besteht in ihrer Vollständigkeit, die jedoch auf Kosten des Detailgrades, mit der einzelne Wertschöpfungsketten untersucht werden können, geht. So ist es mit dem IO-Ansatz zwar möglich, die Produktionsverflechtungen der chinesischen Elektroindustrie zu identifizieren, aber es lassen sich keine Aussagen über die Produktion des iPods oder eines Apple-Computers tätigen. Ebenso wenig lassen sich mit internationalen IO-Tabellen die ökonomischen Machtverhältnisse zwischen den Teilnehmern einer GVC ausreichend erfassen. Darüber hinaus ist anzumerken, dass für die unterschiedlichen Typen von Unternehmen innerhalb einer Industrie mangels firmenspezifischer Informationen dieselben Zukaufs- und Liefermuster angenommen werden müssen. Diese Annahme ist erwiesenermaßen eine grobe Vereinfachung, da große Unternehmen und vor allem ausländische Tochtergesellschaften von TNCs höhere Export- und Importneigungen aufweisen (World Bank/World Trade Organization 2019). Deshalb gibt es Bemühungen, internationale IO-Tabellen zu entwickeln, die gesonderte Zukaufs- und Liefermuster für inländische Unternehmen und Tochterunternehmen von TNCs beinhalten. Mit der Erstellung der Analytical AMNE Database (http://www.oecd.org/sti/ind/analytical-AMNE-database.htm) hat die OECD einen ersten Schritt in diese Richtung gemacht.

Schließlich muss erwähnt werden, dass trotz aller Fortschritte in der Konstruktion von internationalen IO-Tabellen die Verfügbarkeit der erforderlichen Daten für Niedrigeinkommensländer äußerst beschränkt ist. Daher ist diese Ländergruppe in allen internationalen IO-Tabellen stark unterrepräsentiert oder überhaupt nicht vertreten. So ist etwa in keiner der beiden am häufigsten verwendeten internationalen IO-Tabellen – WIOD und OECD-ICIO-Datenbank – ein *least developed country* vertreten. Entwicklungspolitische Schlussfolgerungen für diese Ländergruppe sollten deshalb nur unter sorgfältiger Berücksichtigung der Datenlage gezogen werden. Aus diesem Grund wird in den folgenden Statistiken und Erörterungen primär zwischen „Hocheinkommensländern" (wie z.B. USA, Deutschland) und „Mitteleinkommensländern" (wie z.B. China, Indien) unterschieden. Diese Klassifikation beruht auf einer Zuordnung der in den IO-Tabellen verfügbaren Länder zu zwei Gruppen mit unterschiedlichen wirtschaftlichen Entwicklungsniveaus.[1]

Gewahr dieser Einschränkungen gibt dieses Kapitel einen Einblick in die Analyse von globalen Wertschöpfungsketten mittels internationaler IO-Tabellen. Am Ende des Beitrags werden Implikationen für entwicklungspolitische Fragestellungen aufgezeigt und Grenzen der Aussagefähigkeit dieser quantitativen Analyse von GVCs erörtert.

Die Erfassung des globalen Wertschöpfungshandels mit Input-Output-Methoden

Allgemeines

Die Zunahme des Handels mit Zwischenprodukten ist ein Beleg für die steigende Bedeutung von GVCs. Allerdings wird die Aussagekraft dieses Maßes dadurch eingeschränkt, dass die Exporte gemäß der traditionellen Handelsstatistik als Bruttoexporte erfasst werden. Dieses Bruttoprinzip, dem alle offiziellen Handelsstatistiken folgen, bedeutet, dass es durch den Handel mit Zwischenprodukten zu Doppelzählungen kommt, insbesondere auf globaler, aber mitunter auch auf nationaler Ebene.

Ein einfaches Beispiel soll dies verdeutlichen (Abbildung 2). Ein französischer Autokonzern lässt einen Teil der Endfertigung seiner Autos von einer Tochtergesellschaft in Marokko vornehmen. Dazu liefert er Autoteile und Komponenten wie Motoren und Steuerungstechnik (Inputs) im Wert von 300 EUR nach Marokko (Handelsstrom eins). Zusätzliche Inputs kommen aus Japan (Handelsstrom zwei). Durch die Fertigung in Marokko werden 100 EUR an Wertschöpfung generiert. Im Anschluss werden die fertigen Autos zurück nach Frankreich exportiert (Handelsstrom drei). Schlussendlich wird das Auto aber nicht in Frankreich, sondern in einem anderen EU-Land an einen Endabnehmer verkauft (Handelsstrom 4). In den Handelsstatistiken werden alle diese Transaktionen in ihrem Gesamtwert erfasst, in Summe 1.400 EUR (siehe Tabelle in Abbildung 2).

Abbildung 2: Bruttoexporte vs. Wertschöpfungsexporte: Beispiel französische Autoproduktion

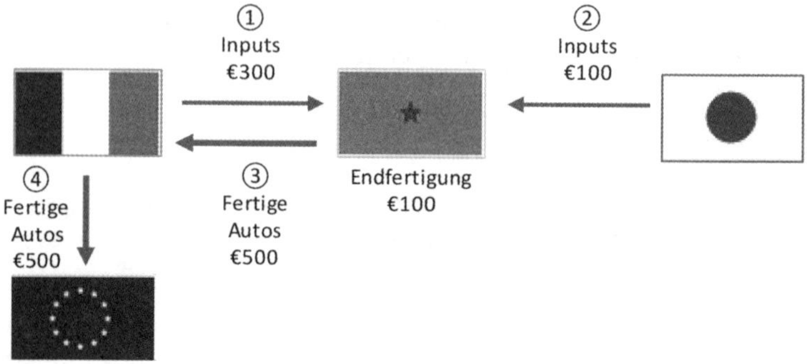

		Bruttoexporte	Wertschöpfungsexporte
Frankreich	①	300	300
	④	500	0
Japan	②	100	100
Marokko	③	500	100
Gesamt		1400	500

Anmerkung: Es wird angenommen, dass die Inputs zur Gänze in Frankreich bzw. Japan produziert werden.

Quelle: eigene Darstellung

Dabei kommt es allerdings zu erheblichen Doppelzählungen. Zum einen enthält der marokkanische Export tatsächlich nur 100 EUR an inländischer Wertschöpfung; der Rest (400 EUR) sind importierte Vorleistungen. Ebenso stellt der französische Export der (zuvor aus Marokko re-importierten) Autos in die EU eine Doppelzählung dar. Geht man davon aus, dass nach dem Re-Import aus Marokko keine weitere Veränderung erfolgt, so stellt der gesamte Export an die EU eine Doppelzählung dar. Dieser Export beinhaltet 300 EUR an französischer Wertschöpfung. Diese ist jedoch schon im Export nach Marokko berücksichtigt. Die verbleibenden 200 EUR stellen ausländische Wertschöpfung dar, die in dem französischen Export enthalten ist. Wie die Abbildung zeigt, ergibt die Berechnung der Handelsströme auf *Wertschöpfungsbasis* eine Summe von lediglich 500 EUR. Hervorzuheben ist auch, dass der Anteil Marokkos in diesem stilisierten Produktionsprozess auf Wertschöpfungsbasis nur ein Fünftel (100/500) der gesamten Wertschöpfung beträgt, während dem Land nach der konventionellen Berechnung nach dem Bruttoprinzip ca. ein Drittel (500/1400) der kumulierten Exportbeträge zugerechnet werden würden.

Dieses Beispiel verdeutlicht drei wesentliche Aspekte. Erstens treten bei konventionellen Handelsstatistiken Doppelzählungen auf, die umso wichtiger werden, je komplexer die Handelsbeziehungen sind. Zweitens spiegelt die Höhe der Exportströme nur bedingt die Wertschöpfungsanteile der Handelspartner im Produktionsprozess wider. Drittens sind für das Verstehen von globalen Wertschöpfungsketten auch die einzelnen Handelsverschränkungen von Interesse, etwa die 100 EUR an marokkanischer Wertschöpfung, die in dem Export Frankreichs an die EU enthalten sind. Die herkömmlichen Handelsstatistiken können weder das Problem der Doppelzählungen beseitigen noch den Wertschöpfungsanteil der Handelspartner korrekt wiedergeben (Zaclicever et al. 2017). Genauso wenig ist es möglich, die Handelsverschränkungen in globalen Wertschöpfungsketten zu identifizieren. Internationale IO-Tabellen und die dazugehörigen IO-Methoden können hier Abhilfe schaffen.

Grundlegende Systematik von internationalen Input-Output-Tabellen

Eine internationale und weltweite IO-Tabelle besteht de facto aus einer Reihe von nationalen IO-Tabellen. Eine IO-Tabelle ist eine umfassende Zusammenfassung aller Transaktionen zwischen allen Industrien und EndverbraucherInnen in einer Volkswirtschaft. Der große Mehrwert einer internationalen IO-Tabelle ist, dass die nationalen IO-Tabellen durch die bilateralen internationalen Handelsströme miteinander verbunden sind (Timmer et al. 2015). Die Grundstruktur einer internationalen IO-Tabelle ist in Abbildung 3 dargestellt. In dem Beispiel besteht die internationale Wirtschaft aus lediglich drei Ländern und drei Industrien sowie dem Endverbrauch in jedem Land.

Abbildung 3: Grundstruktur von internationalen IO-Tabellen

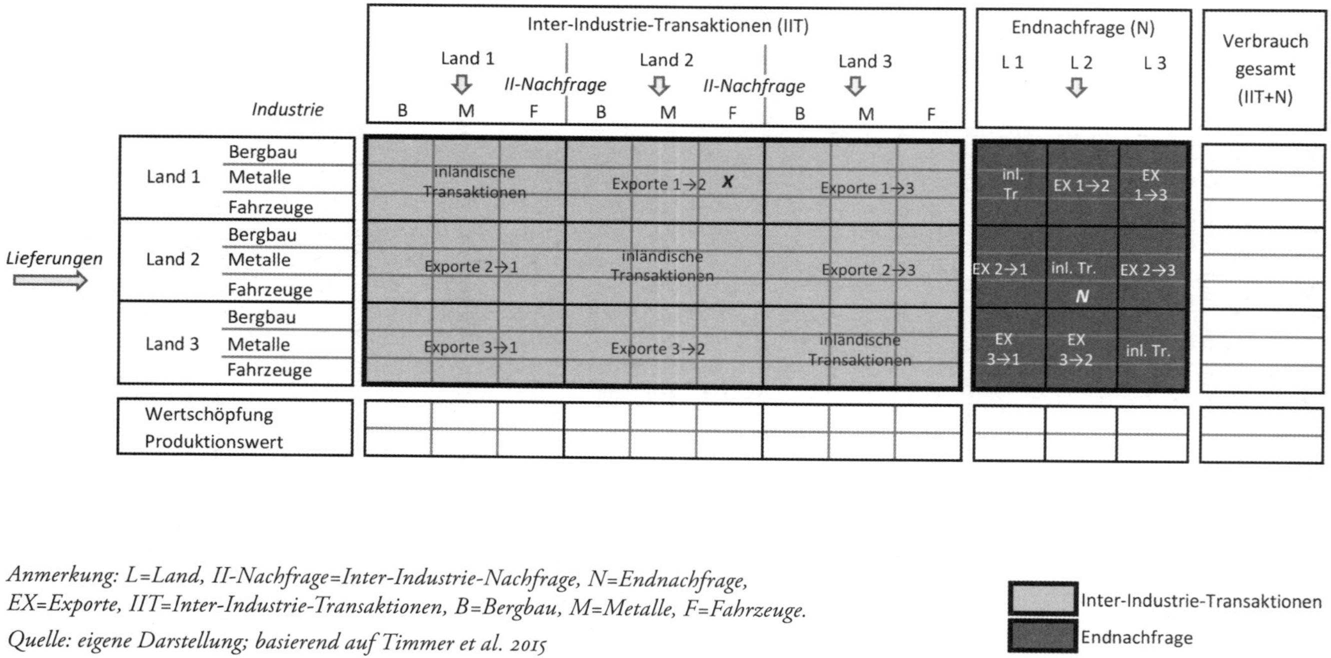

Anmerkung: L=Land, II-Nachfrage=Inter-Industrie-Nachfrage, N=Endnachfrage, EX=Exporte, IIT=Inter-Industrie-Transaktionen, B=Bergbau, M=Metalle, F=Fahrzeuge.

Quelle: eigene Darstellung; basierend auf Timmer et al. 2015

Ein zentrales Merkmal einer IO-Tabelle ist, dass die Produktionswerte der Industrien in den (horizontal verlaufenden) Reihen der Tabelle abzulesen sind. Betrachtet man etwa die Produktion der Metallindustrie des Landes eins, so kann diese entweder an andere Unternehmen in derselben Industrie verkauft werden; an eine andere – in- oder ausländische – Industrie geliefert werden oder der Befriedigung der in- oder ausländischen Endnachfrage dienen. Die Endnachfrage umfasst private Haushalte, den Staat und Unternehmen, die die gekauften Güter und Dienstleistungen konsumieren oder investieren. Auf die Unterscheidung nach diesen drei Nachfragesektoren wird hier verzichtet, da sie für die grundsätzliche Systematik von internationalen IO-Tabellen nicht von Belang ist.

Beispielsweise stellt die mit „*x*" markierte Zelle in dem hellgrau markierten Inter-Industrie-Block der IO-Tabelle die Verkäufe der Metallindustrie (M) in Land eins an die Fahrzeugindustrie (F) des Landes zwei dar. Da es sich um eine Lieferung an eine ausländische Industrie handelt, stellt diese Transaktion einen *Export* dar; konkret einen Export eines Zwischenprodukts, da die gelieferten Produkte von der Fahrzeugindustrie in Land zwei weiterverarbeitet werden. Alle Transaktionen in dem hellgrau gefärbten Teil der internationalen IO-Tabelle stellen also Verkäufe von Zwischenprodukten dar. Die Fahrzeugindustrie in Land zwei wird die zugekauften Inputs der Metallindustrie aus Land eins (unter Generierung heimischer Wertschöpfung) weiterverarbeiten. Nimmt man an, dass die Fahrzeugindustrie in Land zwei Finalgüter (z.B. Autos) erzeugt und diese im Inland verkauft, so findet man diese Transaktion in der mit „*N*" markierten Zelle im (dunkelgrau gefärbten) Endnachfrageblock.

Betrachtet man die Spalten der IO-Tabelle, so lässt sich die Nachfrage der einzelnen Industrien (hellgrauer Block) und des Endverbrauchs (dunkelgrauer Block) ablesen. So erfasst die bereits erwähnte, mit „*x*" markierte Zelle gleichzeitig auch die Nachfrage der Fahrzeugindustrie in Land zwei nach Zwischenprodukten aus der Metallindustrie des Landes eins. Dieses einfache Beispiel zeigt bereits, warum internationale IO-Tabellen äußerst hilfreich sind, um GVCs abzubilden. Denn der Verlauf der Wertschöpfung, etwa der Fahrzeugindustrie in Land zwei, lässt sich sowohl rückwärts in Richtung der Zulieferungen – etwa die Käufe aus der Metallindustrie des Landes eins – als auch vorwärts in Richtung Endnachfrage – etwa den Verkauf an die inländischen Endverbrauchssektoren – nachverfolgen.

In IO-Tabellen entspricht die Zeilensumme der Nachfrage aller Industrien und Endnachfragesektoren nach der Produktion einer Industrie – abzulesen in der mit „Verbrauch gesamt“ bezeichneten Spalte ganz rechts – stets der Summe der Produktionswerte dieser Industrie (die in der untersten Zelle jeder Spalte ersichtlich ist). Von der Verwendungsseite, d.h. von den Spalten aus betrachtet, ergibt sich auch in IO-Tabellen der Produktionswert einer Industrie aus der Summe der Zukäufe von anderen Industrien zuzüglich der Wertschöpfung im eigenen Sektor (Timmer et al. 2015).

Indikatoren zur Messung des globalen Wertschöpfungshandels

Internationale IO-Tabellen sind nicht nur in der Lage, den Verlauf der Wertschöpfung darzustellen, sondern können auch die von Ländern und Industrien erzielte Wertschöpfung akkurater zuordnen sowie Doppelzählungen eliminieren. Diese Vorzüge der IO-Tabellen erklären die Vielzahl an Indikatoren zur Messung des Wertschöpfungshandels, die in der Literatur entwickelt wurden. Dabei waren die ursprünglichen Kennzahlen – die Indikatoren der „ersten Generation“ (Feenstra 2017) – noch sehr einfach und basierten auf nationalen IO-Tabellen. So bestand das erste Maß für Offshoring, also die Auslagerung von Produktionsstätten ins Ausland, schlichtweg aus den Kostenanteilen der importierten Zwischenprodukte an den gesamten Kosten. In internationalen IO-Tabellen können die Kosten dieser importierten Inputs direkt aus den Spalten des Inter-Industrie-Blocks abgelesen werden, wobei inländische Transaktionen freilich nicht zu berücksichtigen sind.

Indikatoren der „zweiten Generation“ stellen Weiterentwicklungen dieser Idee dar. IO-Methoden erlauben es, nicht nur die Anteile der direkten, sondern auch die der indirekten Zukäufe von Zwischenprodukten zu ermitteln. Konkret lässt sich der Inter-Industrie-Block so darstellen, dass die darin enthaltenen Zellen anstelle des Werts des Zukaufs einer Industrie von einer Zulieferindustrie den Wert der direkten und indirekten Zukäufe enthalten, die für die Produktion im Wert von einem Euro erforderlich sind[2]. Die mit „*x*“ bezeichnete Zelle in Abbildung 3 gibt in einer derart modifizierten Darstellung an, wieviel Cent pro Euro an verkauften Fahrzeugen der Fahrzeugindustrie in Land zwei für die direkten und indirekten Zukäufe aus der Metallindustrie des Landes eins aufgewendet werden müssen. Diese Anteile werden auch als totale Input-Output-Koeffizienten oder Leontief-Koeffizienten bezeichnet. Benötigt etwa die südafrikanische Fahrzeugindustrie für die Produktion von Autos im Wert von einem Euro Zukäufe von der britischen Fahrzeugindustrie im Wert von 15 Cent, so ist der Leontief-Koeffizient 0,15. Dieser Koeffizient enthält jedoch nicht nur die direkten Zulieferungen der britischen Fahrzeugindustrie, sondern auch die Vorleistungen, die von ihr zuvor zugekauft wurden, etwa von der indischen Metallindustrie. Betragen Letztere beispielsweise fünf Cent, so betragen die direkten und indirekten Zukäufe der südafrikanischen Fahrzeugindustrie aus der britischen Fahrzeugindustrie zehn Cent aus direkten Zukäufen und fünf Cent aus indirekten Zukäufen.

Die Leontief-Koeffizienten sind äußerst nützlich, denn gemeinsam mit der ursprünglichen Wertschöpfung eines Landes oder einer Industrie und einem Nachfrageaggregat lassen sich die Exporte auf Wertschöpfungsbasis sowie eine Vielzahl an sonstigen gängigen Indikatoren zum Handel in Wertschöpfungsketten berechnen.

Exporte auf Wertschöpfungsbasis (value added exports)

Die Exporte auf Wertschöpfungsbasis (Johnson/Noguera 2012) sind eine aussagekräftige Kennzahl, denn sie bereinigen die Bruttoexporte zum einen von Doppelzählungen, zum anderen werden ausländische Wertschöpfungsanteile (die auf importierte Zwischenprodukte zurückzuführen sind) abgezogen. Benötigt werden hierfür (a) die ausländische Nachfrage nach Gütern des Exportlandes, z.B. Land eins; (b) die globalen Leontief-Koeffizienten sowie (c) die Wertschöpfung des Exportlandes, wobei (aus IO-technischen Gründen) die Wertschöpfung als Anteil am Produktionswert in die Berechnung eingeht (Abbildung 4). Dieser Anteil wird als Wertschöpfungskoeffizient bezeichnet.

Abbildung 4: Elemente zur Berechnung der Wertschöpfungsexporte von Land eins

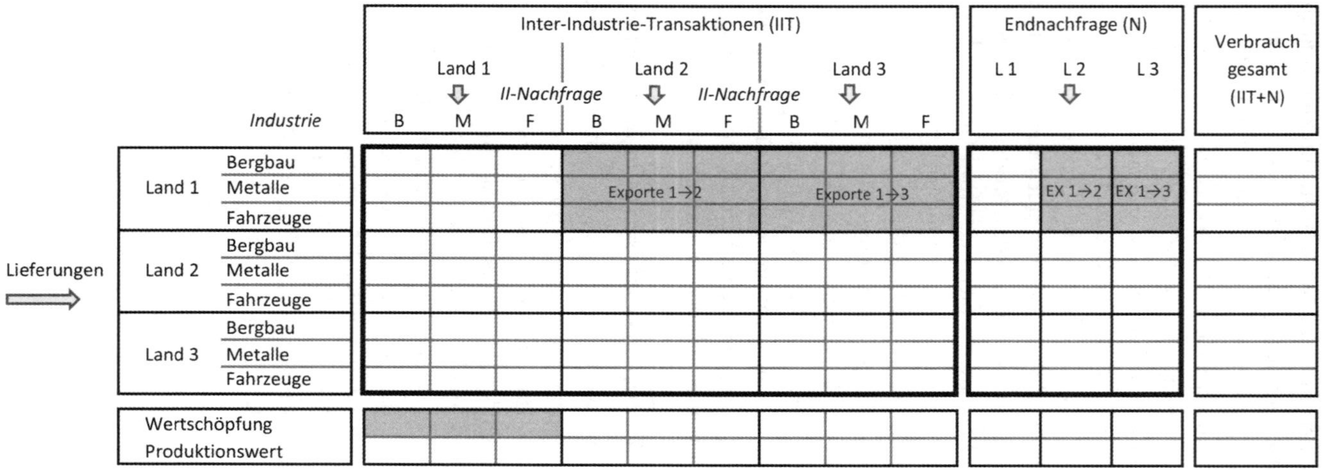

Anmerkung: L=Land, II-Nachfrage=Inter-Industrie-Nachfrage, N=Endnachfrage, EX=Exporte, IIT=Inter-Industrie-Transaktionen, B=Bergbau, M=Metalle, F=Fahrzeuge.
Die zur Berechnung erforderlichen Elemente sind hellgrau eingefärbt.

Quelle: eigene Darstellung

Vergleicht man nun beispielsweise die Weltmarktanteile am Handel für die wichtigsten Handelsnationen, sind die Unterschiede zwischen der Betrachtung der Bruttohandelsströme und der Wertschöpfungsexporte nicht allzu groß (Abbildung 5, Panel a). So betrug 2015 der Weltmarktanteil der US-Exporte auf Wertschöpfungsbasis 13 Prozent. Dies ist etwas höher als der Exportanteil auf Bruttobasis, der bei 11,3 Prozent lag. Mexikos Exportmarktanteil war auf Wertschöpfungsbasis mit 1,9 Prozent um 0,24 Prozentpunkte niedriger als auf Bruttobasis.

Nichtsdestotrotz stellt die Berechnung der Wertschöpfungsexporte einen Mehrwert dar, da sie präzisere Ergebnisse liefert, wenn das Interesse der inländischen Wertschöpfung, die in den Exporten enthalten ist, gilt. Dies ist häufig der Fall, da diese Größe ausschlaggebend ist für Wachstum und Beschäftigung. Wie aus Abbildung 5 (Panel a) ersichtlich, können sich dadurch auch Unterschiede in den Reihungen ergeben. Im Jahr 2015 waren beispielsweise die USA weiterhin das wichtigste Exportland bei der Betrachtung der Wertschöpfungsexporte, während zu diesem Zeitpunkt gemäß den Bruttoexporten China die USA bereits überholt hat.

Tatsache bleibt jedoch, dass die allermeisten stilisierten Fakten in Bezug auf die internationalen Handelsentwicklungen auch bei Betrachtung der Wertschöpfung ihre Gültigkeit behalten. Das gilt auch für die zunehmende Bedeutung der Mitteleinkommensländer als Exporteure von Industriegütern (Abbildung 5, Panel b), ein Bereich, der bis in die 1980er Jahre stark von den Hocheinkommensländern dominiert wurde.

Abbildung 5: Wertschöpfungsexporte und Bruttoexporte im Vergleich

a) Weltmarktanteile an den Gesamtexporten der wichtigsten Exportländer, 2015

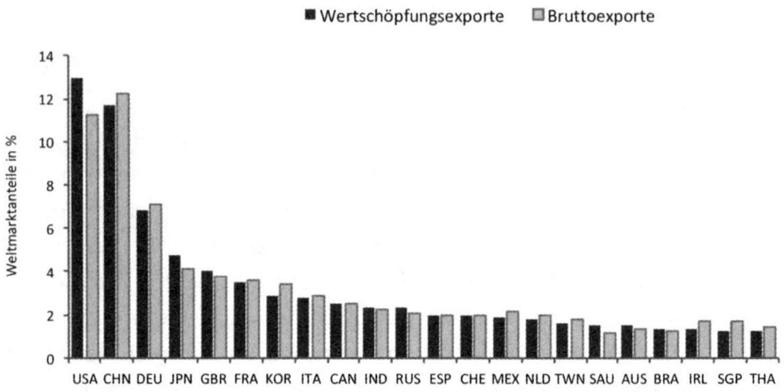

b) Weltmarktanteile bei Exporten von Industriegütern nach Ländergruppen

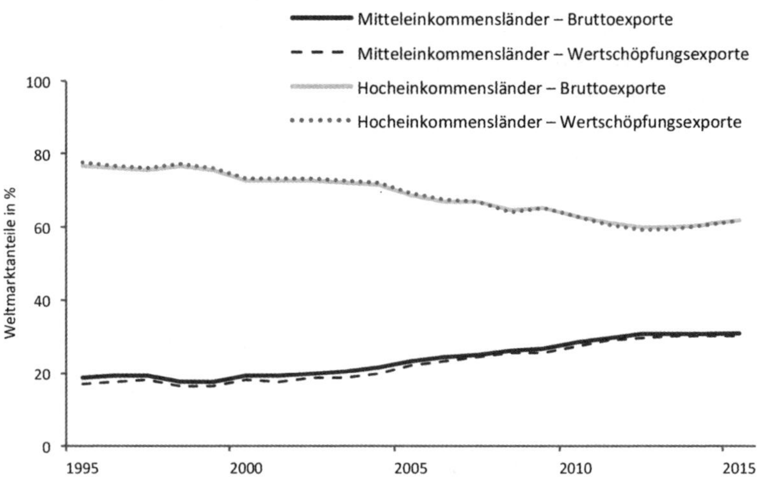

Quelle: OECD ICIO 2016 und OECD ICIO 2018; eigene Berechnungen

Größere Unterschiede ergeben sich, wenn man von der aggregierten Länderebene zur Betrachtung industriespezifischer Exportströme wechselt. Tabelle 1 veranschaulicht dies am Beispiel chinesischer Exporte, vorrangig in die USA. Legt man etwa den Fokus auf die Exporte der chinesischen Elektronikindustrie in die USA, so stehen 124 Milliarden USD an Bruttoexporten lediglich 37 Milliarden USD an Wertschöpfungsexporten gegenüber. Somit beläuft sich die Wertschöpfung der Industrie auf weniger als ein Drittel der ausgewiesenen Bruttoexporte. Das ist ein relativ geringer Anteil, weil große Teile der Wertschöpfung aus vorgelagerten Industrien stammen – sowohl von in- als auch von ausländischen. Gleichzeitig ist dies natürlich wesentlich mehr als die ermittelten 2 Prozent an Wertschöpfung, die gemäß einer Fallstudie bei der Produktion des iPods in China verbucht werden (Dedrick et al. 2010). Dabei steht der mittels internationalen IO-Tabellen ermittelte Wertschöpfungsanteil von 30 Prozent keineswegs in Widerspruch zu der Erkenntnis aus der iPod-Studie. Vielmehr sollten die Ergebnisse dahingehend interpretiert werden, dass die Fallstudie zwar das genauere Ergebnis für ein einzelnes Produkt liefert, die Verteilung der Wertschöpfungsanteile bei der Produktion des iPods aber nicht repräsentativ für die gesamten chinesischen Wertschöpfungsanteile in der Elektronikindustrie ist.

Tabelle 1: Chinesische Exporte auf unterschiedlichen Aggregatsebenen, 2015, in Mrd. USD

Export	Industrie	Brutto-exporte (1)	Wertschöpfungs-exporte (2)	Verhältnis (2) / (1)
China USA	Computer, elektronische und optische Geräte	123,5	37,3	0,30
China USA	Sachgüter-industrie	441,0	199,6	0,45
China USA	gesamte Wirtschaft	489,2	380,1	0,78
China Welt	gesamte Wirtschaft	2.198,3	1.540,5	0,70

Anmerkung: Wertschöpfungsexporte nach Industrie weisen die Industrie aus, in der die Wertschöpfung erzielt wurde, und nicht notwendigerweise den exportierenden Sektor. „Computer, elektronische und optische Geräte" entspricht der Abteilung 26 in der International Standard Industrial Classification of All Economic Activities Revision 4 (ISIC Rev. 4). Sachgüterindustrie umfasst die Sektion C der ISIC Rev. 4.

Quelle: ICIO 2018; eigene Berechnungen

Neben chinesischen Exporten der Elektronikindustrie sind in Tabelle 1 auch die Exporte der chinesischen Sachgüterindustrie, also des industriellen Sektors exklusive des Baugewerbes, in die USA dargestellt. Hier ist das Verhältnis der Wertschöpfungs- zu den Bruttoexporten bereits etwas höher und steigt nochmals merklich, wenn man die gesamten Exporte Chinas in die USA betrachtet. Dies ist dadurch zu erklären, dass der industrielle Sektor zahlreiche Dienstleistungen als Vorleistungen zukauft. Diese Konstellation spiegelt ein allgemeines Muster wider und zeigt, dass die stark handelbaren Güter der Sachgüterindustrie eine wichtige „Trägerfunktion" (Stöllinger et al. 2013) für den Dienstleistungssektor – dessen Output per se häufig nicht handelbar ist – erfüllen.

Einkommen aus Wertschöpfungsketten (GVC income)

Dieselben IO-Techniken, mit denen die Wertschöpfung in den Handelsströmen ermittelt werden kann, eignen sich auch zur Berechnung der Beiträge einzelner Länder und Industrien zu bestimmten Wertschöpfungsketten. Diese Wertschöpfungsbeiträge werden als GVC-Einkommen (*GVC income*) bezeichnet (Timmer et al. 2013). Sie geben Aufschluss darüber, wieviel Wertschöpfung – und damit Einkommen – einzelne Länder in einer bestimmten Wertschöpfungskette, etwa der deutschen Automobilwertschöpfungskette, erzielen.

Das Wertschöpfungseinkommen kann mit denselben drei Elementen der internationalen IO-Tabelle ermittelt werden wie die Wertschöpfungsexporte (Abbildung 6), allerdings werden andere Ausschnitte davon herangezogen. Ausgangspunkt ist die Wertschöpfung aller Länder und Industrien (in Form der Wertschöpfungskoeffizienten). Mit Hilfe der in den Wertschöpfungskoeffizienten abgebildeten internationalen Produktionsvernetzungen lassen sich die Wertschöpfungsbeiträge aller Länder und Industrien identifizieren, die direkt oder indirekt in die Produktion einer bestimmten Industrie eines bestimmten Landes eingehen. Gilt das Interesse etwa der Wertschöpfungskette der Fahrzeugindustrie des Landes eins, so stellt man auf die (direkte und indirekte) Nachfrage nach Gütern und Dienstleistungen ebendieser Industrie ab (Abbildung 6). Die Endnachfrage nach den Erzeugnissen dieser Industrie ist das dritte Element in der IO-Tabelle, das benötigt wird. Diese Nachfrage kann dabei aus dem Inland oder dem Ausland stammen. Definiert wird eine Wertschöpfungskette durch jene Industrie und jenes Land, in dem die letzte Produktionsstufe erfolgt, also jene (länderspezifische) Industrie, in der die Zwischenprodukte zu einem Finalgut werden (Timmer et al. 2015). Abbildung 6 zeigt als Beispiel die Wertschöpfungskette der Fahrzeugindustrie des Landes eins.

Abbildung 6: Elemente zur Berechnung des GVC-Einkommens aller Länder in der Automobilwertschöpfungskette des Landes eins

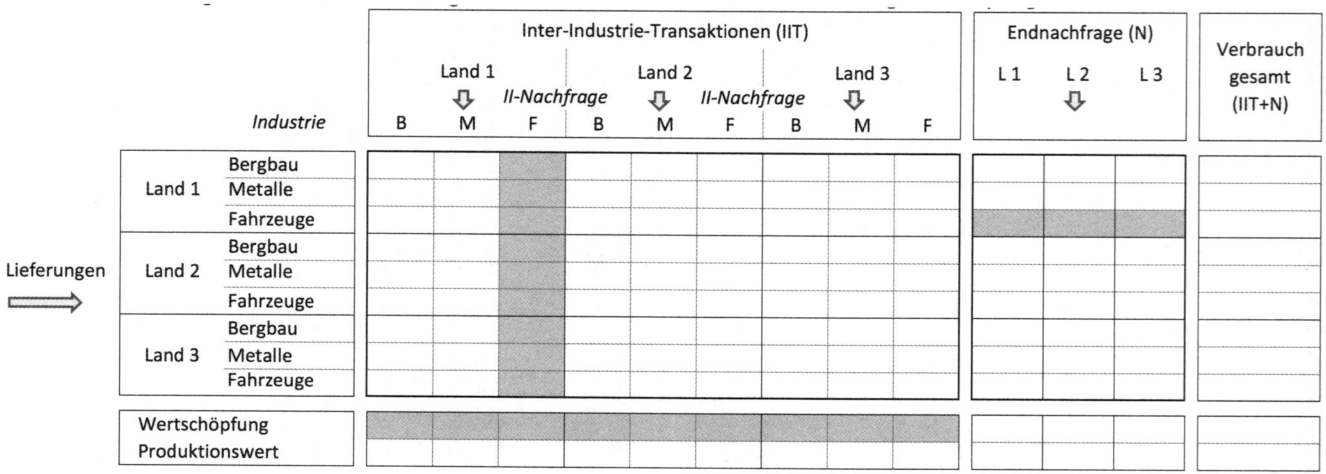

Anmerkung: L=Land, II-Nachfrage=Inter-Industrie-Nachfrage, N=Endnachfrage, IIT=Inter-Industrie-Transkationen, B=Bergbau, M=Metalle, F=Fahrzeuge.
Die zur Berechnung erforderlichen Elemente sind hellgrau eingefärbt.

Quelle: eigene Darstellung

Wie verteilen sich nun die GVC-Einkommen auf die involvierten Handelspartner, etwa im Falle der bereits erwähnten deutschen Automobilwertschöpfungskette? Es zeigt sich, dass ein großer Teil des GVC-Einkommens, konkret 74 Prozent, in Deutschland selbst erzielt wird (Abbildung 7). Von diesem inländischen GVC-Einkommen fällt der größere Teil der Automobilindustrie selbst zu, der Rest sind Einkommen, die in den übrigen deutschen Industrien lukriert werden. Seit 2005 ist der inländische Anteil am GVC-Einkommen verhältnismäßig konstant geblieben. Allerdings zeigt sich eine Verschiebung der GVC-Einkommen innerhalb des deutschen Teils zugunsten der deutschen Automobilindustrie selbst. Auf das Ausland entfallen 26 Prozent der GVC-Einkommen, davon 2,1 Prozent auf die USA und 1,5 Prozent auf China.

Die Abbildung ist auch geeignet, einen verhältnismäßig wenig bekannten stilisierten Fakt aufzuzeigen, demzufolge internationale Wertschöpfungsketten in einem hohem Maße regional organisiert sind und nicht notwendigerweise global (Baldwin/Lopez-Gonzalez 2015; Hanzl-Weiss et al. 2018). In Bezug auf die deutsche Automobilwertschöpfungskette zeigt sich, dass die regionalen GVC-Einkommen, zu denen die Wertschöpfungsanteile Deutschlands sowie jene seiner EU-Partner zählen, einen Anteil von 88 Prozent ausmachen. Nur etwas mehr als 10 Prozent der Wertschöpfung der deutschen Automobilindustrie finden somit außerhalb der EU statt. Die vorwiegend regionale Organisation zahlreicher Wertschöpfungsketten bedeutet, dass die Wertschöpfungsanteile am gesamten GVC-Einkommen der Automobilindustrien anderer Länder – z.B. jene Japans oder der USA – geografisch gänzlich anders verteilt sind als die deutsche (Timmer et al. 2015).

Abbildung 7: Verteilung der GVC-Einkommen in der Deutschen Automobilwertschöpfungskette, 2005–2015

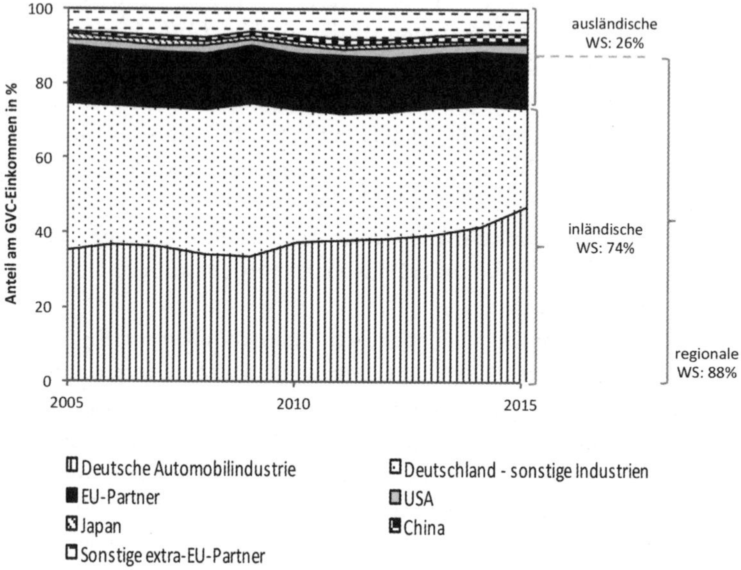

Anmerkung: WS=Wertschöpfung. Regionale Wertschöpfung enthält die deutsche Wertschöpfung und die Wertschöpfung der übrigen EU-Mitgliedstaaten.

Quelle: OECD ICIO 2018; eigene Berechnungen

Dekomposition der Exporte und Bedeutung des GVC-Handels

Weitere Einblicke in internationale Handelsströme, die mit internationalen Wertschöpfungsketten in Zusammenhang stehen (GVC-Handel), lassen sich durch eine Zerlegung der Bruttoexportströme gewinnen. Eine komplette Zerlegung der Exporte (Abbildung 8) ist hilfreich, um (a) die Exporte eines Landes in inländische und ausländische Anteile aufzugliedern; (b) Doppelzählungen, wie sie durch Re-Exportaktivitäten zustande kommen, zu eliminieren; und (c) das Ausmaß der Einbindung von Ländern in globale Wertschöpfungsketten abzuschätzen. Dadurch können die in- und ausländischen Wertschöpfungsanteile identifiziert werden. Die weitaus größte

Komponente der inländischen Wertschöpfung sind die eben besprochenen Wertschöpfungsexporte, während der Anteil der Re-Importe, das sind Importe von zuvor exportierter Wertschöpfung, deutlich geringer ist.

In Bezug auf die Unterscheidung zwischen inländischen und ausländischen Wertschöpfungsanteilen ergibt sich beispielsweise für die vietnamesischen Exporte ein hoher Anteil an ausländischer Wertschöpfung (44 Prozent) (Abbildung 8). Dies weist auf eine starke Einbindung in globale Wertschöpfungsketten in Sachgüterindustrien hin.

Die inländischen und ausländischen Wertschöpfungsanteile können des Weiteren in traditionelle Handelsströme und GVC-Handelsströme in einem weiten Sinne unterteilt werden. Erstere umfassen den Handel von Finalgütern, etwa der Export von vietnamesischem Reis nach Japan. Der GVC-bezogene Handel hingegen umfasst Exporte und Importe von Zwischenprodukten. Diese Abgrenzung des GVC-Handels anhand des Exports von Zwischenprodukten impliziert, dass mindestens zwei Länder an der Produktion beteiligt sind (Wang et al. 2017; World Bank/World Trade Organization 2019). Ein Beispiel wäre der Export japanischer Mikroprozessoren – ein Zwischenprodukt – nach Vietnam, wo diese in Computer – ein Finalgut – verbaut und anschließend an die vietnamesische Regierung verkauft werden.

In einer engeren Definition stellen Exporte und Importe dann GVC-Handel dar, wenn die gehandelten Güter mindestens zweimal eine Landesgrenze überschreiten (Borin/Mancini 2019). Diese Handelsströme werden als „komplexer" GVC-Handel bezeichnet. Diese Definition ist weit verbreitet und wird etwa von der OECD für die Berechnung von Indikatoren für den Handel in Wertschöpfungsketten verwendet. Grundsätzlich muss hier angemerkt werden, dass die Kriterien – Handel mit Zwischenprodukten und mindestens zwei Grenzüberschreitungen – eine pragmatische Lösung darstellen, um den GVC-Handel von konventionellem Handel abzugrenzen. Dieses Vorgehen ist erforderlich, da Informationen über Governance-Strukturen und TNCs, die üblicherweise die Wertschöpfungskette kontrollieren, in IO-Tabellen nicht verfügbar sind (siehe Kapitel 8 Kapeller/Gräbner in diesem Band).

Die Daten zum Ausmaß dieses komplexen GVC-Handels bestätigen die eingangs geäußerte Feststellung, dass globale Wertschöp-

Abbildung 8: Zerlegung der Exporte Vietnams in inländische und ausländische Wertschöpfungsanteile, 2015, in Mrd. USD

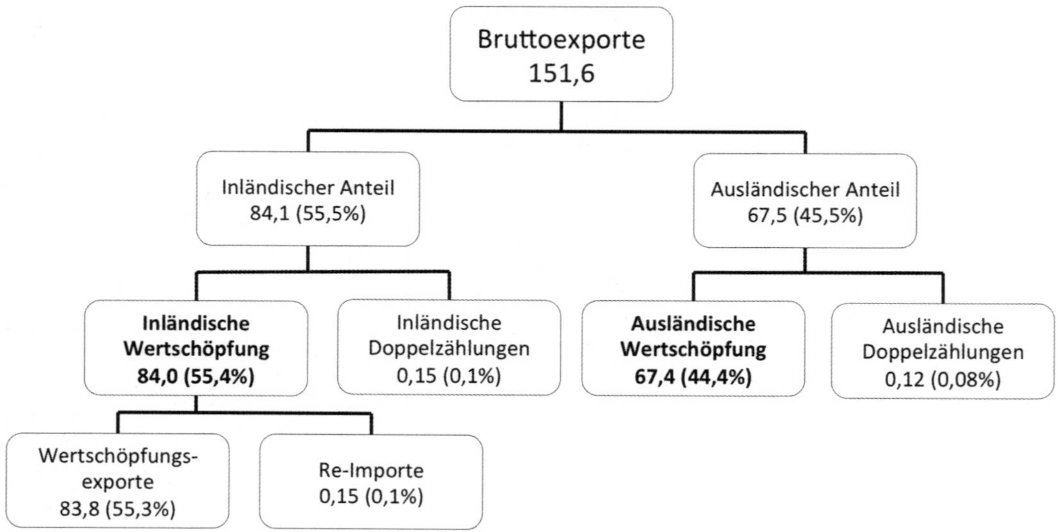

Anmerkung: Darstellung basierend auf Borin/Mancini 2019.

Quelle: OECD-ICIO-Datenbank. Berechnung unter Verwendung des STATA-Software-Befehls „icio" (Belotti et al. 2018)

fungsketten zu einem bedeutenden Phänomen im Welthandel geworden sind: Komplexe GVC-Exporte machen etwa 40 Prozent der gesamten Ausfuhren aus – dies sowohl bei Hocheinkommensländern als auch bei Mitteleinkommensländern (Abbildung 9). Über die Zeit hinweg zeigt sich, dass der Anteil des komplexen GVC-Handels bis zur Finanzkrise 2007/08 kontinuierlich anstieg. Der starke Rückgang des Welthandels im Winter 2008/09 zog eine Abnahme des relativen Anteils des GVC-Handels nach sich, gefolgt von einer raschen Erholung. 2012 setzte allerdings eine Trendumkehr ein, und seither ist die Tendenz leicht negativ. Es scheint also, dass die Expansion von globalen Wertschöpfungsketten zu einem Stillstand gekommen ist (siehe auch Weltbank 2019). Erklärt wird diese Entwicklung mit Produktionsrückverlagerungen (*re-shoring*), Handelsprotektionismus und dem Ausbleiben weiterer multilateraler Liberalisierungsschritte sowie technologischer Entwicklungen (Stichwort Industrie 4.0). Letzteres deswegen, weil einige der Technologien, die für die Industrie 4.0 kennzeichnend sind, wie beispielsweise additive Produktionsverfahren (3D-Druck), die Wertschöpfungsketten tendenziell verkürzen und zu einer neuerlichen Konzentration des Wertschöpfungsprozesses an einem Standort beitragen können.

Der GVC-Handel setzt sich aus zwei Komponenten zusammen, die als vorwärtsgerichtete und rückwärtsgerichtete GVC-Integration bezeichnet werden. Die vorwärtsgerichtete Komponente des GVC-Handels beinhaltet die inländische Wertschöpfung. Die rückwärtsgerichtete Komponente besteht aus ausländischer Wertschöpfung, zuzüglich vom Inland re-exportierter inländischer Wertschöpfung. Interessant ist, dass die vorwärtsgerichtete GVC-Komponente bei den Mitteleinkommensländern insgesamt nicht notwendigerweise niedriger ist als in der Gruppe der Hocheinkommensländer. Zuwächse bei den vorwärtsgerichteten GVC-Komponenten werden häufig als Upgrading von Aktivitäten innerhalb von Wertschöpfungsketten interpretiert (World Bank/World Trade Organization 2019). Ein höherer Anteil der vorwärtsgerichteten GVC-Integration deutet auch darauf hin, dass das jeweilige Land verstärkt Tätigkeiten ausführt, die weiter entfernt vom Endverbrauch und somit eher am Beginn der Wertschöpfungskette liegen. Hierfür wird auch der Begriff Upstreamness verwendet.

Die Logik hinter der vorwärts- und rückwärtsgerichteten GVC-Integration bei komplexem GVC-Handel wird in Abbildung

10 am Beispiel der Türkei veranschaulicht. Bei der vorwärtsgerichteten GVC-Integration wird die inländische, also in diesem Beispiel die türkische Wertschöpfung, in den türkischen Exporten erfasst.

In dem in der Abbildung dargestellten Beispiel exportiert die Türkei diese Wertschöpfung in Form von Zwischenprodukten nach Israel, wodurch es zu einem ersten Grenzübertritt kommt. In Folge exportiert Israel die türkische Wertschöpfung weiter in ein drittes Land und es wird zum zweiten Mal eine Grenze überschritten. Damit ist das Kriterium für komplexen GVC-Handel erfüllt. Die Produktionspartner in diesem Beispiel sind die Türkei und Israel (möglicherweise sind auch weitere Produktionspartner involviert, nämlich dann, wenn Israels Handelspartner nicht das Land des Konsums ist, sondern die türkische Wertschöpfung als Zwischenprodukt nochmals weiter exportiert wird). Der Konsum des Gutes kann schlussendlich in der Türkei, in Israel oder einem beliebigen anderen Land erfolgen. Im ersten Fall würde es sich um einen Re-Import handeln. Im Jahr 2015 betrug diese vorwärtsgerichtete GVC-Integration der Türkei mit Israel als erstem Handelspartner 509 Millionen USD bzw. 15,4 Prozent der bilateralen Exporte[3]. Anders gesagt werden 15,4 Prozent der türkischen Wertschöpfungsexporte nach Israel von Israel weiter exportiert.

Bei der rückwärtsgerichteten GVC-Integration wird die in den türkischen Exporten enthaltene ausländische Wertschöpfung identifiziert. Der Export in die Türkei stellt in diesem Fall die erste Exporttransaktion und den ersten Grenzübertritt dar. Da es sich um ausländische Wertschöpfung handelt, die in den türkischen Exporten enthalten ist, kommt es per Definition zu einem zweiten Export, eben dem Export der Türkei. In dem gezeigten Beispiel liefert die Türkei die ausländische Wertschöpfung weiter an Indien, wobei dieser Export in Form von Zwischenprodukten oder Finalgütern erfolgen kann. Der Konsum kann wiederum in Indien direkt, in der Türkei oder einem beliebigen anderen Land erfolgen. Im Jahr 2015 betrug die rückwärtsgerichtete GVC-Integration der Türkei mit Indien als erstem Handelspartner 517 Millionen USD bzw. 20,3 Prozent der türkischen Exporte nach Indien. Das heißt, 20,3 Prozent des Wertes der türkischen Exporte nach Indien stammen aus nichttürkischer Wertschöpfung.

Abbildung 9: Komplexer GVC-Handel – Mitteleinkommensländer und Hocheinkommensländer, in Prozent der Bruttoexporte

(a) Mitteleinkommensländer **(b) Hocheinkommensländer**

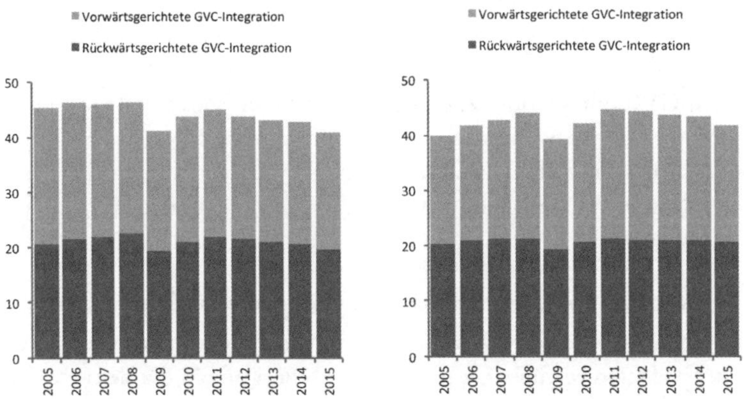

Quelle: ICIO 2018. Download über OECD-TiVA-Datenbank (https://stats.oecd.org/Index.aspx?DataSetCode=TIVA_2018_C1#); eigene Berechnungen

Abbildung 10: Komplexer GVC-Handel am Beispiel der Türkei

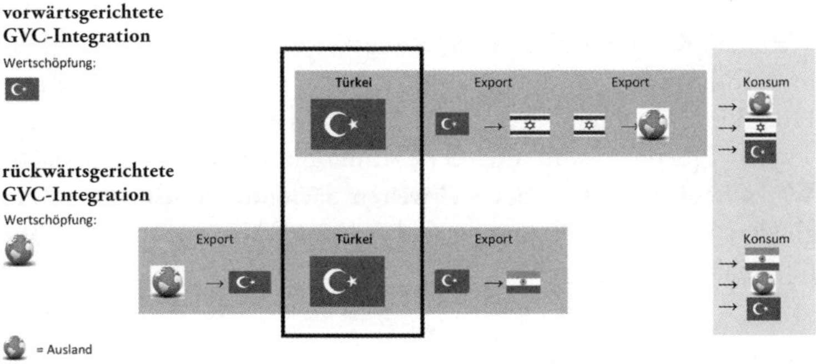

Quelle: eigene Darstellung

In Hinblick auf die Positionierung innerhalb der dargestellten Wertschöpfungskette kann auf das erwähnte Konzept der Upstreamness zurückgegriffen werden. Ein Land oder eine Industrie gilt als „weiter upstream", je weiter weg sein Wertschöpfungsbeitrag an der Endnachfrage ist. Demnach nimmt die Türkei bei der vorwärtsgerichteten GVC-Integration eher eine Position „weiter upstream" ein, da den türkischen Aktivitäten noch mindestens ein Produktionsschritt folgt. Hingegen steht die Türkei bei ihrer rückwärtsgerichteten GVC-Integration tendenziell näher beim Endverbrauch und es gibt mindestens einen ihrer Wertschöpfung vorgelagerten Produktionsschritt. Die Türkei hat also bei der rückwärtsgerichteten GVC-Integration eher eine Position „weiter downstream" in der Wertschöpfungskette inne.

Kapital- und Arbeitseinkommen in globalen Güterketten

Die Ansätze der IO-Methodik sind sehr flexibel. Sind entsprechende Daten verfügbar, kann die Wertschöpfung in die Beiträge der einzelnen Produktionsfaktoren aufgespalten werden. Eine übliche Einteilung ist in Kapitaleinkommen (also Zinsen, Dividenden, Gewinne etc.) einerseits und Arbeitseinkommen nach Qualifikationsniveaus andererseits. Derartige sozioökonomische Konten existieren beispielsweise für die World Input-Output Datenbank (WIOD), eine der am häufigsten verwendeten internationalen IO-Tabellen. Mit den Informationen über die von diesen Produktionsfaktoren generierten Einkommen ist der im Abschnitt „Einkommen aus Wertschöpfungsketten (GVC income)" diskutierte Ansatz zur Berechnung der GVC-Einkommen anwendbar. So lässt sich nicht nur die Wertschöpfung einer Wertschöpfungskette den einzelnen Ländern und Industrien zuordnen, sondern auch die von den einzelnen Produktionsfaktoren – Arbeit und Kapital – erzielten Einkommen.

In Tabelle 2 sind die GVC-Einkommen aus den globalen Wertschöpfungsketten der weltweiten Sachgüterindustrien, aufgegliedert in Kapitaleinkommen und Arbeitseinkommen nach Qualifikationsgrad, dargestellt.

Tabelle 2: Faktoreinkommen in GVCs der Sachgüterindustrien, 1995 und 2008, in Mrd. USD

		1995	2008	Δ1995–2008
Hochentwickelte Volkswirtschaften		**4,863**	**4,864**	**1**
davon	Kapital	35,90 %	38,70 %	2,90 Pp
	Beschäftigte			
	hohe Qualifikation	16,80 %	21,80 %	5,00 Pp
	mittlere Qualifikation	33,30 %	30,30 %	-3,00 Pp
	niedrige Qualifikation	14,00 %	9,10 %	-4,90 Pp
Sonstige Länder		**1,723**	**3,820**	**2,097**
davon	Kapital	55,20 %	58,40 %	3,20 Pp
	Beschäftigte			
	hohe Qualifikation	5,40 %	7,10 %	1,70 Pp
	mittlere Qualifikation	15,60 %	17,00 %	1,40 Pp
	niedrige Qualifikation	23,80 %	17,50 %	-6,30 Pp
	Welt	**6,586**	**8,684**	**2,098**

Anmerkung: Kapitaleinkommen und Arbeitseinkommen (der Beschäftigten) ergeben in Summe die Wertschöpfung. Hocheinkommensländer entsprechend der Einteilung in Timmer et al. (2014). Diese umfassen die EU-Mitgliedstaaten, die USA, Kanada, Australien, Japan, Südkorea und Taiwan. Sonstige Länder umfassen China, Russland, Brasilien, Indien, Mexiko, die Türkei, Indonesien sowie den „Rest der Welt", der ein Residual für alle Länder darstellt, für die keine detaillierten IO-Daten verfügbar sind.
Pp=Prozentpunkte

Quelle: Table 3 in Timmer et al. (2014) basierend auf WIOD Release 2013

Geht man davon aus, dass die komparativen Kostenvorteile in den Hocheinkommensländern beim Faktor Kapital und in den sonstigen Ländern bei den niedrig qualifizierten Beschäftigten liegen, so sind aus handelstheoretischer Sicht Zuwächse bei den GVC-Kapitaleinkommen in den Hocheinkommensländern zu erwarten und Zuwächse in den GVC-Einkommen der niedrig qualifizierten Beschäftigten in den sonstigen Ländern. Diese Erwartung wird jedoch nur zum Teil erfüllt. Zwar ist zwischen 1995 und 2008 der Anteil der Kapitaleinkommen in den Hocheinkommensländern gestiegen, der Anteil der niedrig qualifizierten Beschäftigten am GVC-Einkommen in den sonstigen Ländern ist jedoch um über 6 Prozentpunkte zurückgegangen. Dieser Rückgang des Anteils der niedrig qualifizierten Beschäftigten am GVC-Einkommen im industriellen Sektor ist nicht auf einen Rückgang der Anzahl der Beschäftigten zurückzuführen, sondern auf die Tatsache, dass die Löhne auf einem vergleichsweise niedrigen Niveau geblieben sind (Timmer et al. 2014).

Zusammen betrachtet zeigen diese Entwicklungen, dass die Zugewinne in der Wertschöpfung des industriellen Sektors weltweit primär den Kapitaleinkommen zugefallen sind. Diese Verschiebung der GVC-Einkommen zugunsten des Faktors Kapital ist im Einklang mit der fallenden Lohnquote, die in vielen Ländern zu beobachten ist. Selbst der Internationale Währungsfonds räumt in diesem Zusammenhang ein, dass in den Mitteleinkommensländern diese Entwicklung hauptsächlich der Integration in globale Wertschöpfungsketten geschuldet ist (Dao et al. 2017). Der Rückgang des Anteils am GVC-Einkommen in der globalen Sachgüterindustrie, der den Beschäftigten mit niedriger Qualifikation zufällt, bedeutet auch, dass globale Wertschöpfungsketten zum Anstieg der Ungleichheit beitragen (UNCTAD 2018). Die Weltbank (2019) hält ebenfalls fest, dass die Vorteile aus GVCs ungleich verteilt sind. So mündeten die erzielten Produktivitätssteigerungen häufig in höhere Gewinnmargen der Lead-Unternehmen und nur in einem geringeren Ausmaß in niedrigere Preisen für KonsumentInnen.

Lässt man die funktionale Verteilung der GVC-Einkommen – also jene zwischen dem Faktor Arbeit und dem Faktor Kapital – außer Acht, so ist ein aus entwicklungspolitischer Sicht positiver Aspekt die Tatsache, dass die Zugewinne der globalen GVC-Einkommen der Sachgüterindustrien fast ausschließlich den sonstigen Ländern zugefallen sind. Eine Einschränkung ist, dass dabei eine Gruppe von großen Mitteleinkommensländern, angeführt von China, überproportional profitierte. Dieses Ergebnis deckt sich mit der Feststellung von Richard Baldwin, dass sich die Verschiebung der Industrieproduktion im Wesentlichen auf die Entwicklung in sechs Ländern – China, Korea, Indien, Polen, Indonesien und Thailand – zurückführen lässt (Baldwin 2016).

Diese Zahlen können auch als Beleg für die These eines „compressed development" (Whittaker et al. 2010, S. 440) gelesen werden, also eines beschleunigten Entwicklungsprozesses durch die Einbindung in internationale Wertschöpfungsketten. Durch die Fragmentierung der Produktion fällt es Mitteleinkommensländern mitunter leichter, in neuen Industrien Fuß zu fassen, weil sie zunächst nur für Teile des Produktionsprozesses zuständig sind, etwa nur für die Endfertigung (*assembly*), und hierfür nur geringere Fähigkeiten erforderlich sind (Collier/Venables 2007). Allerdings wäre es ein Irrtum, globale Wertschöpfungsketten als „panacea for development" (Sturgeon/Memedovic 2011, S. 3), ein Allheilmittel für Entwicklung, anzusehen. Denn den erwähnten Entwicklungspotenzialen, die mit der Einbindung in Produktionsnetzwerke einhergehen, stehen auch Risiken gegenüber. Insbesondere besteht die Gefahr, dass durch eine dauerhafte Spezialisierung auf eng abgegrenzte, funktionale Segmente innerhalb der jeweiligen Wertschöpfungskette – wie eben die Endfertigung –, die in der Regel wenig wissens- und innovationsintensiv sind, die erhofften Lerneffekte ausbleiben (Kaplinsky 2005). Dadurch kommt es zu einer Festschreibung bestehender funktionaler Spezialisierungsmuster („lock-in"-Effekt) (Kaplinsky/Farooki 2010). Als Beispiel könnten hier die Erfahrungen Mexikos mit seinen Maquiladoras dienen, in denen die Endfertigung von für den Export (v.a. in die USA) bestimmten Industriegütern erfolgt. In diesem Fall blieben die erhofften Spill-overs – also Wissens- oder Technologietransfer – an mexikanische Zulieferbetriebe größtenteils aus, und es bildeten sich sogenannte Enklaven-Ökonomien (Gallagher/Zarsky 2007).

Es ist naheliegend, dass der funktionalen Spezialisierung innerhalb der Wertschöpfungsketten, wie die erwähnte Endfertigung oder Back-Office-Services einerseits, Forschung und Entwicklung (F&E) oder das Management einer Wertschöpfungskette und andere Headquarter-Aufgaben andererseits, gänzlich unterschiedliche Wertschöpfungs- und Entwicklungspotenziale aufweisen. Empirische Ergebnisse bestätigen die als Smile-Curve-

Hypothese bekannte Vermutung, dass einfache Fertigungstätigkeiten geringere Wertschöpfungsbeiträge erwarten lassen als wissensintensive Bereiche der Wertschöpfungskette wie F&E und Headquarter-Funktionen (Stöllinger 2019). Dies ist aus entwicklungspolitischer Sicht besonders bedeutsam, weil inzwischen gut belegt ist, dass die sehr granulare internationale Arbeitsteilung in GVCs starke technologische Asymmetrien aufweist. Dabei ist folgendes Muster erkennbar: Hocheinkommensländer spezialisieren sich als „headquarter economies" (Baldwin/Lopez-Gonzalez 2015, S. 1696) und übernehmen Headquarter-Aktivitäten und andere wissensintensive Aufgaben wie Forschung & Entwicklung, während die Mitteleinkommensländer – in Nordamerika etwa Mexiko, in Südostasien beispielsweise Vietnam, Kambodscha und Thailand sowie im europäischen Kontext die mittel- und osteuropäischen Länder wie beispielsweise die Slowakei oder Polen – die Rolle von verlängerten Werkbänken einnehmen. Sie agieren als „factory economies" (ebd., S. 1696), also als Volkswirtschaften, die sehr stark in einigen wenigen Fertigungsprozessen spezialisiert sind (Timmer et al. 2019; Stöllinger 2019).

Generell gilt, dass das Ausmaß der ökonomischen bzw. in einer weiteren Betrachtungsweise auch sozioökonomischen Vorteile und Nachteile, die Mitteleinkommensländer aus der Einbindung in globalen Wertschöpfungsketten ziehen, zeitlich, sektoral und regional differenziert ist und von einer Vielzahl von Faktoren abhängt, wie beispielsweise von der Art der Wertschöpfungskette (Gereffi et al. 2005), der Aufteilung der ökonomischen Renten (also der Profite und damit der Kapitaleinkommen) zwischen den Unternehmen innerhalb der Wertschöpfungskette (Chesbrough/Kusunoki 2001; Weltbank 2019) oder der Bereitschaft des Lead-Unternehmens, einen Wissenstransfer tatsächlich zuzulassen (Pietrobelli/Rabellotti 2011). Diese Aspekte können mit den bestehenden IO-Methoden allerdings nur sehr eingeschränkt oder gar nicht identifiziert werden.

Anzumerken ist in diesem Zusammenhang, dass die hier dargestellten IO-Methoden zwar in der Lage sind, die im Produktionsprozess anfallenden Wertschöpfungsanteile den Ländern und Industrien zuzuordnen, nicht aber die Verwendung der darin enthaltenen Gewinne. So macht es etwa einen Unterschied, ob beispielsweise in Vietnam erwirtschaftete Kapitaleinkommen im Land verbleiben oder ob sie ins Ausland transferiert werden, weil sie von einer Tochtergesellschaft eines TNCs in Vietnam erwirtschaftet wurden und an den Mutterkonzern repatriiert werden. Leider stehen bislang keine ausreichenden Informationen über die Eigentumsverhältnisse und konzerninternen Kapitalflüsse zur Verfügung, um diesen wichtigen Aspekt zu berücksichtigen.

Schlussfolgerungen

Mit internationalen IO-Tabellen wurde ein äußerst hilfreiches Instrumentarium zur Erfassung der zunehmend komplexer ausgestalteten regionalen und globalen Handels- und Produktionsverschränkungen geschaffen. Der Mehrwert der IO-basierten Analyse von Handelsströmen auf Wertschöpfungsbasis und von GVC-bezogenem Handel liegt nicht primär darin, dass sie bestehende ökonomische Erkenntnisse umgestoßen hätte. Vielmehr wurden zahlreiche empirische Fakten – etwa die zentrale Bedeutung von geografischer Distanz und wirtschaftlicher Größe für das Ausmaß von Handelsbeziehungen zwischen Handelspartnern – auch auf Basis der Wertschöpfungsexporte bestätigt. Der Vorteil dieses Ansatzes liegt allerdings darin, dass nunmehr neue Aspekte analysiert werden können, etwa die Tatsache, dass die Exporte vieler als *factory economy* spezialisierter Länder einen hohen Anteil an der ausländischen Wertschöpfung aufweisen, wie am Beispiel Vietnam dargestellt wurde.

Mit den Wertschöpfungsexporten, dem GVC-Einkommen und der Zerlegung der Exporte von Ländern in in- und ausländische Wertschöpfungsanteile sowie darauf aufbauend der Abgrenzung des GVC-Handels von traditionellen Handelsbeziehungen, also dem Austausch von Endprodukten, wurden in diesem Beitrag einige der wichtigsten Konzepte der internationalen IO-Literatur im Zusammenhang mit globalen Wertschöpfungsketten erörtert. Zusätzlich wurde darauf hingewiesen, dass der IO-Ansatz umfassend einsetzbar ist und sich auch dazu eignet, die Entwicklung von Faktoreinkommen, Beschäftigung oder CO_2-Emissionen abzuschätzen. Mit IO-Tabellen lassen sich etwa CO_2-Emissionen nicht nur auf Produktionsbasis, sondern auch auf Konsumbasis berechnen und das Ausmaß des Phänomens des Carbon Leakage, also der Verlagerung von emissionsintensiven Produktionsprozessen in Länder mit laxen Umweltvorschriften, abschätzen (siehe etwa Wiebe/Yamano 2016).

LERNFRAGEN

- Worin liegt der Unterschied zwischen Bruttoexporten und Wertschöpfungsexporten?
- Welche Datenquellen und Kennzahlen stehen für eine quantitative Analyse des globalen Wertschöpfungshandels zur Verfügung?
- Was zeigen die vorgestellten Berechnungsmethoden, wo liegen ihre Grenzen?

Wie bei allen methodischen Ansätzen gibt es auch bei der Verwendung von IO-Tabellen methodische Einschränkungen. Hier wäre vor allem das Fehlen von umfassenden firmenspezifischen Informationen, mit denen die unterschiedlichen Liefer- und Beschaffungsstrukturen von inländischen Unternehmen und ausländischen Tochtergesellschaften berücksichtigt werden könnten, zu nennen. Das europäische statistische Zentralamt (Eurostat) sowie internationale Organisationen wie die OECD arbeiten gegenwärtig intensiv an der Weiterentwicklung von IO-Tabellen in diese Richtung. Wünschenswert wäre freilich auch eine Erweiterung des Länderkreises der gängigen IO-Tabellen (OECD ICIO und WIOD). Die Multi-Regionale IO-Tabelle (MRIO) der EORA Datenbank (https://worldmrio.com), die 190 Länder enthält, stellt den Versuch dar, diese Beschränkung zu überwinden, führt aber zu dem noch größeren Problem einer unzureichenden statistischen Qualität der Daten, weshalb die MRIO-Tabellen in der Forschung vergleichsweise geringe Verwendung finden.

Abschließend soll erwähnt werden, dass die IO-Methodik zur Analyse von globalen Wertschöpfungsketten und ihren Auswirkungen nicht als Alternative, sondern als Ergänzung zu anderen methodischen Ansätzen, etwa detaillierten Fallstudien zu spezifischen Wertschöpfungsketten einzelner TNCs oder Industrien, zu sehen ist. Nachdem IO-Tabellen einerseits und Fallstudien andererseits häufig unterschiedliche Aspekte in globalen Wertschöpfungsketten untersuchen und jedenfalls eine unterschiedliche Granularität aufweisen, erscheint ein pluralistischer methodologischer Ansatz als besonders sinnvoll.

1 Hocheinkommensländer (alphabetisch): Australien, Belgien, Chile, Dänemark, Deutschland, Estland, Finnland, Frankreich, Griechenland, Großbritannien, Irland, Island, Israel, Italien, Japan, Kanada, Korea, Lettland, Litauen, Luxemburg, Neuseeland, Niederlande, Norwegen, Österreich, Polen, Portugal, Schweden, Schweiz, Slowakei, Slowenien, Spanien, Tschechische Republik, Ungarn, USA. Mitteleinkommensländer: Argentinien, Brasilien, Brunei, Bulgarien, China, Costa Rica, Hongkong, Kolumbien, Kroatien, Indien, Indonesien, Kambodscha, Kasachstan, Malaysia, Malta, Marokko, Mexiko, Peru, Philippinen, Rumänien, Russland, Saudi-Arabien, Singapur, Südafrika, Taiwan, Thailand, Tunesien, Türkei, Vietnam, Zypern.

2 Technisch wird dazu die in Abbildung 3 abgebildete Transaktionsmatrix in eine Koeffizientenmatrix umgewandelt, die anstelle des Werts der Lieferungen die Werte der Zulieferungen pro Produktionseinheit angibt. Daraus ergibt sich die *direkte* Input-Output-Koeffizientenmatrix. Durch die Inversion dieser Koeffizientenmatrix erhält man die sogenannte „Leontief-Inverse" die die direkten und indirekten oder *totalen* Input-Output-Koeffizienten enthält. Der Name Leontief-Koeffizient stammt dabei von dem russischen Ökonomen Wassily Leontief, der als der Begründer der Input-Output-Analyse gilt.

3 Berechnung auf Basis von OECD-ICIO-Daten mittels STATA-Software-Befehl „icio" (Belotti et al. 2018).

Basisliteratur

Baldwin, Richard/Lopez Gonzalez, Javier (2015): Supply-chain Trade: A Portrait of Global Patterns and Several Testable Hypotheses. In: World Economy 38 (11), 1682-1721.

Timmer, Marcel P./Dietzenbacher, Erik/Los, Bart/Stehrer, Robert/de Vries, Gaaitzen J. (2015): An Illustrated User Guide to the World Input-Output Database: The Case of Global Automotive Production. In: Review of International Economics 23 (3), 575-605.

Weltbank (2019): World Development Report 2020: Trading for Development in the Age of Global Value Chains. Washington, DC: World Bank.

Literatur

Baldwin, Richard (2013): Global Supply Chains. Why they Emerged, Why they Matter, and Where they are Going. In: Elms, Deborah K./Low, Patrick (Hg.): Global Value Chains in a Changing World. Geneva: WTO Publications, 13-59. https://www.wto.org/english/res_e/booksp_e/aid4tradeglobalvalue13_e.pdf, 23.12.2019.

Baldwin, Richard (2016): The Great Convergence. Information Technology and the New Globalization. Cambridge, MA: Belknap Press of Harvard University Press.

Belotti, Federico/Borin, Alessandro/Mancini, Michele (2018): ICIO. Stata Module for Economic Analysis with Inter-Country Input-Output Tables (revidierte Fassung vom 3. Oktober 2019). Boston: Boston College Department of Economics.

Borin, Alessandro/Mancini, Michele (2019): Measuring What Matters in Global Value Chains and Value-Added Trade. Background Paper for the World Development Report 2020. Policy Research Working Paper 8804. Washington, DC: World Bank.

Chesbrough, Henry W./Kusunoki, Ken (2001): The Modularity Trap. Innovation, Technology Phase Shifts and the Resulting Limits of Virtual Organizations. In: Nonaka, Ikujiro /Teece, David J. (Hg.): Managing Industrial Knowledge. Creation, Transfer and Utilization. Sage Press: London: 202230.

Collier, Paul/Venables, Anthony J. (2007): Rethinking Trade Preferences. How Africa Can Diversify its Exports. In: World Economy 30 (8), 1326-1345.

Dao, Mai Chi /Das, Mitali/Koczan, Zsoka/Lian, Weicheng (2017): Drivers of Declining Labor Share of Income. IMF Blog. https://blogs.imf.org/2017/04/12/drivers-of-declining-labor-share-of-income, 1.1.2020.

Dedrick, Jason/Kraemer, Kenneth L./Linden, Greg (2010): Who Profits from Innovation in Global Value Chains? A Study of the iPod and Notebook PCs. In: Industrial and Corporate Change 19 (1), 81-116.

Feenstra, Robert C. (2017): Statistics to Measure Offshoring and its Impact. NBER Working Papers 23067. Cambridge, MA: National Bureau of Economic Research.

Gallagher, Kevin/Zarsky, Lyuba (2007): The Enclave Economy. Foreign Investment and Sustainable Development in Mexico's Silicon Valley. Cambridge, MA: MIT Press.

Gereffi, Gary/Humphrey, John/Sturgeon, Timothy J. (2005): The Governance of Global Value Chains. In: Review of International Political Economy 12 (1), 78104.

Hanzl-Weiss, Doris/Leitner, Sandra M./Stehrer, Robert/Stöllinger, Roman (2018): Global and Regional Value Chains. How Important, How Different? wiiw Research Report 427. Wien: Wiener Institut für Internationale Wirtschaftsvergleiche.

Hillberry, Russel H. (2011): Causes of International Production Fragmentation: Some Evidence. In: Sydor, Aaron (Hg.): Global Value Chains. Impacts and Implications. Canada: Minister of Public Works and Government Services, 77-101.

Kaplinsky, Raphael (2005): Globalization, Poverty and Inequality. Between a Rock and a Hard Place. Cambridge: Polity Press.

Kaplinsky, Raphael/Farooki, Masuma (2010): Global Value Chains, the Crisis, and the Shift of Markets from North to South. In: Cattaneo, Olivier/Gereffi, Gary/Staritz, Cornelia (Hg.): Global Value Chains in a Postcrisis World. A Development Perspective. Washington, DC: World Bank, 125-153.

Johnson, Robert C./Noguera, Guillermo (2012): Accounting for Intermediates: Production Sharing and Trade in Value Added. In: Journal of International Economics 86 (2), 224-236.

Jones, Ronald W./Kierzkowski, Henryk (1990): The Role of Services in Production and International Trade. A Theoretical Framework. In: Jones, Ronald W./Krueger, Anne O. (Hg.): The Political Economy of International Trade. Oxford: Blackwell, 31-48.

Jones, Ronald W./Kierzkowski, Henryk (2001): A Framework for Fragmentation. In: Arndt, Swen W./Kierzkowski, Henryk (Hg.): Fragmentation. New Production Patterns in the World Economy. Oxford: Oxford University Press, S. 17-34.

OECD (2013): Perspectives on Global Development 2013. Industrial Policies in a Changing World. Paris: OECD Publishing.

Pietrobelli, Carlo/Rabellotti, Roberta (2011): Global Value Chains Meet Innovation Systems. Are There Learning Opportunities for Developing Countries? In: World Development 39 (7), 12611269.

Stehrer, Robert/Stöllinger, Roman (2013): Positioning Austria in the Global Economy. Value Added Trade, International Production Sharing and Global Linkages. FIW-Research Reports 2013, N° 02. Wien: FIW – Research Centre International Economics.

Stöllinger, Roman/Foster-McGregor, Neil/Holzner, Mario/Landesmann, Michael/Pöschl, Johannes/Stehrer, Robert (2013): A ‚Manufacturing Imperative' in the EU – Europe's Position in Global Manufacturing and the Role of Industrial Policy. wiiw Research Report 391. Wien: Wiener Institut für Internationale Wirtschaftsvergleiche.

Stöllinger, Roman (2019): Testing the Smile Curve. Functional Specialisation in GVCs and Value Creation. wiiw Working Paper 163. Wien: Wiener Institut für Internationale Wirtschaftsvergleiche.

Sturgeon, Timothy J. (2001): How Do We Define Value Chains and Production Networks? In: IDS Bulletin 32 (3), 9-18.

Sturgeon, Timothy J./Memedovic, Olga (2011): Mapping Global Value Chains. Intermediate Goods Trade and Structural Change in the World Economy. UNIDO Working Paper 5/2010. Wien: UNIDO.

Timmer, Marcel P./Los, Bart/Stehrer, Robert/de Vries, Gaaitzen J. (2013): Fragmentation, Incomes and Jobs. An Analysis of European Competitiveness. In: Economic Policy 28 (76), 613-661.

Timmer, Marcel P./Erumban, Abdul A./Los, Bart/Stehrer, Robert/de Vries, Gaaitzen J. (2014): Slicing Up Global Value Chains. In: Journal of Economic Perspectives 28 (2), 99-118.

Timmer, Marcel P./Miroudot, Sébastian/de Vries, Gaaitzen J. (2019): Functional Specialisation in Trade. In: Journal of Economic Geography 19 (1), 130.

UNCTAD (2018): Trade and Development Report 2018. Power, Platforms and The Free Trade Delusion. New York: United Nations.

Wang, Zhi/Wei, Shang-Jin/Yu, Xinding/Zhu, Kunfu (2017): Characterizing Global Value Chains. Production Length and Upstreamness. NBER Working Paper 23261. Cambridge, MA: National Bureau of Economic Research.

Whittaker, D. Hugh/Zhu, Tianbiao/Sturgeon, Timothy J., Tsai, Mon Han/Okita, Toshi (2010): Compressed Development, In: Studies in Comparative International Development 45 (4), 439-467.

Wiebe, Kirstin S./Yamano, Norihiko (2016): Estimating CO_2 Emissions Embodied in Final Demand and Trade Using the OECD ICIO 2015. Methodology and Results. OECD Science, Technology and Industry Working Papers 2016/05. Paris: OECD Publishing.

World Bank/World Trade Organization (2019): Global Value Chain Development Report 2019. Technological Innovation, Supply Chain Trade, and Workers in a Globalized World. Washington, DC: World Bank.

Zaclicever, Dayna/Ahmad, Nadim/Bohn, Timon/Mulder, Nanno/Vaillant, Marcel (2017): Indicators on Global Value Chains. A Guide for Empirical Work. OECD Statistics Working Papers 2017/08. Paris: OECD Publishing.

Boy Lüthje

China: Werkstatt der Welt und Drehscheibe transnationaler Produktionsnetze

China ist weltweit der größte Standort transnationaler Produktionsnetze. Wie kein anderes industrielles Entwicklungsland profitierte die Volksrepublik von der rasanten Globalisierung der kapitalistischen Industrieproduktion. Im Verlauf dieser Entwicklung wurde China zur zweitgrößten Industriemacht weltweit und verfügt heute über ein breites Spektrum von Produktionsbranchen auf den verschiedensten Entwicklungsstufen.

Chinas atemberaubende Transformation von der „Werkstatt der Welt“ zu einer Drehscheibe transnationaler Produktionsnetze war eingebettet in die von der Kommunistischen Partei vorangetriebene Transnationalisierung der chinesischen Wirtschaft. Die Hinwendung zum Weltmarkt war Teil der ab 1978 eingeleiteten Politik der Reform und Öffnung und der massiven Privatisierung von Staatsbetrieben seit Mitte der 1990er Jahre. Im Gefolge entstand eine gemischte Ökonomie mit staatlichen, halbstaatlichen, privaten, ausländischen und auslandschinesischen Unternehmen.

Die Integration in den Weltmarkt wurde 1980 durch die Gründung von vier Sonderwirtschaftszonen in Südchina (Shenzhen, Zhuhai, Shantou und Xiamen) eingeleitet. Im Gefolge der politischen Unruhen des Jahres 1989 und des Zerfalls der Sowjetunion wurde die Öffnungspolitik ab 1992 massiv beschleunigt und schrittweise auf das ganze Land ausgedehnt. Eine zentrale Rolle spielten dabei überseechinesische Kapitalbesitzer in Hongkong, Taiwan, Singapur und den USA.

Vor allem über die Finanz- und Transportdrehscheibe Hongkong wurden umfangreiche Produktionsnetze in den Sonderwirtschaftszonen und anderen Standorten entlang der Küste aufgebaut. Das vorherrschende Modell war dabei die Lohnveredlung einfacher Konsumgüter auf Basis importierter Vormaterialien und deren Reexport (ähnlich dem mexikanischen Maquiladora-Modell). Als Arbeitskräfte wurden ArbeitsmigrantInnen aus teilweise weit entfernten Inlandsprovinzen Chinas angeworben.

Die interne Arbeitsmigration bildet bis heute die Basis der chinesischen Exportindustrie. Inzwischen gibt es fast 300 Millionen ländliche ArbeitsmigrantInnen. Reguliert wird die Arbeitsmigration durch das System der Haushaltsregistrierung. ArbeitsmigrantInnen sind am Ort ihres Familienhaushalts gemeldet, an ihren Arbeitsorten haben sie einen Status als „Bürger/in zweiter Klasse“ ähnlich wie ausländische ArbeitsmigrantInnen in Europa. Dieses System institutionalisiert die massenhafte Niedriglohnarbeit in den Wertschöpfungsketten von Industrieproduktion, Bau, Handel und Dienstleistungen (Lee 2007).

Die in China in den letzten Jahrzehnten entstandenen Produktionsnetze sind hochgradig differenziert und bedienen heute sowohl den Export als auch einen riesigen Binnenmarkt. In einzelnen Industriesektoren finden sich sehr verschiedenartige Konfigurationen von Wertschöpfungsketten mit jeweils eigenen Organisationsmodellen von Produktion und Arbeit. In die unterschiedlichen Produktionsregimes ist die Niedriglohnarbeit von ArbeitsmigrantInnen in jeweils spezifischer Weise eingebunden. Dies lässt sich am Beispiel dreier Industriebranchen illustrieren, für die China jeweils der weltweit bedeutendste Produktionsstandort ist.

Produkte der *informationstechnischen (IT) Industrie* wie PCs, Server, Smartphones etc. werden in globalen Netzen der Massenproduktion hergestellt, die von namhaften Technologieunternehmen wie Apple, Dell oder Huawei und den relevanten Chip- und Softwareherstellern gesteuert werden. Die Produktion ist kapitalintensiv und erfolgt in zumeist sehr großen Fabriken und Industrieparks, die von Kontraktfertigern ohne eigene Markennamen geführt werden. Die größte dieser Firmen, Foxconn aus Taiwan, hat etwa ein Dutzend Industrieparks an verschiedenen Standorten in China mit jeweils 100.000 bis 200.000 Beschäftigten (Lüthje et al. 2013a).

Die Produktionsbeschäftigten in diesen Hightech-Fabriken sind fast ausschließlich ArbeitsmigrantInnen, die zu sehr niedrigen Basislöhnen arbeiten und deshalb viele Überstunden leisten müssen.

Die Produktion ist hochgradig taylorisiert, um eine weitgehende Austauschbarkeit der Arbeitskräfte zu sichern. Die ArbeiterInnen sind in großen Fabrikwohnheimen untergebracht, die ein besonderes Kennzeichen dieses Produktionsregimes darstellen („flexible Massenproduktion", Lüthje et al. 2013b).

Wie in anderen Ländern des Globalen Südens war die *Bekleidungsindustrie* eine Türöffnerin für die Weltmarktproduktion, die im Falle Chinas vor allem von den großen Handelshäusern Hongkongs vorangetrieben wurde. In den 1990er Jahren entstanden rasch große Produktionscluster in semiruralen Standorten entlang der Ostküste, die durch eine hohe Spezialisierung gekennzeichnet sind. Die Produktionsstruktur ist überwiegend klein- und mittelbetrieblich (Lüthje et al. 2013b).

In der Bekleidungsindustrie herrscht „klassische" Niedriglohnarbeit vor, ebenfalls überwiegend von ArbeitsmigrantInnen. Im Unterschied zur IT-Industrie sind die Produktionsregimes nicht zentralistisch durchorganisiert, die Arbeitskräfte werden meistens im Stücklohn bezahlt. Die Branche war nach 2010 stark von Produktionsverlagerungen nach Süd- und Südostasien betroffen, hat aber ihren Status als eine der bedeutendsten industriellen Arbeitgeberinnen behalten.

Die Fertigung in der *Automobilindustrie* ist überwiegend auf den chinesischen Binnenmarkt ausgerichtet, der heute der weltweit größte Automobilmarkt ist. Fast alle führenden Automobilhersteller sind vertreten, zumeist in Gemeinschaftsunternehmen mit staatseigenen chinesischen Automobilkonzernen. Nach der Umwandlung dieser Staatsbetriebe in gewinnorientierte Unternehmen wurden seit Ende der 1990er Jahre rasch Produktionstechnik und -konzepte transnationaler Automobilkonzerne eingeführt (Lean Production, „Toyota Modell"). Die Zulieferpyramiden der Branche sind regional integriert, an den Hauptstandorten in China sowie innerhalb Ostasiens, und stark hierarchisiert. An der Spitze stehen Markenunternehmen und multinationale Zulieferer der „ersten Reihe"; die Zulieferer der unteren Ebenen sind meistens chinesische Privatunternehmen mit beschränkten Kapital- und Technologieressourcen (Lüthje/Tian 2015).

Die Produktionsregimes der Joint Ventures und der großen Zulieferer entsprechen den Standards multinationaler Großkonzerne. Die Löhne sind für China relativ hoch, es gibt umfassende betriebliche Sozial- und Ausbildungssysteme, allerdings werden zunehmend

LeiharbeiterInnen beschäftigt (Lüthje et al. 2013b). In den Kernunternehmen gibt es nur wenige ArbeitsmigrantInnen. In der Zulieferindustrie herrscht hingegen gering entlohnte Arbeit vor, vergleichbar mit der flexiblen Massenproduktion in der IT-Industrie oder kleinbetrieblicher Niedriglohnarbeit. Die starke Polarisierung der Belegschaften hat in den letzten Jahren wiederholt zu größeren Arbeitskonflikten bei Zulieferern und Leiharbeitsfirmen geführt.

Die Wertschöpfungsketten der chinesischen Industrie haben in den letzten zwei Jahrzehnten eine erhebliche Aufwärtsentwicklung durchlaufen. Die Entwicklung kompletter Innovations- und Produktionsnetze in Zukunftsbranchen ist auch das Ziel von „Made in China 2025", der nationalen industriepolitischen Strategie zur Herstellung einer weltweiten industriellen Führungsrolle Chinas. Im Mittelpunkt steht dabei die digitale Integration von Wertschöpfungsketten, für die das deutsche Konzept der Industrie 4.0 als Vorbild dient (Butollo/Lüthje 2017).

Die Entwicklung der Automatisierung wird von der existierenden Struktur der Produktionsnetze und -regimes geprägt. In der IT- und Automobilindustrie entwickelt sich die Digitalisierung angesichts der bereits vorherrschenden starken Automatisierung eher graduell. Allerdings ist es in vielen Bereichen der Zulieferindustrie zu einschneidendem Arbeitsplatzabbau durch den Einsatz von Robotern und digitalen Prozessleitsystemen gekommen. In den meisten Konsumgüterindustrien mit Klein- und Mittelbetrieben herrscht weiterhin nicht automatisierte Arbeit vor. Dies gilt insbesondere für die Bekleidungsfertigung, wo sich die bestehenden klein- und mittelbetrieblichen Cluster mit einer großen Zahl von Niedriglohnarbeitskräften als konkurrenzfähig erweisen (Lüthje 2019).

Die Transformation von Wertschöpfungsketten ist in technologisch entwickelten Kernbranchen bislang relativ beschränkt geblieben. In IT und Telekommunikation hat sich das Modell der Kontraktfertigung als stabil erwiesen, zumal auch die führenden chinesischen Markenunternehmen zumeist Kontraktfertiger nutzen. In der Automobilindustrie sind die Zulieferpyramiden des „Toyota-Modells" wenig verändert; allerdings zeichnet sich hier ein umfassender Bruch in den Produktionsmodellen ab, der vom raschen Wachstum der Herstellung von Elektrofahrzeugen vorangetrieben wird. Die entstehenden Netze der Massenproduktion in diesem Bereich sind vertikal stark desintegriert und ähneln denen der IT-Produktion.

Literatur

Butollo, Florian/Lüthje, Boy (2017): „Made in China 2025“. Intelligent Manufacturing and Work. In: Briken, Kendra/Chillas, Shiona/Krzywdzinski, Martin/Marks, Abigail (Hg.): The New Digital Workplace. How New Technologies Revolutionise Work. London: Palgrave, 42-61.

Lee, Ching-Kwan (2007): Against the Law. Labor Protests in China's Rustbelt and Sunbelt. Berkeley: University of California Press.

Lüthje, Boy/Tian, Miao (2015): China's Automotive Industry. Structural Impediments to Socio-economic Rebalancing. In: International Journal of Automotive Technology and Management 15 (3), 244-267.

Lüthje, Boy (2019): Platform Capitalism „Made in China“? Intelligent Manufacturing, Taobao Villages, and the Restructuring of Work. In: Science, Technology and Society 24 (2), 199-217.

Lüthje, Boy/Hürtgen, Stefanie/Pawlicki, Peter/Sproll, Martina (2013a): From Silicon Valley to Shenzhen. Global Production and Work in the IT-Industry. Lanham: Rowman & Littlefield.

Lüthje, Boy/Luo, Siqi/Zhang, Hao (2013b): Beyond the Iron Rice Bowl. Regimes of Production and Industrial Relations in China. Frankfurt am Main: Campus.

TEIL 2
GESCHICHTE

4

Andrea Komlosy

ZYKLEN DER GLOBALISIERUNG: TEXTILE GÜTERKETTEN IM HISTORISCHEN WANDEL

Das Konzept der globalen Güter-, Waren- oder Standortketten (im Folgenden kurz Güterketten) hat seit seiner theoretischen Formulierung in den 1970er und 1980er Jahren (Fröbel et al. 1977, 1986; Hopkins/Wallerstein 1977, 1986) breite Akzeptanz in Analysen ungleicher Arbeitsteilung erlebt. Ein wichtiges Verdienst der Güterkettenperspektive war die Überwindung rein betriebswirtschaftlicher oder nationalökonomischer Analysen, die dem expansiven, hierarchischen und grenzüberschreitenden Charakter des globalen Kapitalismus nicht gerecht werden konnten. Das Konzept wurde durch zahlreiche empirische Studien konkretisiert und differenziert. Bald koexistierten unterschiedliche Schlüsselbegriffe (wie globale Produktionsnetzwerke und Wertschöpfungsketten), die teilweise synonym verwendet werden, teilweise jedoch eine inhaltliche Schwerpunktverschiebung signalisieren (zu den Konzepten siehe Einleitung in diesem Band).

Als eine Begleiterscheinung des Erfolgs kann der Übergang von einem Instrument zur kritischen Analyse des globalen Kapitalismus in seiner historischen Formierung zu einem Instrument des Upgrading beobachtet werden. Letzteres impliziert, dass globale Produktionsnetzwerke und Wertschöpfungsketten als unabänderliche Organisationsformen akzeptiert werden und sich Politik- bzw. Managementempfehlungen darauf konzentrieren, die Position einzelner Staaten oder Unternehmen in solchen Abhängigkeitsketten durch gezielte Maßnahmen zu verbessern. Durch den Fokus auf eine pragmatische betriebswirtschaftliche bzw. entwicklungspolitische Handlungsorientierung steht in diesem Zweig der Güterkettenforschung die Gegenwartsanalyse und Zukunftsperspektive von Konzern- und Managementstrukturen im Vordergrund. Das Desinteresse für die historische Formierung von Güterketten hinterließ mitunter den Eindruck, es handle sich hierbei um ein Phänomen der jüngsten Globalisierungswelle seit den 1980er Jahren.

Umgekehrt sahen sich die verschiedenen Strömungen der Güterkettenforschung von einer akteursbezogenen Perspektive dem Vorwurf ausgesetzt, den Staat, die ArbeiterInnen, die KonsumentInnen und ihre Interessenvertretungen beim Zustandekommen, beim Aushandeln der Bedingungen, aber auch beim Protest gegen die Verlagerung von Arbeitsschritten an andere Standorte einer Güterkette nicht in ihre Überlegungen miteinzubeziehen. So entstanden Ansätze, die die Güterkettenorganisation mit anderen politischen, sozialen und kulturellen Feldern zusammenführten, insbesondere der globalen Arbeitsgeschichte (z.B. Newsome et al. 2015; Selwyn 2011). Durch diese Ansätze wurde die arbeitsteilige Organisation der Produktion in Güterketten stärker historisch bzw. sektoral kontextualisiert und mit den Interessen von Unternehmen, Staaten und sozialen Akteuren in Beziehung gesetzt. Die Aufgliederung des Produktionsflusses an mehrere Standorte mit unterschiedlichen Kosten-, Technologie- und Qualifikationsniveaus wurde nicht notwendigerweise als zwangsläufige Tendenz hingenommen, sondern als Resultat von spezifischen, historisch an bestimmten Orten durchgesetzten Bedingungen und Interessen, denen gegenüber es sowohl Widerstand oder Zugeständnisse als auch Alternativen gab.

Einer der Gründe, warum sich die gegenwartsbezogenen Sozialwissenschaften schwertun, die historischen Vorläufer der Güterketten wahrzunehmen, liegt in der Unterschiedlichkeit der Begriffe, in denen historische Zeitgenossen die Aufteilung von Produktionsschritten auf mehrere Standorte und ihre Zusammenführung in einer Abhängigkeitskette bezeichneten. Dies betrifft insbesondere das Verlagssystem (*putting out system*), jene großbetriebliche Produktionsweise, in der seit dem 17. Jahrhundert ein Generalunternehmer, häufig ein Großhandelshaus, die einzelnen Arbeitsschritte bei der Herstellung von Textilien, Metallwaren, Glaswaren, Uhren, Schmuck oder Holzgegenständen in den Haushalten meist ländlicher ProduzentInnen ausführen ließ, die als – mehr oder weniger selbständige – KontraktnehmerInnen fungierten. Die Mittelsmänner zwischen Verleger und Arbeitskräften nannte man Faktoren oder Fergger, die dezentralen AuftragnehmerInnen „Verlegte". Vielfach vernebelt die Bezeichnung als „Manufaktur" oder „Fabrik" die Tatsache, dass es sich dabei nicht um eine zentralisierte Fertigung, sondern einen dezentralen, aus mehreren Standorten und einer Vielzahl unterschiedlicher Arbeitscharaktere und Arbeitsverhältnisse zusammengesetzten Produktionsablauf handelte. Dieser nahm überregionale bis hin zu interkontinentale Ausmaße an und wies eine große Ähnlichkeit mit den Güterketten des späten 20. Jahrhunderts auf.

Erst die industrielle Revolution führte die Gewerbeproduktion in zentralen Fabriken mit mechanischem Antrieb und LohnarbeiterInnen zusammen. Damit verlagerte sich die Güterkette in die Abteilungen einer zentralisierten Produktionsstätte – bis sich im Gefolge der Weltwirtschaftskrise der 1970er Jahre die Organisation industrieller Massenproduktion durch Outsourcing an kostengünstigere Standorte der Güterkette wieder Bahn brach. Meist wird jedoch übersehen, dass auch im Zeitalter der zentralisierten Fabrik verschiedene Fertigungsschritte von der Zentrale an HeimarbeiterInnen und nahe oder ferne Zulieferbetriebe ausgelagert wurden, Güterketten und Zentralisierung also je spezifische Verbindungen eingingen.

Globale Güterketten stellen ein zentrales Element für das Verständnis von Kapitalakkumulation, die Triebkraft der kapitalistischen Produktionsweise, dar. Ihre historische Analyse zeigt auf, dass Kapitalismus keineswegs als süd- oder westeuropäische Besonderheit entstand, die sich später über die ganze Welt ausbreitete, sondern von Anbeginn an ein globales Verhältnis begründete, das auf ungleicher und ungleichzeitiger Arbeitsteilung und daraus resultierend auf ungleicher regionaler Entwicklung beruhte. Ein Schlüsselelement bildet dabei die Kombination von unterschiedlichen Arbeitsverhältnissen, die über ihre Eingliederung in überregionale Güterketten Werttransfer von Unternehmen am unteren Ende einer Güterkette in solche am oberen Ende ermöglichen. Damit unterscheidet sich der Gewinn, der aus Kapitalakkumulation auf der Basis von Standortkombinationen resultiert, ganz wesentlich von Handelsspannen, die durch Preisdifferenziale beim Tausch zwischen segmentierten Märkten ermöglicht werden.

In den Begriffen von Karl Marx ausgedrückt bedeutet dies: Wertsteigerung im kapitalistischen Sinn ist nicht aus der Zirkulation, dem einfachen Austauschvorgang Geld – Ware – Geld – Ware erklärbar, sondern muss aus dem Produktionsprozess des Kapitals selbst entspringen (Marx 1977 [1867]: 222). Soweit folgen wir Marx. Wir verlassen ihn dort, wo er als einzige Form, „in der überhaupt Wert über das Äquivalent hinaus" geschaffen werden kann, den „Mehrwert" gelten lässt:

> „Wenn der Arbeiter nur einen halben Arbeitstag braucht, um einen ganzen zu leben, so braucht er, um seine Existenz als Arbeiter zu fristen, nur einen halben Tag zu arbeiten. Die zweite Hälfte des Arbeitstages ist Zwangsarbeit; surplus-Arbeit. Was auf Seite des Kapitals als Mehrwert erscheint, erscheint exakt auf Seiten des Arbeiters als Mehrarbeit über sein Bedürfnis als Arbeiter hinaus" (ebd.: 230f.).

Marx entwickelte sein Modell vom Mehrwert im Angesicht der ersten klassischen Krise des Kapitalismus 1857 und arbeitete es in seinem Werk *Das Kapital* (1867) zu einem Schlüsselbegriff aus, der seither aus keiner sozialwissenschaftlichen Analyse wegzudenken ist. Sein Manko: Er beschränkt Ungleichheit und Ausbeutung im Kapitalismus auf das Verhältnis von Lohnarbeit und Kapital. Dabei übersehen Marx und die traditionellen MarxistInnen die vielfältigen anderen Formen, in denen Arbeitskraft zur Ware und dabei vom Kapital angeeignet wird. Diese Arbeitsverhältnisse betreffen nicht nur den zum Idealtyp stilisierten freien Lohnarbeiter, sondern alle möglichen Variationen und Kombinationen von Selbständigkeit und Unselbständigkeit, Zwangs- und Kontraktverhältnissen, Arbeit im informellen Sektor bis hin zur unbezahlt geleisteten Arbeit im Haushalt und in der Subsistenz. Diese Arbeitsverhältnisse unterliegen dem Zugriff des Kapitals dann, wenn sie – innerhalb eines Haushaltes, in letzter Konsequenz aber auch innerhalb einer Person selbst – miteinander verbunden werden und – vermittelt über die Beschäftigung eines Haushaltsmitglieds als LohnarbeiterIn – vom Kapital angeeignet werden. Dieser Mechanismus ist im Rahmen der Weltsystemanalyse (Wallerstein 2004), der Subsistenzperspektive (Bennholdt-Thomsen et al. 1983) und der globalen Arbeitsgeschichte (Komlosy 2015; Van der

Linden 2015) – mit mehr oder weniger positiver Bezugnahme auf den Marxismus – seit den 1970er Jahren vielfältig dokumentiert worden.

Globale Güterketten und ähnliche Konzepte können diese Prozesse in Hinblick auf die Anordnung unterschiedlicher Arbeitsverhältnisse im Raum wesentlich konkretisieren und um eine entwicklungspolitische Dimension bereichern, denn das Mischungsverhältnis der unterschiedlichen Arbeitsformen ist ein Indikator für die Stellung einer Region in der internationalen Arbeitsteilung; seine Veränderung ein Indikator für Verschiebungen in der globalen Hegemonie.

Der vorliegende Beitrag zeigt charakteristische Etappen in der Entwicklung textiler Güterketten und fragt nach den Ursachen für den Wandel der spezifischen zeitlichen und räumlichen Konstellationen. Er zeigt auf, dass der Weltmarkt für Textilien seit dem 17. Jahrhundert in Form von multilokalen Produktionsketten organisiert ist. Diese Form der Produktion unterscheidet sich von der handwerklichen Exportgewerbeproduktion, die an einem Standort konzentriert war und ihre Produkte über den Handel in den – weltweiten – Austausch brachte. Handel mit Finalprodukten blieb vor allem im Luxusbereich ein bestimmendes Tauschverhältnis.

Die integrierte Finalproduktion wurde seit dem 17. Jahrhundert jedoch zunehmend durch Formen der Unternehmensorganisation abgelöst, die auf der Aufteilung der Arbeit auf mehrere Standorte beruhte. Dies erlaubte es, unterschiedliche Arbeitsmärkte, Rechtsverhältnisse und Formen der politischen Regulierung (Unternehmensgründung, Arbeitsrecht, Steuerpolitik, Qualitätssicherung) miteinander so zu kombinieren, dass sie für den Organisator der Produktionskette möglichst profitabel waren. Die räumliche Reichweite und die institutionelle Trägerschaft stellten lediglich Variationen dieses Prinzips dar. Produktionsketten wurden zwischen Stadt und Umland, über größere regionale Distanzen oder im globalen Maßstab installiert. Träger waren entweder Händler, die als sogenannte Verleger die Beteiligten aktivierten und die Kommunikation zwischen den selbständigen Produzenten an den verschiedenen Standorten besorgten, oder Produzenten, die – ausgehend von einem bestimmten Fertigungsschritt – vor- und nachgelagerte Schritte in Form von Produkten und Dienstleistungen zukauften; sie konnten dabei mit selbständigen ProduzentInnen kooperieren, die bestimmte Arbeitsaufträge übernahmen, oder die Produktionskette in eigener Regie in Form eines vertikal integrierten Unternehmens mit mehreren Standorten organisierten. Für all diese Varianten bietet die Geschichte mannigfaltige Anschauungsbeispiele (Komlosy 2015).

Organisationsformen der Textilindustrie

Das Manufaktur- und Verlagswesen, das seit dem 17./18. Jahrhundert die textile Massenproduktion für überregionale Märkte prägte, kann als eine frühe Form der Globalisierung angesehen werden (Komlosy 2008: 82). Es wies in asiatischen wie in europäischen Textilzentren Ähnlichkeiten auf. Ein Händler oder ein größerer Produzent (Verleger) kaufte in großem Stil Rohmaterial ein, ließ dieses von selbständigen Produzenten im näheren, bald auch im weiteren Umkreis verarbeiten und anschließend bei weiteren Spezialisten oder in einer zentralen Einrichtung endfertigen. Die Auftragnehmer gaben die Aufträge ihrerseits an Subunternehmen weiter. Da in den Städten Zünfte oder zunftähnliche Produzentenvereinigungen gegen die Vergabe von Aufträgen an nichtzünftische Produzenten auftraten, erstreckte sich das Verlagssystem, das in Indien als *Dadni*-System, in der chinesischen Seidenindustrie als *Zangfang*-System bekannt ist, zunehmend aufs Land. Das Beispiel St. Gallen zeigt, dass ein Verlagssystem aber auch von einer städtischen Zunft ausgehen konnte; in der Regel jedoch standen Zünfte der Konkurrenz des Verlagssystems negativ gegenüber; unilokale Meister und multilokale Verleger bekämpften einander und wetteiferten um Einflussnahme auf die gesetzlichen Rahmenbedingungen für textile Produktion. Das indische *Thread&Money*-System zeigt, wie ein kleinräumiges Verlagssystem, wenn es unter die Kontrolle eines Global Players, in diesem Fall der britischen *East India Company* (EIC) kam, den Druck auf die Weber bis zur Schuldknechtschaft steigerte (Chaudhuri 1990).

Der Erfolg des Verlagssystems beruhte auf der Kosteneinsparung und Risikoüberwälzung, die sich aus der Aufteilung der einzelnen Arbeitsschritte an ArbeiterInnen mit unterschiedlichen Spezialisierungen und Einkommen ergab. Es machte sich unterschiedliche Reproduktionskosten zwischen Stadt und Land, zwischen zentral gelegenen und schwer erreichbaren Regionen zunutze und beruhte auf Verbesserungen der Technik und des organisatorischen Ablaufs sowie auf Schulungs- und Disziplinierungsmaßnahmen für die Arbeitskräfte. Der Großteil der Arbeit wurde auf Spinnrädern und

Handwebstühlen in den Häusern der Auftragnehmer verrichtet, während die Mechanisierung der Produktion auf wenige Schritte wie das Glätten oder Walken von Wollstoffen beschränkt blieb. Gegen die eurozentrische Gepflogenheit, das Verlagswesen als „protoindustrielle“ Produktionsweise, also als Vorstufe zur Industrialisierung anzusehen, wurde in den letzten Jahren der Begriff der „industriösen“ Produktion geprägt (De Vries 2008). „Industriös“ steht für die zahlreichen Produktions- und Produktivitätssteigerungen, die in textilen Exportgewerberegionen weltweit durch organisatorische Innovation, Leistungssteigerung und effiziente Anordnung des Produktionsablaufs erzielt wurden. Der Begriff würdigt jene Verbesserungen, die den Arbeitseinsatz intensivierten und den Output steigerten, ohne Kraftmaschinen einzusetzen.

Als entscheidende Zäsur gilt die Einführung des Fabriksystems. Binnen 20 Jahren wurden zwischen 1780 und 1800 in Großbritannien, dem Musterland der sogenannten Industriellen Revolution, kraftbetriebene Maschinen für das Spinnen, Weben und den Textildruck entwickelt. Dies erforderte die Zentralisierung der textilen Produktion in Fabriken. Da sie als Erstes in der Baumwollspinnerei praktiziert wurde, wird diese als *leading sector* der Industriellen Revolution bezeichnet. In der Weberei ließ die Umsetzung im Produktionsbetrieb noch einige Jahrzehnte auf sich warten (Komlosy 2010: 55). In West- und Zentraleuropa übernahm man rasch das Fabriksystem nach britischem Vorbild. Im Abstand von 20 bis 40 Jahren wurde zunächst die Spinnerei (1800–1820) und in der Folge die Weberei (1850–1870) mechanisiert, Arbeit in der Fabrik wurde zum vorherrschenden Arbeitsverhältnis. Mit dem industriellen Großbetrieb, der sämtliche Stufen der Verarbeitung unter einem Dach zusammenfasste, stand das Fabriksystem im Gegensatz zur dezentralen Form der Unternehmensorganisation im Verlagswesen. Die große Industrie und die industrielle Lohnarbeit prägten fortan das Idealbild der wirtschaftlichen Entwicklung. Tatsächlich blieb die Fabrik in dieser Form eine Ausnahme; und sie fügte sich ihrerseits in überregionale Produktionsketten ein.

Asiatische Textilregionen durchliefen im 19. Jahrhundert keine Entwicklung des Fabriksystems. Europäisches Fabrikgarn, das ab 1820 heimische Handgespinste ersetzte, floss als Vorleistung in die Handweberei ein. Während die Handspinnerei rückläufig war, arrangierten sich die HandweberInnen mit der neuen Produktionskette, die westeuropäische Fabrikspinnerei mit asiatischer Handweberei verband (Roy 2010). Als ab 1850/70 auch auf dem Gewebesektor europäische Konkurrenz auf asiatischen Märkten auftauchte, bedeutete dies weder eine Übernahme der neuen Technologie noch den Niedergang der Handweberei.

Auch in peripheren ländlichen Regionen in Europa selbst blieb die „industriöse" Produktionsweise bestimmend. Solange in der ersten Hälfte des 19. Jahrhunderts Garn in Fabriken hergestellt wurde, während Weben im Handbetrieb erfolgte, verlief die Produktionskette von der Spinnfabrik über die Handweberei zur weiteren Verarbeitung (Drucken, Ausrüsten), die wieder in der Fabrik erfolgte. Als Organisatoren der Güterkette traten in der Regel „Fabrikanten" auf, die genau genommen im organisatorischen Bereich tätig, also eigentlich Verleger waren. Im österreichischen Kontext können wir uns das folgendermaßen vorstellen: Der Webwarenfabrikant hatte seinen Hauptsitz in einem der Wiener Textilviertel, zum Beispiel in der Webgasse, wo sich auch die Großhandelsniederlage und das Büro befanden. Garn wurde von einer Spinnerei im niederösterreichischen Industrieviertel bezogen und die Webaufträge wurden über Mittelsmänner (Faktoren) an HeimweberInnen im Waldviertel oder in den böhmischen Ländern vergeben. Lediglich die Seidenweberei war in Wien lokalisiert. Weitere Verarbeitungsschritte wurden an die entsprechenden Spezialbetriebe verteilt. Nach dem gleichen Muster wurde in Brünn/Brno, in Reichenberg/Liberec oder in Troppau/Opava verfahren. Der Fabrikant agierte somit als Vermittler entlang einer Produktionskette, die durch die Mechanisierungslücke in der Weberei bestimmt war (Komlosy 2008, 2010).

In der zweiten Hälfte des 19. Jahrhunderts wurde auch das Weben in Fabriken zentralisiert. Damit war die Vergabe von Aufträgen an HandweberInnen in darauf spezialisierten ländlichen Regionen obsolet geworden. Als Töchter oder Filialen von Fabrikanten aus den Zentralräumen entstanden in vielen ehemaligen Heimweberregionen mechanische Webereien. Diese Regionen fungierten auch als Fabrikstandorte im Sinne verlängerter Werkbänke. Darüber hinaus erforderte die Ausdifferenzierung der textilen Produktpalette neue Formen der Handarbeit, die aus technischen oder aus betriebswirtschaftlichen Gründen an HeimarbeiterInnen ausgelagert wurde. Bei der Stoffherstellung handelte es sich um Spezialgewebe und Sondergrößen, um das Anbringen von Borten, Fransen, Stickereien, die von den Webwarenfabrikanten an umliegende WeberInnen und HeimarbeiterInnen vergeben wurden.

Im Bereich der Bekleidung, die am Ende des 19. Jahrhunderts vor allem in den städtischen Zentren zum Massenartikel wurde, ging es um Zuschneiden, Nähen und alle möglichen modischen Applikationen, die im Auftrag von Produzenten oder Handelshäusern in einem urbanen Verlagssystem mit Meistern, ZwischenmeisterInnen und StücklohnarbeiterInnen hergestellt wurden, für das im englischsprachigen Raum der Begriff des *sweat shop* aufkam. Im ländlichen Raum war die Anfertigung von Kleidungsstücken bis weit ins 20. Jahrhundert eine Angelegenheit häuslicher oder gewerblicher SchneiderInnen. Mit der Wirkwaren-, der Börtel-, der Stickerei-, der Zwirnknopf- und der Spitzenerzeugung erlebten Ende des 19. Jahrhunderts neue Formen der Textilproduktion Aufwind, die ihrerseits fabrikmäßige, handwerkliche und heimindustrielle Fertigungsschritte aufwiesen (Komlosy 2010). Die Güterketten hatten durch die regionale Ausbreitung des Fabriksystems in den Industriestaaten eine räumliche Kontraktion erlebt, da sich die HeimarbeiterInnen in einem kleinen Umkreis um Fabrikanten und Verleger befanden. Das Handwerk und die Heimarbeit banden jedoch weiterhin einen viel größeren Teil von Arbeitenden in den textilen Produktionsprozess ein als das Leitmodell, die Fabrik. Ungeregelte und unterbezahlte Arbeitsverhältnisse konnten so vorherrschen und trotzdem als Ausnahme, als Relikt aus früheren Zeiten angesehen werden, folglich wurden sie auch nicht in die neuen Konzepte sozialpolitischer Absicherung eingebunden, die das Fabriksystem in den entwickelten Industrieländern hervorbrachte. Die soziale Vorsorge trugen Haushalte und Familien.

Eine am europäischen Vorbild orientierte Einführung des Fabriksystems in ehemals agrarisch oder handwerklich-industriös orientierten europäischen und außereuropäischen Regionen erfolgte erst nach dem Ersten, in anderen Fällen nach dem Zweiten Weltkrieg und stand im Zusammenhang mit den Bemühungen der im Gefolge der Entkolonialisierung neu entstandenen Nationalstaaten in Ost- und Südosteuropa sowie in der „Dritten Welt", eine eigenständige Fabrikindustrie aufzubauen. In der Praxis beschränkte sich der Erfolg auf jene Branchen, in denen die Technologien ausgereift und daher billig verfügbar waren und mangelndes Kapital durch arbeitsintensive Fertigung kompensiert werden konnte. Textilwaren und in zunehmendem Maße auch Bekleidung wurden zu den Flaggschiffen nachholender Industrialisierung, nicht zuletzt deshalb, weil die weltwirtschaftliche Dynamik in der Zwischenzeit von anderen Leitsektoren bestimmt wurde und Produzenten in den reichen Staaten zunehmend das industriepolitische Interesse an einer nationalen Textilindustrie verloren. Es setzte somit eine Phase ein, in der das bisher in den westlichen Staaten vorherrschende fabrikindustrielle Modell übernommen wurde.

In den realsozialistischen osteuropäischen Ländern begünstigte die staatliche Wirtschaftsplanung die nachholende Industrialisierung. Die räumlich aufgesplitterte Güterkette trat gegenüber einer möglichst alle Fertigungsstufen integrierenden zentralisierten Fabrikproduktion in den Hintergrund. Bei allen Schwierigkeiten mit der nachholenden Industrialisierung verschoben sich die Schwerpunkte der textilen Massenproduktion im Laufe des 20. Jahrhunderts in die *Newly Industrializing Countries* (NICs). Manche davon konnten an frühere textile Kompetenz anknüpfen, die durch die europäische Fabrikindustrie zerstört bzw. von den Weltmärkten verdrängt worden war, andere waren bis dato vor allem Agrar- und Rohstoffproduzenten und erhofften sich durch den Aufbau einer Textilindustrie eine nationalökonomische Entwicklungsperspektive mit dem Ziel der Binnenmarktentwicklung auf der Basis einheimischer industrieller Kapazitäten. Das Paradigma der nachholenden nationalökonomischen Entwicklung, das den so unterschiedlichen Modellen gleichermaßen zugrunde lag, stieß mit der Weltwirtschaftskrise der 1970er Jahre allerdings an seine Grenzen.

Die Antwort der westlichen Textilunternehmen auf die Krise lautete Re-Globalisierung in Form verlängerter Werkbänke. Im Vergleich zu anderen, innovationsintensiveren Branchen erwies sich die industrielle Massenproduktion in den alten Industrieländern als nicht mehr profitabel. Die Folge war die Entstehung einer neuen internationalen Arbeitsteilung, in der die entwickelten Länder auf Dienstleistungen, Technologieentwicklung und wissensbasierte Produktion setzten, während die industrielle Massenproduktion, allen voran Textil und Bekleidung, Elektronik, Stahl und Autoassembling, in NICs verlagert wurde (Fröbel et al. 1977).

Die Chancen der verlängerten Werkbänke auf erfolgreiche nachholende Industrialisierung waren jedoch durch die weltwirtschaftlichen Rahmenbedingungen massiv eingeschränkt. Das Multifaserabkommen (1974–1994) nahm den Textilhandel von den allgemeinen Liberalisierungen des *General Agreement on Tariffs and Trade* (GATT) aus. Gemeinsam mit zahlreichen bilateralen Verträgen legte es Quoten fest, um die westliche Textilindustrie vor Konkurrenz aus Billiglohnländern zu schützen. Die Quoten führten jedoch zu einer Verlagerung der Produktion in neue Produzentenländer in Asien, aber auch Afrika, die über keine oder nicht erfüllte Quoten verfügten. Große Handelsunternehmen, die in der Fachsprache aus als „globale Käufer" bezeichnet werden, machten gleichzeitig starken Druck, um den Handel zu liberalisieren und Produktionsschritte ungehindert an periphere Standorte des Globalen Südens sowie in das damals noch realsozialistische Osteuropa verlagern zu können. Das Welttextilabkommen (1995–2004) trug der geänderten Situation der 1990er Jahre Rechnung. Der Beschäftigtenabbau im Textil- und Bekleidungsbereich der alten Industrieländer war weitgehend abgeschlossen. Die Industrieländer gestanden den NICs in der Uruguay-Runde des GATT, die zur Gründung der Welthandelsorganisation führte, den schrittweisen Abbau der Quoten zu; Zölle spielen aber weiterhin eine wichtige Rolle, und präferentieller Marktzugang bestimmt somit weiterhin Standortdynamiken. All dies bewirkte, dass die nichtwestlichen Unternehmen zwar ihren Anteil an der globalen Textil- und Bekleidungsproduktion ausbauen konnten, dabei allerdings auf die Rolle der verlängerten Werkbank beschränkt wurden.

In einer ersten Phase wurde die Neuordnung der Standorte im Weltmaßstab maßgeblich von den multinationalen Produzenten getragen, die standardisierte und arbeitsintensive Industrien zunehmend an Billiglohnstandorte auslagerten, während Unternehmensleitung, Logistik, Forschung & Entwicklung in den alten Zentren verblieben. Dies wird als „produzenteninitiierte" Güterkette bezeichnet (Gereffi 1994; Gereffi/Memedovic 2003). In einer zweiten Phase ging seit den 1990er Jahren das Kommando über die Güterkette von den produzierenden Konzernen auf Handelshäuser und Markeninhaber über. Dies betraf vor allem die Bekleidungs-, Leder- und Elektronikindustrie und brachte Verleger neuen Typs hervor. Dabei tritt das Unternehmen nicht mehr selbst als Produzent in Erscheinung, sondern agiert als Intermediär zwischen produzierenden Zulieferern und den Auftraggebern. Man spricht hier von „käuferdominierten" Ketten. Diese „Käufer" übern in der globalen Güterkette die größte Macht aus – nicht zu verwechseln mit den KonsumentInnen.

In dieser Phase gewann industriell hergestellte Bekleidung, die seit den 1960er Jahren den Siegeszug zu einem globalen Massenkonsumartikel antrat, neben der Textilindustrie eigenständige Bedeutung. Während Garnherstellung und textile Flächenbildung (Weben, Wirken) ein enormes Rationalisierungspotenzial boten, das diese Sparten bei entsprechender Rationalisierung und Spezialisierung auch in den alten Industrieländern fortbestehen ließ, blieb die Herstellung von Kleidungsstücken auch unter industriellen Bedingungen ein extrem arbeitsintensives Feld. Hier konzentrierte sich das Gros der Produktionsverlagerungen. Spinnereien und Webereien stellen auch in Entwicklungsländern zentralisierte Fabrikbetriebe mit einer immer geringer werdenden Zahl von ArbeiterInnen dar; das Zuschneiden, das Nähen und Endfertigen (*Cut Make Trim*) von Kleidungsstücken hingegen erfordert viele „fleißige Hände". Das Zuschneiden erfolgt zentral, die Näh- und Ausfertigungsarbeiten werden an kleinere Zulieferer ausgelagert. Diese setzen ihrerseits Heimarbeiterinnen ein. Während mit der Industrialisierung im Textilbereich geregelte Lohnarbeitsverhältnisse eine Ausweitung erlebt hatten, eröffnete die Bekleidungsindustrie ein neues Feld von ungeregelten, ungesicherten, informellen Arbeitsverhältnissen. Die Güterkette ist nicht von technologischen Erfordernissen, sondern von der Möglichkeit des Zugriffs auf Arbeitskräfte bestimmt, die bereit sind, *just in time*, unregelmäßig, zu Niedriglöhnen und ohne soziale Rechte zu arbeiten. Dies verstärkt die Konkurrenz zwischen urbanen und ländlichen Standorten, Männern und Frauen sowie alteingesessenen und neu zugewanderten Arbeitskräften.

Die Herstellung von Bekleidung wurde so immer mehr zur Domäne von Billiglohnländern. Neben den internationalen Rahmenabkommen schlossen die großen Wirtschaftsmächte bzw. Regionalblöcke wie die USA oder die EG/EU bilaterale und regionale Abkommen, die Billiglohnanbietern in ihrem regionalen Einzugsbereich über die Quoten hinausgehenden und zollfreien Zugang zu ihren Märkten einräumten – sofern sie sich an die Rolle der passiven Lohnveredelung hielten. Die USA betrieben ab 1992 ein solches *production sharing* (807/9802 Programm) mit Mexiko, Zentralamerika und der Karibik. Die Europäische Union schloss sogenannte „*Outward Processing Trade* (OPT)"-Abkommen mit osteuropäischen und nordafrikanischen Staaten (Gereffi/Memedovic 2003: 10). Bereits in den 1970er Jahren wurden Lohnveredelungsaufträge an osteuropäische Staatsbetriebe vergeben (Komlosy 2006: 85). Seit dem Systemwechsel 1989/91, mit dem die vertikal integrierten Staatsbetriebe, die die gesamte Produktionskette kontrollierten, zerschlagen und privatisiert wurden, bedeutete dies, dass in Osteuropa Kapazitäten im Spinn- und Webbereich stillgelegt wurden, während der Bekleidungsbereich anwuchs. Die westlichen Auftraggeber können sich aus der breiten Palette vorhandener Qualifikationen jene Bereiche aussuchen, die in die globalisierten Produktionsketten eingebaut werden (Barendt/Musiolek 2005; Plank/Staritz 2009).

Das Auslaufen des Welttextilabkommens und die Liberalisierung des Welttextilhandels sowie der EU-Beitritt der osteuropäischen Staaten (2004) stellte eine neue Situation dar: Da die Herstellung von Bekleidung in weltweiten Produktionsnetzwerken betrieben wird, war ein Schutz für produzierende Bekleidungsbetriebe in den alten Industrieländern obsolet geworden. Das in den Abkommen festgelegte Quotensystem hatte sich längst als Fessel im globalen *Sourcing* erwiesen. Die Liberalisierung verschärfte allerdings die Kluft zwischen den weltweiten Anbietern und räumt außereuropäischen Regionen eine zentrale Rolle als globale Produktionsstandorte ein. Der Wegfall der Quoten begünstigte die regionale Konzentration, die insbesondere China das Upgrading zu einem globalen Player erlaubt, der selbst als Drehscheibe globaler Güterketten auftritt. Die verschärfte Konkurrenz treibt unter den Zulieferern der großen Käufer (=Auftraggeber) die Differenzierung im Kampf um die guten Plätze in der Güterkette voran; um „vorne" zu sein, müssen Konkurrenten verdrängt und andere als noch billigere Zulieferer erschlossen werden (Komlosy 2017). Auch die internationalen Bekleidungsketten erleben in den letzten Jahren einen rasanten Konzentrationsprozess.

Zyklen der Globalisierung

Der historische Rückblick zeigt, dass das Auslagern von textilen Produktionsschritten an Standorte mit niedrigeren Produktionskosten unter Ausnützung von Lohn-, Preis- und Rechtsdifferenzen eine lange Geschichte hat – es erweist sich als Konstante im kapitalistischen Weltsystem. Eingeführt wurde die mehrere Standorte umfassende, überregionale Güterkette in Form des Verlagssystems im 17. Jahrhundert in praktisch sämtlichen Exportgewerberegionen der Welt zunächst im regionalen Maßstab. Sie umfasste im engeren Sinn Wollaufbereitung, Spinnvorbereitung, Spinnen, Weben, Färben bzw. Bemalen und Bedrucken von Stoffen sowie die erforderliche Ausrüstung. Im weiteren Sinn muss auch die Rohstoffgewinnung in die Güterkette einbezogen werden, was überall dort, wo der Rohstoff nicht lokal verfügbar war, überregionale Beziehungen erforderte. Aber auch das Verlagssystem im Bereich der Verarbeitung nahm in vielen Fällen überregionalen Charakter an, am ausgeprägtesten im Fall der britischen oder der niederländischen Ostindiengesellschaften, deren Verlagsorganisation indische Produzenten erfasste und die über ihre Verbindungen dafür sorgten, dass die Produkte weltweit abgesetzt wurden.

Das Verlagssystem beim Spinnen und Weben wurde im Zuge der Industriellen Revolution in den Zentrumsstaaten im 19. Jahrhundert sowohl räumlich als auch im Arbeitsprozess an den Rand gedrängt. Spinnen, Weben und Wirken wurden damals in mechanischen Fabriken konzentriert – zunächst in bestimmten Fertigungsbereichen und bald in allen Gliedern der Kette. Demgegenüber wurde Bekleidung erst in der zweiten Hälfte des 19. Jahrhunderts zu einer Ware, die in – nunmehr vor allem urbanen – verlagsmäßigen Zusammenhängen hergestellt wurde. In den Peripherien der Weltwirtschaft machte das Verlagssystem erst im 20. Jahrhundert der Zentralisierung und Zusammenfassung der Produktion in Fabriken Platz. Die Einführung des Fabriksystems und der Fabrikarbeit galt in Hinkunft als Ziel und Ausdruck erfolgreicher nachholender Entwicklung und signalisierte insbesondere in den postkolonialen Staaten den Aufbau eigenständiger industrieller Kapazitäten. Verbunden damit war die Herausbildung von ArbeiterInnen-Organisationen, die um arbeitsrechtliche und sozialpolitische Regulierung der Arbeitsverhältnisse kämpften. Die Standards in den Peripherien glichen sich jenen in den Zentren jedoch nicht an, was von den Beschäftigten Lohnverzicht, Flexibilität und zusätzliche Erwerbsformen verlangte. In Krisen wurde die geregelte Beschäftigung in der Fabrik auch in den Zentren zurückgefahren. Kriege bedeuteten die Forcierung bestimmter Textilien oder die Zurückdrängung zugunsten anderer kriegswichtigerer Produkte. Nach den Weltkriegen stieg die Nachfrage im Textil- und Bekleidungsbereich wiederum stark an, sodass die Branche in Zentrums- und Peripheriestaaten gleichermaßen hohe Wachstumsraten aufwies; gleichzeitig nahmen der gewerkschaftliche Organisationsgrad und die soziale Absicherung der FabrikarbeiterInnen zu. Niemand rechnete mit einer Wiederkehr des Verlagssystems.

Die Neuauflage räumlich dislozierter Formen im Textil- und Bekleidungsbereich wurde mit der Weltwirtschaftskrise der 1970er Jahre eingeleitet. Standardisierte und arbeitsintensive Fertigungsschritte wurden von multinationalen Konzernen in Billiglohnländer in Europa und in der „Dritten Welt" ausgelagert, Stammsitze, Forschung, Organisation und Logistik hingegen verblieben in den alten Industrieländern, wo neue Leitsektoren entwickelt wurden. Die Weltmarktfabriken, die für multinationale Konzerne arbeiteten, etablierten den Textil- und Bekleidungsbereich als eine von den Konzernen kontrollierte Kette von Produktionsstandorten. Die Konzernzentralen gaben vor allem die arbeitsintensiven sowie die standardisierten Teile der Produktion an Tochterfirmen oder Fabrikanten weiter, die ihrerseits Subunternehmer einsetzten. Gleichzeitig entstanden durch die Verlagerung in Länder des Globalen Südens industrielle Kompetenzen, die neue Konkurrenten auf dem Weltmarkt hervorbrachten. Aber weder der maschinenintensive Textilsektor noch der arbeitsintensive Bekleidungssektor wiesen zu diesem Zeitpunkt ein Potenzial für Basisinnovationen auf. Der Wettbewerb wurde und wird vielmehr über eine kostengetriebene Standortkonkurrenz ausgetragen. Der Schwerpunkt lag fortan in der Konfektion, bezog aber auch die fabrikmäßige Herstellung der Stoffe in die Organisation der Güterkette ein.

Den wachsenden Möglichkeiten für die produzierenden Unternehmen steht allerdings die Aushöhlung der Konzernstrukturen durch käuferdominierte Auftraggeber gegenüber. Große Produktionsbetriebe gingen in Konkurs oder wurden stillgelegt. Andere transformierten sich aus eigenem Antrieb in solch „hohle" Konzerne, die die eigentlichen Fertigungsschritte an Zulieferer auslagerten und selbst in der Rolle der Organisations- und Logistikdrehscheibe verblieben. Durch die beschleunigten Rhythmen der Mode, die die Nachfrage anheizen sollen, aber auch durch die technologischen Möglichkeiten, das Bestell- und Lieferwesen den Nachfrageschwankungen anzupassen, entstehen neue Anforderungen an die Unternehmensorganisation, die Handelsketten und Markeninhaber besser zur Steuerung der Produktionskette qualifizieren als den produzierenden Konzern (Gereffi/Memedovic 2003: 6; Plank et al. 2014).

Der Preiskampf und die Verbilligung der Transport- und Kommunikationskosten leiteten immer neue Formen des Unterbietens und des Ausweichens an neue, noch kostengünstigere Standorte ein. Sie brachten aber auch das Ende des entlang der Produktionskette integrierten Konzerns mit stabilen Beschäftigungsverhältnissen sowie gesicherten Arbeitsrechten und Sozialleistungen für die Belegschaft. An seine Stelle traten Güterketten, die verschiedene Arbeits- und Rechtsverhältnisse kombinieren und auf diese Weise soziale Rechte, Tarifverträge, Steuern und Umweltauflagen in einzelnen Staaten unterlaufen können. Diese Entwicklung eröffnete ein *race to the bottom*, das auch vor den geregelten und gesicherten Arbeitsplätzen der alten Industrieländer nicht haltmacht.

Während ArbeiterInnen-Bewegungen im Zuge der Proliferation der industriellen Massenproduktion von der Anhebung von Mindeststandards und der Angleichung von sozialen Rechten träumten, hatte im Gefolge der Weltwirtschaftskrise der 1970er Jahre eine Wende stattgefunden. Im Textil- und Bekleidungssektor bedeutete die als Antwort auf die Krise eingeschlagene Kostensenkungsstrategie die Abkehr vom vertikal integrierten Produktionsbetrieb, der eine Abfolge von Arbeitsschritten an einem Standort vornahm. Damit einher ging die Kampferklärung der internationalen Handels- und Finanzorganisationen an nationale – und noch mehr an unter den Ländern des Globalen Südens koordinierte – Entwicklungsstrategien. Unter dem Sachzwang der Kostensenkung wurden Wettbewerbsregeln durchgesetzt, die heute weltweit und auch innerhalb der Staaten die Freiheit des Kapital-, Waren- und Dienstleistungsverkehrs und damit die Dislozierung, Verlagerung und Informalisierung ermöglichen und Regulierungen auf nationaler Ebene ausschließen. Unter dem Eindruck der gesellschaftlichen Diffamierung der national- und übernational-staatlichen Regulierung setzt sich die Liberalisierung als oberstes Gebot der Wettbewerbsfreiheit durch. Konzerne, die die Umstrukturierung zum globalen Netzwerk nicht aus eigenem Antrieb vornehmen, geraten unter den Druck von Unternehmen, die – quasi als neue Verleger – als Markeninhaber, Handelsketten oder Großhändler die Kommunikation zwischen Nachfrage, Design, Stoffherstellung, Konfektion und Distribution flexibler organisieren können als der behäbige Industriekonzern.

Wir sind ZeugInnen einer Wiederkehr dislozierter Produktionsverhältnisse unter Bedingungen bisher nicht dagewesener Transport- und Kommunikationsbeschleunigung. Auch die Lohn-, Preis- und Rechtsdifferenzen sowie die Unterschiede nationalstaatlicher

Steuerung machen die netzwerkartige Organisation der Produktion attraktiv für die jeweils dominante Produktions- bzw. Vertriebsstruktur. Aus der Perspektive sozialer Rechte der Arbeitenden, dem Anspruch von Einkommensgerechtigkeit und der ökologischen Belastung durch die Vervielfachung der Transportwege ist diese Entwicklung abzulehnen.

Die geschichtliche Entwicklung zeigt, dass Phasen der Deregulierung und Informalisierung immer wieder der Zunahme an gesellschaftlich orientierter Gestaltung, sozialer und politischer Partizipation wichen. Unter den Bedingungen des heutigen Verflechtungszustandes könnte das bedeuten, Regeln für den globalen Wettbewerb nicht im Interesse der durchsetzungsfähigsten Kapitaleigner an den Kommandostellen und lukrativsten Knoten der Kette, sondern im Interesse und in Hinblick auf sämtliche an der Produktion beteiligten ArbeiterInnen durchzusetzen. Die Fragmentierung der Lohn-, Steuer- und Sozialsysteme in den betroffenen Staaten steht dem entgegen. Sogenannte *Global Unions*, im vorliegenden Fall *IndustriALL*, begannen in den letzten Jahren zaghafte, Länder- und Spartengrenzen überschreitende Kampagnen, um sämtliche Beteiligten entlang der textilen Produktionskette in ihren Forderungen zusammenzuspannen – und sich nicht länger gegeneinander ausspielen zu lassen (IndustriALL 2018). Gesellschaftliche Einflussnahme könnte aber auch darauf hinauslaufen, wirtschafts- und entwicklungspolitische Konzepte zu entwickeln, die den globalen Netzwerken aus ökologischen und sozialen Erwägungen regional integrierte Produktionsformen entgegenstellen. Ansätze für die Reaktivierung regionaler Rohstoff- und Produktionskreisläufe gibt es in zahlreichen Textilregionen der Welt. Sozialpolitische und ökologische Einsichten könnten einen Rückbau der Globalisierung erforderlich werden lassen.

LERNFRAGEN

- Welche Rolle spielte bzw. spielt die Kombination von unterschiedlichen Arbeitsverhältnissen in globalen Güterketten?
- Was sind Gemeinsamkeiten und Unterschiede zwischen dem Verlagssystem des Manufakturzeitalters und käuferdominierten Güterketten des 21. Jahrhunderts?
- Wie integrierte sich das westeuropäische Fabriksystem des 19. Jahrhunderts in globale Güterketten?

Basisliteratur

Fröbel, Volker/Heinrichs, Jürgen/Kreye, Otto (1977): Die neue internationale Arbeitsteilung. Reinbek bei Hamburg: Rowohlt.

Gereffi, Gary (1994): The Organization of Buyer Driven Commodity Chains. How US Retailers Shape Overseas Production Networks. In: Gereffi, Gary/Korzeniewicz, Miguel (Hg.): Commodity Chains and Global Capitalism. Westport: Praeger, 95-122.

Gereffi, Gary/Memedovic, Olga (2003): The Global Apparal Value Chain. What Prospects for Upgrading by Developing Countries? Wien: UNIDO.

Komlosy, Andrea (2008): Textile Produktionsketten. Arbeitsverhältnisse und Standortkombinationen in der globalen Textilerzeugung 1700–2000. In: Zeitschrift für Weltgeschichte 9 (1), 77-102.

Komlosy, Andrea (2015): Arbeit. Eine globalhistorische Perspektive. 13. bis 21. Jahrhundert. Wien: Promedia.

Marx, Karl (1977 [1867]): Das Kapital. Band I. Marx-Engels-Werke Band 23. Berlin: Dietz.

Van der Linden, Marcel (2015): Workers of the World. Eine Globalgeschichte der Arbeit. Frankfurt: Campus [engl. 2008: Workers of the World: Essays Toward a Global Labor History].

Literatur

Barendt, Regina/Musiolek, Bettina (2005): Workers' Voices. The Situation of Women in the Eastern European and Turkish Garment Industries. [Amsterdam]: Clean Clothes Campaign.

Bennholdt-Thomsen, Veronika/Werlhof von, Claudia/Mies, Maria (1983): Frauen, die letzte Kolonie. Reinbek bei Hamburg: Rowohlt.

Chaudhuri, Kriti N. (1990): Asia before Europe. Economy and Civilisation of the Indian Ocean from the Rise of Islam to 1750. Cambridge: Cambridge University Press.

De Vries, Jan (2008): The Industrious Revolution. Consumer Behaviour and the Household Economy. Cambridge: Cambridge University Press.

Fröbel, Volker/Heinrichs, Jürgen/Kreye, Otto, (1986): Umbruch in der Weltwirtschaft. Die globale Strategie. Verbilligung der Arbeitskraft, Flexibilisierung der Arbeit, Neue Technologien. Reinbek bei Hamburg: Rowohlt.

Hopkins, Terence/Wallerstein, Immanuel (1977): Patterns of Development of the Modern World-System. In: Review 1 (2), 111-145.

Hopkins Terence/Wallerstein Immanuel (1986): Commodity Chains in the World Economy Prior to 1800. In: Review 10 (1), 157-170.

IndustriALL (2018): Textile, garment, shoes, leather and textile services. http://www.industriall-union.org/textile-leather-garment-shoes-and-textile-services, 16.12.2020.

Komlosy, Andrea (2006): Österreichs Brückenfunktion und die Durchlässigkeit des Eisernen Vorhangs. In: Enderle-Burcel, Gertrude/Stiefel, Dieter/Teichova, Alice (Hg.): „Zarte Bande". Österreich und die planwirtschaftlichen Länder. Wien: Österreichisches Staatsarchiv, 73-105.

Komlosy, Andrea (2010): Austria and Czechoslovakia. The Habsburg Monarchy and its Sucessor States. In: Heerma van Voss, Lex/Hiemstra, Els/van Nederveen Meerkerk, Elise (Hg.): The Ashgate Companion to the History of Textile Workers, 1650–2000. Farnham, Surrey: Ashgate, 43-74.

Komlosy, Andrea (2017): China's Move Towards a Global Economic Core in the 21st Century? Prospects, Constraints, Consequences. In: Review. Fernand Braudel Center 36 (3-4, Centers and Peripheries Revisited), 351-385.

Newsome, Kirsty/Taylor, Philip/Bair, Jennifer/Rainnie, Al (Hg., 2015): Putting Labour in its Place. Labour Process Analysis and Global Value Chains. London: Palgrave Macmillan.

Plank, Leonhard/Staritz, Cornelia (2009): Global Production Networks, Uneven Development and Workers. Experiences from the Romanian Apparel Sector. In: Journal für Entwicklungspolitik 25 (2), 62-87.

Plank, Leonhard/Rossi, Arianna/Staritz, Cornelia (2014): What Does ‚Fast Fashion' Mean for Workers. Apparel Production in Morocco and Romania. In: Rossi, Arianna/Luinstra, Amy/Pickles, John (Hg.): Toward Better Work. Understanding Labour in Apparel Global Value Chains. Basingstoke: Palgrave, 127-147.

Selwyn, Ben (2011): Beyond Firm-centrism. Re-integrating Labour and Capitalism into Global Commodity Chain Analysis. In: Journal of Economic Geography 12 (1), 1-22.

Wallerstein, Immanuel (2004): Das moderne Weltsystem. Band 1: Die Anfänge der kapitalistischen Landwirtschaft und die europäische Weltökonomie im 16. Jahrhundert. Wien: Promedia [engl. 1974: Capitalist Agriculture and the Origins of the European World Economy in the Sixteenth Century].

Klemens Kaps

Getreide, Brot und Alkohol: Agrarische Güterketten in Ostmitteleuropa

Die aus Europa erfolgende Atlantische Expansion machte seit dem späten 15. Jahrhundert die Adelsrepublik Polen-Litauen zu einem wichtigen Rohstofflieferanten in der neuen globalen Arbeitsteilung. Unter den Exportprodukten, die von den polnisch-litauischen Ostseehäfen, allen voran Danzig, nach Westeuropa verschifft wurden, stach Getreide hervor. Dessen Anteil am Danziger Ausfuhrhandel stieg bis Mitte des 17. Jahrhunderts auf 80 Prozent und lag damit weit vor anderen Rohstoffexporten wie Teer, Holz oder Hanf, die vorwiegend dem Schiffbau dienten. Weizen und Roggen aus Polen-Litauen deckten einen beachtlichen Teil der Nachfrage in den Niederlanden und Frankreich, fallweise auch in Spanien (Adamczyk 2001: 53, 138f.). Während Roggen und Weizen in west- und südeuropäische Länder exportiert wurden, kamen in der Region Gerste und Hafer, für arme Bevölkerungsschichten auch Buchweizen, als Brotgetreide zum Einsatz. Getreide wurde in der Regel als Körner in leinenen Säcken – also weitgehend unverarbeitet – exportiert, was den Status von Polen-Litauen als Rohstofflieferant für die Nahrungsversorgung verdeutlicht. Die Getreidelieferungen aus der Adelsrepublik erlaubten die Spezialisierung der niederländischen Landwirtschaft auf Gemüse- und Milchwirtschaft sowie die Entstehung eines diversifizierten und in hohem Maße wettbewerbsfähigen protoindustriellen Gewerbesektors in der holländischen Republik.

Die aus Polen-Litauen angelieferten Schiffbaumaterialien Holz, Pech und Teer sowie Hanf für Segelleinen ermöglichten nicht nur den Aufstieg der Niederlande, Englands (später Großbritanniens), Frankreichs sowie Spaniens zu Seemächten im Atlantik und in Mittelmeer, Ostsee und Pazifik (Adamczyk 2001). Der maritime Transportsektor wickelte unter der Kontrolle der Seehandelsmächte den weltumspannenden Handel ab; er bildete die Grundlage für die globale Verflechtung von Produktionsräumen in der Frühen Neuzeit. Hier wird auch deutlich, wie sich Güterketten verschränkten: Die Herstellung eines Gutes – Segelschiffe – ermöglichte den Abbau, die Erzeugung und Kommerzialisierung anderer Produkte, beispielsweise von Silber in den Amerikas oder von gefärbten Textilien in Europa, denn die zentral- und ostmitteleuropäische Leinenerzeugung griff auf tropische Farbstoffe wie Koschenille, Indigo, Kampesch- und Brasilholz zurück. Im Fall der polnisch-litauischen Getreidewirtschaft betrafen diese verschränkten Ketten neben Segeln für Handelsschiffe auch die Säcke, in denen Roggen- und Weizenkörner an ihre Bestimmungsorte transportiert wurden. Beide Leinengattungen wurden vorwiegend im Süden Polen-Litauens, dem späteren Galizien, erzeugt.

Diese Warenströme und die dahinterstehende Arbeitsteilung verliefen über die Jahrhunderte nicht kontinuierlich, sondern unterlagen Veränderungen bis hin zu vorübergehenden oder auch vollständigen Unterbrechungen. Nach der Boomphase des Getreideexports hemmten zahlreiche und langwierige Kriege im Ostseeraum ab Mitte des 17. Jahrhunderts für etwa ein Jahrhundert die Getreidelieferungen aus Polen-Litauen, sodass neue Exportgebiete, darunter insbesondere das Russische Reich, die Getreidezufuhren nach Westeuropa übernahmen (Crespo Solana 2000). Der Wegfall des für den grundbesitzenden Adel lukrativen Getreideexportgeschäfts führte in Polen-Litauen nach 1620/50 zur Verschärfung grundherrlicher Strukturen, die auf umfangreichen Arbeits- und Konsumverpflichtungen und immer prekärer werdenden Besitzrechten der bäuerlichen Untertanen beruhten. Anders als in der Boomphase des 16. Jahrhunderts, als die verpflichtenden Arbeitsleistungen der bäuerlichen ProduzentInnen (die sogenannte *Robot*) zur Erzeugung von Getreide für die Weltmärkte dienten, setzten die adeligen Grundbesitzer in der Krise des 17. Jahrhunderts weitgehende Konsumverpflichtungen der bäuerlichen Untertanen für hochprozentige Alkoholika wie Branntwein durch, die sie nun aus den Getreideüberschüssen auf ihren Gütern herstellten. Somit kam es zu einem zumindest zeitweiligen Abbruch einer überregionalen Güterkette und ihrer regionalen und lokalen Reterritorialisierung. Eine prekäre Kompensationsstrategie der adeligen Produzenten ersetzte eine prekäre Wachstumsstrategie. In beiden Fällen ging es um die Maximierung der Einkünfte der adeligen Grundbesitzer auf Kosten ihrer Untertanen und zum Preis verschärfter sozialer Ungleichheit (Levine 1991; Nitz 1993).

Zwar kam es kurzzeitig mit dem Wiedererstarken der polnisch-litauischen Getreidelieferungen ab den 1740er Jahren zu einer Wachstumsphase, doch bereitete die stufenweise Zerstückelung des polnisch-litauischen Staats durch die Habsburgermonarchie, Preußen und das Russische Reich zwischen 1772 und 1795 dieser Konjunktur ein rasches Ende. Die durch die Polnischen Teilungen neu gezogenen Staats- und Zollgrenzen bewirkten einen erneuten Rückzug der Getreideproduzenten vom Weltmarkt. Damit verstärkte sich auch im von der Habsburgermonarchie eroberten Teilungsgebiet, dem im Süden Polen-Litauens gelegenen Königreich Galizien und Lodomerien, die bereits in der Krise des 17. Jahrhunderts erstmals implementierte Krisenbekämpfungsstrategie des großgrundbesitzenden Adels, die auf seinen Gütern betriebene Alkoholerzeugung auszuweiten. In der Folge sank der Weizenanbau gegenüber Roggen, Hafer und Gerste, die für die Branntwein- und Bierproduktion eingesetzt werden konnten. Zwar begrenzte der habsburgische Staat im Zuge der aufgeklärten josephinischen Bauernschutzpolitik sowohl die Konsumverpflichtungen als auch den Arbeitszwang der bäuerlichen Untertanen in den 1770er und 1780er Jahren. Dennoch stieg der Anteil der adeligen Einkommen aus dem feudalen Produktions- und Konsumptionsvorrecht deutlich an, da die Gesetze nicht ausreichend eingehalten wurden. Die lokale und regionale Einhegung der galizischen Getreide-Alkohol-Güterkette sicherte kurzfristig die Einkommen der Gutsherren auf Kosten der bäuerlichen Schichten. Mittel- und langfristig vertiefte sie die spätfeudale Abhängigkeit, verstärkte nicht zuletzt durch den zunehmenden Alkoholismus profunde soziale Ungleichheiten und lieferte keine ökonomischen Entwicklungsimpulse.

Die lokale und innerregionale Umorientierung der Getreideexporte auf Alkoholproduktion bedurfte nur geringfügiger Inputs aus überregionalen Märkten – wie kupferne Dampfkessel und Rohre, die aus Ungarn importiert wurden. Daneben gab es immer wieder Möglichkeiten zum Getreideverkauf an das habsburgische Militär, vornehmlich in Kriegszeiten, und fallweise auch wieder über Danzig, nachdem die Stadt unter preußische Herrschaft kam und die Preis- und Sicherheitslage das Exportgeschäft wieder ermöglichte (Kaps 2013). Langfristig wurden Getreideexporte erst in der sich anbahnenden Ära des Freihandels ab den 1850er und 1860er Jahren wieder möglich. Verstärkt durch aufkommende Dampfschiffe und Eisenbahnverbindungen sowie die „Entzerrung" der Getreide-Alkohol-Güterkette – weil Branntwein zunehmend aus Kartoffeln erzeugt wurde – wurden Weizen und Roggen wieder zu Exportgütern auf internationalen Märkten. Allerdings verhinderte die geringe Flächenproduktivität in Verbindung mit dem starken Bevölkerungswachstum eine weitergehende Integration der galizischen Getreidewirtschaft in überregionale Güterketten.

Branntwein und das sich als zweite Ware etablierende Bier wurden weiterhin vorwiegend innerhalb der Region nur unter partieller Verwendung externer Inputs hergestellt. Die Getreidewirtschaft hingegen erfuhr um die Wende vom 19. zum 20. Jahrhundert insofern eine stärkere internationale Einbindung, als die agrarökonomische Modernisierung neue Produktionsmethoden erforderte, allen voran Dampfmühlen und Kunstdünger, die vorwiegend außerhalb des weiterhin stark agrarisch geprägten Galiziens erzeugt wurden und aus Belgien, den USA, Böhmen und Niederösterreich importiert wurden.

Zwar beseitigte die Abschaffung der Untertänigkeit in der Revolution von 1848 die feudale Abhängigkeit von Arbeits- und Konsumzwang der bäuerlichen ProduzentInnen. Das Fortwirken sozioökonomischer Mechanismen, gesellschaftlicher Normen und insbesondere der ungleichen Ressourcenverteilung bedeutete aber immer noch einen hohen Alkoholabsatz der adeligen Güter an die einheimische ländliche und auch städtische Bevölkerung (Kaps 2013). Allerdings hatte nun die Mehl- und Brotherstellung in der sich auch in Galizien langsam durchsetzenden Agrarmodernisierung eine viel größere Bedeutung als im 18. Jahrhundert, während die Alkoholerzeugung von einer Krisenstrategie zu einem wichtigen regionalen Wirtschaftszweig geworden war, der mit modernen Produktionsanlagen großkapitalistische Betriebsformen aufwies. Die prekäre Wirtschaftslage Galiziens, dessen peripherer Status sich über das 19. Jahrhundert vertiefte, lässt allerdings erkennen, wie vom peripherisierenden Entwicklungspfad, der sich im 17. Jahrhundert für ganz Polen-Litauen angedeutet und sich Ende des 18. Jahrhunderts weiter verschärft hatte, nicht mehr nennenswert abgewichen werden konnte. Zwar hätte es innerhalb dieser Getreide-Alkohol-Güterkette trotz des geringen Wertschöpfungspotenzials Chancen zum Upgrading durch technologische Modernisierung gegeben. Doch dieser Möglichkeit stand die über Jahrhunderte gewachsene „Spezialisierung auf Armut" (Reinert 2008: 6) entgegen.

Literatur

Adamczyk, Dariusz (2001): Zur Stellung Polens im modernen Weltsystem der frühen Neuzeit. Hamburg: Kovac.

Crespo Solana, Ana (2000): El Comercio Marítimo Entre Amsterdam y Cádiz (1713–1778). Madrid: Banco de España.

Kaps, Klemens (2013): Galizisches Elend revisited. Wirtschaftsentwicklung und überregionale Arbeitsteilung in einer Grenzregion der Habsburgermonarchie (1772–1914). In: Zeitschrift für Weltgeschichte 14 (2), 53-80.

Levine, Hillel (1991): Economic Origins of Antisemitism. Poland and Its Jews in the Early Modern Period. New Haven/London: Yale University Press.

Nitz, Hans-Jürgen (1993): The European World-System. An Interpretation of its Eastern Continental Sector. In: Nitz, Hans-Jürgen (Hg.): The Early-modern World-system in Geographical Perspective. Stuttgart: Steiner, 62-83.

Reinert, Erik (2008): How Rich Countries Got Rich and Why Poor Countries Stay Poor. London/New York: Public Affairs.

5

Ernst Langthaler

Soja-Regime: Globale Warenketten und regionale Warenfronten

Globalisierung aus der Warenperspektive

Soja ist in unserer täglichen Nahrung meist nicht erkennbar, aber doch allgegenwärtig. Wir nehmen Soja entweder direkt als Nahrungsmittel zu uns: als Tofu im Veggie Burger, Dressing auf dem Salat oder Lecithin im Schokoladenriegel. Oder wir nutzen es indirekt als Futtermittel: als Spiegelei vom Legehuhn, Grillkotelett vom Mastschwein oder Hartkäse von der Milchkuh. Da die Hauptschauplätze von Sojakonsum und -produktion in verschiedenen Kontinenten liegen, umspannen die Handelsflüsse den Globus. Sojabohnen führten 2016 mit einem Geldwert von 52 Milliarden USD die Rangliste der weltweit gehandelten Agrargüter an, gefolgt von Weizen (36 Milliarden USD) und Wein (32 Milliarden USD). Einschließlich der Folgeprodukte, dem fettreichen Öl und dem nach dessen Extraktion verbleibenden eiweißreichen Kuchen, übertraf der 86 Milliarden USD schwere Sojahandel sogar den Handelswert der Zweit- und Drittplatzierten zusammen (FAO 2020). Die Dominanz von Soja ist umso erstaunlicher, als Weizen nach der europäischen „Getreideinvasion" durch Russland und die Amerikas ab den 1870er Jahren im Weltagrarhandel die Spitze einnahm (Krausmann/Langthaler 2019).

So übertraf beispielsweise 1929 Weizen mit einem Handelswert von 3,43 Milliarden Reichsmark (RM) Sojabohnen (0,46 Milliarden RM, ohne Öl und Kuchen) um mehr als das Siebenfache, gefolgt von Zucker (3,02 Milliarden RM) und Kaffee (2,35 Milliarden RM) (Bacon/Schloemer 1940: 510). Vor Einsetzen des interkontinentalen Handels um die Wende vom 19. zum 20. Jahrhundert beschränkten sich Sojaproduktion und -konsum auf den Raum Ostchinas, Koreas und Japans, während die Bohne im Westen als fernöstliche Kuriosität galt (Langthaler 2015).

Soja vermag die Dynamiken der Globalisierung von Landwirtschaft und Ernährung im 20. Jahrhundert zu erhellen. Um Globalisierung aus der Warenperspektive zu beforschen, bieten sich das Konzept der *Warenkette* (*commodity chain*) und seine Weiterentwicklungen (*global value chain, global production network, global commodity web* usw.) an (Langthaler/Schüßler 2019). Einer klassischen Definition zufolge verbindet die Warenkette eines Konsumguts mehrere, oft weit voneinander entfernte Produktionsschritte: „Take an ultimate consumable item and trace back the set of inputs that culminated in this item, including prior transformations, the raw materials, the transportation mechanisms, the labor input into each of the material processes, the food inputs into the labor" (Hopkins/Wallerstein 1977: 128). Der Warenkettenansatz hat sich als ungemein fruchtbar für die interdisziplinäre Forschung zum globalen Kapitalismus erwiesen, von der historischen Weltsystemanalyse bis zu gegenwartsbezogenen Studien über transnationale Unternehmen (Bair 2008; Grewe 2019). Er hat aber auch Kritik auf sich gezogen: Erstens erfolgt die Analyse der Warenkette vom End- zum Ausgangsprodukt, was den Fokus auf städtische (Konsum)Zentren richtet; zweitens konzentriert sie sich auf Klassen- und andere Sozialbeziehungen, was gesellschaftliche Naturverhältnisse unterbelichtet; drittens orientiert sie sich an transnationalen Strukturen des Wohlstands- und Machtgefälles im kapitalistischen Weltsystem, was die Wirkungsmacht menschlicher Praxis vor Ort, vor allem von subalternen AkteurInnen, ausblendet (Landsteiner/Langthaler 2019).

Das Konzept der *Warenfront* (*commodity frontier*) begegnet diesen Kritikpunkten. Erstens konzentriert es sich auf die ländlichen Peripherien des globalen Kapitalismus, wo profit- und machtorientierte AkteurInnen die Grenzen der Agrar- und Rohstoffextraktion mit oft erheblichen „Kollateralschäden" an Gesellschaft und Natur vorantreiben; zweitens betrachtet es menschliche Arbeit und nichtmenschliche Natur gleichermaßen als Quellen kapitalistischer Wertschöpfung; drittens konzentriert es sich auf die Interaktionen von AkteurInnern, die Warenfronten vorantreiben oder Widerstand gegen die kapitalistische Expansion leisten (Moore 2000, 2015; Joseph 2019). Da Kapitalismus Wachstum voraussetzt, ist ihm die Expansion von Warenfronten in noch unkommodifizierte Bereiche gewissermaßen als „Lebenselixier" eingeschrieben (Moore 2015: 51). Wir können zwischen *externen* Warenfronten als Zonen extensiver Inkorporation noch unkommodifizierter Räume („Ausweitung"), *internen* Warenfronten als Zonen intensiverer Inkorporation bereits kommodifizierter Räume („Vertiefung") und flexiblen Kombinationen beider Momente unterscheiden (Langthaler 2019: 116f.). Nach der Inwertsetzung der letzten außereuropäischen Expansionsräume im „golden age of resource-based development" gegen Ende des 19. und Anfang des 20. Jahrhunderts verlagerte sich der globale Kapitalismus von extensiven zu intensiveren Formen der Inkorporation (Barbier 2011: 2).

Die Konzepte der Warenkette und Warenfront stehen nicht im Widerspruch zueinander, sondern ergänzen sich. Der vorliegende Beitrag sucht diese erweiterte Warenperspektive anhand von Soja als „Leitfossil" der Globalisierung – wenn schon nicht im Detail (Langthaler 2019), so doch skizzenhaft – umzusetzen.

Soja als „Leitfossil" der Globalisierung

Die vielschichtige Rolle von Soja in der Globalisierung umfasst exogene Momente – Soja im Dienst politökonomischer Systeme – und endogene Momente – Soja als Element sozionaturaler Netzwerke. In exogener Hinsicht dient Soja als Ware im globalen Nahrungsregime (*food regime*), das verschiedene Regionen der Agrarproduktion und des (Lebensmittel)Konsums über dominante Akkumulations- und Regulationsweisen hierarchisch koppelt (McMichael 2013). Kapitalistische Akteursgruppen suchen Wert zu akkumulieren, indem sie durch Expansionen der Fronten von Warenketten noch unerschlossene menschliche und nichtmenschliche Ressourcen – Arbeit und Natur – in Wert setzen. Die Bedingungen und Folgen der Kapitalakkumulation, einschließlich ihrer sozionaturalen Verwerfungen, sind meist umstritten und werden entsprechend dominierender Akteursstrategien reguliert (Komlosy 2016). Sobald die Widersprüche eines alten Regimes nicht mehr eingedämmt werden können, gerät es in eine Krise und kann in ein neues Regime übergehen. Die Forschung unterscheidet das UK-zentrierte (1870–1929), das US-zentrierte (1947–1973) und das WTO-zentrierte Regime (seit 1995). Diese Periodisierung und die Existenz eines dritten Regimes sind jedoch in der Literatur umstritten (Bernstein 2016; Magnan 2012; McMichael 2009; Campbell 2009; Langthaler 2016).

In endogener Hinsicht spielt Soja, über die bloß passive Kommodifizierung hinaus, auch eine aktive Rolle auf Grund seiner Wirkmächtigkeit gegenüber anderen – menschlichen und nichtmenschlichen – Elementen (LeCain 2017). Die pflanzlichen Eigenschaften der Sojabohne, die vor einigen Jahrtausenden in Ostasien domestiziert und züchterisch an verschiedene Standort angepasst wurde, ermöglichen und begrenzen die menschliche Nutzung. Die Wirkmächtigkeit von Soja erweist sich als Stärke (z.B. Stickstofffixierung im Boden in Symbiose mit Knöllchenbakterien) oder als Schwäche (z.B. Verletzlichkeit gegenüber „Unkräutern" durch langsames Frühwachstum). Aufgrund der einzigartigen Nährstoffkombination – 25 bis 45 Prozent Eiweiß und 15 bis 20 Prozent Fett – entzieht sich die Pflanze eindeutigen Festschreibungen. Je nach dominanter Nutzungsart schwankt ihre Klassifizierung zwischen einer Eiweiß liefernden „Hülsenfrucht" und einer Fett liefernden „Ölsaat" (Du Bois/Mintz 2003; Sorosiak 2000). Daher zählt sie zu den *flex crops*, die in der einen oder anderen Form (Industrierohstoff, Futtermittel, Biotreibstoff usw.) je nach Profitabilität flexibel in Wert gesetzt werden. Soja bildet mit anderen Elementen (Fruchtfolgen, Agrartechnologien, Arbeitsbeziehungen usw.) sozionaturale Netzwerke, die mit politökonomischen Regimen oder alternativen Bewegungen – oder paradoxerweise mit beiden zugleich – Allianzen eingehen (Du Bois et al. 2008; Du Bois 2018).

Soja stieg im 20. Jahrhundert zur führenden Ware im Weltagrarhandel auf. Nachdem der Welthandel mit Soja in den 1910er und 1920er Jahren angelaufen war, erfuhr er durch die ökonomischen und militärischen Krisen der 1930er und 1940er Jahre einen Dämpfer. Doch zwischen den 1950er und 1970er Jahren stieg sein Volumen beispiellos an, was sich nach der Stagnation in den 1980er Jahren ab den 1990er Jahren fortsetzte. In diesen Globalisierungsschüben verknüpften sich drei globale Warenketten: die Kette von

Ostasien nach Westeuropa zwischen den 1910er und 1930er Jahren; die Kette von Nordamerika nach Westeuropa seit den 1950er Jahren und Ostasien seit den 1960er Jahren; und die Kette von Südamerika nach Westeuropa seit den 1970er Jahren und Ostasien seit den 1990er Jahren.

Dieses globale Warennetzwerk umspannte Regionen von Sojaproduktion und -konsum über die Grenzen der Kontinente hinweg. Die früheste Soja-Warenkette verband den Nordosten Chinas als weltweit führenden Produzenten mit der nordwesteuropäischen Konsumgüterindustrie. Die folgende Soja-Warenkette verflocht den Mittleren Westen und Süden der USA als Hauptanbieter auf dem geteilten Weltmarkt im Kalten Krieg mit der wachsenden Nachfrage nach Futtermitteln in Westeuropa und Japan. Die jüngste Soja-Warenkette integrierte die Produktion im südamerikanischen *soylandia* (Brasilien, Argentinien, Paraguay, Uruguay und Bolivien) sowie den europäischen und chinesischen Konsum im transnationalen Agrobusiness (Langthaler 2015, 2019). Die folgenden Abschnitte skizzieren Soja-Warenketten und ihre Warenfronten in den wechselnden Nahrungsregimen.

Soja im UK-zentrierten Nahrungsregime

Soja betrat die globale Bühne im UK-zentrierten Nahrungsregime. Die *Great Divergence* des Wirtschaftswachstums zwischen dem Vereinigten Königreich sowie China und Indien im 19. Jahrhundert erweiterte die europäischen Rohstoffgrenzen in vertikaler und horizontaler Richtung: durch die Nutzung des „unterirdischen Waldes" (d.h. der Kohle als fossilem Energieträger) durch Dampfmaschinentechnologie und der „Geisteräcker" (d.h. landwirtschaftlicher Flächen in europäischen Siedlerkolonien) durch den Fernhandel mit Agrargütern (Pomeranz 2009). Dadurch erhielten Industriekapitalisten und Lohnarbeiterschaft in der britischen „Werkstatt der Welt" über unterirdische und überseeische Verbindungen Zugang zu billiger Energie, Lebensmitteln und Rohstoffen. Zusätzlich zu den sinkenden Transportkosten stärkte die Freihandelspolitik unter Regie des Vereinigten Königreichs, basierend auf dem Goldstandard und legitimiert durch den klassischen Liberalismus, das globale Beschaffungsnetzwerk (McMichael 2013: 21-40).

Um die Wende zum 20. Jahrhundert geriet der dünn besiedelte Nordosten Chinas – im kolonialistischen Jargon „Mandschurei" genannt – in den Einflussbereich der globalen Ressourcenströme. Das chinesische Reich förderte aus steuer- und geopolitischen Gründen die Migration Han-chinesischer Bevölkerungsteile in diese Provinzen. Japan besiegte Russland im Krieg von 1904/05 im Rennen um wirtschaftlichen und militärischen Einfluss in der Region, der im Eisenbahnausbau und in der militärischen Besetzung von 1931 Ausdruck fand. Die nordostchinesische Sojaexpansion verschob die externe Warenfront, indem bäuerliche Siedlerfamilien die Anbauflächen entlang der Bahnlinien und Flusstäler von Süden nach Norden ausdehnten (1924–1936: plus 104 Prozent); die Hektarerträge hingegen waren wegen abnehmender Bodenfruchtbarkeit rückläufig (1924–1936: minus 22 Prozent). Die mit dem chinesischen Kernland verwandtschaftlich und mental eng verbundenen Bauerngemeinschaften betrieben den arbeitsintensiven Anbau von Sojabohnen in Kombination mit anderen Kulturpflanzen in der nordostchinesischen Siedlerkolonie nicht nur zum Eigenverbrauch, sondern auch für überregionale Märkte (Reardon-Anderson 2005: 171-251; Langthaler 2019). Neben dem Sojahandel nach Japan und ins chinesische Kernland organisierte der japanische Konzern Mitsui ab 1908 den Fernhandel an die an Pflanzenölen knappe Konsumgüterindustrie Nordwesteuropas (siehe Abbildung 1) (Prodöhl 2013).

Abbildung 1: Internationaler Sojahandel 1935/39

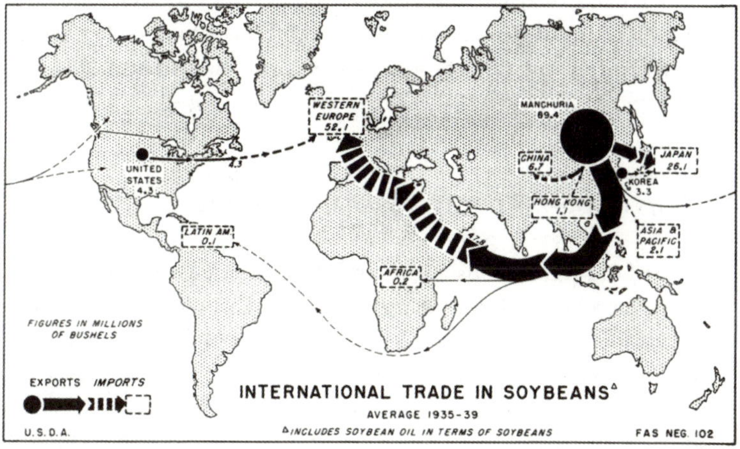

Quelle: USDA 1953: 36

Im Westen war bald die Rede von der fernöstlichen „Wunderbohne", die vielfältige Einsatzmöglichkeiten eröffnete. Europäische Industrieunternehmen ersetzten knappe Pflanzenöle durch Sojaöl als billigen Bestandteil verarbeiteter Lebensmittel (z.B. Margarine) und in Reinigungsmitteln (z.B. Seife). Die deutsche Hansa-Mühle entwickelte ein Verfahren zur Gewinnung von Sojalecithin, das als Emulgator in der Lebens- und Futtermittelindustrie diente. Der Sojakuchen, Nebenprodukt der Ölgewinnung, wurde gegen anfängliche bäuerliche Skepsis als eiweißreiches Futtermittel angepriesen. Neben der Trennung von Öl und Kuchen verarbeitete die Lebensmittelindustrie ganze Bohnen zu vollfettem, als „Edelsoja" vermarktetem Sojamehl. Als billiger Ersatz von tierischem Eiweiß für verarmte Haushalte beworben, feierte „Edelsoja" aufgrund der Geschmacksvorbehalte des Zielpublikums jedoch kaum Erfolge (Prodöhl 2013; Drews 2004: 121-192).

Die institutionellen Grundlagen des UK-zentrierten Regimes, die im Ersten Weltkrieg zwischenzeitlich außer Kraft waren, erodierten nach dessen Restauration schließlich in der Weltwirtschaftskrise ab 1929, als der Protektionismus den Freihandel einschränkte und mehr und mehr Nationalstaaten – so auch das Vereinigte Königreich 1931 – vom Goldstandard abrückten. Die Ansätze Japans, Deutschlands und der USA, in der Weltwirtschaftskrise und im Zweiten Weltkrieg alternative Nahrungsregime zu etablieren, eröffneten Soja Gelegenheitsfenster für den Aufstieg von der Nische zum Mainstream (Magnan 2012: 377).

Soja im US-zentrierten Nahrungsregime

Soja fand Expansionsräume im US-zentrierten Regime, das sich in den wirtschaftlichen und militärischen Turbulenzen der späten 1920er bis frühen 1940er Jahre formierte. Das Nahrungsregime der westlichen Hemisphäre im Kalten Krieg war auch ein Soja-Regime. Die Schließung der nach Westen vorangetriebenen *American Frontier* 1890 gab den Anstoß zur Umorientierung der Agrarentwicklung in den USA: von der Ausbreitung der Landbewirtschaftung europäischen Stils mittels Nährstoffabbaus auf ehemaligen Präriegrasböden hin zu intensiveren und nachhaltigeren Formen der Landnutzung. Der Übergang zur kapitalintensiven Landwirtschaft auf Basis fossiler Energieträger eröffnete ein Gelegenheitsfenster für die stickstofffixierende Sojapflanze in Fruchtfolge mit Mais auf ehemaligen Futterflächen. Darüber hinaus diente Soja dem Management der sozionaturalen Doppelkrise der Landwirtschaft im Mittleren Westen in den 1930er Jahren – Preisverfall (*Great Depression*) und Staubstürme (*Dust Bowl*) – durch den *New Deal* als Gegenmittel zur Erosion der Agrarpreise und der Böden im Mittleren Westen und Süden. Henry Fords Besessenheit von Soja als Rohstoff für die Automobilindustrie sorgte in den Massenmedien für Aufsehen, ging aber kaum über das Experimentierstadium hinaus. Zu den Fördermaßnahmen des *New Deal* traten während des Zweiten Weltkriegs Preisstützungen von Ölsaaten für Lebensmittel, um knappe tropische Öle für militärische Zwecke zu reservieren (Prodöhl 2013, 2016).

In diesem Umfeld expandierten kommerzielle, zugleich in Verwandtschafts- und Nachbarschaftsnetze eingebettete Farmerfamilien im Mittelwesten und Süden der USA mittels land- und arbeitssparender Technologien – Mineraldünger, Pestiziden und motorisierten Maschinen – die interne Warenfront entlang des Wasserstraßennetzes rund um den Mississippi. Die kapitalintensive

Sojaexpansion äußerte sich nicht nur im wachsenden Sojaanbau in Fruchtfolge mit Hybridmais auf den vormaligen Futterflächen der durch Traktoren und Mähdrescher ersetzten Zugtiere (1932–1973: plus 1.427 Prozent), sondern auch in mittels Agrochemikalien gesteigerten Hektarerträgen (1932–1973: plus 569 Prozent) (Anderson 2009; Langthaler 2019).

Die durch Preisanstiege an die Sojafarmer ausgesandten Produktionsanreize führten in den Nachkriegsjahrzehnten zu wachsenden Überschüssen, für die neue Marktsegmente erschlossen wurden: Sojaöl floss an die Hersteller von Margarine und anderen Lebensmitteln, Sojakuchen ging an die Viehfuttererzeuger. Die Expansion des agrarindustriellen Viehkomplexes, verbunden mit der Verbreitung mittelständischer Lebensstile auf Basis fleischreicher Ernährung, und der Ersatz natürlicher durch synthetische Öle in der Industrie kehrten die Hierarchie zwischen Öl und Kuchen um: Letzterer galt nun als Haupt- und Ersteres als Nebenprodukt. Über den Inlandsmarkt hinaus dienten Soja, Weizen und andere Agrargüter dem Regime von *cheap food* als politökonomische „Waffen", um in anderen Weltregionen zugleich Armut und Kommunismus durch „Entwicklung" nach US-amerikanischem Vorbild zu bekämpfen. US-Firmen lieferten sojahaltiges Mischfutter im Rahmen des *General Agreement on Tariffs and Trade* (GATT) von 1947 zollbefreit an die Viehkomplexe Westeuropas und Japans, wo Mittelschichthaushalte verstärkt Fleisch als prestigeträchtiges Lebensstilelement nachfragten (siehe Abbildung 2). Die auf dem Inlandsmarkt nicht absetzbaren Überschüsse an Sojaöl flossen im Rahmen des *Agricultural Trade Development and Assistance Act* von 1954 (*Public Law 480*) an nahrungsmitteldefizitäre Länder der „Dritten Welt", was neokoloniale Abhängigkeiten verfestigte (Goldberg 1968: 103-147; Winders 2009: 31-158; McMichael 2013: 21-40; Roth 2018: 86-199).

Abbildung 2: Internationaler Sojahandel 1952

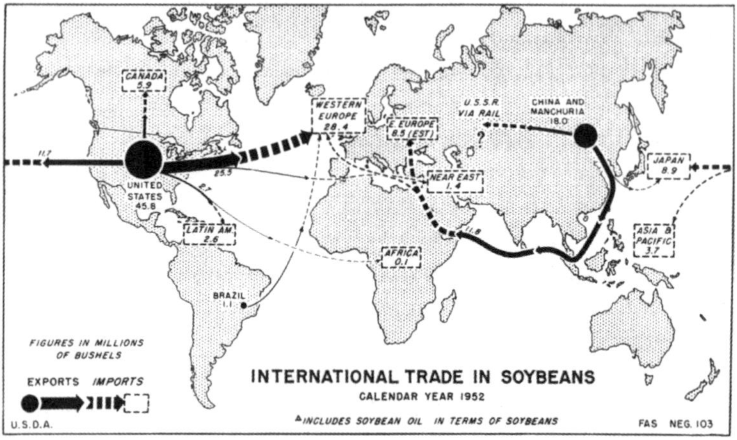

Quelle: USDA 1953: 37

Im US-zentrierten Regime bot Soja eine unsichtbare, aber allgegenwärtige Zutat des westlichen Ernährungsübergangs (*nutrition transition*) in Nordamerika, Westeuropa und Japan, der den wachsenden Verzehr von Fleischprodukten (*meatification*) und Pflanzenölen (*oilification*) durch aufstiegsorientierte Mittelklassen kombinierte (Langthaler 2018). Die transatlantischen und transpazifischen Lieferwege von US-Soja dienten nicht nur geostrategischen Regierungs-, sondern auch agrarindustriellen Unternehmensinteressen. Obwohl Cargill und andere Großunternehmen als Marktführer von Sojaverarbeitung und -handel im staatlich koordinierten Kapitalismus aufgestiegen waren, drängten sie im Krisenjahrzehnt nach der Auflösung der internationalen Währungsordnung von Bretton Woods 1973 auf eine durchgreifende Liberalisierung. Hauptschauplatz des Versuchs, die Karten neu zu mischen, war die 1986 eingeleitete Uruguay-Runde des GATT (Magnan 2012: 379f.).

Soja im WTO-zentrierten Nahrungsregime

Die Verknüpfungen von Soja vervielfachten sich in den folgenden Jahrzehnten, in denen die Ambivalenz alter und neuer Elemente im Nahrungs- als Soja-Regime hervortrat. Unter Beibehaltung ihrer zentralen Position befanden sich die USA nun in einem polyzentrischen Regime, in dem transnationale Unternehmen (TNCs) und exportorientierte Nationalstaaten (Argentinien, Brasilien, Kanada, Australien, Neuseeland usw.), die sich nach dem Namen einer australischen Stadt als Cairns-Gruppe bezeichneten, zunehmend die Stoßrichtung bestimmten. Die Liberalisierung des Weltagrarhandels, zentrales Anliegen der Uruguay-Runde des GATT, gipfelte 1995 in der Gründung der *World Trade Organization* (WTO). Unter dem WTO-Regime beendeten die *New Agricultural Countries* (NACs) Südamerikas die Vormachtstellung der USA auf dem Soja-Weltmarkt. Trotz verschärfter Konkurrenz schnellten 1973 die Sojapreise hoch, weil die USA nach massiven Lieferungen an die UdSSR und angesichts witterungsbedingter Futtermittelknappheit auf dem Weltmarkt ein Handelsembargo erließen (McMichael 2013: 41-61).

Die NACs nützten die Gunst der Stunde – so etwa Brasilien, wo das Militärregime ab Mitte der 1960er Jahre eine „konservative Modernisierung" aus steuer- und geopolitischen Gründen vorantrieb. Im Fokus dieses ehrgeizigen Entwicklungsprojekts standen Devisengewinne für die importsubstituierende Industrialisierung durch Agrarexporte sowie die Kolonisierung von ‚Leerräumen' im Hinterland durch Aussiedler aus verarmten und revoltierenden Regionen. Staatliche Entwicklungsprogramme, mitfinanziert vom Auslandskapital und geplant von öffentlichen Forschungseinrichtungen, verschoben die Agrarfront in nördlicher Richtung: von den Kernregionen im Süden des Landes, wo sich die Sojabohne in bestehende Agrarsysteme integrierte, bis in die peripheren Gebiete des Mittleren Westens, wo sich naturnahe Biome wie die Savanne (*cerrado*) in Sojawüsten verwandelten (Ioris 2018: 49-108; Klein/Luna 2019: 405-413; Turzi 2017: 1-77).

Die Sojaexpansion im (sub)tropischen Mittleren Westen Brasiliens kombinierte externe und interne Expansionen der Warenfront in flexibler Weise: In den 1970er und 1980er Jahren dehnten die aus dem Süden zugewanderten, meist europastämmigen EigentümerInnen der durch staatliche Siedlungsagenturen vermittelten Großfarmen die

Anbauflächen standortangepasster Sojasorten entlang neugebauter Fernstraßen aus, indem sie gemäß ihrer zivilisatorischen Pioniermentalität die ‚Wildnis' indigener und kleinbäuerlicher Gemeinschaften sowie der naturnahen Savannen- und Regenwaldvegetation verdrängten (Anbaufläche 1970–1990: plus 771 Prozent, Hektarertrag 1970–1990: plus 51 Prozent). Ab den 1990er Jahren versprach das von US-Konzernen vermarktete Technologiepaket aus transgenem herbizidresistentem Saatgut, Herbiziden und Direktsaat dem industrialisierten Sojaanbau einfaches und billiges Wachstum der Hektarerträge (Anbaufläche 1991–2014: plus 215 Prozent, Hektarertrag 1991–2014: plus 84 Prozent). Doch der Produktivitätsschub erwies sich durch das Aufkeimen bäuerlicher, durch die Arbeiterpartei-Regierung protegierter (und vereinnahmter) Protestbewegungen sowie herbizidresistenter, durch den agrochemischen Selektionsdruck mutierter „Super-Unkräuter" auf den Sojafeldern als kompliziert und teuer (Lapegna 2016; Beilin/Suryanarayanan 2017; Langthaler 2019; Fischer/Langthaler 2019).

Die neoliberale Umstrukturierung Brasiliens und der sonstigen Staaten der Freihandelszone Mercosur in den späten 1980er und frühen 1990er Jahren ermöglichte es TNCs, sich große Teile des südamerikanischen Agrobusiness anzueignen. Die „ABCD-Gruppe" der transnationalen Futtermittelkonzerne – Archer Daniels Midland, Bunge, Cargill und Dreyfus –, die drei Viertel des Weltmarktes für Getreide und Ölsaaten kontrollierte, verfolgte ein hochflexibles Geschäftsmodell mit Soja als standardisiertem, von Herkunft und Qualität losgelöstem Rohstoff für diverse Verarbeitungszwecke. Transnationale Agrarunternehmen und von Exportsteuereinnahmen abhängige Staatsregierungen Südamerikas profitierten von dem preisinduzierten Boom von Sojakuchen seit den 1990er Jahren. Der Preisanstieg war getrieben von der Nachfrage des Viehkomplexes im wiedervereinigten Europa, wo die Rinderseuche BSE den Übergang von tierischem zu pflanzlichem Futter provozierte, und im kommunistischen China nach der Wirtschaftsreform, wo städtische Mittelschichten zur prestigeträchtigen Fleischnahrung übergingen (siehe Abbildung 3). Die wachsenden Überschüsse an Sojaöl fanden Absatz in der staatssubventionierten Biotreibstoffindustrie, die dem Agrobusiness flexibles Wechseln zwischen den Akkumulationsquellen ermöglichte (Vorley 2003; Baraibar Norberg 2019: 117-149).

Abbildung 3: Internationaler Sojahandel 2017

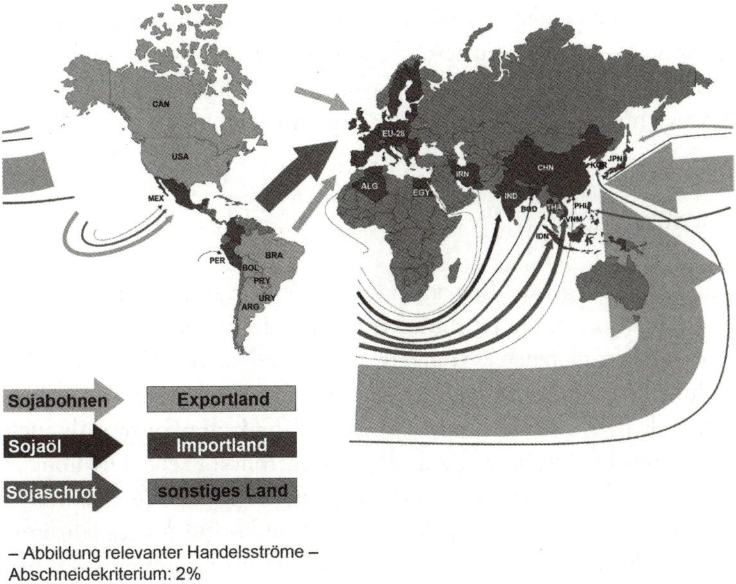

Quelle: OVID 2020

Das dominierende Warennetz um *food from nowhere*, das auf billigen Ressourcen wie Sojakuchen und -öl basierte, wurde zunehmend herausgefordert durch emanzipatorische Gegenbewegungen um *food from somewhere*, die – im Sinn der Vegetarier-Bibel *Diet for a Small Planet* von 1971 (Lappé 2011) – ganze Bohnen als ethischere, nachhaltigere und gesündere Alternative zur „neoliberalen Ernährung" propagierten. Zwischen diesen Extremen dehnte der „grüne Kapitalismus" in Gestalt der Supermärkte, gestützt durch den instrumentalisierten Nachhaltigkeitsdiskurs, seine Akkumulationsstrategien entlang der Warenkette auf beide Marktsegmente aus. Auf diese Weise vermochten kapitalistische Unternehmen die Ernährungspräferenzen sowohl der unteren als auch der oberen Einkommensklassen in Wert zu setzen (Campbell 2009; Belasco 2012; Otero 2018: 26-57). Die krisenhaften Entwicklungen der Kapitalismus seit der Finanz- und Wirtschaftskrise von 2008, die aktuell in der klima-

und pandemiebedingten Krise gipfeln, verleihen zivilgesellschaftlichen Forderungen nach einer sozialökologischen Umgestaltung des gegenüber Gesellschaft und Natur unverantwortlichen Nahrungsregimes erheblichen Nachdruck. In diesen Auseinandersetzungen spielt Soja – nicht als Futtermittel und Industrierohstoff, sondern als Bestandteil einer verantwortungsvollen menschlichen Ernährung – eine wichtige Rolle (Belasco 2012; Ermann et al. 2018).

Ausblick

Der vorliegende Beitrag hat die Verwandlung von Soja zur globalen Ware im 20. Jahrhundert anhand der einander ergänzenden Konzepte der globalen Warenkette und der regionalen Warenfront im Rahmen von Nahrungsregimen skizziert. Daraus ergeben sich weiterführende Perspektiven, sowohl für das Warenkettenkonzept als auch für dessen Erweiterung durch das Warenfrontkonzept. Die übliche Unterscheidung zwischen *producer-* und *buyer-driven commodity chains* greift für globale Soja-Warenketten seit Mitte des 20. Jahrhunderts zu kurz (Bair 2008). Diese unipolaren Konzepte müssten um bi- und multipolare erweitert werden. So gleicht die Warenkette zwischen (Soja)Acker und Teller einer doppelten Sanduhr. Zwischen die Verbreiterungen mit vielen, vergleichsweise machtarmen AkteurInnen – SojafarmerInnen, ViehmästerInnen und FleischkonsumentInnen – schieben sich die von wenigen marktbeherrschenden Unternehmen des Industrie- und Handelskapitals besetzten Engstellen: einerseits von Futtermittelkonzernen, die den agrarindustriellen Viehkomplex mit billigem Sojaeiweiß beliefern, andererseits von Supermärkten, die Mittelklasse-Haushalte mit billigem Eiweiß tierischer Herkunft versorgen. Diese Schlüsselakteure entfalteten ihre Machtstellung entlang der Warenkette in einem von (supra)nationalen Regierungen bestimmten Institutionenarrangement, das in mehrfachen „Doppelbewegungen" (Polanyi 2017) zwischen protektiven (z.B. USA im US-zentrierten Regime) und liberalen Kursen (z.B. Brasilien im WTO-zentrierten Regime) pendelte.

Die Erweiterung der Warenketten- durch die Warenfrontperspektive akzentuiert die regionalen Expansionsdynamiken des globalen Kapitalismus (Komlosy 2016). Sie verdeutlicht nicht nur die *agency* von (nicht)menschlichen AkteurInnen innerhalb des strukturellen Umfeldes, sondern auch die komplexe Verwobenheit von Gesellschaft und Natur, die der rein politökonomischen Warenkettenforschung entgeht. Die belebte und unbelebte Natur erweist sich nicht lediglich als Rohstoffquelle kapitalistischer Wertschöpfung, sondern auch als wirkungsmächtiges Element sozionaturaler Netzwerke. Das zeigt etwa die Sojapflanze, die im frühen Wachstumsstadium mit schnellwachsenden Beikräutern um Sonnenlicht, Nährstoffe und Wasser konkurriert. Diese naturbedingte Verletzlichkeit und das daraus folgende Produktivitätsproblem bestimmte die Stoßrichtung der biotechnologischen Optimierung des agroindustriellen Sojaanbaus im 20. Jahrhundert entscheidend mit: von der Handarbeit mandschurischer Bauernfamilien im UK-zentrierten Regime über Jätmaschinen und Herbizide für den mechanischen und chemischen Pflanzenschutz auf nordamerikanischen Familienfarmen im US-zentrierten Regime bis zum Gentechnik-Paket auf süd- und nordamerikanischen (Mega)Farmen im WTO-zentrierten Regime. Die Komplizenschaft von Biotechnologie und Agroindustrialisierung an der Sojafront bot jedoch keine nachhaltige Lösung, sondern verschärfte das Produktivitätsproblem, wobei die Natur – in Gestalt der herbizidresistenten „Super-Unkräuter" – wiederum ihre Wirkmächtigkeit erwies.

LERNFRAGEN

- In welcher Weise ergänzen die Konzepte Warenkette und Warenfront einander?
- Welche politischen und ökonomischen Akteure betrieben die Kommodifizierung von Soja im UK-, US- und WTO-zentrierten Nahrungsregime?
- Welche Wirkungsmacht übt(e) die Sojapflanze innerhalb sozionaturaler Netzwerke aus?

Die politökonomischen Konstellationen mit ihren (bio)technologisch getriebenen Dynamiken sozionaturaler Art rahmten die Entwicklungsmöglichkeiten und grenzen der im Nahrungsregime inkorporierten Weltregionen. Während die Industrieländer im Globalen Norden zwar binnengesellschaftlich ungleich, aber insgesamt an Wohlstand und Macht gewannen, fällt die Bilanz für den Globalen Süden gemischt aus. Einige Staaten – etwa das exportorientierte Brasilien und das importorientierte China – stiegen in den Soja-Regimen zu Schwellenländern auf. Innerhalb dieser Länder profitierten vor allem städtische Mittelklassen und Agrobusiness-Unternehmen vom Soja-Boom, während bäuerliche und proletarische Unterklassen auf dem Land direkt – durch Landenteignung und Arbeitskräfteabbau – und indirekt – durch die agroindustrielle Naturzerstörung – an Lebenschancen einbüßten (McMichael 2017).

Mündet dieser Macht- und Profitinteressen dienende, für Gesellschaft und Natur jedoch zerstörerische Entwicklungspfad in einer Einbahnstraße? Das ist alles andere als klar. Nachhaltigere Alternativen zum herrschenden Nahrungsregime bestehen in diversen Nischen und können unter günstigen Bedingungen in den Mainstream aufsteigen (Ermann et al. 2018: 194-220). Dabei kommt die paradoxe Doppelrolle der Sojabohne – als zugleich Protagonistin und Antagonistin der Agrarindustrialisierung – zum Tragen. Das Transformationspotenzial für eine nachhaltigere Entwicklung von Gesellschaft und Natur ist in der Forschung umstritten. Während sich die Nahrungsregime-Theorie diesbezüglich optimistisch zeigt (McMichael 2013: 131-156), geben empirische Fallstudien Anlass zum Pessimismus: Gegenbewegungen zum herrschenden Nahrungsregime laufen Gefahr, gespalten, neutralisiert oder vereinnahmt zu werden, wie die rezenten Konflikte um die transgene Sojaexpansion in Südamerika zeigen (Fischer/Langthaler 2019). Jedenfalls verweisen diese unterschiedlichen Einschätzungen auf das „Soja-Paradox“ (Langthaler 2018): Soja als „Doppelagentin“ der sozionaturalen Entbettung von Warenketten sowie von deren (Wieder)Einbettung in Gesellschaft und Natur.

Basisliteratur

Du Bois, Christine M./Tan, Chee-Beng/Mintz, Sidney (Hg., 2008): The World of Soy. Urbana: University of Illionois Press.

Du Bois, Christine M. (2018): The Story of Soy. London: Reaktion Books.

Langthaler, Ernst (2018): The Soy Paradox. The Western Nutrition Transition Revisited, 1950–2010. In: Global Environment 11 (1): 79-104.

Langthaler, Ernst (2019): Ausweitung und Vertiefung. Sojaexpansionen als regionale Schauplätze der Globalisierung. In: Österreichische Zeitschrift für Geschichtswissenschaften 30 (3): 115-147.

Prodöhl, Ines (2013): Versatile and cheap. A global history of soy in the first half of the twentieth century. In: Journal of Global History 8 (3): 461-482.

Literatur

Anderson, Joseph Leslie (2009): Industrializing the Corn Belt. Agriculture, technology, and environment, 1945–1972. DeKalb, Illinois: Northern Illinois University Press.

Bacon, Lois B./Schloemer, Friedrich C. (1940): World Trade in Agricultural Products. Its Growth, Its Crisis, and the New Trade Policies. Rome: International Institute of Agriculture.

Bair, Jennifer (2008): Global Commodity Chains. Genealogy and Review. In: Bair, Jennifer (Hg.): Frontiers of Commodity Chain Research. Stanford, CA: Stanford University Press, 1-34.

Baraibar Norberg, Matilda (2020): The Political Economy of Agrarian Change in Latin America. Argentina, Paraguay and Uruguay. Cham: Palgrave Macmillan.

Barbier, Edward (2011): Scarcity and Frontiers: How Economies Have Developed Through Natural Resource Exploitation, Cambridge: Cambridge University Press.

Beilin, Katarzyna Olga/Suryanarayanan, Sainath (2017): The War between Amaranth and Soy. In: Environmental Humanities 9 (2), 204-229.

Belasco, Warren (2012): Food and Social Movements. In: Pilcher, Jeffrey M. (Hg.): The Oxford Handbook of Food History. Oxford: Oxford University Press, 481-498.

Bernstein, Henry (2016): Agrarian political economy and modern world capitalism: the contributions of food regime analysis. In: Journal of Peasant Studies 43 (3), 611-647.

Campbell, Hugh (2009): Breaking new ground in food regimes theory: Corporate environmentalism, ecological feedbacks, and the ‚food from somewhere' regime. In: Agriculture and Human Values 26 (4), 309-319.

Du Bois, Christine M./Mintz, Sidney (2003): Soy. In: Katz, Solomon H. (Hg.): Encyclopedia of Food and Culture. Volume 3. New York: Scribner, 322-326.

Ermann, Ulrich/Langthaler, Ernst/Penker, Marianne/Schermer, Markus (2018): Agro-Food Studies. Eine Einführung, Wien et al.: Böhlau/UTB.

FAO – Food and Agriculture Organization (2020): www.fao.org/faostat, 4.8.2020.

Fischer, Karin/Langthaler, Ernst (2019): Soy expansion and countermovements in the Global South: a Polanyian perspective. In: Atzmüller, Roland/Aulenbacher, Brigitte/Brand, Ulrich/Décieux, Fabienne/Fischer, Karin/Sauer, Birgit (Hg.): Capitalism in Transformation. Cheltenham, Northampton, MA: Edward Elgar Publishing, 212-227.

Goldberg, Ray A. (1968): Agribusiness Coordination. A Systems Approach to the Wheat, Soybean, and Florida Orange Economies. Boston, MA: Harvard University Press.

Grewe, Bernd-Stefan (2019): Global Commodities and Commodity Chains. In: Roy, Tirthankar/Riello, Giorgio (Hg.): Global Economic History. London et al.: Bloomsbury, 215-228.

Hopkins, Terence/Wallerstein, Immanuel (1977): Patterns of Development of the Modern World-System. In: Review: A Journal of the Fernand Braudel Center 1 (2), 111-145.

Ioris, Antonio Augusto Rossoto (2018): Agribusiness and the Neoliberal Food System in Brazil. Frontiers and Fissures of Agro-neoliberalism. London, New York: Routledge.

Joseph, Sabrina (Hg., 2019): Commodity Frontiers and Global Capitalist Expansion. Social, Ecological and Political Implications from the Nineteenth Century to the Present Day. Cham: Springer International Publishing; Imprint: Palgrave Macmillan.

Klein, Herbert S./Luna, Francisco Vidal (2019): Feeding the World. Brazil's Transformation into a Modern Agricultural Economy. Cambridge: Cambridge University Press.

Komlosy, Andrea (2016): Kapitalismus als „frontier". Die Verwandlung von Kulturen in Rohstofflieferanten. In: Fischer Karin/Jäger, Johannes/Schmidt, Lukas (Hg.): Rohstoffe und Entwicklung. Aktuelle Auseinandersetzungen im historischen Kontext. Wien: New Academic Press, 36-51.

Krausmann, Fridolin/Langthaler, Ernst (2019): Food regimes and their trade links. A socio-ecological perspective. In: Ecological Economics 160, 87-95.

Landsteiner, Erich/Langthaler, Ernst (2019): Editorial: Global Commodities. In: Österreichische Zeitschrift für Geschichtswissenschaften 30 (3), 5-10.

Langthaler, Ernst (2015): Gemüse oder Ölfrucht? Die Weltkarriere der Sojabohne im 20. Jahrhundert. In: Reiher, Cornelia/Sippel, Sarah Ruth (Hg.): Umkämpftes Essen. Produktion, Handel und Konsum von Lebensmitteln in globalen Kontexten. Göttingen: Vandenhoeck & Ruprecht, 41-66.

Langthaler, Ernst (2016): Landwirtschaft und Ernährung. In: Boatcă, Manuela/Fischer, Karin/Hauck, Gerhard (Hg.): Handbuch Entwicklungsforschung. Living Reference Work, continuously updated edition (Springer NachschlageWissen), 1-10.

Langthaler, Ernst/Schüßler, Elke (2019): Commodity Studies with Polanyi. Disembedding and Re-Embedding Labour and Land in Contemporary Capitalism. In: Österreichische Zeitschrift für Soziologie 44 (2), 209-223.

Lapegna, Pablo (2016): Soybeans and Power. Genetically Modified Crops, Environmental Politics, and Social Movements in Argentina. Oxford: Oxford University Press.

Lappé, Frances Moore (2011): Diet for a small planet. New York: Ballantine Books.

LeCain, Timothy J. (2017): The Matter of History. How Things Create the Past. Cambridge: Cambridge University Press.

Magnan, André (2012): Food Regimes. In: Pilcher, Jeffrey M. (Hg.): The Oxford Handbook of Food History. Oxford: Oxford University Press, 370-388.

McMichael, Philip (2009): A food regime genealogy. In: Journal of Peasant Studies 36 (1), 139-169.

McMichael, Philip (2013): Food regimes and agrarian questions. Halifax, Winnipeg: Fernwood Publishing.

McMichael, Philip (2017): Development and Social Change: A Global Perspective. Los Angeles et al.: Sage.

Moore, Jason W. (2000): Sugar and the Expansion of the Early Modern World-Economy. Commodity Frontiers, Ecological Transformation, and Industrialization. In: Review: A Journal of the Fernand Braudel Center 23 (3), 409-433.

Moore, Jason W. (2015): Capitalism in the web of life. Ecology and the accumulation of capital. London, New York: Verso.

Otero, Gerardo (2018): The Neoliberal Diet. Healthy Profits, Unhealthy People. Austin: University of Texas Press.

OVID – Verband der ölsaatenverarbeitenden Industrie in Deutschland (2020): www.ovid-verband.de/unsere-themen/handel/oelsaatenmarkt/#gallery-2, 4.8.2020.

Polanyi, Karl (2017): The Great Transformation. Politische und ökonomische Ursprünge von Gesellschaften und Wirtschaftssystemen. 13. Auflage. Frankfurt am Main: Suhrkamp Taschenbuch Verlag.

Pomeranz, Kenneth (2009): The Great Divergence. China, Europe, and the Making of the Modern World Economy. Princeton: Princeton University Press.

Prodöhl, Ines (2016): From Dinner to Dynamite. Fats and Oils in Wartime America. In: Global Food History 2 (1), 31-50.

Reardon-Anderson, James (2005): Reluctant Pioneers. China's Expansion Northward, 1644–1937. Stanford, California: Stanford University Press.

Roth, Matthew (2018): Magic Bean. The Rise of Soy in America. Lawrence, Kansas: University Press of Kansas.

Sorosiak, Thomas (2000): Soybean. In: Kiple, Kenneth F./Ornelas, Kriemhild Coneè (Hg.): The Cambridge World History of Food. Volume 1. Cambridge: Cambridge University Press, 422-427.

Turzi, Mariano (2017): The Political Economy of Agricultural Booms. Managing Soybean Production in Argentina, Brazil, and Paraguay. Cham: Palgrave Macmillan.

US Department of Agriculture (USDA) (1953): Foreign Agricultural Situation. Maps and Charts. Washington, DC: USDA.

Vorley, Bill (2003): Food, Inc. Corporate concentration from farm to consumer. London: IIED.

Winders, Bill (2009): The politics of food supply. U.S. agricultural policy in the world economy. New Haven, CT: Yale University Press.

Franziska Ollendorf

Nachhaltigkeitszertifikate in der Kakao- und Schokoladenwertschöpfungskette: Erfahrungen aus Ghana

Drei Viertel der globalen Kakaobohnenproduktion stammen aus vier westafrikanischen Ländern: Côte d'Ivoire, Ghana, Kamerun und Nigeria, wobei Côte d'Ivoire und Ghana die beiden Hauptanbauländer sind (Make Chocolate Fair o.J.). Dort wird Kakao auch heute hauptsächlich kleinbäuerlich erzeugt. Der Produktion von Kakaobohnen folgen zwei Verarbeitungsschritte: die Weiterverarbeitung der Bohnen zu Schokoladen-Kuvertüre und weiteren Zwischenprodukten sowie die Herstellung von Schokoladenprodukten. Lange Zeit wurden Kakaobohnen in ihrer Rohform nach Europa und in die USA exportiert, wo beide Verarbeitungsschritte erfolgten. Weiterverarbeitende Unternehmen haben aber verstärkt Fabriken in den Produzentenländern eröffnet, sodass Côte d'Ivoire heute in der Weiterverarbeitung von Kakaobohnen führend ist, gefolgt von den Niederlanden, Indonesien und Deutschland (Statista 2020). Im Bereich der Weiterverarbeitung sind allein zwei Unternehmen, der Rohstoff- und Agrarmulti Cargill und der Schokoladenproduzent Barry Callebaut, für mehr als 70 Prozent der Herstellung von Schokoladen-Kuvertüre verantwortlich. Bei der Schokoladenproduktion haben gegenwärtig fünf Unternehmen (Mars Incorporated, Mondelez International, Nestlé, Ferrero und Hershey) über 50 Prozent Marktanteil (Fountain/Hütz-Adams 2015).

Zusätzlich zu der hohen Konzentration ist ein starkes Ungleichgewicht in der Verteilung der Einkommen bezeichnend für die Kakao- und Schokoladen-Wertschöpfungskette (KS-WSK). Die KakaobäuerInnen erhalten zusammen nur 6,6 Prozent des Preises des Endprodukts Schokolade, was dazu beiträgt, dass viele von ihnen in gravierender Armut leben. An weiterverarbeitende Unternehmen gehen 7,6 Prozent, an SchokoladenherstellerInnen 35,2 Prozent und an den Einzelhandel 44,2 Prozent (Fountain/Hütz-Adams 2015, Zahlen für 2014). Hinzu kommen volatile und häufig extrem niedrige Weltmarktpreise für Kakao, die zu dem großen Armutsproblem in der Kakaoproduktion beitragen (Araujo Bonjean/Brun 2016).

Anhaltende Armut ist hauptursächlich für eine Vielzahl weiterer Herausforderungen für die Nachhaltigkeit in der KS-WSK. Zum einen führen die extrem niedrigen Einkommen dazu, dass KakaobäuerInnen sich oft keine Arbeitskräfte leisten können und Zwangsarbeit von Kindern auf westafrikanischen Kakaofarmen vorzufinden ist (Anti-Slavery International 2004). Die niedrigen Einkommen aus der harten körperlichen Arbeit des Kakaoanbaus machen diesen wenig attraktiv und lassen die Menschen nach anderen Lebensunterhaltsstrategien suchen (Anyidoho et al. 2012). Zum anderen ist die traditionelle expansive Landwirtschaft keine Option mehr, da fruchtbare Böden knapp werden und die wenigen noch bestehenden Regenwälder zu Schutzgebieten erklärt wurden. Die Intensivierung des Anbaus wird von ExpertInnen daher als unerlässlich gesehen, um die Nachhaltigkeit der Kakaoproduktion zu sichern, erfordert aber Investitionskapital der BäuerInnen (Ruf 2007).

In den vergangenen zwei Dekaden haben *lead firms* aus beiden Verarbeitungssegmenten zunehmend Programme zur Steigerung der Nachhaltigkeit des Kakaoanbaus eingeführt. Ihr Engagement auf der lokalen Ebene geht auf die Einführung von *Corporate Social Responsibility* (CSR)-Programmen zurück. Mit diesen reagierten die Unternehmen im Laufe der 2000er Jahre auf den steigenden Druck der Zivilgesellschaft, für fairere Bedingungen in den Lieferketten zu sorgen. Waren diese Programme zunächst hauptsächlich mit punktuellen Projekten zur Verbesserung der lokalen Infrastruktur befasst, verschob sich der Fokus zu integrierten Maßnahmen, die das Ziel verfolgen, den Ertrag und die Qualität zu steigern. Durch eine gesteigerte Produktion, so die Argumentation, würde den BäuerInnen dazu verholfen, höhere Einkommen zu erzielen und ihrer Armut zu entkommen.

Für die Umsetzung der zunehmend komplexen CSR-Programme gewannen Anfang der 2010er Jahre die Zertifizierungsprogramme UTZ und Rainforest Alliance, die im Jahr 2018 fusionierten, sowie Fairtrade an Bedeutung. Zentrale Elemente des Kakao-*Code of Conduct* von UTZ, dem am häufigsten vergebenen Zertifikat, sind Vorgaben zu Managementpraktiken, zu Anbaumethoden, zu sozialen Bedingungen auf Kakaofarmen, wie der Einhaltung der ILO-Kernarbeitsnormen und dem Verbot schädigender Kinderarbeit, sowie zu ökologischen Praktiken beim Kakaoanbau, ergänzt durch kakaospezifische Praktiken der Nacherntebehandlung (UTZ 2014). Dazu kommen in letzter Zeit Interventionen auf lokaler Ebene wie Programme für einen verbesserten Zugang zu Krediten und Produktionsmitteln, Monitoringsysteme und Block-Chain-Technologien. Dieses stark proaktive Vorgehen auf lokaler Ebene wird heute nicht mehr als CSR, sondern als *Sustainable Supply Chain Management* bezeichnet. Die Nachhaltigkeitszertifizierung bleibt dabei ein Schlüsselelement.

In Ghana laufen seit Beginn der 2010er Jahre eine Vielzahl solcher von *lead firms* initiierten Programme. Ghanas Kakaosektor zeichnet sich durch die Besonderheit aus, dass eine nationale Marketingbehörde, das *Ghana Cocoa Marketing Board* (COCOBOD), für Exportgeschäfte, Regulierung und wesentliche Dienstleistungen im Sektor verantwortlich ist. Der Ankauf der Kakaobohnen erfolgt durch lokale, lizensierte Ankaufsunternehmen, die die Bohnen an COCOBOD liefern, bevor dieses sie schließlich auf dem Weltmarkt verkauft (Kolavalli/Vigneri 2018). Dadurch haben die transnationalen Unternehmen beim Kauf konventioneller Kakaobohnen in Ghana keinen Kontakt zu KakaobäuerInnen. Für die Umsetzung ihrer Zertifizierungsbestrebungen kooperierten sie daher meist mit einem der lokalen Ankaufsunternehmen, da diese über ein weites Netz an lokalen Marketingbeziehungen verfügen.

Jüngst haben die beiden führenden Unternehmen des weiterverarbeitenden Segments allerdings Tochterunternehmen gegründet, die nun als Ankaufsunternehmen fungieren und die Nachhaltigkeitsprogramme eigenständig durchführen. Die Programme beruhen auf der Schaffung eines hierarchischen, internen Managementsystems, das bis auf die Gemeindeebene reicht. Teilnehmende KakaobäuerInnen gehen einen Vertrag ein, bei dem sie sich verpflichten, ausschließlich an das beteiligte Ankaufsunternehmen zu verkaufen sowie regelmäßig an Trainings für „gute landwirtschaftliche Praktiken“ teilzunehmen. Etwa nach einem Jahr findet das externe Audit statt, bei dem VertreterInnen unabhängiger Zertifizierungsstellen die Farmen einiger Mitglieder hinsichtlich der Annahme der UTZ-Vorgaben überprüfen. Bei erfolgreichem Audit erhalten die BäuerInnen für ihre als nachhaltig zertifizierten Kakaobohnen eine Prämie. Diese stellt in der Realität allerdings einen wichtigen Sanktionsmechanismus dar: Bei wiederholtem Nichteinhalten der Vorgaben drohen der Ausschluss aus der Gruppe sowie der damit verbundene Wegfall der Prämie. Diese ist zwar in Hinblick auf den Mehraufwand der KakaobäuerInnen äußerst gering, stellt aber ein wichtiges Zusatzeinkommen dar.

Mit der Einführung von Zertifizierungsprogrammen ging ein vielfältiger struktureller Wandel in Ghanas Kakaosektor einher. Für teilnehmende KakaobäuerInnen verbesserte sich der Zugang zu landwirtschaftlichen Trainings und Beratungsdiensten; Qualität und Menge ihrer Ernte verbesserten sich ebenfalls tendenziell. Gleichzeitig geht ein deutlicher Trend der Konzentration im Segment der lokalen Ankaufsunternehmen vonstatten, da viele BäuerInnen ihre tradierten Unternehmen verlassen, um an einem Zertifizierungsprogramm teilzunehmen. Diese logistisch und materiell sehr aufwendigen Projekte können von kleineren lokalen Ankaufsunternehmen aufgrund mangelnder Ressourcen schwer durchgeführt werden. In dieser Form durchgeführte Nachhaltigkeitszertifizierung trägt in Ghana daher zu einem Vorrang der stärksten Ankaufunternehmen, häufig Tochterunternehmen der *lead firms*, und zu einem möglichen Ausscheiden der lokalen Ankaufunternehmen bei.

Da die Teilnahme an Programmen beschränkt ist, genießt nur ein Teil der KakaobäuerInnen im Land die damit verbundenen Vorzüge. Konkret heißt dies, dass in einer Gemeinde nur ein Teil der KakaobäuerInnen an Trainings teilnehmen kann und eine Prämie für die Bohnen erhält, während andere BewohnerInnen von diesen Entwicklungen ausgeschlossen bleiben. Das führt zu neuen Disparitäten innerhalb der Zielgemeinden sowie zwischen Gemeinden und Regionen. Die ProjektteilnehmerInnen sind jedoch während der Einführung der Programme lediglich RezipientInnen und müssen sich den Vorgaben des *Code of Conduct* anpassen. Auch scheint eine weiterführende Selbstorganisation der BäuerInnen nicht einzutreten. Für die transnationalen Leitunternehmen stellen die Zertifizierungsprogramme jedoch ein Instrument dar, verstärkten Einfluss auf die lokale Produktion auszuüben und neue Kontroll- und Sanktionsmechanismen zu etablieren. Diese Einblicke geben Anlass zur Sorge, dass in dieser Form durchgeführte Zertifizierungsprogramme eher die Machtposition von *lead firms* in der KS-WSK stärken als den KakaobäuerInnen eine weitreichende Verbesserung ihrer Lebensgrundlagen zu ermöglichen.

Literatur

Anti-Slavery International (2004): The Cocoa Industry in West Africa: A history of exploitation. http://www.antislavery.org/wp-content/uploads/2017/01/1_cocoa_report_2004.pdf, 10.08.2020.

Anyidoho, Nana Akua/Leavy, Jennifer/Asenso-Okyere, Kwadwo (2012): Perceptions and Aspirations: A Case Study of Young People in Ghana's Cocoa Sector. In: IDS Bulletin 43 (6).

Araujo Bonjean, Catherine/Brun, Jean-Francois (2016): Concentration and Price Transmission in the Cocoa-Chocolate Chain. In: Squicciarini, Mara P./Swinnen, Johan F.M. (Hg.): The Economics of Chocolate. Oxford: Oxford University Press, 339-362.

Fountain, Antonie/Hütz-Adams, Friedel (2015): Cocoa Barometer 2015. https://www.voicenetwork.eu/wp-content/uploads/2019/07/Cocoa-Barometer-2015.pdf, 10.8.2020.

Kolavalli, Shashi/Vigneri, Marcella (2018): Cocoa Coast. The Board managed Cocoa Sector in Ghana. Washington, DC.

Make Chocolate Fair (o.J.): Kakaoproduktion. Ein Überblick. http://de.makechocolatefair.org/themen/kakaoproduktion-ein-uberblick, 10.8.2020.

Ruf, François (2007): The new Ghana cocoa boom in the 2000s: from forest clearing to Green revolution. CIRAD / University of Ghana.

Statista (2020): Global Leading Countries of Cocoa Bean Processing in 2018/2019 and 2019/2020. http://www.statista.com/statistics/238242/leading-countries-of-global-cocoa-bean-processing/, 10.8.2020.

UTZ certified (2014): Core Code of Conduct Version 1.0. For individual and multi-site certification. https://utz.org/?attachment_id=21461, 10.12.2020.

TEIL 3
ARBEIT

6

Jörg Flecker

DIE QUALITÄT DER ARBEIT IN DYNAMISCHEN KETTEN UND NETZEN. WIE IST SOZIALE AUFWERTUNG MÖGLICH?

Einleitung

Hightechprodukte wie Smartphones und Laptops werden nicht von den Markenfirmen hergestellt, die sie unter ihren Labels verkaufen, sondern von Zulieferern insbesondere in Asien. Diese Firmen, wie etwa Foxconn, die vor allem in China einen großen Teil der iPhones und eine Vielzahl weiterer Produkte von Apple und anderen IT-Konzernen fertigen, verfügen über hohe technische Kompetenz. Zugleich stehen sie unter großem Druck, was die Preise und die Zeitvorgaben für die Fertigung betrifft (Chan et al. 2013, 2015).

Die Entwicklung von Arbeit und Beschäftigung in den Wertschöpfungsketten bzw. Produktionsnetzwerken des globalen Kapitalismus ist also von gegensätzlichen Tendenzen geprägt: Einerseits setzen die internationalen Markenfirmen und Kernunternehmen ihre Zulieferer und Dienstleister unter immer stärkeren Kosten- und Zeitdruck und bürden ihnen belastende Arbeitsbedingungen auf. Damit sind die Arbeitsplätze am unteren Ende der Wertschöpfungsketten ganz besonders von der internationalen Konkurrenz und den Folgen der Weltwirtschaftskrisen betroffen. Andererseits verbessern viele Betriebe und ganze Ökonomien am unteren Ende der Wertschöpfungsketten ihre Position durch die Weiterentwicklung von Wissen und die Übernahme höherwertiger Aufgaben, während andere jedoch einen Abstieg durchmachen.

Dies wirft die Frage auf, welche Folgen für die Arbeitenden mit diesen Auf- und Abstiegen der Firmen verbunden sind, in denen sie beschäftigt werden. Eine naheliegende Antwort, die auch Akteure der Entwicklungspolitik geben würden, lautet, dass eine Aufwertung von Produktionsstätten und Regionen im Globalen Süden den Arbeitenden Jobs höherer Qualität und mehr Einkommen bringt. Die gestiegene Kompetenz und die gewachsene strategische Bedeutung eines Betriebs in einem globalen Produktionsnetzwerk führen jedoch nicht automatisch dazu, dass ein größerer Anteil des geschaffenen Werts bei diesem Betrieb verbleibt. So ist es Apple im oben angeführten Beispiel gelungen, sich den größten Teil der Erträge anzueignen und die Gewinnmargen zu steigern, während Foxconn nur einen kleinen Teil abbekommt und seine Profite nicht erhöhen konnte, obwohl die gesamte Fertigung dort erfolgt. Außerdem stellt sich die Frage, ob eine ökonomische Aufwertung nicht auch mit nachteiligen Veränderungen der Arbeitsbedingungen einhergehen kann.

In diesem Beitrag geht es darum, wie sich die dynamischen Beziehungen zwischen Firmen und Standorten innerhalb der Ketten und Netzwerke auf Beschäftigungs- und Arbeitsbedingungen auswirken. Vor allem ist von Interesse, inwiefern Arbeit am unteren Ende der Wertschöpfungsketten durch Niedriglöhne, lange Arbeitszeiten, hohe Flexibilitätsanforderungen, Unfallgefahren sowie körperliche und psychische Belastungen gekennzeichnet ist. Und es soll diskutiert werden, ob eine ökonomische Aufwertung von Betrieben innerhalb von Netzwerken auch für die Beschäftigten dieser Betriebe zu Verbesserungen im Sinne von anspruchsvolleren Tätigkeiten, höheren Einkommen und beruflichen Entwicklungsperspektiven führt. Die Zusammenhänge und Entwicklungen werden anhand der Bekleidungsindustrie und der Softwareentwicklung dargestellt, also einerseits einer schon lange internationalisierten Industrie- und andererseits einer erst später globalisierten Dienstleistungsbranche. Grundlagen dieses Beitrags sind verfügbare Literatur und eigene empirische Forschung, die mittels Fallstudien über Unternehmen, Wertschöpfungsketten und Verlagerungen von Arbeit durchgeführt wurde.

Im Konzept der globalen Wertschöpfungsketten (*Global Value Chains*) werden neben der Verteilung von Verarbeitungsschritten auf verschiedene Betriebe in unterschiedlichen Ländern die Beziehungen zwischen den beteiligten Firmen betont. Wie die Kernfirmen die Wertschöpfungsketten oder Netzwerke steuern und welche Machtverhältnisse zwischen den Abnehmern und ihren Zulieferern herrschen, spielt nicht nur für Fragen der Entwicklung von Ländern und Regionen (Gereffi et al. 2005; Gereffi 2006) eine große Rolle, sondern ebenso für die Arbeits- und Beschäftigungsbedingungen, auch wenn diese in der einschlägigen Literatur in der Regel nicht im Zentrum stehen. Im Konzept der globalen Produktionsnetzwerke geht man über die linearen Zusammenhänge der Produktion und den Fokus auf die beteiligten Firmen hinaus, um auch die Beziehungen zwischen lokalen und nationalen Akteuren einschließlich des Staates einerseits und den globalen Produktionsprozessen andererseits zu berücksichtigen (Henderson et al. 2002; Coe/Hess 2013; Coe/Yeung 2015).

Die Qualität der Arbeit wird aus mehreren Gründen unmittelbar von der Organisation und von den Umstrukturierungen der Wertschöpfungsketten und Produktionsnetzwerke berührt (Flecker 2012, Newsome et al. 2015): Erstens sind schon vorweg die Unterschiede in den Lohnhöhen und den Beschäftigungsbedingungen zwischen Unternehmen und Branchen eines der Motive für Aufspaltung und Auslagerung von Produktionsprozessen. Im internationalen Maßstab wirken das Lohngefälle zwischen Ländern ebenso wie die höchst unterschiedlichen Arbeitszeit- und Arbeitsschutzbestimmungen als Anreize für die geografische Verlagerung von Arbeit.

Zweitens wirken sich die Machtverhältnisse zwischen den Betrieben in der Wertschöpfungskette bzw. in einem Produktionsnetzwerk auf die Arbeits- und Beschäftigungsbedingungen aus. Abhängige Betriebe haben oft wenig Einfluss auf die Bedingungen, welche die Kernfirmen für die Geschäftsbeziehung festlegen, und geben die Anforderungen an ihre Beschäftigten weiter. Damit bekommen die Arbeitskräfte den Kostendruck, die Flexibilitätsanforderungen an den Betrieb sowie die Unsicherheiten in der Auslastung recht direkt in Form niedriger Löhne, langer Arbeitszeiten, gesundheitsgefährdender Arbeitsplätze und wenig planbarer Arbeitszeiten bzw. unsicherer Beschäftigung zu spüren.

Drittens sind die Beziehungen zwischen den Firmen selten statisch, sondern verändern sich im Laufe der Zeit. So kann es in der zwischenbetrieblichen Arbeitsteilung zu Verschiebungen kommen, wenn eine Zulieferfirma beispielsweise zusätzlich zu den Produktionstätigkeiten höher bewertete Aufgaben in der Produktentwicklung oder in der Logistik übernimmt. Dieses Upgrading innerhalb der Wertschöpfungskette kann sich in einer Verbesserung der Arbeits- und Beschäftigungsbedingungen niederschlagen, wenn es mit einem größeren ökonomischen Spielraum verbunden ist und dieser auch den Arbeitenden zugutekommt. Voraussetzung dafür ist, dass die Arbeitenden die ihnen aufgrund ihrer Bedeutung im Arbeitsprozess latent zukommende Macht durch gewerkschaftliche Organisierung und internationale Solidarität in einen Einfluss auf ihre Löhne und Arbeitsbedingungen ummünzen können. In der Analyse sind die Arbeitenden also als kollektiver Akteur einzubeziehen, wenn es um die Entwicklung von Wertschöpfungsketten und Produktionsnetzwerken geht (Cumbers 2015). Wie allerdings im Folgenden an den Beispielen der Bekleidungsindustrie und der Softwarebranche gezeigt werden soll, muss auf eine ökonomische Aufwertung nicht notwendigerweise eine soziale folgen.

Entwicklungen in der globalen Bekleidungsindustrie

Wenn man von den teils katastrophalen Arbeitsbedingungen in den globalen Produktionsnetzwerken der Bekleidungsindustrie hört, denkt man oft an Rana Plaza. Im Jahr 2013 stürzte ein Fabrikgebäude dieses Namens in Savar nahe Dhaka in Bangladesch ein, wodurch 1.135 Menschen getötet und über 2.400 weitere verletzt wurden. Das Gebäude beherbergte mehrere Textilfabriken, in denen für internationale Labels gearbeitet wurde. Diese Katastrophe lenkte das Augenmerk auf die oft unhaltbaren Zustände in den Produktionsstätten. In Reaktion darauf wurde das Programm *Bangladesh Accord for Fire and Building Safety* ins Leben gerufen, mit dem die Sicherheitsbedingungen überprüft werden sollten. Ein Problem besteht jedoch darin, dass viele der Fabriken informell betrieben werden und nicht registriert sind (Bhattacharjee 2016) und daher auch nicht von solchen Programmen erfasst werden.

Auch abseits von Katastrophen sind die Arbeitsbedingungen in der Bekleidungsindustrie in Bangladesch höchst problematisch. Die Arbeiterinnen – hier arbeiten überwiegend Frauen – arbeiten vielfach bis zu 13 Stunden pro Tag, verdienen laut einer nicht repräsentativen Befragung als Helferinnen im Durchschnitt 26 EUR und als Näherinnen durchschnittlich 40 EUR im Monat, bekommen ihren Lohn unregelmäßig und oft verspätet, Überstunden häufig gar nicht bezahlt, sind in der Arbeit nicht selten Beschimpfungen und Schlägen sowie sexueller Belästigung und Gewalt ausgesetzt (Feuchte 2009). Die Unsicherheit des Arbeitsplatzes und die sofortige Entlassung bei Abwesenheit (auch wegen Krankheit), bei Protest und gewerkschaftlicher Aktivität machen eine Gegenwehr fast unmöglich. Dennoch kam es im Jahr 2006 zu einer ausgedehnten Revolte tausender Bekleidungsarbeiterinnen in Bangladesch. Nach wie vor findet das nationale Arbeitsgesetz, das die Arbeitszeit (auf 72 Stunden pro Woche!) begrenzt und Mindestlöhne vorsieht, jedoch in dieser Branche keine Anwendung. Als Gründe dafür nennt Feuchte (2009) die Korruption und das Interesse der Regierung, die Produktionskosten in der Branche niedrig zu halten, aus der nicht weniger als 75 Prozent der Exporterlöse des Landes kommen.

Ein neuerer Bericht geht auf die langen Arbeitszeiten ein: Befristeten Beschäftigten wird gedroht, dass ihre Anstellung nicht verlängert wird, falls sie die geforderten Überstunden nicht leisten (Bhattacharjee 2016). Zwar gibt es Richtlinien der Markenfirmen, deren Einhaltung in gewissen Grenzen auch überprüft wird. Doch Wirkungen in Richtung einer Verbesserung der Arbeitsbedingungen könnten sich auf die direkten Auftragnehmenden der Markenfirmen beschränken, während die von diesen beauftragten Subauftragnehmenden außerhalb der Kontrolle bleiben dürften (Women Workers Wordwide 2003; Tilly et al. 2013).

Die Produktionsnetzwerke und Wertschöpfungsketten der Bekleidungsindustrie sind seit Jahrzehnten stark fragmentiert, sie sind international, wenn nicht global, und die Preiskonkurrenz übt einen enormen Druck zur Senkung der Lohnkosten in dieser arbeitsintensiven Branche aus. Konzentrationsprozesse im Einzelhandel haben die Position der Produktionsbetriebe weiter geschwächt. Die Machtverhältnisse in den Produktionsnetzen und Wertschöpfungsketten begünstigen in der Regel die Markenfirmen bzw. Einzelhandelsunternehmen gegenüber den Produktionsbetrieben, während ausgeglichene Machtverhältnisse in dieser Branche selten sind (Faust et al. 2004). Die Asymmetrien und Abhängigkeiten zwischen den Firmen werden auch als „captive value chains" (Gereffi et al. 2005) bezeichnet. Diese Beziehungen zwischen den Firmen wirken sich unmittelbar auf die Arbeits- und Beschäftigungsbedingungen aus. Die Produktionsfirmen, welche die Aufträge zur Fertigung von Kleidung erhalten, stehen in einer weltweiten Konkurrenz zueinander. Sie vergeben Teile der Aufträge weiter, und am unteren Ende der Wertschöpfungsketten finden sich die Firmen und HeimarbeiterInnen der informellen Ökonomie (Tilly et al. 2013). Eine Analyse der Bekleidungsindustrie in zwei Bezirken der Region Dhaka, Bangladesch, ergab beispielsweise, dass nicht weniger als 32 Prozent der 479 Fabriken nicht registriert waren, also informell arbeiteten (Bhattacharjee2016: 32).

Aber auch innerhalb der regulären Wirtschaft drücken die Abhängigkeiten zwischen den Unternehmen auf Löhne und Beschäftigungsbedingungen. Neben niedrigen Einkommen sind es insbesondere lange Arbeitszeiten, hohe Flexibilitätsanforderungen und großer Zeitdruck, der die häufig weiblichen Arbeitskräfte belastet. Dazu kommen der mangelhafte ArbeitnehmerInnenschutz und die sich daraus ergebenden Gefährdungen der Gesundheit. Während die Bekleidungsindustrie von Bangladesch am unteren Ende der Wertschöpfungsketten verblieb und sehr schlechte Arbeitsbedingungen aufweist, sind in Indien Tendenzen zur Verbesserung der Arbeitsbedingungen auszumachen. Firmen, die in Maschinen investierten, benötigen gut geschulte Arbeiterinnen und erachten es daher als notwendig, die Fluktuationsrate zu senken. Um das zu erreichen, gingen sie von Akkord- zu Zeitlöhnen über und erhöhten die Durchschnittslöhne zwischen 1998/99 und 2003/04 um 25,7 Prozent (Nathan/Kalpana 2007: 10).

In West- und Mitteleuropa hat die Verlagerung der Herstellung von Bekleidung nach Asien, in den Mittelmeerraum und nach Mittelosteuropa ab den 1970er Jahren zu einem großen Verlust von Arbeitsplätzen insbesondere für Näherinnen geführt. Für die verbleibenden Arbeitskräfte konnten die mit den Verlagerungen verbundenen Aufwertungen von Standorten unmittelbar zu Verbesserungen in den Arbeitsbedingungen führen. Das Beispiel der Unternehmenszentrale eines Bekleidungsherstellers in Belgien illustriert diesen Punkt: Die

Unternehmensleitung hatte nach einem schon seit den 1980er Jahren anhaltenden Prozess der Verlagerung der Produktion nach China, Osteuropa und Nordafrika beschlossen, die letzte Fertigungsabteilung in Belgien zu schließen und die Arbeiterinnen in der Musterfertigung einzusetzen (De Bruyn/Ramioul 2007). Die Veränderung der Arbeit ist gravierend: Anstelle einer tayloristisch organisierten Massenproduktion werden nun Einzelstücke in handwerklicher Manier hergestellt. Damit steigen die Qualifikationsanforderungen, die Arbeit wird anspruchsvoller, und durch ihre Vielseitigkeit nehmen bestimmte körperliche und psychische Arbeitsbelastungen ab. Freilich ist die repetitive Produktionsarbeit damit nicht verschwunden, vielmehr sind durch die Verlagerung nun Arbeiterinnen in anderen Ländern damit konfrontiert.

Die Aufwertung von Standorten muss sich aber nicht in besseren Arbeitsbedingungen niederschlagen. Selbst dort, wo die Beschäftigten hoch bewertete Tätigkeiten in den Unternehmensfunktionen Design oder Logistik ausführen und darüber entscheiden, ob die Produktionsaufträge nach Brasilien, Ägypten oder in die Türkei gehen, sind sie selbst einem hohen Arbeitsdruck unterworfen (Flecker/Holtgrewe 2012). Dieser ergibt sich zum einen aus der Abhängigkeit ihres Betriebs von Aufträgen durch die Markenfirmen oder Einzelhandelsunternehmen und damit aus der Notwendigkeit, rasch auf deren Anforderungen zu reagieren, zum anderen schlägt sich die generelle Beschleunigung der Geschäftsprozesse in der Branche auf die Arbeitssituationen nieder. So sind viele Unternehmen der Modebranche dazu übergegangen, ihre Kollektionen nicht mehr im Frühjahr-Herbst-Rhythmus, sondern kontinuierlich zu erneuern (Plank/Staritz 2009a; Flecker/Holtgrewe 2012). Dadurch wurden die Zeitvorgaben für das Design und die Musterfertigung verkürzt und die Anforderungen an die Logistik nach oben geschraubt.

Länder in Mittelost- und Osteuropa und um das Mittelmeer werden aufgrund der größeren Bedeutung geografischer Distanzen seit dieser Beschleunigung von einigen Unternehmen als Produktionsstandorte gegenüber Asien bevorzugt. Allerdings lässt der teilweise Einsatz von Arbeitskräften aus Asien in Rumänien (Plank/Staritz 2009a) darauf schließen, dass sich diese Präferenz für räumliche Nähe nicht in bessere Arbeitsbedingungen umsetzen lässt. Dazu kommt, dass der Aufstieg in den Wertschöpfungsketten die Sicherheit der Arbeitsplätze nicht verbessern muss. So zeigen Beispiele aus

Mittelosteuropa, dass Firmen zunächst in eine zentrale Mittlerrolle gelangten und den Zugang zu noch kostengünstigeren Standorten in Osteuropa für die Kernunternehmen organisierten, dann jedoch durch eine direkte Kooperation der internationalen Unternehmen mit den lokalen Lohnfertigern in Osteuropa ersetzt wurden (Smith 2003). Die ökonomische Aufwertung des Betriebs hielt also nicht lange an und konnte vor allem nicht in längerfristige Beschäftigungssicherheit umgemünzt werden.

Internationalisierung der Software-Entwicklung

Die Internationalisierung der Softwareentwicklung erlebte in den 1990er Jahren und besonders um die Jahrtausendwende einen Schub. In einer Boomphase mit relativer Knappheit an Arbeitskräften waren viele Firmen in West- und Nordeuropa sowie in Nordamerika bereit, die Risiken einer Verlagerung von Arbeit nach Mittelosteuropa und nach Asien in Kauf zu nehmen, um expandieren zu können und zugleich Kosten zu senken. Diesem Offshoring wurde zunehmend und insbesondere in den USA kritische Aufmerksamkeit in der Öffentlichkeit zuteil. Doch zunächst sorgten Wirtschaftsboom und Engpässe am Arbeitsmarkt dafür, dass die Verlagerungen auch von ArbeitnehmerInnenseite weitgehend akzeptiert wurden, weil anfangs in den Ursprungsländern selten unmittelbar Arbeitsplätze verloren gingen.

Die indische Softwarebranche nützte – unterstützt durch staatliche Bildungs- und investorenfreundliche Steuerpolitik – die Gelegenheit. Sie entwickelte sich rasant und zog Aufträge und Direktinvestitionen an. Der Anteil von Software und IT-gestützten Dienstleistungen an den gesamten Exporten Indiens stieg von 3 Prozent im Jahr 1996 auf 21 Prozent im Jahr 2003 (UNCTAD 2004) und ihr Anteil am indischen Bruttoinlandsprodukt stieg von 1,2 Prozent im Jahr 1989 auf geschätzte 5,8 Prozent im Jahr 2009 (NASSCOM 2009). Nicht nur verlagerten US-amerikanische und europäische Unternehmen Arbeit nach Indien, indische Konzerne expandierten und gründeten Niederlassungen in Europa, um den KundInnenkontakt zu verbessern und die Akquisition und Abwicklung von Aufträgen zu erleichtern (Hirschfeld 2004). Die Beschäftigung in diesem Sektor ist in Indien sehr stark gewachsen. Der gesamte indische Informationstechniksektor einschließlich der Outsourcing-Dienstleistungen (*Business Process Management*) beschäftigte 2017 direkt und indirekt über 15 Millionen Personen (Statista 2019).

Diese dynamische Internationalisierung war durch die „Industrialisierung" der IT-Industrie und der Softwareentwicklung vorbereitet worden (Boes/Kämpf 2006): Die Schnittstellen zwischen den Modulen der Produkte wurden standardisiert, der Prozess der Entwicklung von Software wurde in Einzelschritte zerlegt und die Vorgangsweise genau vorgegeben, es wurde eine genauere Dokumentation der Arbeit und der Programmteile verlangt, der Grad der Arbeitsteiligkeit ist gestiegen und insgesamt der Handlungsspielraum der IT-Beschäftigten in der Arbeit geschrumpft. Die hohe Standardisierung der Prozesse und die Vereinheitlichung von Programmiersprachen und Ablagesystemen erleichterten – zusätzlich dazu, dass die für die Arbeit benötigten Informationen, die „Werkzeuge" und die Produktteile in elektronischer Form vorliegen – die Aufgliederung des Entwicklungsprozesses in Module und die räumliche Verteilung der Arbeit (Holtgrewe/Meil 2008: 49). Aber die relative Ortsunabhängigkeit der Softwareentwicklung wird nicht nur durch Standardisierung erreicht, die mit einer Vereinfachung der Arbeit einhergeht. Auch die klare Abgrenzung von Modulen, etwa Subprojekten, die in sich komplex sind und hohe Qualifikationsanforderungen an die Arbeitenden stellen, kann die Aufteilung von Arbeit an verschiedene Orte erleichtern (Flecker/Schönauer 2016).

Betrachtet man die Auslagerungen und Wertschöpfungsketten, so zeigt sich, dass ähnlich wie in der Güterproduktion in einem ersten Schritt abhängige Betriebe in Ländern mit niedrigen Lohnkosten, wie etwa Indien, gegründet oder beauftragt wurden, um eher einfache Operationen auszuführen. Es folgte allerdings eine recht dynamische Umstrukturierung, die vielfach auch zu einer ökonomischen Aufwertung der abhängigen Einheiten führte. Damit ist gemeint, dass diese zusätzlich zum Schreiben von Programmen nach genauen Vorgaben nunmehr auch komplexe Entwicklungsaufgaben samt KundInnenkontakt übertragen bekamen (Flecker/Meil 2010: 687). Für die Arbeitsbedingungen bedeutet das höhere Qualifikationsanforderungen, die es erlauben, die eigenen Kenntnisse und Fähigkeiten auch tatsächlich in der Arbeit anzuwenden. Die Schattenseite ist allerdings, dass zugleich hohe Flexibilitätsanforderungen gestellt werden, wodurch die Arbeitszeiten lange und unregelmäßig werden können (ebd.: 688).

Beispiele aus der indischen Softwarebranche zeigten relativ rasche Aufwertungen im Sinne der Übernahme anspruchsvollerer und höher bewerteter Aufgaben, als dies bei der Gründung von Niederlassungen oder beim Abschluss eines Outsourcing-Vertrags vorgesehen war. Viele Firmen besonders in den Zentren der Branche in Bangalore oder Mumbai waren bald mit harter Konkurrenz auf dem Arbeitsmarkt konfrontiert. Den Beschäftigten eröffneten sich dadurch Alternativen und sie konnten den Betrieb verlassen, wenn sie unzufrieden waren. Und das taten sie auch, insbesondere wenn die Tätigkeiten zu anspruchslos waren und ihnen keine Lernchancen boten. Firmen, die aus Kostengründen das Kodieren und Testen von Software nach Indien verlagert hatten, fanden sich mit hoher Personalfluktuation konfrontiert. Diese ist aber gerade für das in Projekten organisierte Geschäft höchst problematisch, weil die Personalsuche und das Einschulen zu erheblichen Terminverschiebungen führen. Die Unternehmen reagierten darauf vielfach mit der Aufwertung der Niederlassungen oder Partnerfirmen in der Form, dass mehr Stufen des Software-Entwicklungsprozesses, also etwa auch das Design des Systems, nach Indien verlegt wurden (Hirschfeld 2004). Entsprechend findet sich heute in den transnationalen Kooperationen eine große Bandbreite von „verlängerten Werkbänken", die auf einfache Zuarbeit beschränkt sind, bis zu integrierten, transnationalen Projektteams (Feuerstein/Mayer-Ahuja 2009).

Eine Studie über die Verlagerung von Softwareentwicklung in die Ukraine kommt ebenfalls zu dem Schluss, dass IT-Firmen auf unterschiedliche Weise auf die Herausforderungen reagieren, die sich aus der Personalfluktuation ergeben. Ein Teil reagierte mit Investitionen in die Qualifikation der Beschäftigten und sozialer Aufwertung, andere Firmen nicht (Hardy/Hollinshead 2016). Was sich an diesem Beispiel sehr deutlich zeigte, war die geringe Bindung der Softwareentwicklung an einen Standort. Die Firmen konnten die Projekte sehr leicht an einen anderen Ort verlegen, weil dafür nur niedrige Investitionen erforderlich sind. Insofern die Ansiedlungen vor allem an den niedrigen Lohnkosten orientiert sind, bedeutet die leichte Verlagerbarkeit auch eine große Unsicherheit der Beschäftigung auf mittlere und längere Sicht. Die ökonomische Aufwertung von Betrieben in Ländern mit niedrigen Lohnkosten erhöht also dort nicht notwendigerweise die Beschäftigungssicherheit, sie hat für die Arbeitenden in Westeuropa und Nordamerika jedoch größere Unsicherheit zur Folge. Häufig zeichnen sich die Beziehungen zwischen den Arbeitenden der Standorte in verschiedenen Ländern auch durch die Gleichzeitigkeit von Kooperation und Konkurrenz aus, die im Arbeitsalltag zu bewältigen ist (Flecker 2017: 229f.).

Die in vielen Fallbeispielen dokumentierte Aufwertung von Standorten in Indien und die Übertragung höher bewerteter Arbeiten bedeutet keine durchgängige Verbesserung der Arbeitsbedingungen, auch wenn, wie dargestellt, die hohe Fluktuation aufgrund unerwünschter Arbeitssituationen häufig ein Grund für die Aufwertung gewesen war. Während den meist jungen indischen ProgrammiererInnen die Lernchancen in der Arbeit und die Aufstiegsmöglichkeiten sehr wichtig waren, konnte ihnen das Management die teils extrem langen Arbeitszeiten, die hohe Flexibilität und die häufige Nachtarbeit leicht abverlangen.

Ökonomische und soziale Auf- und Abstiege

Ob mit einer ökonomischen Aufwertung, also einem Aufstieg in den Wertschöpfungsketten, auch ein „social upgrading" (Barrientos et al. 2011), also eine Verbesserung der Arbeitsbedingungen einhergeht, ist – wie die Beispiele aus der Bekleidungs- und der IT-Industrie zeigen – eine offene Frage (Plank/Staritz 2009b; Bair/Werner 2015). So sind zwischen der Aufwertung eines Betriebs und der Veränderung der Arbeitsbedingungen unterschiedliche Zusammenhänge denkbar: Zunächst stellt sich die Frage, ob sich der Aufstieg für den Betrieb wie erhofft in einer besseren Verhandlungsposition, in höheren Preisen, in einer stabileren Auslastung etc. niederschlägt. Im Beispiel von Apple und Foxconn zeigt sich einerseits ein beeindruckender Aufstieg von Foxconn zu einer Hightechfirma mit über einer Million Beschäftigten weltweit. Andererseits gelang es Apple durch die parallele Vergabe von Aufträgen an andere Zulieferer, das asymmetrische Machtverhältnis aufrechtzuerhalten (Chan et al. 2013). Aber auch dann, wenn sich die aufgewerteten Zulieferer einen größeren Teil des Kuchens aneignen können, ist keineswegs gesichert, dass sie einen Teil davon in Form von höheren Löhnen und besseren Arbeitsbedingungen an die Beschäftigten weitergeben.

Entsprechend berücksichtigen Nathan und Kalpana (2007) zwei Aspekte, wenn es um die Qualität der Beschäftigung im Zusammenhang mit der Umstrukturierung von Wertschöpfungsketten geht: „First, the possibilities available to companies and producers within value chains to increase the share of their total surplus, in other words their bargaining capacity within the value chains. Second, the scope for workers to secure an improvement in working conditions" (Nathan/Kalpana 2007: 9). Sie argumentieren, dass der erste Aspekt ohne den zweiten möglich ist, dass also die erhöhte Verhandlungsmacht des Betriebs nicht den Beschäftigten zugutekommen muss. Umgekehrt ist es sehr unwahrscheinlich, dass die Arbeitenden eine Verbesserung ihrer Arbeits- und Beschäftigungsbedingungen durchsetzen können, wenn der Betrieb eine schwache Verhandlungsposition in der Kette bzw. im Netzwerk hat.

Die Veränderung der Arbeit wiederum ist entlang unterschiedlicher Dimensionen zu beurteilen: Erstens geht es um Tätigkeiten, Qualifikationsanforderungen und Handlungsspielräume in der Arbeit, zweitens um körperliche und psychische Belastungen sowie Unfallgefahren, drittens um Einkommen, Beschäftigungssicherheit und soziale Absicherung, viertens um Arbeitszeit, Flexibilitätsanforderungen und Vereinbarkeit mit anderen Lebensbereichen, fünftens um Gleichberechtigung und Gleichbehandlung und sechstens um Vereinigungsfreiheit und Interessenvertretung. Auf internationaler Ebene verfolgt die *International Labour Organization* (ILO) in ihrer *Decent Work Agenda* das Ziel der Verbesserung der Qualität der Arbeit in allen Dimensionen (ILO o.J.). Diese Dimensionen und die einzelnen Merkmale von Arbeit und Beschäftigung können sich unabhängig voneinander verändern, es kann also im Zuge der Umstrukturierung von Wertschöpfungsketten zu Verbesserungen in einer bestimmten Hinsicht bei gleichzeitiger Verschlechterung in anderen kommen.

Jedenfalls sind anspruchsvollere Tätigkeiten und höhere Qualifikationsanforderungen in der Regel nicht notwendig mit günstiger Arbeitszeit, niedrigem Leistungsdruck und hoher Arbeitsplatzsicherheit verbunden. Dazu kommt, dass verschiedene Gruppen von Arbeitenden von der ökonomischen Aufwertung unterschiedlich betroffen sein können. Rossi (2013) untersuchte die marokkanische Bekleidungsindustrie und stellte fest, dass Betriebe zusätzlich zum Nähen auch weitere Aufgaben, wie Materialeinkauf, Verpackung und Versand, übernahmen. Um die großen Schwankungen in der

Nachfrage zu bewältigen, die gerade in diesen neuen Aufgaben große Variationen des Arbeitsanfalls bewirkten, stellten die Firmen nach Bedarf Leiharbeitskräfte ein. Zumindest für diese Beschäftigtengruppe war der Aufstieg des Betriebs im Produktionsnetz, also die ökonomische Aufwertung, mit einer sozialen Abwertung verbunden.

Bedeutet also „soziale Aufwertung", dass Arbeitende aus unsicherer in sichere Beschäftigung gelangen, dann kann die größere Sicherheit der einen Gruppe durch die höhere Unsicherheit der anderen erkauft sein. Die flexible Randbelegschaft trägt die Bürde der Flexibilitätsanforderungen an den Betrieb, während andere von sozialer Aufwertung profitieren. Damit stehen die Strategien zur Erreichung betrieblicher Flexibilität in einem engen Zusammenhang mit den Beziehungen und Dynamiken in Wertschöpfungsketten und Produktionsnetzwerken (Barrientos et al. 2011; Bair/Werner 2015).

Die Regulierung des Arbeitsmarktes ist entscheidend dafür, in welchem Ausmaß Randbelegschaften und Arbeitenden in ausgelagerten Betrieben erheblich schlechtere Beschäftigungs- und Arbeitsbedingungen legal zugemutet werden können. Schwerpunkt der Regulierung ist allerdings der Nationalstaat, ergänzend kommen EU-Regelungen zum Tragen. Auf globaler Ebene können etwa internationale Rahmenabkommen (siehe Kapitel 7 Schüßler in diesem Band) zwischen multinationalen Unternehmen und internationalen Branchengewerkschaften in diese Richtung wirken, insbesondere wenn sie nicht nur im Unternehmen gelten, sondern auch für Zulieferer. Ein interessantes Beispiel für die Regulierung eines globalen Arbeitsmarktes sind die Abkommen der Internationalen Transportarbeitergewerkschaft über die Löhne und Arbeitsbedingungen der SeefahrerInnen, die auf die *Flag of Convenience Campaign* (Lillie 2010) zurückgehen. Diese internationale Kampagne richtete sich gegen die Schifffahrtsunternehmen, die sogenannte Billigflaggen (*flags of convenience*) nutzen, um die Regelungen ihres Heimatlandes zu umgehen. Mit einer 60 Jahre (!) dauernden Kampagne ist es der internationalen Gewerkschaft gelungen, Mindeststandards für SeefahrerInnen zu sichern, auch wenn das Schiff unter einer Billigflagge fährt (ITF o.J.).

Auch abseits solcher herausragenden Beispiele stellt sich die Frage, wer denn eine soziale Aufwertung bewirken kann. In diesem Zusammenhang kritisiert Selwyn (2013: 75), das häufig „elitäre" Verständnis des Konzepts des *social upgrading*: „The Decent Work Agenda and the social upgrading concept expect improvements in work to be delivered by elite actors such as firms, national states and international organizations." Dagegen zeigt er am Beispiel einer Studie über die Produktion von Weintrauben in Brasilien, dass ökonomische Aufwertung nur deshalb auch zu sozialer Aufwertung führte, weil sie von einer Gewerkschaft mithilfe einer Kampagne durchgesetzt wurde. Die strategische Bedeutung der Arbeitenden im Produktionsprozess, die sich aus der ökonomischen Aufwertung ergibt, also ihre „Positionsmacht" (Wright 2001), muss durch Aufbau von Machtressourcen aus der Vereinigung der Arbeitenden ergänzt und in kollektives Handeln umgesetzt werden. Erst so wird aus ökonomischer auch soziale Aufwertung (Selwyn 2013; Bair/Werner 2015).

Wie am Beispiel der Bekleidungsindustrie und der Softwarebranche gezeigt wurde, sind auch entgegengesetzte Entwicklungen zu beobachten, es können Betriebe nämlich ihre Position innerhalb von Konzernen, Wertschöpfungsketten und Firmennetzwerken gerade dadurch verbessern, dass sie andere Betriebe bei den Arbeits- und Beschäftigungsbedingungen unterbieten. Soll die Qualität der Arbeit gesichert werden, braucht es wirksame Regulierung und erfolgreichen Widerstand der Arbeitenden. Auch kann eine ökonomische Aufwertung des Betriebs zwar bedeuten, dass den Arbeitenden nun eine strategisch wichtigere Rolle im übergreifenden Produktionsprozess zukommt, sich also ihre latenten Machtpotenziale erweitert haben. Doch von ihrer Fähigkeit, sich zusammenzuschließen und kollektiv zu handeln sowie sich über die Ketten und Netzwerke mit anderen Arbeitenden zu verbünden, hängt es ab, ob sie ihre neue Position in bessere Arbeits- und Beschäftigungsbedingungen ummünzen können.

LERNFRAGEN

- Wie lassen sich die im Globalen Süden vielfach anhaltend schlechten Arbeits- und Beschäftigungsbedingungen in Wertschöpfungsketten und Produktionsnetzwerken erklären?
- Welche Gemeinsamkeiten weisen die Bekleidungsindustrie und die Softwareentwicklung in Bezug auf die Qualität der Arbeit in globalen Produktionsnetzwerken auf?
- Wie lässt sich der Zusammenhang zwischen ökonomischer Aufwertung von Standorten in globalen Produktionsnetzwerken und ihrer sozialen Aufwertung im Sinne der Verbesserung der Arbeits- und Beschäftigungsbedingungen beschreiben?

Basisliteratur

Coe, Neil M./Hess, Martin (2013): Global production networks, labour and development. In: Geoforum 44, 4-9.

Flecker, Jörg/Meil, Pamela (2010): Organisational restructuring and emerging service value chains: implications for work and employment. In: Work, Employment and Society 24 (4), 680-698.

Flecker, Jörg (Hg., 2012): Arbeit in Ketten und Netzen. Die dynamische Vernetzung von Unternehmen und die Qualität der Arbeit. Berlin: edition sigma.

Newsome, Kirsty/Taylor, Philip/Bair, Jennifer/Rainnie, Al (Hg., 2015): Putting Labour in Its Place: Labour Process Analysis and Global Value Chains. London: Palgrave Macmillan.

Literatur

Bair, Jennifer/Werner, Marion (2015): Global Production and Uneven Development: When Bringing Labour in isn't Enough. In: Newsome, Kirsty/Taylor, Philip/Bair, Jennifer/Rainnie, Al (Hg.): Putting Labour in Its Place: Labour Process Analysis and Global Value Chains. London: Palgrave Macmillan, 119-134.

Barrientos, Stephanie/Gereffi, Gary/Rossi, Arianna (2011): Economic and social upgrading in global production networks: A new paradigm for a changing world. In: International Labour Review 150 (3-4), 211-469.

Bhattacharjee, Shikha Silliman (2016): Precarious Work in the Walmart Global Value Chain, Report to the ILO, Workers Voices from the Global Supply Chain Series. https://www.ituc-csi.org/IMG/pdf/afwa_walmart.pdf, 19.10.2020.

Boes, Andreas/Kämpf, Tobias (2006): Internationalisierung und Informatisierung. In: Baukrowitz, Andrea/Berker, Thomas/Boes, Andreas/Pfeiffer, Sabine/Schmiede, Rudi/Will, Mascha (Hg.): Informatisierung der Arbeit – Gesellschaft im Umbruch. Berlin: edition sigma, 320-334.

Chan, Jenny/Pun, Ngai/Selden, Mark (2013): The politics of global production: Apple, Foxconn and China's new working class. In: New Technology, Work and Employment 28 (2), 100-115.

Chan, Jenny/Pun, Ngai/Selden, Mark (2015): Apple's iPad City: subcontracting exploitation to China. In: van der Pijl, Kees (Hg.): Handbook of the International Political Economy of Production, Cheltenham, UK/Northampton, MA, USA: Edward Elgar Publishing, 76-97.

Coe, Neil M./Wai-chung Yeung, Henry (2015): Global Production Networks. Oxford: Oxford University Press.

Cumbers, Andrew (2015): Understanding Labour's Agency under Globalization: Embedding GPNs within an Open Political Economy. In: Newsome, Kirsty/Taylor, Philip/Bair, Jennifer/Rainnie, Al (Hg.): Putting Labour in Its Place: Labour Process Analysis and Global Value Chains. London: Palgrave Macmillan, 135-52.

De Bruyn, Tom/Ramioul, Monique (2007): What women want – restructuring of design in a high niche company in the clothing industry. Organisational case study on design in the clothing industry – Belgium. Internal Working Paper, WORKS-Project.

Faust, Michael/Voskamp, Ulrich/Wittke, Volker (2004): Globalisation and the future of national systems: exploring patterns of industrial reorganisation and relocation in an enlarged Europe. In: Faust, Michael/Voskamp, Ulrich/Wittke, Volker (Hg.): European Industrial Restructuring in a Global Economy: Fragmentation and Relocation of Value Chains. Göttingen: SOFI, 19-81.

Feuchte, Beate (2009): Billig nähen als Chance? Arbeits- und Lebensbedingungen in der Bekleidungsindustrie von Bangladesch. In: Ahlers, Elke/Kraemer, Hagen/Ziegler, Astrid (Hg.): Beschäftigte in der Globalisierungsfalle? Baden-Baden: Nomos, 55-72.

Feuerstein, Patrick/Mayer-Ahuja, Nicole (2009): Programmieren zwischen Deutschland und Indien. Zur Qualität von Arbeitsverhältnissen in transnationalen IT-Unternehmen. In: Ahlers, Elke/Kraemer, Hagen/Ziegler, Astrid (Hg.): Beschäftigte in der Globalisierungsfalle? Baden-Baden: Nomos, 119-136.

Flecker, Jörg (2017): Arbeit und Beschäftigung - eine soziologische Einführung. Wien: UTB/Facultas.

Flecker, Jörg/Holtgrewe, Ursula (2012): Wechselnde Moden der Produktionsorganisation. Umstrukturierung von Wertschöpfungsketten in der Bekleidungsindustrie. In: Flecker, Jörg (Hg.): Arbeit in Ketten und Netzen. Die dynamische Vernetzung von Unternehmen und die Qualität der Arbeit. Berlin: edition sigma, 40-65.

Flecker, Jörg/Schönauer, Annika (2016): The production of ‚placelessness': digital service work in global value chains. In: Flecker, Jörg (Hg.): Space, place and global digital work. London: Palgrave Macmillan, 11-30.

Gereffi, Gary/Humphrey, John/Sturgeon, Timothy (2005): The Governance of Global Value Chains. In: Review of International Political Economy 12 (1), 78-104.

Gereffi, Gary (2006): The new offshoring of jobs and global development, ILO Social Policy Lectures. Geneva: ILO.

Hardy, Jane/Hollinshead, Graham (2016): ‚Clouds' in the desert? Central and Eastern Europe and Ukraine in the new division of labour for business services and software development. In: Flecker, Jörg (Hg.): Space, place and global digital work. London: Palgrave Macmillan, 83-104.

Henderson, John/Dicken, Peter/Hess, Martin/Coe, Neil/Yeung, Henri (2002): Global production networks and the analysis of economic development. In: Review of International Political Economy 9 (3): 436-464.

Holtgrewe, Ursula/Meil, Pamela (2008): Not „one best way" of offshoring: software development. In: Flecker, Jörg/Holtgrewe, Ursula/Schönauer, Annika/ Dunkel, Wolfgang/Meil, Pamela (Hg.): Restructuring across value chains and changes in work and employment – Case study evidence from the clothing, food, IT and public sector. Leuven: HIVA, 45-62.

Hirschfeld, Karin (2004): Moving East: Relocations of eWork from Europe to Asia. In: Huws, Ursula/Flecker, Jörg (Hg.): Asian EMERGENCE: The World's Back Office? IES Report 409. Brighton: Institute for Employment Studies.

ILO – Internationale Arbeitsorganisation (o.J.): Decent Work. https://www.ilo.org/global/topics/decent-work/lang--en/index.htm, 10.4.2020.

ITF – International Transport Workers' Federation (o.J.): Flags of convenience. https://www.itfglobal.org/en/sector/seafarers/flags-of-convenience, 10.4.2020.

Lillie, Nathan (2010): Bringing the Offshore Ashore: Transnational Production, Industrial Relations and the Reconfiguration of Sovereignty. In: International Studies Quarterly 54, 683-704.

NASSCOM (2009): Strategic Review 2009. In: http://www.nasscom.in/Nasscom/templates/NormalPage. aspx?id=56966, 10.04.2020.

Nathan, Dev/Kalpana, V. (2007): Issues in the analysis of global value chains and their impact on employment and incomes in India. Discussion Paper. Geneva: International Institute for Labour Studies.

Plank, Leonhard/Staritz, Cornelia (2009a): Global production networks, uneven development and workers: experiences from the Romanian apparel sector. In: Journal für Entwicklungspolitik 25 (2), 62-87.

Plank, Leonhard/Staritz, Cornelia (2009b): Introduction: Global commodity chains and production networks – understanding uneven development in the global economy. In: Journal für Entwicklungspolitik 25 (2), 4-19.

Rossi, Arianna (2013): Does economic upgrading lead to social upgrading in global production networks? Evidence from Marocco. In: World Development 46, 223-233.

Selwyn, Ben (2013): Social upgrading and labour in global production networks: a critique and an alternative conception. In: Competition and Change 17 (1), 75-90.

Smith, Adrian (2003): Power Relations, Industrial Clusters, and Regional Transformations: Pan-European Integration and Outward Processing in the Slovak Clothing Industry. In: Economic Geography 79 (1), 17-40.

Statista (2019): Direct and indirect employment of the IT-BPM industry in India from fiscal year 2009 to 2017. https://www.statista.com/statistics/320729/india-it-industry-direct-indirect-employment/, 20.4.2020.

Tilly, Chris/Agarwala, Rina/Mosoetsa, Sarah/Ngai, Pun/Salas, Carlos (2013): Informal Worker Organizing as a Strategy for Improving Subcontracted Work in the Textile and Apparel Industries of Brazil, South Africa, India and China. UCLA: Institute for Research on Labor and Employment. https://escholarship.org/uc/item/4f48040t, 19.10.2020.

UNCTAD (2004): World Investment Report 2004 – The Shift towards Services. New York/Geneva: United Nations.

Women Working Worldwide (2003): Researching international subcontracting chains – garment report. https://cleanclothes.org/file-repository/resources-national-cccs-garment-report-www.pdf/view, 19.10.2020.

Wright, Eric O. (2001): Working-class power, capitalist-class interests, and class compromise. In: American Journal of Sociology 105, 957-1002.

Florian Butollo

DIE DIGITALE TRANSFORMATION DER FERTIGUNG UND IHRE EFFEKTE AUF GLOBALE GÜTERKETTEN

Die rasante Leistungssteigerung von Halbleitertechnologien und die Vernetzung von Akteuren, Prozessen und Objekten („Internet der Dinge“) verändern die Produktionsmodelle von Industrie- und Dienstleistungsunternehmen und damit auch globale Güterketten. Diese neuen Möglichkeiten werden mit dem Begriff „Industrie 4.0“ umschrieben, der eine neue industrielle Revolution postuliert. Unternehmen könnten sich nun besser auf die individuellen Konsumbedürfnisse einstellen und somit Effizienzvorteile der industriellen Massenproduktion mit der Flexibilität kundengerechter Fertigung kombinieren. Außerdem würde das digitale Monitoring aller Prozesse neue Produktivitätsgewinne ermöglichen und die Entwicklung neuer Geschäftsmodelle unterstützen, etwa durch neue (datenbasierte) Vertriebsmodelle oder die Verknüpfung des Angebots materieller Produkte mit digitalen Dienstleistungen (Wartung, Steuerung, flexible Nutzung). Zudem könnten Bereiche in Unternehmen wie die Produktentwicklung, das Marketing und die Verwaltung durch Digitalisierung und Automatisierung rationalisiert werden.

Auch wenn das Thema „Industrie 4.0“ großes Interesse auf sich zieht und von Industrielobbys strategisch genutzt wird, bleibt die industrielle Revolution bislang doch mehr Ankündigung als Realität. Das liegt zum einen daran, dass neue technische Möglichkeiten immer auch Umgestaltungen im sozialen Gefüge von Organisationen erfordern, die nicht nur mit Investitionskosten in Technik, sondern auch mit Kosten für die Anpassung von Prozessen oder das Umlernen der Beschäftigten verbunden sind. Zum anderen lassen sich erwartete Produktivitätsgewinne bislang nicht in dem Maße messen, wie es vollmundige Versprechungen von Unternehmensberatungen und -verbänden erwarten lassen. In der Praxis gleicht Industrie 4.0 deshalb eher einer Suchbewegung, bei der Unternehmen einzelne Anwendungen eines ganzen Bündels neuer Technologien erproben und bei der durchaus offen ist, welche Vorteile daraus entstehen (Hirsch-Kreinsen 2018). Industrie 4.0 ist daher kein Zaubermittel, mit dem Unternehmen sich über Nacht neu erfinden oder das sprunghafte Produktivitäts- und Wachstumseffekte auslöst.

Der Begriff Industrie 4.0 wurde in Deutschland von Unternehmensverbänden und Regierung unter Beteiligung der Gewerkschaften geprägt und reflektiert auch die geostrategischen Interessen dieser Akteure. So geht es durchaus darum, Wettbewerbsvorsprünge auszubauen bzw. zu verteidigen und den „Standort Deutschland“ durch ein neues Narrativ und Programme zur Technologieförderung neu zu erfinden. Viele andere OECD-Staaten haben in den letzten Jahren vergleichbare Programme aufgelegt, und auch die Wirtschaftspolitik vieler Länder des Globalen Südens ist von den Verheißungen einer neuen industriellen Revolution inspiriert. Besondere Beachtung finden die Ansätze in China, mit einer ambitionierten Programmatik nachholender Automatisierung und ehrgeizigen Zielen nach Technologieführerschaft (Butollo/Lüthje 2017), sowie das Silicon-Valley-Modell der USA, das stärker auf die radikale Veränderung bzw. Neuschaffung von Sektoren durch Technologieunternehmen setzt, deren Geschäftsmodelle v.a. auf der Analyse und Verwertung von Daten basieren (Staab 2019).

Auch wenn digitale Technologien ein Instrument zur Aufwertung von Ökonomien sein können und noch nicht feststeht, wer die GewinnerInnen und die VerliererInnen sind, ist eine weitere Konzentration der Erträge in den technologisch fortgeschrittenen Volkswirtschaften (einschließlich China) wahrscheinlich. Schließlich hängen die neuen wirtschaftlichen Möglichkeiten noch stärker als bisher von der Innovationsfähigkeit und vom Investitionskapital der Unternehmen ab, das extrem ungleich verteilt ist.

Digitale Plattformen schalten sich in Industrie und Dienstleistungen zunehmend zwischen KundInnen und ProduzentInnen. Letztere können dadurch durchaus profitieren, indem sie z.B. Zugang zu neuen digitalen Marktplätzen bekommen oder Möglichkeiten nutzen, digitale Hilfsmittel anzuwenden. Neben diesen positiven Effekten durch niedrigere Markteintrittsbarrieren kann es aber auch zur weiteren Marginalisierung von ProduzentInnen kommen, weil Plattformen den Informationsstand von Leitunternehmen über Zulieferunternehmen im Globalen Süden weiter erhöhen und damit den Wettbewerb zwischen diesen weiter verschärfen. Die Plattformen selbst könnten aber die hauptsächlichen NutznießerInnen dieser Entwicklung werden, so wie es im E-Commerce und im kommerziellen Internet (Google, Facebook etc.) schon geschehen ist.

Eine zentrale Frage ist, wie sich die digitale Transformation mittelfristig auf die Struktur und die Geografie globaler Güterketten auswirkt. Weit verbreitet ist hierbei die Annahme, dass sie zu einer Rückverlagerung von Produktionskapazitäten in sogenannte Hochlohnländer führen könnte, da Lohnkostenunterschiede aufgrund der zunehmenden Automatisierung an Relevanz verlören und eine geografische Bindung von Fertigung und KonsumentInnen Vorteile böte, etwa weil individualisierte Produkte schneller an lokale KonsumentInnen geliefert werden könnten. Empirisch lässt sich eine solche Tendenz bislang jedoch kaum ausmachen und entsprechende Erwartungen gehen von vereinfachten Annahmen aus. Erstens werden die Potenziale zur Vollautomatisierung der Fertigung meist überschätzt. In den meisten arbeitsintensiven Branchen ist sie nach wie vor in weiter Ferne, weil sie gegenüber der menschlichen Arbeit zu teuer oder zu unflexibel ist. Zweitens findet Automatisierung nicht nur in Hochlohnländern statt, sondern vermehrt als nachholende Automatisierung in klassischen Outsourcing-Regionen wie Osteuropa, Mexiko oder China. Wahrscheinlicher als eine Rückverlagerung der Fertigung ist daher eine neuer Mix aus „Hightech und Niedriglohn", jener Kombination, die schon seit Jahren z.B. die Weltmarktfabriken der Computerproduktion prägt, in denen gering entlohnte ArbeitsmigrantInnen in modernen Produktionsumfeldern schuften (Hürtgen et al. 2009).

Ein dritter Grund, vermutlich der wichtigste, warum eine technisch getriebene Rückverlagerung globaler Produktion unwahrscheinlich ist, liegt darin begründet, dass es ein breites Spektrum digitaler Technologien gibt und somit auch deren Effekte unterschiedlich sein können. Gerade jene Anwendungen, mit denen Daten aus vernetzten Prozessen gesammelt und ausgewertet werden können, werden auch als Mittel eingesetzt, die Fertigung weiter global zu streuen. Schon die Globalisierungswelle seit den 1970er Jahren baute auf den neuen Möglichkeiten der Informations- und Kommunikationstechnologie auf, ohne die der Betrieb global vernetzter Produktionsanlagen gar nicht denkbar gewesen wäre. Die Kombination aus E-Commerce und dem Internet der Dinge (in Fertigung und Logistik) erweitert diese Möglichkeiten. So entstehen neue Methoden, um globale Güterketten vorausschauend zu planen, in „Echtzeit" zu koordinieren und jederzeit dynamisch anzupassen (Butollo 2020). Amazons *same day delivery* verdeutlicht diese Potenziale, denn die Lieferung von global bezogenen Waren ist nur durch moderne Formen der Datenanalyse möglich, die Prognosen über das Kaufverhalten lokaler KundInnen liefert. Auch das chinesische Unternehmen Alibaba experimentiert mit einer „vernetzten Fabrik" aus mehreren zehntausend Kleinstunternehmen, die flexibel nach Kundenbedarf fertigen. Das „intelligente" Netzwerk soll so liefern, was die Industrie 4.0 verspricht. Für Jack Ma, den Gründer von Alibaba, steht die E-Commerce-Revolution erst am Anfang: In Zukunft solle jede Ware von jedem Ort auf der Erde binnen 72 Stunden bestellt werden können. Eine Machtphantasie der vollendeten wirtschaftlichen Globalisierung und wahrlich das Gegenteil einer Rückverlagerung der Produktion hin zu den KundInnen!

Literatur

Butollo, Florian/Lüthje, Boy (2017): ‚Made in China 2025'. Intelligent Manufacturing and Work. In: Briken, Kendra/Chillas, Shiona/Krzywdzinski, Martin/Marks, Abigail (Hg.): The New Digital Workplace. How New Technologies Revolutionise Work. London: Red Globe Press, 52-61.

Butollo, Florian (2020): Kein Ende globalisierter Wertschöpfung. Warum Erwartungen an eine Rückverlagerung der Fertigung sich nicht erfüllen werden. In: Prokla 198, 125-131. https://doi.org/10.32387/prokla.v50i198.1855

Hirsch-Kreinsen, Hartmut (2018): Arbeit 4.0. Pfadabhängigkeit statt Disruption. Dortmund: Technische Universität.

Hürtgen, Stefanie/Lüthje, Boy/Schumm, Wilhelm/Sproll, Martin (2009): Von Silicon Valley nach Shenzhen. Globale Produktion und Arbeit in der IT-Industrie. Hamburg: VSA Verlag.

Staab, Philipp (2019). Digitaler Kapitalismus. Markt und Herrschaft in der Ökonomie der Unknappheit. Berlin: Suhrkamp.

7

Elke Schüßler

Transnationale Regulierung von Arbeit in globalen Güterketten

Einleitung

Auch wenn die Beteiligung an globalen Güterketten für ArbeiterInnen in vielen Ländern eine Chance bedeutet, überhaupt bezahlte Arbeit zu finden oder ihre Arbeitskraft aufzuwerten, ist die Unterschreitung von Minimalarbeitsstandards bis hin zum Einsatz von moderner Zwangsarbeit ein vorherrschendes Problem. Dies ist wenig überraschend, wenn man bedenkt, dass globale Güterketten unter anderem deshalb geschaffen werden, um Regulierungen wie Tarifverträge zu umgehen und Flexibilität im Personaleinsatz sowie eine Reduktion von Personalkosten zu erzielen (Sydow et al. 2016). Zwar beeinflussen Leitunternehmen die Arbeitsbedingungen in Zulieferfirmen direkt, beispielsweise durch die vorherrschenden Einkaufspraktiken und Lieferantenverträge (Helfen et al. 2018), Verantwortung für diese Arbeitsbedingungen übernehmen sie üblicherweise aber nicht. Dennoch gibt es in globalen Güterketten mittlerweile – nicht zuletzt durch jahrzehntelange Kritik – zahlreiche Ansätze zur Regulierung von Arbeit, die aber hinsichtlich ihrer Effektivität ein gemischtes Bild abgeben (Amengual/Kuruvilla 2020; Bartley 2018).

Im neuen ökonomischen Feld der Plattformökonomie entzieht sich der Einsatz von Arbeitskraft derzeit ebenfalls gängigen Regulierungen. Dies gilt besonders für digitale Plattformen, die Arbeit in der Form von „Cloud Work“ oder „Gig Work“ vermitteln (Kirchner/Matiaske 2020). Zwar prägen Plattformorganisationen direkt über die von ihnen eingesetzte technologische Infrastruktur und Marktregeln die Arbeitsbedingungen auf den durch sie organisierten Märkten (Kirchner/Schüßler 2019), doch PlattformarbeiterInnen gelten rechtlich als selbständig Beschäftigte. Ein typisches Beispiel für Gig-Arbeit, die immer an einem bestimmten Ort lokal erbracht wird, sind Personenfahrdienste (z.B. Uber) oder Kurierdienstleistungen (z.B. Deliveroo). Cloud-Arbeit reicht von Micro-Tasking bei Plattformen wie Amazon MTurk bis hin zu kreativen Design- oder Programmiertätigkeiten. Oft sind die Grenzen zwischen diesen Bereichen fließend, beispielsweise wenn auch Design- oder Schreibaufgaben aufgrund der geringen Entlohnung „im Akkordtempo“ geleistet werden müssen (Bauer/Gegenhuber 2015). Gemeinsam ist der Cloud-Arbeit aber, dass sie ortsungebunden und digital erbracht werden kann. Durch eine Reihe von Streiks, Gerichtsverfahren und öffentlichen Druck wurden auch in diesem Feld neue Regulierungsprozesse in Gang gesetzt (Urzì Brancati et al. 2019).

Ziel deren Beitrags ist, einen Überblick über unterschiedliche Wege der Regulierung von Arbeit in globalen Güterketten zu bieten. Dabei wird zum einen auf die globale Bekleidungsindustrie als klassisches Beispiel für eine globale Güterkette rekurriert, die seit Jahrzehnten mit Unterschreitungen von Arbeitsstandards einhergeht und an deren Beispiel die Schwierigkeiten und Möglichkeiten einer Regulierung von Arbeit in globalen Güterketten gut herausgearbeitet werden können. Zum anderen werden plattformbasierte Arbeitsmärkte als neue Herausforderung für die Regulierung von Arbeit in den Blick genommen, weil sie eine weitere Eskalationsstufe in der Auflösung betrieblicher Arbeitsstrukturen darstellen (Davis 2016; Kirchner/Schüßler 2020). Durch diesen Vergleich soll deutlich gemacht werden, welche innovativen und vielversprechenden Ansätze es zur Regulierung von Arbeit in globalen Güterketten gibt, welche Akteure dabei eine zentrale Rolle spielen und welche Konsequenzen die Digitalisierung – im positiven wie im negativen Sinne – für die Regulierung von Arbeit in globalen Güterketten haben kann.

Der Beitrag ist wie folgt aufgebaut: Zunächst werden die Folgen einer zunehmenden Auflösung betrieblicher Strukturen durch Outsourcing, Offshoring und plattformbasierte Individualisierung für die Regulierung von Arbeit skizziert und ein Überblick über verschiedene Regulierungsansätze in globalen Güterketten gegeben. Dann werden aktuelle Ansätze zur Regulierung von Arbeit am Beispiel der globalen Bekleidungsindustrie und der plattformbasierten Arbeitsmärkte dargestellt. Abschließend werden Ähnlichkeiten und Unterschiede der Entwicklung in den beiden Feldern diskutiert und Entwicklungsmöglichkeiten in Bezug auf wirksame Initiativen erörtert.

Verschiebungen in der Organisation und Regulierung von Arbeit

Die Entwicklung des Kapitalismus ist seit jeher durch die Suche nach günstiger Arbeitskraft geprägt. Auch wenn heutzutage zwar weiterhin spezialisierte Industriearbeitsplätze ebenso wie Dienstleistungs- und Wissensarbeitsplätze im Globalen Norden verfügbar sind, ist durch die zunehmende Liberalisierung des internationalen Handels ein weltweiter Standortwettbewerb entstanden, der auch in Ländern des Globalen Nordens zu einer Verschlechterung von Arbeitsbedingungen beigetragen hat. Diese Entwicklung wurde durch den Markteintritt digitaler Plattformen zuletzt weiter verschärft. Verstöße gegen grundlegende Arbeitsrechte – laut ILO-Kernarbeitsnormen (1998) zählen hierzu zumindest die Vereinigungsfreiheit und das Recht auf Kollektivverhandlungen, die Beseitigung der Zwangsarbeit, die Abschaffung der Kinderarbeit und das Verbot der Diskriminierung in Beschäftigung und Beruf – lassen sich dabei im Globalen Norden wie im Globalen Süden beobachten.

Durch die Auslagerung von Produktions- oder Dienstleistungsprozessen (Outsourcing) und die Verlegung von Standorten ins Ausland (Offshoring) hat sich die organisationale Struktur von Unternehmen von einer vertikal integrierten hin zu einer netzwerkförmigen Governance verschoben, die wiederum stärker hierarchisch, marktlich oder relational geprägt sein kann. Das Organisationsmodell der Plattformökonomie (Kenney/Zysman 2016) hingegen besteht aus zentralen Plattformorganisationen, die selbst nur eine relativ kleine Zahl von MitarbeiterInnen (vorwiegend IT-Fachkräfte) beschäftigen und über eine technologische Infrastruktur eine potenziell unendlich große „Crowd" selbständiger Arbeitskräfte koordinieren. Hierdurch haben Plattformen ein sehr eigenes Governance-Modell entwickelt, das zwar selektiv Elemente von Märkten, Hierarchien und Netzwerken integriert, aber diese in einer Form kombiniert, in der durch die digitale Infrastruktur Kontrolle über Arbeitsprozesse delegiert, Macht über kritische Entscheidungen wie Preise und Aufgabenverteilung aber zentralisiert wird.

Beide Entwicklungen haben zu einer Auflösung des festen Angestelltenverhältnisses in den großen, vertikal integrierten Unternehmungen des 20. Jahrhunderts beigetragen, auf Basis dessen die vorherrschenden Arbeitsgesetze und Interessensvertretungsorganisationen entwickelt wurden. Ob diese Entwicklungen als Chance und zusätzliche Einkommensmöglichkeit oder als Aushöhlung von Minimalarbeitsstandards zu betrachten ist, hängt dabei sehr stark von dem Kontext ab, in dem die Arbeit erbracht wird. Dabei spielen insbesondere die strukturellen, assoziativen, institutionellen und gesellschaftlichen Machtressourcen der ArbeiterInnen eine wichtige Rolle (Schmalz et al. 2018). Diese sind jeweils höher in Kontexten, in denen die Arbeitskraft schwer ersetzbar ist, sich ArbeiterInnen kollektiv organisieren können, es einen institutionalisierten Interessenausgleich zwischen Kapital und Arbeit gibt und die Rechte von ArbeiterInnen breite gesellschaftliche Unterstützung haben. In den Produktionsländern von Bekleidung im Globalen Süden sind all diese Dimensionen nur schwach ausgeprägt, weshalb eine transnationale Organisation von ArbeiterInnen ebenso wie eine transnationale Regulierung hier besonders wichtig sind (Lohmeyer et al. 2018). Auch die individualisierte, plattformbasierte Organisation von Arbeit schwächt die strukturellen und assoziativen Machtressourcen von ArbeiterInnen (Vandaele i. E.). Diese können aber, zumindest in den Ländern des Globalen Nordens, auf bestehende institutionelle und gesellschaftliche Machtressourcen zurückgreifen, wenngleich diese erst mobilisiert und – im Falle von gesetzlichen Regulierungen – teilweise umdefiniert werden müssen.

Verändert sich die betriebliche Organisation von Arbeit, muss auch die Regulierung von Arbeit neu gedacht werden (Kirchner/Schüßler 2020). Grundsätzlich haben im Prozess der Transnationalisierung sogenannte „weiche Regulierungen" in der Form von unternehmenseigenen Verhaltenskodizes, Standards oder normativen Regelwerken wie beispielsweise die der ILO oder der OECD stark an Bedeutung gewonnen, während die Bedeutung „harter" – also gesetzlicher – Regulierung abgenommen hat (Djelic/Sahlin-Andersson 2006). Im Ergebnis sind komplexe Regulierungsstrukturen entstanden, in denen staatliche Akteure ebenso wie multinationale Unternehmen, Nichtregierungsorganisationen, Berufsverbände oder internationale Organisationen eine wichtige Rolle spielen. Beim Vergleich unterschiedlicher Regulierungsansätze sind mehrere Dimensionen wichtig.

Die grundsätzliche Unterscheidung zwischen „harter" und „weicher" Regulierung von Arbeit begründet Hassel (2007) mit dem Blick auf die an der Regulierung und Durchsetzung beteiligten Akteure (Tabelle 1). Darüber hinaus blicken Berliner et al. (2015) auf das Regulierungsobjekt und unterscheiden Regeln zur Tarifverhandlungs- und Vereinigungsfreiheit (prozedural) von Regeln, die Löhne, Arbeitszeiten oder andere Arbeitsbedingungen betreffen (substanziell). Damit zusammenhängend unterscheiden sie auch die Regeln selbst von den Praktiken der Überwachung und Durchsetzung dieser Regeln.

Tabelle 1: „Harte" versus „weiche" Regulierung von Arbeit

	(supra-)staatlich – „hart"	**privat – „weich"**
Akteure	Staat, Verbände und Gewerkschaften	Firmen, NGOs, Zivilgesellschaft
Mechanismen	Gesetze, Autorität, Sanktionen	Anreize, Informationen, moralische Appelle, Marktmechanismen

Quelle: eigene Darstellung, basierend auf Hassel 2007

In den meisten Ländern – auch in den Produktionsländern des Globalen Südens – gibt es entsprechende gesetzliche Regeln, werden aber häufig nicht durchgesetzt. Die Arbeitsbedingungen in Produktionsländern werden daher auch durch weitere staatliche Regulierungen wie Handelsabkommen oder gesetzlich geregelte Sorgfaltspflichten von Unternehmen im Hinblick auf die Einhaltung von Menschenrechten beeinflusst. Dabei ist der Übergang zwischen „harten" und „weichen" Regulierungsansätzen fließend, da beispielsweise sogenannte Sozialklauseln in Handelsabkommen häufig nicht an „harte" Sanktionen gebunden sind.

Sowohl „harte" als auch „weiche" Regulierungsansätze werden von supranationalen Regeln und Normen beeinflusst, die selbst keinen rechtlich bindenden Charakter haben, aber in nationalen Gesetzen ratifiziert werden können. Ein zentrales Beispiel hierfür sind die oben erwähnten ILO-Kernarbeitsnormen. Einen rein normativen Charakter haben Initiativen wie die OECD-Richtlinien für multinationale Unternehmen.

Im Bereich der privaten Regulierung unterscheiden Ashwin et al. (2020a) zwei Dimensionen in Bezug auf die Überwachung, Durchsetzung und Reichweite von Regeln (Abb. 1): Die Beteiligung einzelner oder mehrerer Unternehmen und die Beteiligung von Gewerkschaften. Hiermit versuchen sie, wichtigen Entwicklungen im Bereich der privaten Regulierung Rechnung zu tragen, die bislang in erster Linie danach unterschieden wurden, ob sie rein unternehmensgetrieben waren oder ob mehrere Stakeholder eingebunden wurden.

Abbildung 1: Einordnung privater Regulierungsinitiativen

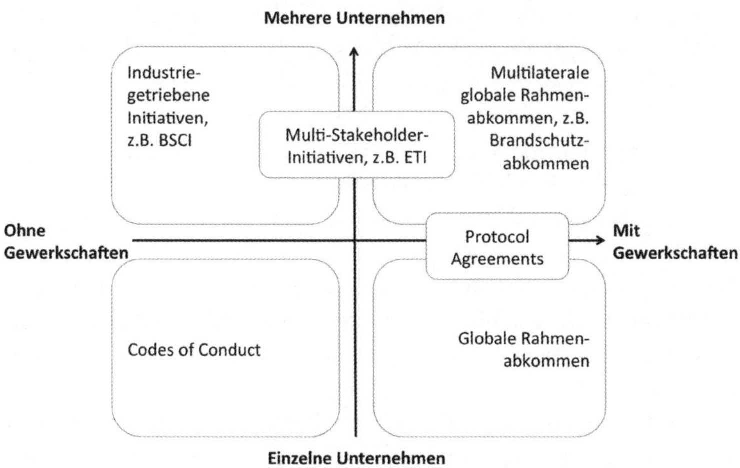

Quelle: eigene Darstellung, basierend auf Ashwin et al. 2020a

Von Unternehmen selbst gesetzte *Verhaltenskodizes* (Codes of Conduct) sind zwar üblicherweise von Ausbildungs- und Auditierungsprozessen begleitet, haben bislang aber zu keiner überzeugenden Verbesserung von Arbeitsstandards in globalen Güterketten geführt. Locke (2013) führt dies darauf zurück, dass durch unilaterale Codes weder die kollektiven Handlungsprobleme adressiert noch ArbeiterInnen systematisch eingebunden werden.

Kollektive Initiativen wie die rein unternehmensgetriebene *Business Social Compliance Initiative* (BSCI) oder die multilaterale *Ethical Trading Initiative* (ETI) versuchen zwar, kollektive Handlungsprobleme durch gemeinsame Regeln anzugehen, greifen aber auch – ebenso wie viele Standardsetting-Initiativen – auf Auditierungsmechanismen zurück. Diese sind nicht nur fehleranfällig und lückenhaft (Egels-Zandén/Lindholm 2015), sondern führen auch zu keiner Verbesserung prozeduraler Rechte (Barrientos/Smith 2007).

Diese Probleme werden – zumindest ansatzweise und mit variablem Erfolg – von gewerkschaftsinklusiven Initiativen adressiert. Ein zentraler Meilenstein hierzu sind globale Rahmenabkommen (*Global Framework Agreements* – GFAs), das heißt zwischen multinationalen Unternehmen und globalen Gewerkschaftsföderationen getroffene Vereinbarungen zur Umsetzung der ILO-Kernarbeitsnormen im globalen Lieferantennetzwerk des Unternehmens (Fichter et al. 2011). Die meisten Abkommen haben bislang die Gewerkschaftsföderationen IndustriALL und UNI in gewerkschaftlich gut organisierten Sektoren wie der Automobil-, Elektro- und Metallindustrie unterzeichnet. Die Mehrzahl der mittlerweile über 300 unterzeichnenden multinationalen Unternehmen hat ihren Sitz in Europa.

Die globalen Gewerkschaftsföderationen und insbesondere IndustriALL und UNI waren auch führend in der Unterzeichnung *multilateraler globaler Rahmenabkommen*. Das wohl bekannteste Beispiel eines solchen Abkommens ist das Brandschutzabkommen für Bangladesch, das über 200 Unternehmen aus der Bekleidungsindustrie unterzeichnet haben und das im Folgenden noch genauer diskutiert wird.

In Anbetracht dieser Vielzahl an Regulierungsinitiativen rückt aktuell neben den Vor- und Nachteilen einzelner Initiativen auch die Frage nach Komplementaritäten, Widersprüchen oder Lücken im Zusammenspiel verschiedener Initiativen in den Blick (Bair et al. 2020).

Ansätze der Regulierung von Arbeit in der Bekleidungsindustrie

Die schlechten Arbeitsstandards in den Produktionsländern der globalen Bekleidungsindustrie wurden durch NGO-Kampagnen in den 1990er Jahren einer breiten Öffentlichkeit bewusst. Bereits in den 2000er Jahren zeichnete sich ab, dass diese Initiativen zwar geholfen haben, Kinderarbeit zu reduzieren, dass aber an grundlegenden strukturellen Missständen wie der Unterdrückung einer unabhängigen ArbeiterInnenvertretung kaum etwas verändert wurde. Der Einsturz der Rana-Plaza-Fabrik in Bangladesch im Jahr 2013, bei der über 1.000 Menschen getötet und über 2.000 schwer verletzt wurden, verdeutlichte dies dramatisch (Schüßler et al. 2019). Die geringen Machtressourcen der BekleidungsarbeiterInnen zeigten sich in erschreckendem Maße darin, dass sie trotz deutlich sichtbarer Risse im Gebäude gezwungen waren, dieses zu betreten, während die Arbeitskräfte anderer Branchen, beispielsweise Banken, zuhause bleiben durften.

Die wichtigste kollektive und transnationale Reaktion auf Rana Plaza war, neben dem staatlich getriebenen *Sustainability Compact*, das bereits erwähnte Brandschutzabkommen. Beide Initiativen wiesen eine vorher nie dagewesene Kooperation unterschiedlicher Akteure auf und setzten einer jahrelangen Dominanz unilateraler Selbstregulierungsversuche durch Verhaltenskodizes etwas entgegen. Auch wenn Oka et al. (2020) kritisieren, dass auch das Brandschutzabkommen letztlich ein Auditierungsprogramm ist und an der ungleichen Machtstruktur globaler Güterketten nichts ändert, so hat die Initiative wohl die bislang stärkste Wirkung im Hinblick auf eine Verbesserung von Arbeitsstandards in der Bekleidungsindustrie erzielt.

Eine umfassende Befragung von BekleidungsarbeiterInnen in Bangladesch im Jahr 2018, fünf Jahre nach dem Rana-Plaza-Unglück (Kabeer et al. 2020), zeigt Verbesserungen in den vom Brandschutzabkommen auditierten Fabriken im Hinblick auf die Brandschutz- und Gebäudesicherheit, die Informiertheit von ArbeiterInnen über ihre Rechte und die Repräsentation von ArbeiterInnen. Die Erhebung weist aber auch auf weiterhin bestehende strukturelle Probleme hin (Ashwin et al. 2020b). Eines davon ist der dreifache Druck auf niedrige Einkaufspreise bei gleichzeitig schnellen Lieferzeiten und hohen Compliance-Anforderungen, der informelle Arbeitspraktiken wie die illegale Heimarbeit befördert und zu zunehmendem verbalen und physischen Missbrauch am Arbeitsplatz führt (Anner 2019). Dieser ist gepaart mit weiterhin niedrigen Löhnen und langen Arbeitszeiten von im Schnitt 60 Wochenstunden. In Fabriken, die nicht für den Globalen Norden produzieren, sind diese Probleme noch deutlich größer. Außerdem haben andere Produktionsländer derzeit noch nicht von den Entwicklungen in Bangladesch profitiert. Gleichzeitig muss festgehalten werden, dass die Möglichkeit, bezahlte Arbeit in der Bekleidungsindustrie durchzuführen, gerade für Frauen einen wichtigen Beitrag zu Selbständigkeit und Ermächtigung leistet (Kabeer/Mahmud 2004).

Seit Rana Plaza gibt es auch in den Ländern des Globalen Nordens eine intensivere Debatte über strengere gesetzliche Sorgfaltspflichten für globale Lieferketten. Frankreich ging beispielsweise mit dem *Loi de Vigilance* voran, und auch in Deutschland und in der Schweiz werden derzeit entsprechende Gesetzesentwürfe diskutiert. Darüber hinaus stehen die Einkaufspraktiken der Leitunternehmen als kollektives Handlungsproblem verstärkt im Fokus. Statt nur die Fabriken zu regulieren gilt es auch, KonsumentInnen transparenter über die Arbeitsbedingungen in globalen Güterketten zu informieren und, beispielsweise durch eine nachhaltige öffentliche Beschaffung, dem „Fast-Fashion"-Geschäftsmodell etwas entgegenzusetzen (Lohmeyer/Schüßler 2018).

Eine grundsätzliche Veränderung in der Struktur der globalen Bekleidungsindustrie kann aber nur durch eine systematische Stärkung der kollektiven Interessenvertretung von ArbeiterInnen in den Produktionsländern erreicht werden. Dies kann *top down* durch kollektive private Regulierungsansätze wie den *Accord* (Zajak 2017) oder durch internationale Programme wie das Better-Work-Programm der ILO (Pike 2020) erfolgen oder durch eine *Bottom-up*-Vernetzung und Mobilisierung von ArbeiterInnen, wie es das gewerkschaftliche ExChains-Netzwerk durch eine direkte Vernetzung von ArbeiterInnen entlang der Güterkette versucht (Lohmeyer et al. 2018). Mittlerweile haben auch sechs Bekleidungshändler globale Rahmenabkommen mit IndustriALL unterzeichnet: Inditex, Mizuno, H&M, Tchibo, ASOS und Esprit (in chronologischer Reihenfolge). Somit ist zumindest eine leichte Tendenz zu einer stärkeren Einbindung kollektiver ArbeitnehmerInnenvertretungen zu beobachten (Ashwin et al. 2020a).

Ansätze der Regulierung von Arbeit in Plattformmärkten

Insbesondere global verteilte Cloud-ArbeiterInnen haben aufgrund ihrer geringen Machtressourcen typischerweise schlechte Arbeitsbedingungen, die von geringen Löhnen, mangelnder Absicherung im Krankheitsfall oder bei Unfällen und eingeschränkten Möglichkeiten der kollektiven Interessenvertretung und Mitbestimmung geprägt sind (Berg 2016; Gegenhuber et al. 2020). Darüber hinaus setzen Plattformen neue technische Überwachungs- und Kontrollmöglichkeiten ein, weshalb Pittman und Sheehan (2016) gar im Fall von Amazon MTurk die Metapher des „digitalen Sweatshops" bemühen. Vallas und Schor (2020) plädieren für einen differenzierten Blick auf Plattformen, die zwar – vor allem in den alten Industrieländern – zu einem Aushöhlen basaler Arbeitsbedingungen beitragen, aber im Globalen Norden wie Süden auch neue Einkommensmöglichkeiten eröffnen. Ähnlich argumentieren auch Wood et al. (2019), die basierend auf einer umfassenden empirischen Analyse von Plattformen in Subsahara-Afrika und Südostasien von einer Autonomie im Schatten algorithmischer Kontrolle sprechen. Die „neue digitale Arbeitsteilung", in der die Nachfrage vor allem aus dem Globalen Norden kommt, die Arbeit aber sowohl in Niedriglohnländern als auch in Hochlohnländern wie den USA, Kanada oder Großbritannien durchgeführt wird, ist also von einem intensiven Preiswettbewerb gekennzeichnet, der bestehende Ungleichheiten fortsetzt, aber – ähnlich wie für die BekleidungsarbeiterInnen – auch Entwicklungsmöglichkeiten und Autonomiegewinne bietet (Graham et al. 2017: 153).

Vier Themen sind bei der Regulierung von Plattformarbeit besonders prävalent: Die Klassifizierung von ArbeiterInnen als selbständig oder abhängig Beschäftigte; die geringen Verdienstmöglichkeiten, da der gesetzliche Mindestlohn bei Selbständigen nicht greift; die soziale Absicherung, die an den ArbeitnehmerInnenstatus geknüpft ist; und die Mitbestimmung und Interessenvertretung, die ebenfalls an den Betriebsbegriff gekoppelt bleiben (Greef et al. 2020). Frenken et al. (2019) weisen auf vier rechtliche Handlungsmöglichkeiten hin: Erstens können Gesetzgeber bestehende Arbeitsgesetze auf Plattformen anwenden und Dienstleistungsplattformen beispielsweise als Zeitarbeitsfirmen oder auch Arbeitgeber klassifizieren.

Insbesondere in Bezug auf dieses Thema hat es bereits viele Gerichtsverfahren mit unterschiedlichem Ausgang gegeben (Urzì Brancati et al. 2019). So konnte beispielsweise die *Independent Workers Union of Great Britain* durchsetzen, dass PlattformarbeiterInnen in Großbritannien das Recht auf einen Mindestlohn und auf Lohnfortzahlung im Urlaub haben. Zweitens können neue Gesetze wie beispielsweise eine dritte Kategorie zwischen selbständig und abhängig Beschäftigten geschaffen werden. Drittens können bestehende Gesetze und Regeln beispielsweise in Bezug auf die Besteuerung von Gig-/Cloud-Work aufgeweicht werden, wenngleich solche Maßnahmen häufig in Konflikt mit anderen regulatorischen Zielen stehen. Viertens können unter dem Stichwort der Innovation Gesetzgeber die neuen Praktiken tolerieren. Dabei gilt es, das öffentliche Interesse und die Bedürfnisse der PlattformarbeiterInnen genau abzuwägen.

Im Bereich der privaten Regulierung sind, vergleichbar zu den Leitunternehmen in globalen Güterketten, zunächst die Plattformbetreiber selbst als „Marktorganisatoren" zu nennen, welche die Arbeitsbedingungen und den Arbeitsprozess durch Regeln und technische Infrastrukturen gezielt steuern (Kirchner/Schüßler 2019). Besondere Erwähnung verdient hierbei die Steuerung des Arbeitsprozesses durch in die Technologie eingebettete Algorithmen, die auf der Basis großer Datensätze operieren und den Plattformen einen einseitigen Informations- und Kontrollvorsprung gegenüber ArbeiterInnen gewähren. Mehrere Studien weisen aber trotz dieses Machtvorsprungs von Plattformen auf einen mikropolitischen Aktionsraum von ArbeiterInnen hin. Insbesondere standortbasierte Gig-WorkerInnen haben darüber hinaus verschiedene kollektive Gegenstrategien mobilisieren können, um Informationen auszutauschen, Druck auf die Plattformunternehmen auszuüben und mit Gewerkschaften zu kooperieren (Greef et al. 2020). Teilweise gründen Gig-WorkerInnen alternative, genossenschaftlich organisierte Plattformen oder Basisgewerkschaften wie die *Deliverunion*. Trotz der Möglichkeiten der digitalen Vernetzung sind diese Gegenbewegungen stark nach Nationalität, Arbeitstyp oder auch Alter fragmentiert, was die strukturellen Machtressourcen der ArbeiterInnen schwächt (Lehdonvirta 2016).

Anders als in der Bekleidungsindustrie gibt es bislang kaum kollektive, transnationale Initiativen. Der Grund hierfür liegt nicht nur in der individualisierten, aus Betrieben herausgelösten Arbeitsstruktur, die im Bereich der ortsunabhängigen Cloud-Arbeit noch stärker ins Gewicht fällt, sondern wohl auch in dem noch relativ geringen gesellschaftlichen Druck auf die Plattformen, die sich als Organisation – anders als die großen Bekleidungsmarken und Einzelhandelsunternehmen – stark aus der Öffentlichkeit zurückziehen und sich nach wie vor als Intermediär präsentieren. Die globalen Gewerkschaftsföderationen spielen bislang eine untergeordnete Rolle.

Konsequenzen der Globalisierung und Digitalisierung für die Organisation und Regulierung von Arbeit

In der globalen Bekleidungsindustrie, einer der ältesten globalen Güterketten (siehe Kapitel 4 Komlosy in diesem Band), wurden die ausbeuterischen und lebensgefährlichen Arbeitsbedingungen von ArbeiterInnen durch ein komplexes Geflecht an Regulierungen teilweise, keinesfalls jedoch flächendeckend, verbessert. Durch diese Abmilderungen wird aber gleichzeitig ein auf globalen Ungleichheiten aufbauendes Geschäfts- und Organisationsmodell weiter gestützt (Langthaler/Schüßler 2018). Die Digitalisierung nutzt durch das plattformbasierte Organisationsmodell insbesondere in Dienstleistungssektoren diese Ungleichheiten gleichermaßen für sich aus. In beiden Feldern bietet die Einbindung in globale Güterketten, vor allem auch für die Menschen im Globalen Süden, eine Chance auf bezahlte Arbeit, sodass Regulierungsversuche bislang weniger auf eine Begrenzung dieser Arbeitsplätze, sondern eher auf ein Verhindern von Ausbeutung und die Einhaltung von Kernarbeitsstandards abzielten.

Eine interessante Parallele zwischen beiden Feldern ist die Tatsache, dass die gesetzlichen Grundlagen für die Einhaltung von Kernarbeitsstandards in vielen Ländern grundsätzlich gegeben sind. Durch einen intensiven internationalen Preis- und Standortwettbewerb werden diese aber selten durchgesetzt. Die wichtigsten regulatorischen Probleme sind in beiden Feldern aber anders gelagert. In der Bekleidungsindustrie stehen kollektive, transnationale Handlungsprobleme im Vordergrund, die entweder durch stärkere nationale (z.B. Lieferkettengesetze) oder transnationale (z.B. Handelsabkommen) Gesetze oder durch assoziatives Handeln zu lösen sind. In der Abwesenheit klarer gesetzlicher Einschränkungen spielen globale Gewerkschaftsföderationen eine zunehmend wichtige Rolle dabei, eine Ko-Regulierung gemeinsam mit Leitunternehmen aufzubauen. Plattformen hingegen suchen gezielt gesetzliche Lücken, was bislang vor allem nationale Akteure – Gesetzgeber genauso wie Gewerkschaften und Verbände – mobilisiert hat. In beiden Feldern kommt – wenig überraschend – den Gewerkschaften eine besonders wichtige Rolle bei der Regulierung von Arbeit zu. Diese mussten und müssen sich neu ausrichten und organisieren. Während in der globalen Bekleidungsindustrie die Stärkung der transnationalen Beziehungen und der globalen Gewerkschaftsföderationen im Vordergrund steht (Helfen/Fichter 2013), müssen nationale Gewerkschaften im Plattformbereich nicht nur lernen, eine neue Gruppe von Arbeitskräften zu repräsentieren, sondern dabei auch neue Instrumente, Prozesse und Partnerschaften entwickeln. In beiden Feldern scheint eine zunehmende Kooperation von Gewerkschaften im Globalen Norden und Süden, unterstützt durch die globalen Gewerkschaftsföderationen und die ILO, besonders wichtig, ebenso wie eine gesetzliche Unterstützung verschiedener privater Regulierungsmaßnahmen.

LERNFRAGEN

- Warum machen global gestreute Produktion und Plattformisierung eine Neuregulierung von Arbeit notwendig?

- Entlang welcher Dimensionen lassen sich Regulierungsansätze unterscheiden? Welche Ansätze sind, aus welchen Gründen, vielversprechend?

- Was sind die zentralen Probleme von Bekleidungs- und PlattformarbeiterInnen? Inwiefern stehen diese Arbeitsplätze häufig im Widerspruch zu ILO-Kernarbeitsnormen?

Die Digitalisierung bietet dabei auch Ermächtigungspotenziale für ArbeiterInnen und deren Stakeholder (Raj-Reichert et al. 2020). Während es in Plattformmärkten nahe liegt, dass sich ArbeiterInnen digital selbst organisieren und digitale Tools nutzen, werden digitale Technologien – nicht zuletzt aufgrund der mangelnden Infrastruktur – in der Bekleidungsindustrie noch sehr selektiv zur Stärkung einer kollektiven ArbeiterInnenmacht genutzt. In beiden Feldern fehlt es u.a. aufgrund von Geschlechtsstrukturen, fragmentierten Arbeitsbiografien und individualisierten Arbeitsplätzen an einer ausgeprägten ArbeiterInnenidentität und daraus resultierenden kollektiven Aktionen. Diese können durch den Einsatz digitaler Tools wie Social Media oder Skype auch unter physischen Distanzbedingungen gefördert werden (Graham et al. 2017; Lohmeyer et al. 2018).

Basisliteratur

Amengual, Matthew/Kuruvilla, Sarosh (2020): Editorial Essay. Introduction to a Special Issue on Improving Private Regulation of Labor in Global Supply Chains. Theory and Evidence. In: ILR Review 73 (4), 809-816.

Ashwin, Sarah/Oka, Chikako/Schüßler, Elke/Alexander, Rachel/Lohmeyer, Nora (2020a): Spillover Effects across Transnational Industrial Relations Agreements. The Potential and Limits of Collective Action in Global Supply Chains. In: ILR Review 73 (4), 995-1020.

Berliner, Daniel/Greenleaf, Anne Regan/Lake, Milli/Levi, Margaret/Noveck, Jennifer (2015): Governing Global Supply Chains. What we Know (and Don't) about Improving Labor Rights and Working Conditions. In: The Annual Review of Law and Social Science 11 (1), 193-209.

Kirchner, Stefan/Schüßler, Elke (2020): Regulating the Sharing Economy. A Field Perspective. In: Maurer, Indre/Mair, Johanna/Oberg, Achim (Hg.): Theorizing the Sharing Economy. Variety and Trajectories of New Forms of Organizing. Bingley: Emerald, 215-236.

Literatur

Anner, Mark (2019): Squeezing Workers' Rights in Global Supply Chains. Purchasing Practices in the Bangladesh Garment Export Sector in Comparative Perspective. In: Review of International Political Economy 27 (2), 320-347.

Ashwin, Sarah/Kabeer, Naila/Schüßler, Elke (2020b): Contested Understandings in the Global Garment Industry after Rana Plaza. In: Development and Change 51 (5), 1296-1305.

Bair, Jennifer/Anner, Mark/Blasi, Jeremy (2020): The Political Economy of Private and Public Regulation in Post-Rana Plaza Bangladesh. In: ILR Review 73 (4), 969-994.

Barrientos, Stephanie/Smith, Sally (2007): Do Workers Benefit from Ethical Trade? Assessing Codes of Labour Practice in Global Production Systems. In: Third World Quarterly 28 (4), 713-729.

Bartley, Tim (2018): Rules without Rights. Land, Labor, and Private Authority in the Global Economy. Oxford: Oxford University Press.

Bauer, Robert M./Gegenhuber, Thomas (2015): Crowdsourcing. Global Search and the Twisted Roles of Consumers and Producers. In: Organization 22 (5), 661-681.

Berg, Janine (2016): Income Security in the On-Demand Economy. Findings and Policy Lessons from a Survey of Crowdworkers. Conditions of work and employment series, 74. Geneva: International Labour Office.

Davis, Gerald F. (2016): What Might Replace the Modern Corporation? Uberization and the Web Page Enterprise. In: Seattle University Law Review 39, 501-515.

Djelic, Marie-Laure/Sahlin-Andersson, Kerstin (Hg., 2006): Transnational Governance. Institutional Dynamics of Regulation. Cambridge: Cambridge University Press.

Egels-Zandén, Niklas/Lindholm, Henrik (2015): Do Codes of Conduct Improve Worker Rights in Supply Chains? A Study of Fair Wear Foundation. In: Journal of Cleaner Production 107, 31-40.

Fichter, Michael/Helfen, Markus/Sydow, Jörg (2011): Regulating Labor Relations in Global Production Networks. Insights on International Framework Agreements. In: Internationale Politik und Gesellschaft 2, 69-86.

Frenken, Koen/van Waes, Arnoud/Pelzer, Peter/Smink, Magda/van Est, Rinie (2019): Safeguarding Public Interests in the Platform Economy. In: Policy & Internet 12 (3), 400-425.

Gegenhuber, Thomas/Ellmer, Markus/Schüßler, Elke (2020): Microphones, Not Megaphones. Functional Crowdworker Voice Regimes on Digital Work Platforms. In: Human Relations, 1-31. DOI: 10.1177/0018726720915761.

Graham Mark/Hjorth, Isis/Lehdonvirta, Vili (2017): Digital Labour and Development. Impacts of Global Digital Labour Platforms and the Gig Economy on Worker Livelihoods. In: Transfer. European Review of Labour and Research 23 (2), 135-162.

Greef, Samuel/Schroeder, Wolfgang/Sperling, Hans Joachim (2020): Plattformökonomie und Crowdworking als Herausforderungen für das deutsche Modell der Arbeitsbeziehungen. In: Industrielle Beziehungen. Zeitschrift für Arbeit, Organisation und Management 27 (2), 205-226.

Hassel, Anke (2008): The Evolution of a Global Labor Governance Regime. In: Governance. An International Journal of Policy, Administration, and Institutions 21 (2), 231-251.

Helfen, Markus/Fichter, Michael (2013): Building Transnational Union Networks Across Global Production Networks. Conceptualising a New Arena of Labour-management Relations. In: British Journal of Industrial Relations 51 (3), 553-576.

Helfen, Markus/Schüßler, Elke/Sydow, Jörg (2018): How Can Employment Relations in Global Value Networks be Managed Towards Social Responsibility? In: Human Relations 71 (12), 1640-1665.

Kabeer, Naila/Huq, Lopita/Sulaiman, Munshi (2020): Paradigm Shift or Business as Usual? Workers' Views on Multi-stakeholder Initiatives in Bangladesh. In: Development and Change 51 (5), 1360-1398.

Kabeer, Naila/Mahmud, Simeen (2004): Globalization, Gender and Poverty. Bangladeshi Women Workers in Export and Local Markets. In: Journal of International Development 16 (1), 93-109.

Kenney, Martin/Zysman, John (2016): The Rise of the Platform Economy. In: Issues in Science & Technology 32 (3), 61-69.

Kirchner, Stefan/Matiaske, Wenzel (2020): Plattformökonomie und Arbeitsbeziehungen. Digitalisierung zwischen imaginierter Zukunft und empirischer Gegenwart. In: Industrielle Beziehungen. Zeitschrift für Arbeit, Organisation und Management 27 (2), 105-119.

Kirchner, Stefan/Schüßler, Elke (2019): The Organization of Digital Marketplaces. In: Ahrne, Göran/Brunsson, Nils (Hg.): Organization outside Organizations. The Abundance of Partial Organization in Social Life. Cambridge: Cambridge University Press, 131-154.

Langthaler, Ernst/Schüßler, Elke (2019): Commodity Studies with Polanyi. Disembedding and Re-Embedding Labour and Land in Contemporary Capitalism. In: Österreichische Zeitschrift für Soziologie 44 (2), 209-223.

Lehdonvirta, Vili (2016): Algorithms that Divide and Unite. Delocalisation, Identity and Collective Action in „Microwork." In: Flecker, Jörg (Hg.): Space, Place and Global Digital Work. London: Palgrave Macmillan, 53-80.

Locke, Richard M. (2013): The Promise and Limits of Private Power. Promoting Labor Standards in a Global Economy. Cambridge: Cambridge University Press.

Lohmeyer, Nora/Schüßler, Elke/Helfen, Markus (2018): Can Solidarity be Organized „from Below" in Global Supply Chains? The Case of ExChains. In: Industrielle Beziehungen. Zeitschrift für Arbeit, Organisation und Management 25 (4), 472-496.

Lohmeyer, Nora/Schüßler, Elke (2018): Rana Plaza as a Threat to the Fast Fashion Model? An Analysis of Institutional Responses to the Disaster in Germany. In: Becker-Leifhold, Carolin/Heuer, Mark (Hg.): Eco-friendly and Fair. Fast Fashion and Consumer Behaviour. London: Routledge, 3-14.

Oka, Chikako/Egels Zandén, Niklas/Alexander, Rachel (2020): Buyer Engagement and Labour Conditions in Global Supply Chains. The Bangladesh Accord and Beyond. In: Development and Change 51 (5), 1306-1330.

Pike, Kelly (2020): Voice in Supply Chains. Does the Better Work Program Lead to Improvements in Labor Standards Compliance? In: ILR Review 73 (4), 913-938.

Pittman, Matthew/Sheehan, Kim (2016): Amazon's Mechanical Turk a Digital Sweatshop? Transparency and Accountability in Crowdsourced Online Research. In: Journal of Media Ethics 31 (4), 260-262.

Raj-Reichert, Gale/Zajak, Sabrina/Helmerich, Nicole (2020): Introduction to Special Issue on Digitalization, Labour and Global Production. In: Competition & Change, 1-9. DOI: 10.1177/1024529420914478.

Schmalz, Stefan/Ludwig, Carmen/Webster, Edward (2018): The Power Resources Approach. Developments and Challenges. In: Global Labour Journal 9 (2), 113-134.

Schüßler, Elke/Frenkel, Stephen J./Wright, Chris F. (2019): Governance of Labor Standards in Australian and German Garment Supply Chains. The Impact of Rana Plaza. In: ILR Review 72 (3), 552-579.

Sydow, Jörg/Schüßler, Elke/Müller-Seitz, Gordon (2016): Managing Inter-organizational Relations. Debates and Cases. New York: Palgrave Macmillan.

Urzì Brancati, Cesira/Pesole, Annarosa/Fernández-Macías, Enrique (2019): Digital Labour Platforms in Europe. Numbers, Profiles, and Employment Status of Platform Workers. Luxembourg: Publications Office of the European Union.

Vallas, Steven/Schor, Juliet B. (2020): What Do Platforms Do? Understanding the Gig Economy. In: Annual Review of Sociology 46 (1), 273-294.

Vandaele, Kurt (i. E.): Collective Resistance and Organizational Creativity Amongst Europe's Platform Workers. A New Power in the Labour Movement? In: Haidar, Julieta/Keune, Maarten (Hg.): Work and Labor Relations in Global Platform Capitalism. Cheltenham/Geneva: Edward Elgar/ILO.

Wood, Alex J./Graham, Mark/Lehdonvirta, Vili/Hjorth, Isis (2019): Good Gig, Bad Gig. Autonomy and Algorithmic Control in the Global Gig Economy. In: Work, Employment and Society 33 (1), 56-75.

Zajak, Sabrina (2017): International Allies, Institutional Layering and Power in the Making of Labour in Bangladesh. In: Development and Change 48 (5), 1007-1030.

Sabrina Apicella

„We are not robots!“: Internationale Arbeitskämpfe bei Amazon

Der Handel mit Waren des täglichen Bedarfs ist in einem nie dagewesenen Ausmaß globalisiert und findet in globalen Güterketten statt. Wichtige Akteure in diesen Ketten sind große Einzel- und Versandhändler wie Walmart oder Amazon. Sie verfügen über eine hohe Käufermacht gegenüber ProduzentInnen und LieferantInnen, während KonsumentInnen kaum mehr an ihnen vorbeikommen. Im wachsenden Onlineversandhandel ist Amazon weltweit führend. Der Konzern ist zudem ein Trendsetter der Restrukturierung von industriellen Beziehungen im Dienstleistungsbereich, besonders in den USA, in Großbritannien oder Deutschland.

Die schnelle Warenbewegung ist ein Hauptgrund für Amazons Erfolg. In Europa ermöglicht ein relativ dichtes und wachsendes Netzwerk von über 62 Distributionszentren, die Amazon *Fulfillment Center* (FC) nennt, einen raschen Warenumschlag. In den FCs werden Waren von jeweils etwa 2.000 ArbeiterInnen beschafft, eingelagert, kommissioniert, verpackt und wieder versendet. Die Arbeit in den FCs hat eine organisatorisch-technische und eine politische Seite (Apicella 2020). Aus organisatorisch-technischer Perspektive fällt auf, dass die Tätigkeiten überwiegend aus repetitiver und körperlich belastender manueller Einfacharbeit besteht. Die Arbeitsschritte sind wie in einer Fabrik taylorisiert, also arbeitsteilig organisiert, zerlegt und standardisiert. Auf Grundlage von digitalen Technologien und entsprechenden Arbeitsmitteln – wie internetfähigen Kleinstcomputern (z.B. Handscanner), die mit der Warehouse-Management-Software verbunden sind – werden Arbeitsaufträge automatisiert vergeben und Warenbewegungen wie Arbeitsleistungen genau erfasst. Durch diese Arbeitsorganisation können ArbeiterInnen innerhalb von Stunden angelernt werden. Die digital-taylorisierte Arbeit in den FCs ist durch hohe Leistungsanforderungen und Arbeitsintensität, starke Reglementierung kleinster Arbeitsschritte und ständige Überwachung der ArbeiterInnen gekennzeichnet (Altenried 2017). Sie sorgt für einen Produktivitätsvorsprung innerhalb der Branche, führt aber auch zur Unzufriedenheit der ArbeiterInnen.

Hinsichtlich der politischen Seite des Verhältnisses zwischen Kapital und Arbeit setzt Amazon ebenso neue Normen. Der Führungsstil bei Amazon ist leistungsbezogen, fordernd und trägt paternalistische, hierarchische und autoritäre Züge. Das Management lehnt Gewerkschaften als „externen Akteur" ab und verhält sich ambivalent zur betrieblichen Mitbestimmung, die wenig ausgeprägt ist und sich an gesetzlich definierten Mindeststandards orientiert. Die Lohnhöhe passt das Unternehmen lokal an; es orientiert sich generell am unteren Ende und unterbietet damit das branchenübliche Lohnniveau im jeweiligen Land. Zudem führt die geschaffene Einfacharbeit zur Absenkung der Qualifikationsanforderungen. Sie ermöglicht den intensiven Einsatz von befristeten und saisonalen Arbeitskräften sowie LeiharbeiterInnen in den FCs. Dies führt zu einer Diversifizierung der Belegschaft, jedoch auch zu deren Prekarisierung.

Beide Seiten der Arbeit in Amazons Verkaufsfabriken führen zu Konflikten im betrieblichen Alltag. Der erste Streik seit der Gründung des Unternehmens (1994 in Seattle) fand im April 2013 statt. Mehrere Hundert Amazon-Beschäftigte im deutschen FC Bad Hersfeld traten für Verhandlungen über den Abschluss eines Tarifvertrags nach den Konditionen des Einzel- und Versandhandels ein. Das ist auch die primäre Forderung der deutschen Dienstleistungsgewerkschaft ver.di; sie stellt damit die politische Seite der Arbeit in den Vordergrund. Schließlich ist mit dieser Forderung eine Angleichung der Löhne an das Branchenniveau, also eine Erhöhung der Bezüge, sowie die Anerkennung der Gewerkschaft als Verhandlungspartnerin verbunden. Die Unzufriedenheit mit der organisatorisch-technischen

Seite der Arbeit wiederum kulminiert im Ausruf der Streikenden: „Wir sind keine Roboter!“

Die Streiks in Deutschland dauern bis heute an, fanden mittlerweile an acht Standorten statt und zählen zur bedeutendsten und langanhaltendsten gewerkschaftlichen Auseinandersetzung der Gegenwart. Bisher konnte ver.di Amazon allerdings nicht zum Nachgeben zwingen, da der Konzern Verhandlungen und einen Tarifvertrag verweigert. Doch konnte Amazon den Kern gewerkschaftlich Aktiver nicht entmutigen. Bis heute treiben die gewerkschaftlich organisierten EinfacharbeiterInnen und ihre regional zuständigen GewerkschaftssekretärInnen die Streiks voran. Ihre vielzähligen Konfrontationen bilden das Herzstück der Organisierung bei Amazon.

Von Deutschland ausgehend hat sich der Konflikt um Amazon internationalisiert. Gewerkschaftliche Aktivitäten haben sich auf mehrere Länder ausgeweitet und sind zunehmend vernetzt. Mittlerweile haben auch in Frankreich, Italien, Polen, Spanien und den USA Streiks stattgefunden. Ihnen ist gemeinsam, dass sie ihren Fokus auf die politische Seite der Arbeit richten. Im Rahmen des internationalen Dachverbands für Dienstleistungsgewerkschaften UNI Global Union (UNI) ist aus einer Arbeitsgruppe (seit 2014) mittlerweile eine halbjährlich tagende Amazon-Allianz mit Beteiligung von 15 Einzelgewerkschaften aus Europa, Nord- und Südamerika sowie Australien erwachsen (Boewe/Schulten 2019: 8, 37ff.). Diese Treffen sind stark durch hauptamtliche GewerkschaftssekretärInnen geprägt, bislang nehmen wenige Amazon-Beschäftigte daran teil.

Zudem tragen standort- und grenzüberschreitende Mobilisierungen bereits Früchte: Im Winter 2017 fand eine europaweit koordinierte Streikaktion am sogenannten Black Friday statt. Dieser Aktion folgte der in der Amazon-Geschichte erstmalige Abschluss einer tarifvertraglichen Einigung für das italienische FC in Castel San Giovanni. Er wird durch die italienische Gesetzgebung begünstigt, die Unternehmen zur Einhaltung von Tarifverträgen verpflichtet. Der Erfolg ist dennoch nicht gering zu schätzen, da sich Amazon hier erstmalig zu Verhandlungen über eine (zusätzliche) tarifvertragliche Einigung einließ. Ein weiterer Erfolg ist, dass Amazon, nachdem 2018 vermehrt Konflikte in US-amerikanischen FCs ausgetragen wurden, die Stundenlöhne in den USA für die 250.000 regulär Beschäftigten und die 100.000 Saisonarbeitskräfte auf einheitlich 15 USD erhöhte.

Immer wieder wurde die internationale Auseinandersetzung um Amazon von zivilgesellschaftlichen Aktionen begleitet. Beispiele sind die europäische „Make Amazon Pay"-Kampagne seit 2017 oder die Mobilisierungen gegen das neue Headquarter in New York 2019. Sie unterstreichen die gesellschaftliche Relevanz der durch die Streiks vorangebrachten Debatte zu den Arbeitsverhältnissen bei Amazon und erweitern sie um Kritik an den sozialen oder ökologischen Folgen von Amazon-Ansiedlungen und seinen energieintensiven Serverparks, an Steuervermeidung oder dem extensiven Sammeln von KundInnendaten.

Nichtsdestotrotz erweist sich der Arbeitskonflikt mit Amazon als zäh, denn der Konzern hält daran fest, sich von Gewerkschaften keinen Kompromiss abringen zu lassen. Obendrein kann Amazon bestreikte Standorte „umschiffen", d.h. Lieferengpässe durch andere Standorte weitgehend kompensieren. So dienen die FCs in Polen vorrangig der Belieferung des deutschen Raums – sie wurden hartnäckigen Gerüchten zufolge nicht zuletzt als Reaktion auf die Streiks in Deutschland eröffnet (Owczarek/Chełstowska 2018). Dies stellt die Gewerkschaften dann vor Herausforderungen, wenn durch Streiks lokal scheinbar wenig ökonomischer Schaden entsteht, ihre Strategiefindung und Streikkoordinierung jedoch selten die Grenzen der nationalen Zuständigkeiten überschreiten.

Amazon wird wohl mit der Zunahme des internationalen Warenhandels und als führender Onlineversandhändler wirtschaftlich weiter an Bedeutung gewinnen und bleibt – auch im Zuge der Corona-Pandemie – Trendsetter. Die organisatorisch-technische Seite der Arbeit liefert den einfachen Beschäftigten in den FCs an allen Standorten eine beständige Quelle für Unzufriedenheit und Protest. Diese Seite könnte in den gewerkschaftlichen Kampagnen noch stärker berücksichtigt werden. Die genannten Erfolge wurden bei der politischen Seite der Arbeit durch erzwungene Kompromisse erreicht. Wie sich bei dem Einheitslohn in den USA oder dem Präzedenzfall der tarifvertraglichen Einigung in Italien gezeigt hat, spielen neben dem Druck, den die ArbeiterInnen selbst durch Streikaktivitäten aufbauen, eine kritische Öffentlichkeit sowie staatliche Regulierungen eine bedeutende Rolle: beide stecken den Möglichkeitsrahmen für eine politische Veränderung der Arbeit bei Amazon ab. Der Ausbau der europäischen und internationalen Vernetzung ist dabei zentral, um den betrieblichen Druck zu steigern. Die Aufgabe besteht darin, die internationale gewerkschaftliche sowie zivilgesellschaftliche Vernetzung so zu stärken, dass die „kleinen" Erfolge ausgeweitet und die noch vorrangig betrieblich und national-gewerkschaftlich strukturierten Auseinandersetzungen der „kleinen Davids" auf ein nächstes, internationales Level gehoben werden, auf dem „Goliath" schon lange agiert.

Literatur

Altenried, Moritz (2017): Die Plattform als Fabrik. Crowdwork, Digitaler Taylorismus und die Vervielfältigung der Arbeit. In: PROKLA Zeitschrift für kritische Sozialwissenschaft 47 (2), 175-192.

Apicella, Sabrina (2020): Das Prinzip Amazon. Vom Wandel der Verkaufsarbeit zu Streikmotivationen im transnationalen Versandhandelsunternehmen [unveröffentlichte Dissertation]. Lüneburg.

Boewe, Jörn/Schulten, Johannes (2019): Der lange Kampf der Amazon-Beschäftigten. Labor des Widerstands. Globale Gewerkschaftliche Organisierung im Onlinehandel. Berlin: Rosa-Luxemburg-Stiftung.

Owczarek, Dominik/Chełstowska, Agata (2018): Amazon in Polen: Arbeitsbedingungen und Arbeitsbeziehungen. Warschau: Instytut Spraw Publicznych/Friedrich-Ebert-Stiftung.

TEIL 4
KAPITAL

8

Jakob Kapeller, Claudius Gräbner

KONZERNMACHT IN GLOBALEN GÜTERKETTEN

EINLEITUNG

Transnationale Konzerne und globale Güterketten sind inhärent miteinander verbunden, denn die Entwicklung globaler Güterketten ist zugleich Voraussetzung und Folge der Internationalisierung von Firmen. Diese wechselseitige Verbindung bedeutet, dass Güterketten für das Verständnis der Strategien und Machtpotenziale transnationaler Konzerne eine zentrale Rolle spielen. Definitorisch lassen sich Konzerne als transnational agierende Firmen verstehen, die in mehreren Wertschöpfungsketten (horizontale Integration) und/oder unterschiedlichen Stufen derselben Wertschöpfungskette (vertikale Integration) tätig sind. In der Güterkettenforschung werden Konzerne meist als *lead firms* verstanden, die imstande sind, gesamte Güterketten oder wesentliche Abschnitte von Güterketten zu kontrollieren. Die Güterkette wird oftmals direkt über die interessierende *lead firm* operationalisiert, wobei der Fokus auf jenem Abschnitt der Wertschöpfungskette liegt, in dem die betrachtete *lead firm* besonderen Einfluss ausübt.

Beide Phänomene – Konzerne wie Güterketten – können analytisch als hierarchisch strukturierte Netzwerke verstanden werden: Güterketten entstehen aus einem Netzwerk miteinander verbundener, aber organisatorisch und geografisch oftmals getrennter Arbeits-

und Produktionstätigkeiten. Konzerne decken typischerweise einen spezifischen Teilbereich dieses Netzwerks von Güterketten ab. Daher definiert Dicken (2015: 130) transnationale Konzerne als „networks within networks", als Netzwerk von Firmen, Standorten oder vertraglich gebundenen Partnerfirmen, das seinerseits wiederum in das umfassendere Netzwerk globaler Güterketten eingebettet ist. Dieses Konzernnetzwerk, dessen Grenzen fließend und variabel sind, fungiert als Bindeglied zu anderen, hierarchisch untergeordneten Unternehmen. Darüber hinaus sind Konzerne in Netzwerke strategischer Kollaboration eingebunden, die etwa den Kontakt zu anderen Konzernen oder die Interaktion mit Regierungen und Aufsichtsbehörden umfassen.

Diese Aspekte verdeutlichen die Fähigkeit transnationaler Konzerne, spezialisierte Netzwerke auf Basis gezielter funktionaler Differenzierung zu bilden. Dies hat auch Auswirkungen auf die Geografie konkreter Konzernnetzwerke. So zielen Vertriebsnetzwerke meist auf die Abdeckung eines möglichst großen Gebietes und vieler nationaler Märkte ab, während Produktionsnetzwerke stärker punktuell und lokal – vor allem in Industrieclustern, küstennahen Ballungszentren und Sonderwirtschaftszonen – organisiert sind (Dicken 2015). Dennoch spielt auch bei Letzteren die globale Dimension eine zentrale Rolle, da diese lokalen Produktionsstandorte in einem globalen Wettbewerb um Aufträge stehen – ein Umstand, den sich transnational tätige Konzerne zunutze machen können, um globale Güterketten in ihrem Interesse zu gestalten. Dieser Wettbewerb zwischen unterschiedlichen Standorten, der auch auf Ebene der Nationen zum Ausdruck kommt, ist eine zentrale Quelle der Konzernmacht, da Konzerne die primären Nutznießer dieses Wettbewerbs sind.

Die Existenz transnational tätiger Konzerne ist kein neues Phänomen (Fitzgerald 2015), allerdings haben sie in den letzten Jahrzehnten massiv an Bedeutung gewonnen und konnten ihren Einfluss auf andere Akteure, darunter andere Firmen, KundInnen, ArbeitnehmerInnen und Regierungen, stark ausweiten (Rothschild 2005). Empirisch zeigt sich dies unter anderem in der Tatsache, dass transnationale Konzerne im Jahr 2016 32 Prozent des globalen BIP und über 60 Prozent des globalen Exports auf sich konzentrieren.

Gründe für diese Entwicklung finden sich in der fortschreitenden Liberalisierung des Handels- und Kapitalverkehrs, dem starken Fokus auf Exportorientierung als Entwicklungsmodell, aber auch dem intensivierten Standortwettbewerb zwischen Nationalstaaten. Um diese Zusammenhänge analytisch angemessen zu erfassen, bedarf es zunächst einer theoretischen Konzeptionalisierung von Konzernmacht. Wir stellen in Abschnitt 2 zentrale Theorien, Formen und Quellen der Konzernmacht vor und entwickeln eine analytische Heuristik zur Analyse von Konzernmacht in globalen Güterketten. Abschnitt 3 illustriert die Vielfalt von Konzernmacht, indem verschiedene Analysedimensionen und Anwendungsfälle eingeführt werden. In Abschnitt 4 werden die Folgen anhand ausgewählter Beispiele verdeutlicht. Der Beitrag behandelt die zentralen Konzepte der Güterkettenliteratur zu Macht in globalen Güterketten, die dort vor allem als Governance unter besonderer Beachtung der *lead firms* konzeptualisiert wird. Diese Governance-Konzepte werden durch klassische sozialwissenschaftliche Beiträge zur Analyse von Macht sowie mit konkreten Konzepten zu Konzernmacht in der angewandten sozialwissenschaftlichen Forschung ergänzt, wobei die Machtbeziehungen zwischen Konzernen und anderen Akteuren, allen voran Staaten, im Zentrum der Analyse stehen.

Theorien der Konzernmacht

Für eine erste Annäherung wird zunächst zwischen direkten und indirekten Formen der Machtausübung unterschieden. Bei direkten Formen sind die involvierten AkteurInnen und ihre wechselseitigen Verbindungen, Konflikte und Abhängigkeiten relativ klar identifizierbar und die relevanten Machtverhältnisse zumeist auch direkt erkennbar sowie – in vielen Fällen – den betroffenen AkteurInnen auch bewusst. Unter indirekten Formen der Machtausübung hingegen werden Prozesse verstanden, in denen es einzelnen AkteurInnen durch bewusste Strategie, strukturelle Asymmetrie oder zufällige Umstände gelingt, Grundgedanken und -motive sozialen, ökonomischen und politischen Handelns mit dem Effekt zu prägen, dass ihren Interessen (noch) besser gedient ist. In derartigen Konstellationen – etwa wenn es um Fragen zu berücksichtigender technischer Grundlagen (Standardisierung) oder der vorherrschenden politischen Ideen (Hegemonie) geht – ist die Machtausübung oft nicht direkt identifizierbar und wird daher von den betroffenen AkteurInnen zumeist nicht als solche wahrgenommen (worin nach Lukes 2005 und Han 2017 auch ihre zentrale Stärke liegt).

Direkte Machtbeziehungen sind verhältnismäßig einfacher zu beschreiben und ihre Diskussion hat in den Sozialwissenschaften eine lange Tradition (Weber 1980 [1921]; French 1956; Dahl 1957). Dieser Tradition zufolge lässt sich Macht (besser: eine konkrete Machtbeziehung) in Anlehnung an Weber (1980 [1921]: 28) wie folgt definieren:[1] „Macht von A über B bedeutet, dass A innerhalb der sozialen Beziehung zu B den eigenen Willen auch gegen das Widerstreben von B durchzusetzen kann."

Die genaue Ausgestaltung der Machtbeziehung hängt damit maßgeblich von zwei Variablen ab: (1) den Mitteln, die A zur Verfügung stehen, um ihren Willen bzw. ihre Interessen durchzusetzen und (2) den Reservationsoptionen von B, wobei unter Reservationsoptionen alternative Handlungsstrategien zu verstehen sind, die es erlauben, sich potenziell dem Willen von A zu entziehen. Beide Kategorien – Mittel wie Reservationsoptionen – nehmen in der Realität sehr unterschiedliche Formen an und müssen je nach beschriebener Situation anders gefasst werden. Als Mittel etwa gelten Drohung, monetärer Einfluss, Position, Sanktion, Gewalt, List, soziale Beziehungen, Verhandlung oder Vertrag (siehe bereits Machiavelli 2003 [1531]). Reservationsoptionen umfassen typischerweise ähnliche Kategorien, wobei zur analytischen Vereinfachung meist einfach nur die *second-best option* (auch *exit-option*) von B ins Auge gefasst wird. Der Anwendungsbereich der Weber'schen oder auch der klassischen Machtformel bleibt in mindestens zwei Dimensionen eingeschränkt: Sie ist nicht gut dafür geeignet, indirekte Machtbeziehungen zu beschreiben; zum anderen fokussiert die Machtformel auf eine konkrete soziale Beziehung mit zwei AkteurInnen und muss für die Anwendung auf Multiakteurskonstellationen modifiziert werden.

Dies führt zu Variationen der klassischen Machtformel. Ein Beispiel dafür bietet die Analyse von Wettbewerbssituationen (wie dem Arbeitsmarkt oder dem Standortwettbewerb). In derartigen Kontexten ist der Handlungsspielraum der AkteurInnen indirekt proportional zum Wettbewerbsdruck, dem diese AkteurInnen ausgesetzt sind. Ist der Wettbewerbsdruck sehr groß, sind die AkteurInnen weithin machtlos (siehe etwa Weber 2015 [1904/05]: 43f.). Im Umkehrschluss gelten jene AkteurInnen als besonders machtvoll, die sich (1) entweder einem solchen Wettbewerbsdruck erfolgreich entziehen können und/oder (2) die aus dem Wettbewerb anderer direkten Nutzen ziehen. In diesem Sinne ließe sich die obige Formel aus ökonomischer Perspektive wie folgt reformulieren: „A hat Macht, wenn A in der Lage ist, andere dazu zu bringen, um die Erfüllung der Bedürfnisse von A zu konkurrieren."

Beispiele für derartige Konstellationen finden sich in vielen sozialen Zusammenhängen – in der politischen Herrschaft (z.B. Imperatoren und Gladiatoren), familiären Beziehungen (z.B. Eltern, die ihre Kinder in Wettbewerb setzen, und vice versa) oder eben in globalen Güterketten (z.B. Märkte, in denen wenige potenzielle Abnehmer ihre vielen potenziellen Zulieferer miteinander konkurrieren lassen) und im globalisierten Standortwettbewerb (Staaten, die um Investitionen von *lead firms* konkurrieren).

Indirekte Machtkonstellationen sind in der Praxis schwieriger zu identifizieren und zu beschreiben; sie sind „diffus" (Dallas et al. 2019), da sie den beteiligten AkteurInnen häufig nicht unmittelbar bewusst sind. Das bedeutet jedoch nicht, dass eine solche Art der Macht weniger relevant ist, im Gegenteil. Nach Lukes (2005) sind es gerade die unbewussten Machtbeziehungen, die besonders effektiv sind. Ein Beispiel für eine indirekte Machtkonstellation im Kontext des Konzernverhaltens betrifft etwa Fragen der informellen Standardsetzung, also die Etablierung von Designs oder Marken und damit verbundenen technischen Normen oder sozialen Erwartungen. Solange solche Normen nicht formal (z.B. gesetzlich) festgelegt sind, sondern sich aus der Interaktion und der wechselseitigen Erwartungshaltung der beteiligten Stakeholder ergeben, kann von indirekter Machtausübung gesprochen werden. Indirekte Macht kann entlang direkter Firmenbeziehungen – etwa durch die Kommunikation erwarteter Qualitätsanforderungen einer *lead firm* an ihre Zulieferer („demonstrative power" nach Dallas et al. 2019, S. 673) – oder über branchen- oder sektorspezifische Netzwerke vermittelt werden (z.B. durch die Entwicklung informeller technischer Standards im Produktdesign; „constitutive power" nach ebd.).

Besonders sichtbar ist indirekte Machtausübung über Standards und Normen bei Produkten, deren Nutzen von der gesamten Verbreitung des Produkts abhängt, wie es beispielsweise bei Betriebssystemen (wie Microsoft Windows oder GNU Linux), Programmiersprachen (wie Java oder Python) oder auch Kommunikationsplattformen (wie Skype oder Zoom) der Fall ist. In solchen Fällen hängt der Nutzen der NutzerInnen neben der intrinsischen Qualität der Produkte auch von der Anzahl weiterer NutzerInnen ab (Arthur 1989). Daher bilden sich in bestimmten Sektoren nicht selten dominante Standards heraus, die zu erheblichen Wechselkosten (*switching costs*) führen und so die AnbieterInnen der durch den Standard etablierten Technologie mit einem erheblichen Machtzuwachs ausstatten.

In solchen Fällen ist die eigentliche Machtausübung den AkteurInnen nicht notwendigerweise bewusst: erst einmal etablierte Standards oder Wettbewerbskonstellationen werden häufig als selbstverständlich angesehen. In diesem Fall landen wir möglicherweise in einer Situation, die von Lukes (2005: 28) als die „supreme and most insidious exercise of power" beschrieben wird, weil der Status quo von den unterlegenen AkteurInnen nicht mehr hinterfragt wird.

Diese Ausführungen weisen implizit auf eine wesentliche Quelle der Macht hin: der Stellung einer AkteurIn innerhalb eines größeren Beziehungsgeflechts. Der Einfluss indirekter Macht auf einzelne AkteurInnen („demonstrative power") oder ganze Branchen und Industrien („constitutive power") beruht zumeist auf der zentralen Stellung der *lead firms*, die aufgrund ihrer dominanten Position in der Lage sind, technische Standards und soziale Normen zu beeinflussen. Eine vorteilhafte Netzwerkposition kann auch Resultat bestehender Machtasymmetrien sein, die sich auf andere Quellen der Macht zurückführen lassen. Zu solchen Quellen der Macht zählen Eigentumsrechte aller Art, etwa an Boden, Rohstoffen, Finanzmitteln oder Ideen, Firmengröße und Marktmacht, meist verbunden mit steigenden Skalenerträgen oder der geschickten Nutzung öffentlicher Ressourcen (z.B. wenn öffentliche Infrastruktur intensiv genutzt, aber die Abgabenpflicht minimiert wird, oder internationale Konzerne juristische Sonderrechte erhalten). Diese Machtvorteile führen zu unterschiedlichen Formen von Renteneinkommen (Davis et al. 2016). Weitere Quellen der Konzernmacht ergeben sich aus der asymmetrischen Verteilung von Information und Kontrolle über einen relevanten Anteil der globalen Investitions- und Auftragstätigkeiten. Diese gewährt globalen Konzernen sowohl eine Sanktionsmacht gegenüber staatlichen Autoritäten als auch eine Gestaltungsmacht hinsichtlich des Entwicklungspfads nationaler Ökonomien.

Der zuletzt genannte Punkt verweist auf die organisatorische Flexibilität von Konzernen, die es erlaubt, durch Offshoring – die geografische Verlagerung von Tätigkeiten – und Outsourcing – die

Auslagerung von bestimmten Unternehmensfunktionen an rechtlich unabhängige Unternehmen – eine umfassende Kostenminimierungsstrategie zu betreiben (Milberg/Winkler 2013). Wesentliche Treiber dieser Prozesse sind neben Kostenunterschieden für Inputfaktoren in der Produktion (z.B. Arbeit und Energie) auch regulatorische Unterschiede, wobei internationale Differenzen in bestehenden gesetzlichen Vorschriften zum Vorteil des Konzerns ausgenutzt werden. Machttheoretisch gesprochen profitieren Konzerne von einer umfassenden Reservationsoption, die es erlaubt, den Grundsatz *gleiches Recht für alle* durch die parallele Nutzung unterschiedlicher Jurisdiktionen zu umgehen, sodass bestehende rechtliche und soziale Verpflichtungen – von tarifvertraglichen Vereinbarungen über allgemeine Menschen- und Arbeitsrechte bis hin zu Umweltschutz oder Steuerrecht – zumindest teilweise umgangen werden können (Kapeller et al. 2016; Ruggie 2017). Konzerne verfügen also nicht bloß über zentrale Machtressourcen – sie sind auch in hohem Maße imstande, sich der Machtausübung durch Dritte zu entziehen.

Dennoch gibt es Faktoren, die Konzernmacht beschränken können. Dazu zählen, trotz aller Einschränkungen, politische Interventionen und Regulierung durch staatliche Autoritäten sowie zivilgesellschaftliche Initiativen, die sich den Auswirkungen der Konzernmacht auf unterschiedlichen Ebenen entgegenstellen. Darüber hinaus begrenzt der Wettbewerb zwischen transnationalen Konzernen die Macht einzelner Konzerne. Der Wettbewerbsdruck zwischen Konzernen gilt zugleich als zentrale Triebkraft von Outsourcing und Offshoring. Obgleich eine solche Sicht andere Einflussfaktoren wie die Veränderung in Unternehmenskulturen (Stichwort Shareholder-Value-Orientierung), technologische Innovation oder die Wirkung simpler Profitmaximierungskalküle unterschätzt, können Offshoring und Outsourcing aus Sicht des einzelnen Unternehmens als praktisch alternativlose Verfahren erscheinen, sobald eine große Mehrheit der KonkurrentInnen eben diese Methoden zur Anwendung bringt.

Tabelle 1: Perspektiven auf Konzernmacht

Analyse-ebene	**Fokus**	**Beispiele direkter Machtbeziehungen**	**Beispiele indirekter Machtbeziehungen**
Dyadisch	Zweierbeziehung (z.B. Konzern-Zulieferer, Konzern-Regierung, Konzern-Stakeholder)	Verhandlungsmacht, Grad der Abhängigkeit einzelner Firmen von der *lead firm*	Agenda-Setting, Erwartungsmanagement
Netzwerke	Spezifische Güter- bzw. Wertschöpfungsketten	*Gatekeeping* (zentrale Position innerhalb einer Güterkette), formale Standardsetzung für Zulieferer	Demonstrative Macht von *lead firms*, Besitz zentraler Technologien/Markenrechte
Sektor	Industrien, Branchen und/oder Sektoren	Kodifizierung von Best Practices, Monopolisierung, *Gatekeeping* auf Branchenebene	Informelle Standardsetzung, *Branding & Re-Branding* von Produkten, Agenda-Setting
Global	Interaktion zwischen Konzernen und Nationalstaaten, Auswirkung der Konzernmacht auf Staaten, Verteilung von Eigentumsanteilen, Marktanteilen und Profiten zwischen Konzernen	Investorenmacht, Schiedsgerichte, Sondersteuervereinbarungen, Lobbying, Wachstums- und Armutsketten, globale Konzern-Netzwerke	Standortwettbewerb, individualisierte Standards in Sonderwirtschaftszonen, Herausbildung transnationaler Wirtschaftseliten

Quelle: eigene Darstellung; Beispiele in Anlehnung an Dallas 2019 et al.

Konzernmacht in der angewandten Forschung: Analysedimensionen und Fallbeispiele

Konzernmacht kann auf unterschiedlichen Ebenen analysiert werden. Tabelle 1 benennt wesentliche Erscheinungsformen der Konzernmacht und sortiert diese nach verschiedenen Analyseebenen. Letztere bestimmen die konkrete – zumeist gegenstandsabhängige – Perspektive, aus der Konzernmacht in weiterer Folge betrachtet und analysiert wird.

Dyadische Ebene: Machtbeziehungen zwischen einzelnen Akteuren

In einer *dyadischen Betrachtung* der Konzernmacht steht vor allem die Beziehung zweier verbundener Akteure im Zentrum, deren relative Position analysiert wird. Es kann sich in beiden Fällen um Firmen handeln, um verschiedene Abteilungen derselben Firma oder um die Beziehung zwischen einer Firma und einem Stakeholder. In diesem Sinne ist auch die relative Machtbalance oder „Verhandlungsmacht" („bargaining power" nach Dallas et al. 2019, S. 673) zwischen einem Konzern und einer Gewerkschaft oder zivilgesellschaftlichen Organisation als dyadische Beziehung analysierbar. Ein typisches Beispiel für eine *direkte* Machtbeziehung auf dyadischer Ebene ist die Abhängigkeit einer Firma von potenziellen Abnehmern oder Zulieferern (und die damit einhergehende Abwesenheit profitabler *second-best*-Optionen im Ein- oder Verkauf). Eine *indirekte* Machbeziehung auf dyadischer Ebene kann sich dagegen durch die Technologieführerschaft einer Firma ergeben oder durch die Möglichkeit, das jeweilige Gegenüber im öffentlichen Diskurs unter Druck zu setzen.

Die Güterkettenliteratur typologisiert unter dem Leitmotiv „governance as coordination" die Ursachen dyadischer Machtasymmetrien sowie den Grad der Abhängigkeit zwischen zwei Firmen (Gereffi et al. 2005; Gibbon et al. 2008; Dicken 2015), wobei die Mechanismen, die zur Koordination zwischen Firmen dienen, im Fokus stehen. Typischerweise wird zwischen a) starken direkten Abhängigkeiten (*captive*), b) Abhängigkeiten, die aus fortgesetzter, wechselseitiger Kooperation entstehen und daher nicht notwendigerweise einseitig sind (*relational*) sowie c) Abhängigkeiten, die aus einseitigen Vorgaben der nachfragenden Firmen (z.B. durch Standardsetzung) resultieren (*modular*), unterschieden. Hinzu kommen Formen der

Kooperation, die sich aus direkter Kontrolle (z.B. Eigentümerschaft) oder loser Marktkooperation ergeben und so die Typologie komplettieren.

Ein Anwendungsbeispiel ist das Verhältnis von Apple, das eine spezifische Technologie und ein damit verbundenes Produktdesign bereitstellt, und Foxconn, das sich als wesentlicher Partner zur Herstellung dieser Produkte etablieren konnte. Obgleich Apple aufgrund seiner geistigen Eigentumsrechte und der Bereitstellung der notwendigen Betriebssysteme der machtvollere Akteur in dieser Dyade ist, besitzt auch sein wichtigster Kontraktfertiger Foxconn ein gewisses Drohpotenzial, da er in der Wertschöpfungskette der Apple-Produkte nicht ohne Weiteres ersetzt werden kann (Dicken 2015: 156-159). Weitere Beispiele für dyadische Analysen von Firmenbeziehungen finden sich etwa im Bereich der „bipolaren Güterketten" (Fold 2002). Darunter versteht man Güterketten mit zwei dominanten *lead firms*, deren Konkurrenzverhältnis in Folge genauer analysiert wird.

Netzwerkorientierte Betrachtung: Machtbeziehungen innerhalb eines Netzwerks

In einer netzwerkorientierten Betrachtung der Konzernmacht liegt der Fokus zumeist auf einer globalen Güterkette oder einem bestimmten Ausschnitt dieser. Der Ausschnitt ist entweder durch das Aktivitätsspektrum einer *lead firm* bestimmt oder bezieht sich auf eine Reihe ineinander verzahnter Schritte der Wertschöpfungskette, in denen die relative Position unterschiedlicher Unternehmen analysiert wird. In diesem Kontext lassen sich verschiedene Formen der Machtausübung in Netzwerken unterscheiden, die in der Güterkettenliteratur unter dem Leitmotiv „governance as driving" diskutiert werden (Gibbon et al. 2008, S. 319-322). Gereffi (1994) differenziert zwischen „buyer-driven" und „producer-driven commodity chains".

Dominante Konzerne in *buyer-driven chains* sind durch die Fähigkeit, auf viele dezentral organisierte Zulieferer gleichartiger Güter sowie auf ein globales Vertriebsnetzwerk zurückgreifen zu können, gekennzeichnet. Ihre Machtstellung ergibt sich aus ihrer kritischen Position im Akteursnetzwerk, die es erlaubt, die Vorteile einer oligopolistischen Struktur im Vertrieb mit jenen von oligopsonistischen Beziehungen im Einkauf zu kombinieren.[2] Starbucks oder Chiquita gelten als typische Beispiele. Ähnliche Relationen zwischen dezentralen Zulieferern und zentralem Vertrieb finden sich auch bei Supermarktketten.

In *producer-driven commodity chains* stehen technologische Aspekte stärker im Zentrum. Typischerweise wird ein grundlegendes technisches Design durch häufig im Globalen Norden lokalisierte Konzernzentralen entwickelt, die Produktion und Montage der einzelnen Produktkomponenten dagegen in Niedriglohnländer ausgelagert. Die Machtposition des zentralen Konzerns ergibt sich aus intellektuellem Eigentum an Technologien, Design und Markenrechten. Beispiele für eine solche Vorgehensweise finden sich im Automobilsektor und bei den meisten Technologiekonzernen.

Ein jüngeres Beispiel für den Machtzuwachs, der mit einer dominanten Netzwerkposition einhergeht, liefert die – oftmals digital organisierte – Plattformökonomie (Elmer/Hofmann 2016; Gräbner/Heinrich 2017). Hier können potenzielle Anbieter oder Nachfrager nur über eine bestimmte Plattform miteinander interagieren. Beispiele sind Amazon Marketplace, der Anbieter und Nachfrager verschiedener Produkte miteinander verbindet, oder aber auch die Videoplattform Youtube, die ProduzentInnen und KonsumentInnen von Videos eine Kommunikationsplattform bietet. Beispiele gehen aber auch über die digitale Ökonomie hinaus und umfassen Kreditkartenunternehmen (z.B. VISA), Börsenunternehmen (XETRA) oder Leiharbeitsfirmen. Solche Plattformen fungieren als *Gatekeeper* für andere MarktteilnehmerInnen und können Geschäftsbedingungen und Preise zu ihren Gunsten beeinflussen. Die Güterkettenliteratur hat die Besonderheiten digitaler Plattformen und der damit verbundenen Netzwerkposition früh erkannt und die klassische Dichotomie von „buyer-driven" und „producer-driven" durch den zusätzlichen Typus der „internet-oriented chains" ergänzt (Gereffi 2001, S. 34).

Machtbeziehungen innerhalb von Branchen, Sektoren und Industrien

Eine sektorale bzw. branchenspezifische Betrachtung der Konzernmacht fokussiert auf einen Ausschnitt einer globalen Güterkette, der eine komplette Branche bzw. einen gesamten Sektor beschreibt. Eine solche Betrachtung, in der meistens mehr als eine *lead firm* relevant ist, führt typischerweise zu Fragen nach der Ausprägung von Skalenerträgen, Marktgröße und Marktanteilen sowie dem Verhältnis von Konzernmacht zur Macht der ArbeitnehmerInnen in ausgewählten Sektoren. Steigende Skalenerträge – also steigende Erträge pro Stück bei zusätzlichem Produktionsausstoß – gehen typischerweise mit einem Wettbewerbsvorteil für größere Unternehmen einher, da diese zu niedrigeren Kosten produzieren können. In diesem Fall ist die Konzentration der Produktion an wenigen lokalen Standorten besonders attraktiv. Die entsprechenden Märkte sind häufig stark konzentriert und durch ein globales Oligopol gekennzeichnet (Selwyn 2014). Die daraus folgende Machtkonzentration wird durch die voranschreitende Globalisierung weiter verschärft: durch die sukzessive Ausweitung der Marktgröße erlaubt es die Globalisierung, steigende Skalenerträge noch stärker auszureizen und fördert dadurch die fortschreitende Oligopolisierung und Monopolisierung von Märkten.

Neben den hier angesprochenen – und je nach Branche unterschiedlich stark ausgeprägten – Monopol- und Oligopolrenten ist auf Branchenebene auch die Implementierung produktbezogener Standards eine zentrale Quelle von Konzernmacht, die in der Güterkettenliteratur unter anderem unter dem Leitmotiv von „governance as normalization" (Gibbon et al. 2008, S. 324) diskutiert wird. Die Etablierung solcher Standards kann zu direkter oder indirekter Machtausübung („institutional power" vs. „constitutive power" nach Dallas et al. 2019, S. 673) führen, je nachdem ob diese Standards formal oder informal implementiert werden.

Sonderrechte, Standortwettbewerb und die globale Konzentration von Konzernmacht

Zusätzlich zu klassischen Formen direkter und indirekter Machtausübung gegenüber einzelnen Nationalstaaten – wie Lobbying, Abwanderungsdrohungen oder organisierte Öffentlichkeitsarbeit – ermöglicht die Globalisierung Konzernen neue Modi der Machtausübung, etwa durch Investitionsschutzabkommen oder durch die Intensivierung eines globalen Standortwettbewerbs, in dem einzelne Staaten um Investitionen und Arbeitsplätze von Konzernen wetteifern. In Abwesenheit einer effektiven Kooperation von Staaten untereinander geht dies mit einem enormen Machtzugewinn von Konzernen einher.

In der Literatur wird Standortwettbewerb auch als „competitive bidding“ (Dicken 2015, S. 235), „commercializing sovereignity“ (Palan 2002) oder „hyperglobalization“ (Rodrik 2011) diskutiert. Staaten stehen nach Rodrik vor dem Dilemma, dass eine unkontrollierte „Hyper“-Globalisierung dazu führen kann, dass von der Bevölkerung grundsätzlich befürwortete Politikmaßnahmen vor dem Hintergrund des internationalen Wettbewerbsdrucks nicht umgesetzt werden. Umgekehrt bieten bestehende Strukturen der *global economic governance* zahlreiche Anreize für einzelne Staaten, ihre Souveränität in einem Prozess des *competitive bidding* zu kommerzialisieren und somit in einer Weise auszugestalten, die Konzerninteressen besonders entgegenkommt.

In diesem Kontext stellt sich auch die Frage nach der internationalen Verteilung von Konzernmacht. Begreift man die Kontrolle über die Unternehmensstrategie als Maß für die Ausübung von Konzernmacht und misst Erstere empirisch über Besitzanteile an Konzernen, lässt sich die Frage, wie konzentriert die Kontrollrechte in der gesamten Konzernökonomie verteilt sind, näherungsweise beantworten. Auf dieser Basis identifizieren Vitali et al. (2011) einen Kern von 737 Konzernen, der zu einem hohen Anteil aus Unternehmen aus der Finanzbranche besteht, und etwa 80 Prozent der unternehmerischen Kontrollrechte im untersuchten Sample von über 40.000 Firmen ausübt. Dieses Ergebnis verdeutlicht die Konzentration von Konzernmacht und zeigt, wie eine netzwerktheoretische Perspektive auf globale Konzernstrukturen auf unterschiedlichen Analyseebenen zum Einsatz gebracht werden kann.

Globale Folgen von Konzernmacht

Regulatory Races, regionale Spezialisierung und „havens for everything“?

Auf der internationalen Ebene ist zu beobachten, wie die Rolle transnationaler Konzerne als *globale Arbitrageure*, die geografische und institutionelle Unterschiede zwischen unterschiedlichen Standorten ausnutzen, für die nationale Politik mit einem immanenten Wettbewerbsdruck einhergeht. Um Konzerne anzulocken, bieten ihnen Staaten bessere Konditionen als andere, zum Beispiel niedrigere Steuern oder Abgaben. Aufgrund dieser Anreizstruktur nimmt die

Verhandlungsmacht der Konzerne nicht nur gegenüber Staaten zu, sondern auch gegenüber anderen Interessengruppen wie Gewerkschaften oder Umweltschutzverbänden.

Fragmentierte Wertschöpfungsketten erlauben transnationalen Konzernen Funktionen und Tätigkeiten an jenen Standorten zu konzentrieren, die den für die jeweilige Tätigkeit relevanten institutionellen komparativen Vorteil aufweisen. Arbeitsintensive Tätigkeiten werden häufig in Ländern mit niedrigen Löhnen, gewinnbringende Tätigkeiten über sogenanntes *transfer pricing* in Ländern mit geringen Steuern und technologieintensive Tätigkeiten in Ländern mit einer gut gebildeten Bevölkerung konzentriert. In der Tendenz verfügen Länder des Globalen Nordens über entsprechende Vorteile hinsichtlich der sozialen und politischen Stabilität, einer gut ausgebildeten Bevölkerung, einer hoch entwickelten Infrastruktur und einer starken Rechtssicherheit. Die Standortvorteile von Ländern des Globalen Südens sind häufig weniger breit gefächert und zumeist stärker durch günstige Arbeitskräfte, billige Ressourcen oder niedrige regulatorische Anforderungen im Bereich Steuern, Umwelt und Arbeit gegeben.

Darüber hinaus existieren zahlreiche Länder, die Unternehmen durch eine strategische Steuerpolitik, gekoppelt mit einem entsprechenden Firmen- und Bankenrecht, anlocken wollen, wie die „Wachstumsmodelle" von Staaten wie die Niederlande, Irland, der Schweiz, oder Luxemburg verdeutlichen (Gräbner et al. 2020; siehe Exkurs Fischer in diesem Band). Mehr als 30 Länder orientieren sich inzwischen an einem derartigen Modell, und etwa 40 Prozent der Gewinne transnationaler Konzerne werden in sogenannten Steueroasen verbucht (Torslov et al. 2018). Diese Umstände führen zu einem inhärenten Spezialisierungstrend, der durch die Tatsache, dass Konzerne selbst darüber bestimmen, wo und zu welchem Zweck die durch Outsourcing und Offshoring generierten Renditen reinvestiert werden, weiter verstärkt wird.

Wertschöpfungsketten und globale Ungleichheit

Während eine klassische Interpretation in globalen Güterketten eine Chance für ärmere Regionen sieht, durch Upgrading innerhalb der Güterketten aufzusteigen und internationale Ungleichheiten damit zu reduzieren (s.u.), findet sich in der aktuellen Forschung zunehmend die These, dass die Dominanz globaler Konzerne und *lead firms* in diesen Wertschöpfungsketten zu einem Anstieg der Ungleichheit auf globaler wie nationaler Ebene beiträgt.

Dies hat seinen Grund in zwei Wirkungskanälen: Zum einen führen die Machtasymmetrien zwischen nationaler Politik und transnationalen Konzernen – insbesondere die Tendenz zum Outsourcing und Offshoring in Niedriglohnländer – zu einer sukzessiven Umverteilung von Löhnen zu Profiten, von Arbeit zu Kapital (Milberg/Winkler 2013). Zum anderen können global agierende (Konzern-)Eliten – z.B. durch die Sicherung zentraler Markenrechte oder die Nutzung von Steuervermeidungsmöglichkeiten – einen verhältnismäßig großen Anteil der im Rahmen der Wertschöpfungskette generierten Profite abschöpfen. Im Effekt impliziert die Herausbildung globaler Wertschöpfungsketten auf der Ebene der Produktion die Entstehung globaler „Reichtums- und Armutsketten“ (Seabrooke/Wigan 2014; Selwyn et al. 2019; siehe Exkurs Fischer in diesem Band) auf der Ebene der Verteilung. „Reichtumsketten“ basieren oftmals auf Institutionen des globalen Schattenbankensektors („Offshore-Ökonomie“) und bilden die hinter globalen Wertschöpfungsketten stehenden Eigentums- und Machtverhältnisse ab. Zur „Reichtumskette“ zählen vor allem jene Institutionen, die die Konzentration von Gewinneinkommen auf eine globale Elite an AnteilseignerInnen und KonzernmanagerInnen überhaupt erst möglich machen und damit den oberen Rand der globalen Einkommensverteilung überproportional begünstigen. „Armutsketten“ sind dazu komplementär: Da den unteren Stufen der globalen Wertschöpfungskette ein hoher Anteil der erwirtschafteten Wertschöpfung durch asymmetrische Machtverhältnisse wieder entzogen wird, bleiben auch die weiteren Entwicklungschancen marginal.

Dieser kritischen Perspektive wird häufig eine positive Vision eines Upgrading entgegengestellt: Indem Unternehmen sich zunächst in unteren Ebenen einer Wertschöpfungskette positionieren, können diese sich neues Wissen aneignen und so ‚upgraden‘. Wertschöpfungsketten sind in dieser Perspektive ein wichtiger Kanal für den Transfer von Wissen aus dem Globalen Norden in den Globalen Süden. Derlei Prozesse sind mit Sicherheit von nicht zu unterschätzender Bedeutung. Gleichzeitig ist Upgrading kein universales Phänomen, da Konzerne häufig ihre Macht innerhalb der Wertschöpfungskette einsetzen, um das Upgrading von anderen Firmen zu unterbinden und so Konkurrenz in den profitabelsten

Bereichen der Wertschöpfungskette zu vermeiden (siehe Exkurs Grumiller und Kapitel 15 Staritz/Reiner/Plank in diesem Band).

Resümee

Wenn auch historisch kein neues Phänomen, haben transnationale Konzerne in der globalisierten Weltwirtschaft des 21. Jahrhundert enorm an Bedeutung gewonnen. Der Analyse von Konzernmacht innerhalb globaler Güterketten kommt daher entscheidende Bedeutung zu. Eine Verbindung der Güterkettenliteratur zu Inter-firm-Governance mit weiteren sozialwissenschaftlichen Ansätzen zu (Konzern-) Macht besitzt großes Potenzial für eine solche Analyse.

Analytisch wird zwischen zwei Formen von Konzernmacht unterschieden: einer direkten, klar identifizierbaren und den involvierten AkteurInnen bewussten sowie einer indirekten, „diffusen" Machtausübung. Konzernmacht kann auf unterschiedlichen Ebenen analysiert werden, wobei jeweils direkte und indirekte Machtbeziehungen eine Rolle spielen können. In einer *dyadischen Betrachtung* steht die Beziehung zweier verbundener AkteurInnen im Zentrum. In einer *netzwerkorientierten Betrachtung* liegt der Fokus zumeist auf einer globalen Güterkette oder einem Ausschnitt dieser. Eine *sektorale bzw. branchenspezifische Betrachtung* der Konzernmacht nimmt eine komplette Branche bzw. einen Sektor in einem Ausschnitt einer globalen Güterkette in den Blick. Die *globale Betrachtung* fokussiert auf die Interaktion zwischen Konzernen und Nationalstaaten im Kontext von Standortwettbewerb. Die Macht von Konzernen in Güterketten führt u.a. zu einem Steuerwettbewerb zwischen Staaten, die durch niedrige Standards mächtigen Konzerninteressen entgegenkommen, und zu einem Anstieg der Ungleichheit auf globaler wie nationaler Ebene.

LERNFRAGEN

- Was besagt die klassische Machtformel und ihre Variationen? Wie kann sie auf globale Güterketten angewendet werden?
- Wie drückt sich Konzernmacht in globalen Güterketten aus? Welche verschiedenen Formen und Ebenen können unterschieden werden?
- Welche politischen und gesellschaftlichen Folgen hat die globale Konzentration von Konzernmacht?

1 Im Original lautet Webers Definition folgendermaßen: „Macht bedeutet jede Chance, innerhalb einer sozialen Beziehung den eigenen Willen auch gegen Widerstreben durchzusetzen, gleichviel worauf diese Chance beruht" (Weber 1980 [1921]: 28).

2 Oligopole und Oligopsone bezeichnen unterschiedliche Marktstrukturen. Bei einem Oligopol handelt es sich um einen Markt mit wenigen Anbietern und vielen Nachfragern, bei einem Oligopson stehen viele Anbieter einigen wenigen Nachfragern gegenüber.

Basisliteratur

Dicken, Peter (2015): Global Shift. New York/London: Guilford Press.

Milberg, William/Winkler, Deborah (2013): Outsourcing Economics – Global Value Chains in Capitalist Development. Cambridge: Cambridge University Press.

Gibbon, Peter/Bair, Jennifer/Ponte, Stefano (2008): Governing global value chains: an introduction. In: Economy and Society 37 (3), 315-338.

Literatur

Arthur, W. Brian (1989): Competing Technologies, Increasing Returns, and Lock-In by Historical Events. In: The Economic Journal 99 (394), 116-31.

Dahl, Robert (1957): The Concept of Power. In: Behavioral Science 2 (3), 201-215.

Dallas, Mark P./Ponte, Stefano/Sturgeon, Timothy J. (2019): Power in Global Value Chains. In: Review of International Political Economy 26 (4), 666-94.

Davis, Dennis/Kaplinsky, Raphael/Morris, Mike (2016): Rents, Power and Governance in Global Value Chains. In: Journal of World-Systems Research 24 (1), 43-71.

Elmer, Markus/Hofmann, Julia (2016): Digitale Arbeit und Plattformkapitalismus – Editorial. In: Kurswechsel 2, 3-6.

Fitzgerald, Robert (2015): The rise of the global company. Cambridge: Cambridge University Press.

Fold, Niels (2002): Lead Firms and Competition in ‚Bi-polar' Commodity Chains: Grinders and Branders in the Global Cocoa-chocolate Industry. In: Journal of Agrarian Change 2 (2), 228-247.

French, John R.P. (1956): A Formal Theory of Social Power. In: Psychological Review 63 (3), 181-94.

Gereffi, Gary (1994): The organization of Buyer Driven Global Commodity Chains: How U.S. Retailers Shape Overseas Production Networks. In: Gereffi, Gary/Korzeniewicz, Miguel (Hg.): Commodity Chains and Global Capitalism. Westport, CT: Praeger, 95-122.

Gereffi, Gary (2001): Beyond the Producer-driven/Buyer-driven Dichotomy: The Evolution of Global Value Chains in the Internet Era. In: IDS Bulletin 32 (3), 30-40.

Gereffi, Gary/Humphrey, John/Sturgeon, Timothy J. (2005): The governance of global value chains. In: Review of International Political Economy 12 (1): 78-104.

Gibbon, Peter (2001): Upgrading Primary Production: A Global Commodity Chain Approach. In: World Development 29 (2), 345-363.

Gräbner, Claudius/Heinrich, Torsten (2017): Von Onlineplattformen und mittelalterlichen Märkten. Gleichgewichtsmodelle und agentenbasierte Modellierung zweiseitiger Märkte. In: TATuP - Zeitschrift für Technikfolgenabschätzung in Theorie und Praxis 26 (3), 23-29.

Gräbner, Claudius/Heimberger, Philipp/Kapeller, Jakob/Schütz, Bernhard (2020): Structural change in times of increasing openness: assessing path dependency in European economic integration. In: Journal of Evolutionary Economics, Vol. 30, 1467–1495.

Han, Byung-Chul (2017): Was ist Macht? Stuttgart: Reclam.

Kapeller, Jakob/Schütz, Bernhard/Tamesberger, Dennis (2016): From free to civilized trade: a European perspective. In: Review of Social Economics, 74 (3), 320-328.

Lukes, Steven (2005): Power. A radical view. New York: Palgrave Macmillan.

Machiavelli, Niccolò (2003 [1531]): Der Fürst. Stuttgart: Reclam.

Palan, Ronen (2002): Tax Havens and the Commercialization of State Sovereignty. In: International Organization 56 (1), 151-176.

Rodrik, Dani (2011): The Globalization Paradox. Oxford: Oxford University Press.

Rothschild, Kurt W. (2005): New Worlds – New Approaches. A Note on Future Research Strategies. In: Kyklos 58 (3), 439-447.

Ruggie, John Gerard (2017): Multinationals as Global Institution: Power, Authority and Relative Autonomy. In: Regulation & Governance 12 (3), 317-333.

Seabrooke, Leonard/Wigan, Duncan (2014): Global Wealth Chains in the International Political Economy. In: Review of International Political Economy 21 (1), 257-263.

Selwyn, Benjamin/Musiolek, Bettina/Artemisa, Ijarja (2019): Making a Global Poverty Chain: Export Footwear Production and Gendered Labor Exploitation in Eastern and Central Europe. In: Review of International Political Economy 27 (2), 1-27.

Selwyn, Benjamin (2014): Commodity Chains, Creative Destruction and Global Inequality: a Class Analysis. In: Journal of Economic Geography 15 (2), 253-274.

Torslov, Thomas/Wier, Ludvig/Zucman, Garbriel (2018): The Missing Profits of Nations. NBER Working Paper 23701.

Vitali, Stefania/Glattfelder, James B./Battiston, Stefano (2011). The Network of Global Corporate Control. In: PLoS ONE 6 (10), e25995.

Weber, Max (1980 [1921]): Wirtschaft und Gesellschaft. Grundriß der verstehenden Soziologie. Tübingen: Mohr-Siebeck.

Weber, Max (2015 [1904/05]): Die protestantische Ethik und der „Geist" des Kapitalismus. Berlin: Springer.

Karin Fischer

KAPITAL SPRENGT KETTEN: DIE GLOBALEN REICHTUMSKETTEN VON APPLE UND GLENCORE

In Warenketten werden nicht nur Güter produziert. Leitunternehmen schleusen auch Kapital zum Zwecke der Gewinnsteigerung und Vermögensbildung, oftmals steuervermeidend und nationale gesetzliche Regulierungen unterlaufend, durch ihre grenzüberschreitenden Netzwerke (Seabrooke/Wigan 2017). Ein substanzieller Anteil dieser Kapitalströme dient nicht dazu, Produktion zu schaffen oder zu erhalten, sondern Renten – leistungsloses Einkommen – zu lukrieren.

Reichtumsketten laufen meist in Schattenfinanzzentren zusammen. Solche „Steueroasen" sind zum Beispiel die britischen Cayman Islands, Jungferninseln und Bermuda. Aber auch die USA, die Niederlande, Luxemburg, Hongkong und die Schweiz, die den „Schattenfinanzindex" jahrelang anführte, zählen dazu. Sie legen Privatpersonen und Unternehmen geringe oder keine Steuerpflichten auf und bieten Diskretion. Dazu gehören eine schwache Finanzaufsicht, ein komfortables Gesellschaftsrecht und ein striktes Steuer- und Bankgeheimnis. In Steueroasen verstecken, wie der Ökonom Gabriel Zucman (2014) feststellt, Vermögende und große Unternehmen den „Reichtum der Nationen". Firmen und findige ExpertInnen aus der Vermögensverwaltungsbranche – BankerInnen, AnwältInnen, UnternehmensberaterInnen – sind daran beteiligt, mit Hilfe neuartiger Finanzinstrumente und den finanzfreundlichen gesetzlichen Regelungen der Steueroasen die Gewinnverteilung in Warenketten über viele „Netzwerkknoten" hinweg zugunsten der Leitunternehmen und Anteilseigner zu verschieben.

Diverse „Daten-Leaks" wie die Panama und Paradise Papers oder LuxLeaks haben die Praktiken von Firmen wie Google, Starbucks und Amazon ans Tageslicht befördert. Besonders gut dokumentiert ist die Reichtumskette von Apple (Bryant et al. 2017). Apple begann Anfang der 1980er Jahre, seine Produktion in Niedriglohnländer und seine Finanztätigkeiten in Niedrigsteuerländer zu verlagern. Am Hauptsitz im kalifornischen Silicon Valley sind Forschung, Produktdesign und das Marken- und Lieferkettenmanagement angesiedelt. Die Fertigung organisieren Drittfirmen wie Foxconn von Taiwan aus. Irland, die Jungferninseln und die US-Steueroase Delaware sind die Knoten, durch die das Konzernvermögen geschleust wird.

Wie hat Apple seine Reichtumskette geknüpft? Die weltweiten Geschäftstätigkeiten außerhalb Nord- und Südamerikas organisieren Tochterfirmen in Irland, Apple Operations International (AOI) und Apple Sales International (ASI). ASI besitzt im Rahmen einer Vereinbarung über Kostenteilung die wirtschaftlichen Entwicklungs- und Vermarktungsrechte an sämtlichen Apple-Produkten. Dieses *Research and Development Cost Sharing Agreement* zwischen dem Mutterkonzern und seiner Tochter in Irland ist entscheidend für das Funktionieren der Reichtumskette. Denn die Erlöse, die Apple-Tochterfirmen durch Lizenzgebühren und den Verkauf an Händler und EndkundInnen weltweit lukrieren, gehen an ASI in Irland – wo die Steuern extrem niedrig sind. Apple drückte auf diese Weise seine Steuerpflicht 2011 auf 0,05 Prozent seines Jahresgesamtgewinns und im Jahr 2014 gar auf 0,005 Prozent – trotz steigender Gewinne.

Ein anderer Teil der Erträge geht in die Jungferninseln zu einer Offshore-Holding. Diese ist Teil des sogenannten „Double Irish, Dutch Sandwich"-Steuersparmodells, einem weiteren Pfeiler der Reichtumskette. Das Modell wurde erstmals von Apple, in Folge auch von anderen Leitunternehmen wie Google, Microsoft, IKEA, Starbucks oder Pfizer angewandt. Die Grundstruktur besteht aus zwei eigenständigen, aber miteinander verbundenen Gesellschaften in Irland. Die eine (ASI) besitzt die Lizenzrechte im Rahmen der „Cost Sharing"-Vereinbarung. Die andere (AOI) ist nominell das „tätige" Unternehmen, das eine dritte Firma in den Niederlanden gründet. Die Firma mit den Lizenzrechten wird von der Holding in der Steueroase kontrolliert, hat also auf den Jungferninseln seinen offiziellen Unternehmenssitz. Sie wird deshalb von den irischen Steuerbehörden als ein ausländisches Unternehmen betrachtet und ist in Irland nicht steuerpflichtig. Denn laut irischem Recht muss eine Firma nur dann Steuern zahlen, wenn sie einen Handelsregistereintrag *und* den Sitz in Irland hat. Die US-Behörden wiederum betrachten das Unternehmen gemäß des in den USA geltenden Rechts als irisch. Apple ist es gelungen, seine international tätigen Tochterfirmen als „staatenlos" zu erklären. Weder in den USA noch in Irland und schon gar nicht in der Steueroase müssen seine Gesellschaften Steuern entrichten.

Wie kommt nun das „holländische Sandwich" ins Spiel? Die Erträge aus den weltweiten Verkäufen werden von dem „tätigen" Unternehmen in Irland verbucht, die Lizenzgebühren werden aber an die irische Schwester, die die Lizenzrechte hält, abgeführt. Die Einnahmen werden von dieser nicht direkt auf die Jungferninseln transferiert, sonst würden in Irland die – ohnehin vergleichsweise niedrigen – 12,5 Prozent Unternehmenssteuern fällig. Deshalb gehen die Einnahmen zuerst vom „tätigen Unternehmen" in Irland in die Niederlande. EU-intern werden dafür keine Steuern verrechnet. Die holländische Tochter überweist das Geld aus den Lizenzeinnahmen, ebenfalls steuerfrei, an ASI. ASI wiederum hat aus irischer Perspektive keinen Steuersitz und kann die Einnahmen steuerfrei an den „Briefkasten" auf den Jungferninseln schleusen. Am Ende lieferte Apple im Jahr 2011 gerade mal 2,5 Prozent Steuern auf seine außerhalb der beiden Amerikas lukrierten Erträge ab. Auf Druck der EU sagte die irische Regierung 2014 zwar zu, das „Double Irish"-Modell bis 2020 zu unterbinden. Die Übergangsfrist gab Konzernen allerdings genügend Zeit, ihre Reichtumsketten zu reorganisieren.

Neben IT-Giganten sind auch Rohstoffkonzerne mit ihren Reichtumsketten in die Schlagzeilen gekommen. Die Geschäftspolitiken solcher Unternehmen sind vor allem für die rohstoffreichen Länder des Globalen Südens von großer Bedeutung. Das Spiel mit konzerninternen Verrechnungspreisen – das sogenannte *transfer pricing* oder *trade mispricing* – ist insbesondere im Rohstoffsektor ein probates und weit verbreitetes Instrument der Leitunternehmen, die Reichtumskette zu ihren Gunsten zu gestalten. Menge und Preis der extrahierten und exportierten Rohstoffe werden niedriger angegeben, Importe von Maschinen oder Vorprodukten ins Produktionsland oder Dienstleistungen des Leitunternehmens werden hingegen überhöht fakturiert.

Dadurch steigen im Produktionsland die Kosten und der dortige Ertrag wird vermindert. In den Steueroasen, wo *corporate immigrants* ihren Stammsitz haben, fällt ein höherer Gewinn an.

Global Financial Integrity hat auf Basis von Außenhandelsdaten das Ausmaß der Preismanipulationen von 36 Ländern des Globalen Nordens mit 135 Ländern des Globalen Südens untersucht. GFI beziffert die Verluste des Globalen Südens zwischen 2008 und 2017 mit annähernd neun Trillionen USD, im Jahr 2017 allein waren es fast 820 Milliarden. Gambias Außenhandel mit ausländischen Handelspartnern war GFI zufolge zur Hälfte manipuliert – zugunsten des „Partners" aus dem Norden (GFI 2020).

Die Schweiz ist eine Drehscheibe für den Rohstoffhandel, weil es den Unternehmen in finanzpolitischer Hinsicht optimale Bedingungen bietet. Rohstoffkonzerne mit Sitz rund um den Genfer See wickeln die Hälfte des globalen Kaffee- und Zuckerhandels und rund 35 Prozent des Handels mit Öl, Getreide, Reis und Ölsaaten ab (Erklärung von Bern 2012: 40). Glencore, der weltweit größte Rohstoffkonzern, ist einer davon. Der britische Konzern hat seinen Sitz in der Schweiz. Sein Firmengeflecht ist in Bermuda und Luxemburg registriert und wird von einer Briefkastenfirma in Jersey überdacht. Weitreichende Transferpreismanipulationen der Mopani Kupferminen wurden 2011 öffentlich, als eine auf Verlangen Sambias durchgeführte unabhängige Finanzprüfung ihren Bericht vorlegte. Die Glencore-Filiale verkaufte dem Schweizer Mutterkonzern Kupfer zu Preisen, die weit unter den Weltmarktpreisen lagen (Erklärung von Bern 2012: 115, 126-159). Ende Mai 2020 verurteilte der oberste Gerichtshof in Sambia Glencore zur Nachzahlung von 13 Millionen USD. Über zehn Jahre hatte der Rechtsstreit angedauert, den die sambische Steuerbehörde mit dem Konzern geführt hat.

Die Paradise Papers machten den Fall der Perkoa-Zinkmine in Burkina Faso bekannt. Diese wurde von der Glencore-Tochter Nantou Mining betrieben. Nantou ist über eine Kette von fünf Offshore-Gesellschaften, die in verschiedenen Steueroasen ansässig sind, mit dem Mutterkonzern verbunden. Im März 2017 verkaufte Glencore seine Tochterfirma in Burkina Faso an ein kanadisches Unternehmen. Doch die Steuerbehörde in Burkina Faso hatte bereits davor Ermittlungen gegen Nantou aufgenommen. Unter anderem lauteten die Vorwürfe, Nantou hätte fingierte Zahlungen an Offshore-Firmen geleistet, zum Beispiel für nicht erfolgte Dienstleistungen. Die in den Paradise Papers veröffentlichten Unterlagen zeigen überdies, dass Glencore seiner Tochter eine Reihe von Krediten zur Verfügung stellte. Durch die Zinszahlungen an die Konzernmutter hat sich der zu versteuernde Gewinn reduziert. In den Jahren 2014 und 2015 zahlte der Konzern überhaupt keine Steuern in Burkina Faso. Die Steuerbehörde verlangte Nachzahlungen in Höhe von 29 Millionen USD (Fitzgibbon 2017). Wie viel das westafrikanische Land davon tatsächlich erwirken kann, ist offen.

Durch Reichtumsketten verbleiben den Produktionsländern weniger Steuereinnahmen, die Umwelt- und Sozialkosten, die mit extensiven Rodungen, Vertreibungen, Emissionen und Wasserverbrauch einhergehen, müssen hingegen sie tragen. Daten-Leaks und öffentliche Kritik haben dazu geführt, dass die EU, OECD und G-20 sowie einzelne Staaten wie die USA und Großbritannien Maßnahmen gegen Steuervermeidung ergriffen haben. Dazu zählen etwa der verpflichtende Informationsaustausch zwischen Steuerbehörden und die Möglichkeit der Strafverfolgung. Weil aber Staaten immer auch einen Anreiz haben, auf Kosten von anderen Staaten Vorteile zu erlangen, sind solche Gesetzesinitiativen keineswegs einfach zu realisieren. Sie zerstören nicht unbedingt Reichtumsketten. Sie führen dazu, dass Unternehmen ihre Strategien ändern und neue Wege suchen. Die Forschung und mehr noch die Politik sind deshalb gefordert, die Wirkung neuer internationaler Regulierungen auf die (Um-)Gestaltung von Reichtumsketten zu untersuchen und entsprechend zu reagieren.

Literatur

Bryant, Dick/Rafferty, Michael/Wigan, Duncan (2017): Capital unchained: finance, intangible assets and the double life of capital in the offshore world. In: Review of International Political Economy 24 (1), 56-86.

Erklärung von Bern (Hg., 2012): Rohstoff. Das gefährlichste Geschäft der Schweiz. Zürich: Salis. https://www.publiceye.ch/de/publikationen/detail/rohstoff, 12.7.2020.

Fitzgibbon, Will (2017): Development Dreams Stand Still While Mining Money Moves Offshore. https://www.icij.org/investigations/paradise-papers/development-dreams-stand-still-mining-money-moves-offshore/, 12.7.2020.

GFI – Global Financial Integrity (2020): Trade-Related Illicit Financial Flows in 135 Developing Countries: 2008–2017. March 2020. https://gfintegrity.org/report/trade-related-illicit-financial-flows-in-135-developing-countries-2008-2017/, 12.7.2020.

Seabrooke, Leonard/Wigan, Duncan (2017): The governance of global wealth chains. In: Review of International Political Economy 24 (1), 1-29.

Zucman, Gabriel (2014): Steueroasen: Wo der Wohlstand der Nationen versteckt wird. Berlin: Suhrkamp.

9

Cornelia Staritz, Bernhard Tröster

Finanzialisierung und globale Warenketten: Preissetzung und Preisrisiken im Baumwollsektor in Subsahara-Afrika

Einleitung

Das Konzept der Finanzialisierung wird in den Sozialwissenschaften breit verwendet, um die Eigenschaften des gegenwärtigen Kapitalismus zu beschreiben. Epstein definiert Finanzialisierung als „[…] die steigende Bedeutung von Finanzmärkten, finanziellen Motiven, Finanzinstitutionen und Finanzeliten in der Kontrolle von Wirtschaft und staatlichen Institutionen im nationalen und internationalen Rahmen" (Epstein 2005: 3 [Ü. d. A.]). In der Forschung zu globalen Warenketten wurde Finanzialisierung jedoch lange Zeit kaum berücksichtigt (für Ausnahmen siehe Gibbon/Ponte 2005; Palpacuer 2008; Milberg 2008; Milberg/Winkler 2013). Diese analytische Lücke wurde in jüngerer Zeit vermehrt thematisiert, besonders von WissenschaftlerInnen, die den *Global Production Network*-Ansatz anwenden (Coe et al. 2014; Yeung/Coe 2015).

Die Bedeutung von Finanzialisierung zeigt sich im zunehmenden Anteil des Finanzsektors am Bruttoinlandsprodukt vieler Länder sowie im starken Anstieg internationaler Kapitalströme, die deutlich schneller gewachsen sind als der Handel mit Gütern und Dienstleistungen. Darüber hinaus haben Finanzunternehmen neuartige Finanzprodukte geschaffen und Finanzinvestitionen in neuen Bereichen ermöglicht, darunter auch in Rohstoffe und Natur, z.B. durch handelbare Wasserrechte oder CO_2-Zertifikate. Finanzialisierung beeinflusst zudem das Verhalten von nichtfinanziellen Unternehmen, indem Finanzmarktlogiken und damit einhergehendes kurzfristiges Profitstreben größere Bedeutung erhalten haben (Lazonick/O'Sullivan 2000; Froud et al. 2006; van der Zwan 2014).

In Rohstoffsektoren spielen Finanzmärkte auch eine zentrale Rolle bei der Preissetzung, weil Rohstoffpreise etwa für Kaffee, Kakao und Baumwolle auf sogenannten Rohstoff-Derivatmärkten bestimmt werden. Auf diesen Märkten haben Finanzinvestoren an Bedeutung gewonnen, was als „Finanzialisierung von Rohstoffmärkten" beschrieben wird. Dieser Beitrag untersucht, wie Finanzialisierungsprozesse auf Rohstoff-Derivatmärkten die Preissetzung und die Verteilung von Preisrisiken entlang der globalen Baumwollkette beeinflussen. Ein Fokus liegt auf den Auswirkungen auf Länder in Subsahara-Afrika (SSA), speziell Burkina Faso, Mozambik und Tansania. In SSA ist Baumwolle, zusammen mit Kaffee, das wichtigste landwirtschaftliche Exportprodukt und entscheidend für den Lebensunterhalt von Millionen von KleinbäuerInnen.

Die Analyse basiert vor allem auf Interviews mit Akteuren im Baumwollsektor zwischen 2012 und 2017. Interviews wurden mit VertreterInnen internationaler Rohstoffhändler und Finanzinvestoren geführt, die auf Rohstoff-Derivatmärkten in Europa und den USA aktiv sind, sowie mit VertreterInnen von ProduzentInnenorganisationen, VerarbeiterInnenverbänden, Regierungsinstitutionen und SektorexpertInnen in Burkina Faso, Mozambik und Tansania.

Das Kapitel gibt zuerst einem Überblick über die Zusammenhänge zwischen Finanzialisierung und globalen Warenketten. Der nächste Abschnitt diskutiert die „Finanzialisierung von Rohstoffmärkten", mit einem Fokus auf der zentralen Rolle von Derivatmärkten und der steigenden Bedeutung von Finanzinvestoren. Es folgt eine Analyse von Preissetzung und Preisrisiken in der globalen Baumwollkette, bei der Finanzialisierungsprozesse auf Rohstoff-Derivatmärkten mit Verteilungseffekten für ProduzentInnen in Ländern in SSA verbunden werden. Der letzte Abschnitt diskutiert entwicklungspolitische Schlussfolgerungen.

Die begrenzte Berücksichtigung von Finanzialisierung in Ketten- und Netzwerkansätzen ist besonders problematisch angesichts der engen Verbindung von Finanzialisierungsprozessen und der Globalisierung der Produktion (Milberg 2008). Finanzialisierung gilt als wichtiger Treiber für die Globalisierung der Produktion. Seit den 1980er Jahren hat die Shareholder-Value-Doktrin in nichtfinanziellen Unternehmen an Bedeutung gewonnen und zu einer Machtverschiebung hin zu AnteilseignerInnen geführt. Dies hat dazu beigetragen, kurzfristige Gewinne als vorrangiges Unternehmensziel durchzusetzen, die nicht neu investiert, sondern an AnteilseignerInnen ausgezahlt werden, um Aktienwerte zu maximieren. Eine Folge dessen ist, dass sich Unternehmen auf sogenannte „Kernkompetenzen" konzentrieren – Aktivitäten, durch die hohe (kurzfristige) Gewinne generiert werden können. Andere Aktivitäten wurden durch „Outsourcing" an unabhängige Zulieferfirmen ausgelagert, um Kosten zu senken und Flexibilität zu erhöhen, und/oder durch „Offshoring" an Standorte mit niedrigeren Kosten verlegt. Die Vertiefung von globalen Warenketten ermöglichte also hohe Gewinne und finanzialisierte Akkumulationsstrategien von Unternehmen im Globalen Norden.

Finanzialisierung hatte nicht nur Auswirkungen auf die Entstehung und Vertiefung von globalisierter Produktion, sondern auch auf die Strategien von Leitunternehmen und die Governance-Beziehungen in Warenketten. Leitunternehmen setzen verstärkt auf Rationalisierungsstrategien innerhalb ihrer Lieferketten und beziehen Güter von weniger, dafür größeren Zulieferfirmen. Sie verfolgen aggressivere Preissenkungspolitiken, wälzen finanzielle Belastungen auf ihre Zulieferer ab und setzen auf umfassende Kontrollen. Für den Bekleidungssektor zeigen Palpacuer, Gibbon und Thomsen (2005), dass Leitunternehmen erwarten, dass Preissenkungen von Zulieferfirmen getragen werden und diese auch kürzere Lieferzeiten und größere Flexibilität bieten. Leitunternehmen verlangen darüber hinaus die Übernahme von mehr Funktionen durch Zulieferfirmen (z.B. Beschaffung von Inputs, Lagerhaltung, Logistik und Finanzierung), was es Leitunternehmen erlaubt, sich auf „Kernkompetenzen" mit hohen Gewinnen wie Design und Branding zu konzentrieren.

Eine weitere Folge von Finanzialisierung ist, dass Unternehmen zusätzlich zu ihren realökonomischen Aktivitäten in Finanzanlagen investieren und selbst Finanzdienstleistungen etwa über konzerneigene Banken oder Hedgefonds anbieten. Ein bekanntes Beispiel ist das US-Unternehmen General Electric, das seine Finanzdienstleistungen so stark ausbaute, dass finanzbezogene Einnahmen seit Anfang der 2000er Jahre gut die Hälfte der Gesamteinnahmen ausmachen (Froud et al. 2006). Diese finanziellen Aktivitäten mit höheren und kurzfristigeren Gewinnerwartungen setzen auch realökonomische Tätigkeiten unter Gewinndruck und forcieren somit die Konzentration von Unternehmen auf „Kernkompetenzen". Umgekehrt investieren Finanzunternehmen auch in realökonomische Aktivitäten, um ihre Aktivitäten zu diversifizieren und zusätzliche Gewinne zu erzielen.

Der Rohstoffsektor ist von Finanzialisierungsprozessen auf besondere Weise betroffen. Zwar spielt Finanzkapital schon lange eine Rolle in Rohstoffproduktion und -handel, aber seit den 1980er Jahren ist eine Intensivierung, Ausweitung und zunehmende Komplexität im Finanz-Rohstoff-Verhältnis zu beobachten (Ouma 2015). Die Literatur zur „Finanzialisierung von Rohstoffmärkten" kann grob in zwei Stränge unterteilt werden. Der erste Strang analysiert die zunehmende Präsenz von Finanzakteuren und die Bedeutung von Finanzmarktlogiken in physischen Rohstoffsektoren und bei natürlichen Ressourcen, wie etwa im Kontext von „Landgrabbing" (Clapp 2014; Ouma 2015).

Der zweite Strang untersucht die zunehmende Rolle von Finanzakteuren in Rohstoff-Derivatmärkten. Der Fokus liegt darauf, wie Rohstoffe über „Derivatisierung" von illiquiden, physischen Waren in Finanzmarktprodukte umgewandelt werden, was erst die Beteiligung von Finanzakteuren in großem Ausmaß ermöglicht. Klassische Beispiele für Rohstoffe, die auf Derivatmärkten gehandelt werden, sind Weizen und andere Getreidearten, Kaffee, Kakao, Baumwolle sowie mineralische Rohstoffe und Erdöl. Vor allem für agrarische Rohstoffe wird untersucht, wie Derivatmärkte die Preissetzung und Governance-Beziehungen in Warenketten beeinflussen (Newman 2009; Breger Bush 2012; Bargawi/Newman 2017; Purcell 2018: Staritz et al. 2018). Die Derivatisierung betrifft allerdings auch Anlagemöglichkeiten in neue Bereiche, beispielsweise Wetterderivate, handelbare

Wasserrechte, CO_2-Zertifikate, Katastrophenbonds und Kompensationen für Ökosystemdienstleistungen (Ouma et al. 2018).

Dieser Beitrag trägt zum zweiten Strang der Literatur bei und analysiert die Effekte der „Finanzialisierung von Rohstoffmärkten" für die Preissetzung und die Verteilung von Preisrisiken in globalen Warenketten. Wir konzentrieren uns hierbei auf zwei Finanzialisierungsprozesse – erstens auf die steigende Bedeutung von finanziellen Strategien der internationalen Rohstoffhändler, die Leitunternehmen in vielen Rohstoffketten sind, und zweitens auf die Zunahme von Aktivitäten auf Rohstoff-Derivatmärkten, die rein von Finanzinteressen dominiert werden.

Finanzialisierung und Rohstoffmärkte[1]

Der institutionelle und politische Kontext von Rohstoffsektoren hat sich seit den 1980er und 1990er Jahren deutlich verändert. In den 1950er und 1960er Jahren wurden internationale Rohstoffabkommen für viele Agrarrohstoffe zwischen Produzenten- und Konsumentenländern verabschiedet, die durch Mindestpreissysteme, Lagerbestände und Exportquoten zur Stabilisierung der Rohstoffpreise und Exporteinkommen in Produzentenländern beitragen sollten. Zusätzlich wurden Systeme mit Kompensationszahlungen, wie die *Compensatory Financing Facility* vom Internationalen Währungsfonds zur Stabilisierung von Exporteinkommen eingesetzt. Auch die EU richtete im Rahmen ihrer Abkommen mit ehemaligen Kolonialländern – dem Lomé- und später dem Cotonou-Abkommen – das STABEX- (für Landwirtschaftsprodukte) und das SYSMIN-System (für Bergbauprodukte) ein, um den negativen Auswirkungen von Schwankungen in Exporteinkommen entgegenzuwirken (Newman 2009).

Ende der 1980er Jahre wurden die internationalen Rohstoffabkommen aufgrund interner Schwierigkeiten (beispielsweise in Bezug auf die Festlegung von Preisniveaus und die hohen Kosten von Lagerbeständen) sowie einem allgemeinen Trend hin zur Liberalisierung sukzessive abgeschafft. Gleichzeitig wurde der Zugang zu Kompensationszahlungen im Rahmen von internationalen und EU-Programmen zunehmend an strenge Bedingungen geknüpft. Der Zusammenbruch der internationalen Rohstoffabkommen ging einher mit der nationalen Liberalisierung der Rohstoffsektoren im Rahmen der von der Weltbank und anderen Gebern unterstützten Strukturanpassungsprogramme. Dabei kam es zur Auflösung nationaler *Marketingboards*, die die Exporte landwirtschaftlicher Güter entsprechend der Vorgaben der internationalen Rohstoffabkommen sichergestellt hatten und die in vielen rohstoffproduzierenden Ländern ProduzentInnen Mindestpreise garantierten. Sowohl Mindestpreise für ProduzentInnen als auch andere Instrumente zur Stabilisierung von Rohstoffpreisen wurden weitgehend abgeschafft und nationale Rohstoffpreise verstärkt an die Entwicklung der globalen Preise gebunden.

Seit diesen Liberalisierungen wurden Rohstoff-Derivatmärkte zum zentralen Mechanismus für die Preissetzung und das Risikomanagement im internationalen Rohstoffhandel (Nissanke 2012). Derivate, die an regulierten Börsen oder außerbörslich (*over-the-counter*) gehandelt werden, geben den InhaberInnen das Recht („Optionen“) oder die Verpflichtung („Futures“), einen physischen Rohstoff in der Zukunft zu einem festgelegten Preis zu verkaufen oder zu kaufen. Auf diese Weise können Derivate für Hedging genutzt werden, das heißt als eine Absicherung gegen Rohstoffpreisschwankungen. Eine Baumwollproduzentin kann beispielsweise Futures entsprechend der heute erwarteten Erntemenge verkaufen. Damit fixiert sie den Preis für den Zeitpunkt des Verkaufs nach der Ernte. Ein Käufer von Baumwolle kann Futures-Kontrakte kaufen, um zukünftige Preise zu fixieren. In der Realität sind jedoch nur wenige größere Akteure mit eigenen Finanzabteilungen in der Lage, sich an diesen komplexen Transaktionen zu beteiligen. Nichtsdestotrotz werden heutzutage Futures-Preise in Verträgen zwischen physischen Akteuren als Benchmark für globale Rohstoffpreise und daher für physische Transaktionen mit Rohstoffen verwendet.

Die zentrale Rolle von Derivatmärkten wird durch die verstärkten finanziellen Motive und Aktivitäten der internationalen Rohstoffhändler verdeutlicht – den ersten oben genannten Finanzialisierungsprozess. Neben der Nutzung von Hedging mit Derivaten als Risikomanagementstrategie werden Derivate zur Spekulation verwendet (Gibbon 2014; Newman 2009). Das spiegelt sich in der Umstrukturierung von Rohstoffhändlern wider, die Risikomanagement ins Zentrum ihrer Aktivitäten stellen. Die zunehmende Bedeutung von großen internationalen Händlern, die in vielen Rohstoffsektoren tätig sind, hat insgesamt dazu geführt, dass finanzielle Handelsstrategien dominanter werden. Führende Rohstoffhändler wie Vitol, Glencore, Cargill oder ADM verfügen über eigene Finanzdienstleistungsabteilungen, Investitionsgesellschaften oder Hedgefonds, die eigenverantwortlich investieren, Gelder Dritter verwalten und Investitionsprodukte verkaufen. Da der Rohstoffhandel mit sehr hohen Umsätzen verbunden ist, sind Umsätze aus solchen finanziellen Aktivitäten vergleichsweise gering. Allerdings erzielten einzelne Rohstoffhändler bis zu 25 Prozent ihrer Gewinne zwischen 2004 und 2008 durch finanzielle Aktivitäten (Gibbon 2014).

Die Doppelrolle der Rohstoffhändler als Rohstoffhändler und Finanzinvestoren (Newman 2009) ist entscheidend, weil ihre Strategien als Leitunternehmen in vielen Rohstoff-Warenketten einen direkten Effekt auf den physischen Handel und die Weitergabe von globalen Preisen an Exporteure und ProduzentInnen haben. Die verstärkte Aktivität von Rohstoffhändlern auf Derivatmärkten generell, und die Verwendung dieser Märkte für Hedging speziell, hat dazu beigetragen, dass Rohstoffhändler Futures-Preise als Benchmarks für Preise in physischen Verträgen verwenden. Der Grund ist, dass effektives Hedging nur dann möglich ist, wenn die physischen Preise den Futures-Preis widerspiegeln. Da Rohstoffhändler die Preis-Benchmarks und Vertragsarten im physischen Handel bestimmen, haben sie eine Schlüsselposition in der Vermittlung von Preisen zwischen Derivatmärkten und physischen Märkten.

Der zweite oben genannte Finanzialisierungsprozess rückt die spekulativen Aktivitäten von Finanzinvestoren auf Rohstoff-Derivatmärkten in den Fokus. Ursprünglich wurden Rohstoff-Derivatmärkte zum Zweck des Preisrisikomanagements für Akteure, die mit physischen Rohstoffen handeln und daher Preisrisiken ausgesetzt sind, entwickelt. Spekulanten haben auf diesen Märkten immer eine Rolle gespielt, da sie die entgegengesetzte Position von physischen Händlern eingenommen und somit Hedging erleichtert haben. Ihre Rolle hat sich jedoch entscheidend geändert, da Finanzinvestoren, die Rohstoffanlagen in ihren Portfolio-Anlagestrategien neben Aktien, Anleihen oder Immobilien einsetzen, an Bedeutung gewonnen haben (Nissanke 2012; UNCTAD 2011). Seit den 1990er Jahren stieg der Anteil von Finanzinvestoren am Handel von Rohstoff-Derivaten aufgrund von Deregulierung und zunehmendem elektronischen Börsenhandel. In den 2000er Jahren wurden auch institutionelle Investoren, besonders Pensionsfonds, auf diesen Märkten aktiv.

Investmentbanken bieten verschiedenste Produkte für Investitionen auf Rohstoff-Derivatmärkten an, zusätzlich zum Handel im eigenen Namen. Die Dotcom-Krise von 2001/02 und die globale Finanzkrise von 2007/08 haben das Interesse an Rohstoffinvestitionen erhöht, da Investoren neue Investitionsmöglichkeiten suchten. Im Jahr 2019 erreichten Finanzinvestoren im Handel von Derivaten an der *Intercontinental Exchange* (ICE) in New York bei Baumwolle einen Anteil von 71 Prozent, bei Kaffee 64 Prozent und bei Kakao 58 Prozent (CFTC-Daten zu „open interest").

Welche Auswirkung hat die starke Beteiligung von Finanzinvestoren auf Rohstoff-Derivatmärkten auf Rohstoffpreise? Es besteht zwar weiterhin Uneinigkeit in der empirischen Forschung, aber es mehren sich Studien, die argumentieren, dass die „Finanzialisierung von Rohstoffmärkten" neben fundamentalen Angebots- und Nachfragefaktoren eine Auswirkung auf Preise hat (für einen Überblick siehe Ederer et al. 2016; UNCTAD 2011). Das bedeutet, dass die Handelsstrategien von Finanzinvestoren besonders auf kurze Sicht Rohstoffpreise beeinflussen. Dies wirft die Frage auf, inwieweit Rohstoff-Derivatmärkte ihre realökonomische Rolle des Findens von „angemessenen" Preisen erfüllen, da sich Preise durch Spekulation weit von den eigentlichen realökonomischen Fundamentaldaten entfernen können. Zusätzlich zu den Preiseffekten hat sich die Funktionsweise dieser Märkte verändert. Die zunehmende Kurzfristigkeit und Komplexität haben die Kosten und Risiken des Derivatehandels erhöht und Eintrittsbarrieren für Hedging für physische Akteure erhöht. Kurz gesagt ist es für physische Händler und vor allem Akteure in Produzentenländern unter finanzialisierten Bedingungen noch schwieriger geworden, sich gegen Preisrisiken auf Derivatmärkten abzusichern; über die Bedeutung von Derivatmärkten in der Preissetzung sind sie aber sehr wohl von Futurespreis-Dynamiken betroffen, wie im Folgenden im Baumwollsektor dargestellt wird.

Preissetzung und Preisrisiken in Baumwollwarenketten[2]

Preissetzung

Baumwolle wird in SSA hauptsächlich von KleinbäuerInnen – etwa 350.000 Haushalte in Burkina Faso, 250.000 in Mozambik und 500.000 in Tansania – produziert. Die von BäuerInnen, im folgenden ProduzentInnen genannt, aufgekaufte Baumwolle muss vor dem Export von Entkörnungsbetrieben entkörnt, d.h. die Baumwollfasern vom Baumwollsamen getrennt werden. Der Export von Baumwollfasern wird von internationalen Rohstoffhändlern organisiert und geht größtenteils an Textilspinnereien in Asien. Einige wenige Rohstoffhändler, die vor allem in der Schweiz, Großbritannien und Singapur ansässig sind, dominieren den internationalen Baumwollhandel, wobei auf die acht führenden Unternehmen ungefähr 50 Prozent des globalen Exportvolumens entfallen (ICAC 2015). Der Baumwollpreis setzt sich aus zwei Bestandteilen zusammen: dem Futures-Preis der an der Börse der ICE in New York gehandelten Futures-Kontrakte, die den wichtigsten Faktor darstellen, sowie einem Auf- oder Abschlag (dem sogenannten Differential), der Unterschiede in Qualität, Standort, Lieferzeit, lokale Angebots- und Nachfragebedingungen und Verhandlungsmacht widerspiegelt.

Rohstoffhändler verwenden unterschiedliche Verträge, um Baumwolle von Exporteuren zu kaufen. Spot-Verträge mit unmittelbarer Lieferung und Zahlung basieren auf gegenwärtigen Futures-Preisen. Bei Forward-Verträgen findet die Lieferung und Zahlung zu einem späteren Zeitpunkt statt, der Preis wird jedoch vorab basierend auf Futures-Preisen zum Lieferdatum fixiert. Eine abgewandelte Version stellen *Price-to-be-fixed*-Verträge dar, bei denen die Lieferung und Zahlung ebenfalls zu einem späteren Zeitpunkt erfolgt. Den Preis fixieren die Vertragspartner auf Grundlage von Futures-Preisen zwischen Vertragsabschluss und Lieferung, wobei den Zeitpunkt entweder der Verkäufer oder der Käufer bestimmen kann. Bei Forward-Verträgen sind Preise also nach Vertragsabschluss fixiert, Spot- und *Price-to-be-fixed*-Verträge übertragen hingegen die Schwankung von Futures-Preisen auf Exportpreise (Newman 2009).

Die drei untersuchten Länder unterscheiden sich hinsichtlich ihrer Marktstrukturen im Baumwollsektor. Tansania hat eine weitgehend liberalisierte Marktstruktur, während Mozambik und besonders Burkina Faso Produzentenpreise regulieren. Im tansanischen Baumwollsektor ist eine große Zahl an privaten Unternehmen aktiv. Ein sogenannter „indikativer Produzentenpreis“ (*indicative producer price*) wird zwar basierend auf Beratungen zwischen den Akteuren im Sektor festgelegt, bevor die ProduzentInnen Baumwolle an Entkörnungsbetriebe verkaufen, und es wird empfohlen diesen Preis an ProduzentInnen zu zahlen. Er erzeugt jedoch keine vollständige Preisstabilität für ProduzentInnen, da er bei globalen Preisschwankungen während der Saison abgeändert werden kann (Staritz et al. 2018).

Im Gegensatz zu vielen anderen Rohstoffen und Ländern existieren im Baumwollsektor in Burkina Faso und Mozambik nationale Stabilisierungsmaßnahmen für Produzentenpreise. Beide Baumwollsektoren sind über regionale Konzessionssysteme organisiert, die Entkörnungsbetriebe dazu verpflichten, Baumwolle von ProduzentInnen in einer bestimmten Region aufzukaufen und ihnen Produktionsmittel zur Verfügung zu stellen. ProduzentInnen müssen im Gegenzug ihre Baumwolle an den jeweiligen Entkörnungsbetrieb liefern. Mit nur drei Entkörnungsbetrieben und staatlicher Mehrheitsbeteiligung am größten Betrieb ist Burkina Fasos System stark konzentriert. Ein unter den Akteuren des Sektors ausgehandelter Fixpreis wird vor der Aussaat vereinbart. Ein zweistufiges Preissystem ermöglicht eine Prämie, die bei steigenden Preisen während der Saison den ProduzentInnen ausgezahlt wird. Außerdem gibt es einen Ausgleichsfonds, der bei sinkenden globalen Preisen die fixierten Produzentenpreise subventionieren kann.

In Mozambik sind mehr als zehn private Entkörnungsbetriebe Teil des regionalen Konzessionssystems. Der Sektor arbeitet mit nationalen Mindestpreisen, die zwischen Akteuren im Sektor ausgehandelt, aber erst kurz vor der Baumwollernte verbindlich festgelegt werden. Es wird zwar ein Preis vor der Aussaat bestimmt und veröffentlicht, dieser ist jedoch nicht bindend und kann vor der Baumwollernte noch neu verhandelt werden. In der Preisformel, die den Verhandlungen in beiden Ländern zugrunde liegt, dienen ICE-Futures-Preise als Benchmark für globale Preise.

Trotz dieser Differenzen sind in allen drei Systemen die nationalen Preise stark mit globalen Preisen, also Futures-Preisen, verwoben. Abbildung 1 zeigt, dass die Entwicklung von durchschnittlichen jährlichen Export- und Produzentenpreisen den ICE-Futures-Preisen für Baumwolle folgt. Die starke Verbindung zeigt sich im Korrelationskoeffizienten zwischen ICE-Futures und Exportpreisen, der in Burkina Faso und Mozambik 0,90 und in Tansania 0,85 für den Zeitraum 2006 bis 2015 beträgt. Jährliche Produzentenpreise folgen ebenfalls den ICE-Futures-Preisen, wobei die Korrelationskoeffizienten zwischen 2005 und 2015 in Mozambik und Tansania etwa 0,70 und in Burkina Faso 0,80 betrugen. Korrelationskoeffizienten sollten grundsätzlich mit Vorsicht interpretiert werden; die oben beschriebenen Preissetzungsmechanismen sowie die Interviews mit Akteuren in den drei Baumwollsektoren bestätigen aber die enge Verbindung von Futures-Preisen mit Export- und Produzentenpreisen.

Abbildung 1: Futures-, Export- und Produzentenpreise von Baumwolle

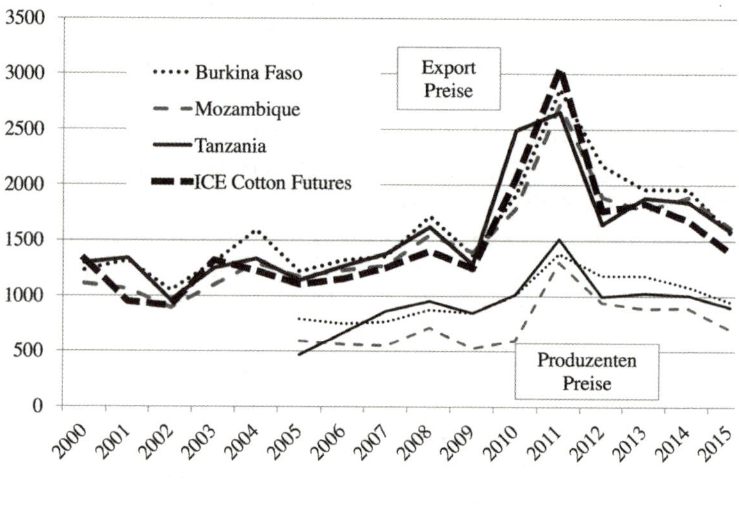

Quelle: Staritz et al. 2018: 831

Preisrisiken

In welchem Ausmaß sich Futures-Preise und deren Volatilität auf ProduzentInnen überträgt und zu Preisrisiken für diese führt, hängt von nationalen Marktstrukturen ab. Bei Preisrisiken kann zwischen Preisschwankungen zwischen Saisonen (intersaisonales Preisrisiko) und innerhalb einer Saison (intrasaisonales Preisrisiko) unterschieden werden. In allen drei analysierten Ländern orientieren sich nationale Preise in jeder Saison an den aktuellen globalen Preisen. In konkurrenzbasierten Systemen entsteht die Verbindung von Produzentenpreisen mit globalen Preisen durch die Anwendung von marktbasierten Preissetzungsmechanismen (Tansania), und in regulierten Systemen durch die Rolle von Futures-Preisen als Benchmarks in der Preisformel zur Festlegung von fixen Produzentenpreisen (Mozambik und Burkina Faso). Da internationale Händler und auch Spinnereien, die Baumwolle von Händlern kaufen, ihre Preisrisiken durch Hedging auf Derivatmärkten absichern und nationale Akteure, vor allem Entkörnungsbetriebe, Exportpreise an ProduzentInnen weitergeben können, tragen in allen drei Marktstrukturen die ProduzentInnen die Hauptlast der intersaisonalen Preisinstabilität.

Bei der intrasaisonalen Preisvolatilität gibt es allerdings Unterschiede. Aufgrund der nationalen Maßnahmen zur Stabilisierung der Produzentenpreise innerhalb der Vermarktungssaison werden diese in Burkina Faso und Mozambik für eine Saison fixiert. In Burkina Faso werden die Preise vor der Aussaat fixiert, was den ProduzentInnen die Entscheidung ermöglicht, mehr oder weniger Baumwolle anzupflanzen, und daher zu einer Stabilisierung ihrer Einkommen beiträgt. Der fixe Preis wird in Burkina Faso außerdem durch einen Fonds abgesichert, der Einnahmenausfälle bei sinkenden globalen Preisen innerhalb einer Saison kompensiert. In Mozambik werden die Preise zwar ebenfalls vor der Aussaat fixiert, können aber vor Beginn der Vermarktungssaison noch angepasst werden. ProduzentInnen bleiben daher in der Zwischenzeit dem Risiko von globalen Preisschwankungen ausgesetzt. In der Praxis wurden jedoch bisher noch nie Korrekturen nach unten vorgenommen.

Die Preissysteme in Burkina Faso und Mozambik unterscheiden sich weiters in Bezug auf den Anteil der Produzentenpreise an den Exportpreisen. Das zweistufige System in Burkina Faso sichert den ProduzentInnen einen relativ hohen Preisanteil. Anders sieht es in Mozambik aus, wo der Preisanteil der ProduzentInnen vergleichsweise niedrig ist. Dies hängt mit Mozambiks unvollständigem System zur Preisstabilisierung zusammen, das Produzentenpreise fixiert, jedoch bei einem Preisanstieg im Laufe der Vermarktungssaison keine zweite Zahlung an ProduzentInnen vorsieht. In regionalen Konzessionssystemen können höhere Preise auch nicht über Wettbewerb zwischen

Entkörnungsbetrieben ermöglicht werden (wie in Tansania), da die ProduzentInnen zum Verkauf an einen bestimmten Entkörnungsbetrieb verpflichtet sind.

In Tansania sind die ProduzentInnen in der gesamten Saison der Volatilität globaler Preise ausgesetzt, wobei dies zu einem gewissen Grad über den „indikativen Preis", der aber innerhalb der Saison angepasst werden kann, abgemildert wird. Bewegungen in Futures-Preisen innerhalb einer Saison werden so auf ProduzentInnen übertragen, wie im folgenden Zitat verdeutlicht wird: „Wenn NY steigt, wird der Preis auf dem Feld auch steigen. Und wenn der Preis am nächsten Tag sinkt, wirst du sehen, wie der Preis auf dem Feld später am Tag sinkt" (Interview mit dem Geschäftsführer eines Entkörnungsbetriebs in Dar es Salaam, Tansania, August 2014 [Ü. d. A.]). Da die Entkörnungsbetriebe globale Preise an ProduzentInnen weitergeben können, wird auch das intrasaisonale Preisrisiko hauptsächlich von ProduzentInnen getragen.

Akteure in Produzentenländern, besonders ProduzentInnen, haben weiters kaum Möglichkeiten, Preisrisikomanagement zu betreiben. Strategien wie die Lagerung von Teilen der Ernte in Saisonen mit niedrigen Preisen sind für ProduzentInnen aufgrund der begrenzten Verfügbarkeit sowie der Kosten von Lagerräumen und der Abhängigkeit vom Einkommen aus dem Baumwollverkauf nur eingeschränkt möglich. Sie sind außerdem nicht in der Lage, Preise vor der Saison über Forward-Verträge zu fixieren, sondern können nur zu den tagesaktuellen Preisen in der Vermarktungssaison verkaufen. Die Fähigkeit von Entkörnungsbetrieben, Risikomanagement zu betreiben, variiert je nach ihrer Größe und ihrem Know-how, aber sie hängt vor allem von ihren Verbindungen zu internationalen Rohstoffhändlern ab. Lokale Entkörnungsbetriebe sind auf physische Strategien beschränkt, allen voran den Verkauf zu unterschiedlichen Zeitpunkten. Forward-Verträge können nur von großen Entkörnungsbetrieben genutzt werden, da internationale Rohstoffhändler aufgrund von Produktionsunsicherheiten in der Regel keine derartigen Verträge mit kleineren Entkörnungsbetrieben eingehen. Aufgrund der hohen Kosten, Risiken und Komplexitäten, die mit Hedging verbunden sind, können nur internationale Rohstoffhändler (und mit ihnen verbundene Entkörnungsbetriebe) – über ihre spezialisierten Finanzabteilungen in den Firmenzentralen – diese Form des Risikomanagements nutzen.

Die Liberalisierung von globalen und nationalen Systemen zur Stabilisierung von Rohstoffpreisen in Kombination mit den Strategien internationaler Rohstoffhändler haben zu verstärkter Übertragung von Preisvolatilität von finanzialisierten Rohstoff-Derivatmärkten auf die physische Baumwollkette geführt. Als Akteure sowohl auf physischen als auch auf Derivatmärkten spielen Rohstoffhändler eine entscheidende Rolle, indem sie durch ihre Preissetzungspraktiken Finanzialisierungsdynamiken auf Derivatmärkten auf Preise in Produzentenländer übertragen. In welchem Ausmaß Futures-Preise auf ProduzentInnen übertragen werden, hängt allerdings von nationalen Marktstrukturen ab. ProduzentInnen in allen drei Ländern sind intersaisonalen Preisschwankungen ausgesetzt, da sich nationale Preise an globalen Preisen orientieren. Intrasaisonale Preisvolatilität stellt für ProduzentInnen in Tansania ein größeres Problem dar als für ProduzentInnen in Burkina Faso und Mozambik, wo intrasaisonale Stabilisierungssysteme für Produzentenpreise existieren.

Akteure in globalen Warenketten sind mit Preisinstabilität in unterschiedlichem Maße konfrontiert, was wichtige Verteilungswirkungen hat. Internationale Rohstoffhändler haben durch Hedging mit Finanzderivaten die Möglichkeit Preisrisikomanagement zu betreiben, was ihnen einen Vorteil gegenüber kleineren Händlern und Akteuren in Produzentenländern verschafft. Zusätzlich können sie Derivatmärkte für spekulative Zwecke nutzen und Finanzdienstleistungen basierend auf Rohstoffderivaten anbieten, was ihre Profitmöglichkeiten erweitert. Für lokale Akteure in Produzentenländern mit begrenzten Möglichkeiten zur Kontrolle von Preisrisiken stellen sich dagegen Herausforderungen bezüglich Preisinstabilität und zunehmender Kurzfristigkeit. Nationale Marktstrukturen können diese ungleiche Betroffenheit von Preisrisiken auf der Ebene der Produzentenländer adressieren, aber sie können der Dominanz der internationalen Rohstoffhändler bei der Preissetzung in globalen Warenketten wenig entgegnen (Newman 2009; Staritz et al. 2018).

Diese Ergebnisse zeigen, dass Preisinstabilität ein großes Problem für ProduzentInnen von Baumwolle, aber auch von anderen *Cash Crops* ist, bei denen Preise über Derivatmärkte festgesetzt werden. Inter- und intrasaisonale Preisinstabilität hat direkte Auswirkungen auf die Einkommen und Lebensbedingungen von Millionen von

KleinbäuerInnen und ihre Haushalte in Ländern des Globalen Südens. Es ist daher aus entwicklungspolitischer Sicht zentral, Produzentenpreise zu stabilisieren und sicherzustellen, dass sie ein gutes Leben ermöglichen. Rohstoff-Derivatmärkte, vor allem in ihrer finanzialisierten Form, sichern keine stabilen und existenzsichernden Preise, sondern tragen im Gegenteil dazu bei, kurzfristige Schwankungen zu verstärken. Politische Reformen sind daher dringend notwendig.

Erstens müssten Rohstoffderivatemärkte wieder stärker reguliert werden, um die Finanzialisierung dieser Märkte einzudämmen. Strenge Positionslimits, die den Anteil von Finanzinvestoren beschränken, sind besonders wichtig, ebenso wie die Unterbindung von sehr kurzfristigen Handelsstrategien. Bemühungen einiger internationaler Organisationen, Preisrisiken von Akteuren in Produzentenländern durch Hedging auf Derivatmärkten zu managen, sind nicht der richtige Weg, da dies mit hohen Risiken, finanziellen Ressourcen und finanztechnischem Know-how verbunden ist. Daher sollten, zweitens, Preisstabilisierungssysteme aus- und aufgebaut werden. Da dies auf internationaler Ebene derzeit realpolitisch unrealistisch ist, sind nationale und regionale Systeme z.B. nach dem Vorbild Burkina Fasos sinnvoll. In diesen Systemen sind institutionelle Strukturen, in denen staatliche Institutionen, Exporteure oder Verarbeiter und ProduzentInnen vertreten sind, eine wichtige Voraussetzung für inklusive Preisverhandlungen. Solche Systeme sollten auch zum Ziel haben, die Rohstoffpreissetzung von Derivatmärkten zu entkoppeln, was z.B. über direkte und langfristige Liefervereinbarungen mit weiterverarbeitenden Unternehmen ermöglicht würde.

Neben öffentlichen Preisregulierungen haben, drittens, private Regulierungen und Nachhaltigkeitsinitiativen in Rohstoffsektoren an Bedeutung gewonnen (siehe Exkurs Ollendorf in diesem Band). Diese Initiativen fokussieren auf Produktivitäts- und Qualitätsverbesserungen, aber meistens nicht auf die Preissetzung. Das ist problematisch, da stabile und existenzsichernde Preise zentral sind, um Verbesserungen in Produktivität und Qualität zu erreichen, und weil Preise ein zentraler Ansatzpunkt für eine Verbesserung der Lebensbedingungen von ProduzentInnen sind.

Zuletzt geht es auch darum, die Abhängigkeit von ProduzentInnen und Staaten in Ländern des Globalen Südens von exportorientierter Rohstoffproduktion zu reduzieren und somit auch ihre Verhandlungsposition gegenüber internationalen Rohstoffhändlern zu verbessern. Dies kann einerseits bedeuten, nationale Marketing- und Handelskapazitäten aufzubauen und direkten Kontakt zu weiterverarbeitenden Unternehmen aufzunehmen – im Falle von Baumwolle z.B. mit Spinnereien in Asien. Andererseits bedeutet es auch, lokale und regionale Verarbeitung von Rohstoffen zu fördern. Derzeit wird bis zu 90 Prozent der Baumwolle unverarbeitet aus SSA exportiert. Eine integrierte Warenkette von Baumwollproduktion über Textilien zu Bekleidung würde nicht nur die Abhängigkeit von internationalen Rohstoffhändlern reduzieren, sondern auch die Wertschöpfung in SSA erhöhen, Ökonomien diversifizieren und Arbeitsplätze schaffen.

LERNFRAGEN

- Durch welche unterschiedlichen Mechanismen hat Finanzialisierung Auswirkungen auf globale Warenketten?
- Was wird unter der „Finanzialisierung von Rohstoffmärkten" verstanden?
- Wie werden Preise in globalen Baumwollketten bestimmt und entlang der Kette vermittelt? Welche Rolle spielen dabei die Marktstrukturen in den Produzentenländern?

Dieser Beitrag betont die Notwendigkeit, Interdependenzen zwischen globalen Warenketten und der „Finanzialisierung von Rohstoffmärkten" sowie die damit einhergehenden Verteilungseffekte zu berücksichtigen. Finanzmärkte spielen eine zentrale Rolle bei der Bestimmung von Preisen, für die Aktivitäten und Strategien von verschiedenen Akteuren und damit auch für die Verteilung von Wertschöpfung und Risiken. Baumwollketten verbinden etwa institutionelle Investoren, Hedgefonds, Investmentbanken, Rohstoffhändler sowie Entkörnungsbetriebe, KleinbäuerInnen und *Marketing Boards* in Ländern des Globalen Südens. Über die Weiterverarbeitung von Baumwolle besteht ein Zusammenhang mit Textil- und Bekleidungsfabriken, Marken- und Einzelhandelsfirmen sowie den ArbeiterInnen auf den verschiedenen Produktionsstufen. Finanzmarktlogiken sind über diverse Wege, von Shareholder Value, Lieferkettenrationalisierung bis hin zu Rohstoff-Derivatmärkten, in diese Ketten integriert. Finanzialisierung hat also direkte Effekte auf globale Warenketten und deren Verteilungs- und Entwicklungseffekte.

1 Dieser Abschnitt basiert zum Teil auf Staritz et al. 2016 und Staritz et al. 2018.
2 Dieser Abschnitt basiert zum Teil auf Staritz et al. 2016 und Staritz et al. 2018.

Basisliteratur

Epstein, Gerald A. (2005): Financialization and the World Economy. Cheltenham: Edward Elgar.

Nissanke, Machiko (2012): Commodity Market Linkages in the Global Financial Crisis: Excess Volatility and Development Impacts. In: Journal of Development Studies 48 (6), 732-750.

Staritz, Cornelia/Newman, Susan A./Tröster, Bernhard/Plank, Leonhard (2018): Financialization and Global Commodity Chains. Distributional Implications for Cotton in Sub-Saharan Africa. In: Development and Change 49 (3), 815-842.

Literatur

Bargawi, Hannah K./Newman, Susan A. (2017): From Futures Markets to the Farm Gate. A Study of Price Formation along Tanzania's Coffee Commodity Chain. In: Economic Geography 93 (2), 162-184.

Breger Bush, Sasha (2012): Derivates and Development. A Political Economy of Global Finance, Farming and Poverty. New York: Palgrave MacMillan.

Clapp, Jennifer (2014): Financialization, Distance, and Global Food Politics. In: The Journal of Peasant Studies 42 (5), 797-814.

Coe, Neil M./Lai, Karen P.Y./Wójcik, Dariusz (2014): Integrating Finance into Global Production Networks. In: Regional Studies 48 (5), 761-777.

Ederer, Stefan/Heumesser, Christine/Staritz, Cornelia (2016): Financialization and Commodity Prices. An Empirical Analysis for Coffee, Cotton, Wheat and Oil. In: International Review of Applied Economics 30 (4), 462-487.

Froud, Julie/Johal, Sukhdev/Leaver, Adam/Williams, Karel (2006): Financialization and Strategy. Narrative and Numbers. Abingdon: Routledge.

Gibbon, Peter (2014): Trading Houses during and since the Great Commodity Boom. Financialization, Productivization or …? DIIS Working Paper 2014:12. Kopenhagen: Danish Institute for International Studies.

Gibbon, Peter/Ponte, Stefano (2005): Trading Down. Africa, Value Chains, and the Global Economy. Philadelphia, PA: Temple University Press.

ICAC (2015): Review of the World Situation. Jan-Feb, 2015. Washington: International Cotton Advisory Committee.

Lazonick, William/O'Sullivan, Mary (2000): Maximising Shareholder Value. A New Ideology of Corporate Governance. In: Economy and Society 29, 13-35.

Milberg, William (2008): Shifting Sources and Uses of Profits. Sustaining US Financialization with Global Value Chains. In: Economy and Society 37, 420-451.

Milberg, William/Winkler, Deborah (2013): Outsourcing Economics. Global Value Chains in Capitalist Development. Cambridge: Cambridge University Press.

Newman, Susan A. (2009): Financialization and Changes in the Social Relations along Commodity Chains. The Case of Coffee. In: Review of Radical Political Economics 41 (4), 539-559.

Ouma, Stefan (2015): Getting in Between M and M or: How Farmland further Debunks Financialization. In: Dialogues in Human Geography 5 (2), 225-228.

Ouma, Stefan/Johnson, Leigh/Bigger, Patrick (2018): Rethinking the Financialization of „nature". In: Environment and Planning A. Economy and Space 50 (3), 500-511.

Palpacuer, Florence (2008): Bringing the Social Context back in. Governance and Wealth Distribution in Global Commodity Chains. In: Economy and Society 37, 393-419.

Palpacuer, Florence/Gibbon, Peter/Thomsen, Lotte (2005): New Challenges for Developing Country Suppliers in Global Clothing Chains. A Comparative European Perspective. In: World Development 33 (3), 409-430.

Purcell, Thomas F. (2018): „Hot Chocolate". Financialized Global Value Chains and Cocoa Production in Ecuador. In: The Journal of Peasant Studies 45 (5-6), 904-926.

Staritz, Cornelia/Tröster, Bernhard/Küblböck, Karin (2016): Price Risks and Resource Fairness in Commodity Trading. The Cotton and Coffee Sectors in Sub-Saharan Africa. In: Pichler, Melanie/Staritz, Cornelia/Küblböck, Karin/Plank, Christina/Raza, Werner/Ruiz Peyré, Fernando (2016): Fairness and Justice in Natural Resource Politics. London: Routledge.

UNCTAD (2011): Price Formation in Financialized Commodity Markets. The Role of Information. New York/Geneva: United Nations.

Van der Zwan, Natascha (2014): Making Sense of Financialization. In: Socio-Economic Review 12 (1), 99-129.

Yeung, Henry W./Coe, Neil M. (2015): Toward a Dynamic Theory of Global Production Networks. In: Economic Geography 91 (1), 29-58.

Jan Grumiller

INDUSTRIEPOLITIK UND UPGRADING IM ÄTHIOPISCHEN LEDERSEKTOR

Mit der Machtübernahme der *Ethiopian People's Revolutionary Democratic Front* (EPRDF) im Jahr 1991 entstand in Äthiopien ein sogenannter Entwicklungsstaat, in dem die von einer ethnischen Minderheit – den Tigray – dominierte politische Elite ihre Macht durch wirtschaftliche Entwicklung zu legitimieren versuchte. Das Entwicklungsmodell basiert seither auf einem Mix von importsubstituierender und exportorientierter Industriepolitik. Die Regierungskoalition identifizierte den Ledersektor als einen strategisch wichtigen Exportsektor. Man erhoffte sich aufgrund des großen Tierbestandes, der hohen Qualität der äthiopischen Ziegen- und Schafhäute sowie einer bereits bestehenden verarbeitenden Industrie relativ schnell Resultate. Allerdings erwies sich die Integration in die globale Lederwertschöpfungskette (Leder-GWK) und das Upgrading in dieser Kette als sehr voraussetzungsvoll.

Die Leder-GWK ist ein klassisches Beispiel für eine „käufergetriebene" GWK, in der Leitunternehmen Aktivitäten wie Design, Marketing und Verkauf übernehmen und die räumlich verstreute Produktion von Zulieferfirmen koordinieren. Die Leder-GWK lässt sich in fünf Segmente unterteilen. Am Beginn stehen (a) die Tierproduktion und die Schlachthöfe, wobei Häute und Felle als Nebenprodukte der Fleischproduktion gesammelt werden; (b) die ZwischenhändlerInnen, die eine wichtige Rolle bei der Sammlung und dem Handel mit rohen Häuten und Fellen spielen sowie (c) die Gerbereien, die rohe Häute und Felle durch kapitalintensive Verarbeitungsschritte in fertiges Leder umwandeln. Viele Gerbereien in der globalen (Semi-) Peripherie verfügen nicht über die Kapazität, alle Veredelungsschritte durchzuführen, und produzieren nur halbfertiges Leder, wobei die höchste Wertschöpfung bei der Verarbeitung zu Fertigleder anfällt. Fertigleder dient als Input für (d) die lederverarbeitende Industrie, die Schuhe, Bekleidung, Taschen und Möbel herstellt. Der Aufbau einer verarbeitenden Lederindustrie ist aus industriepolitischer Sicht besonders wichtig, da diese relativ beschäftigungsintensiv und mit einer hohen Wertschöpfung verbunden ist. Schließlich folgen (e) Verkauf, Marketing und Branding, bei dem die Leitunternehmen (z.B. Deichmann im Bereich des Schuhhandels) eine wichtige Rolle spielen.

Wie in vielen anderen Leichtindustrien verlagerte sich die Produktion der Leder-GWK in der zweiten Hälfte des 20. Jahrhunderts von den Zentren zunehmend nach Asien (insbesondere China), wobei vereinzelt auch noch in den Zentren spezialisierte Industrien bestehen blieben (z.B. in Italien). Die zunehmende Verlagerung der Lederproduktion aus China in die globale Peripherie – vor allem aufgrund steigender Löhne und strengerer Umweltauflagen in China – eröffnete Möglichkeiten für periphere Länder (Grumiller/Raza 2019). Obwohl viele Länder in Subsahara-Afrika einen großen Tierzuchtsektor haben, gelang es bisher nur wenigen, sich über die Lieferung von Rohstoffen oder minderwertigem Leder hinaus in die Leder-GWK zu integrieren. Eine besondere Herausforderung ist in diesem Zusammenhang die oftmals traditionell organisierte Tierwirtschaft, welche die Entwicklung einer Gerbereiindustrie – aufgrund des reduzierten Angebots an qualitativ hochwertigen Rohhäuten und Fellen – behindert. Die Verknüpfungen („linkages") zwischen dem Tierzuchtsektor und den Gerbereien sowie auch zur lederverarbeitenden Industrie sind daher oftmals sehr schwach ausgeprägt, was die Erhöhung der lokalen Wertschöpfung und den Aufbau einer integrierten GWK erschwert. Das zeigt sich auch in Äthiopien. Zudem ergibt sich aufgrund des im Verhältnis zur Größe des Tierbestands – weltweit einer der größten – relativ kleinen lokalen und regionalen Marktes eine gewisse „strukturelle Exportorientierung". Die strategische Industriepolitik der EPRDF zielte daher vor allem auf eine Erhöhung des Exportanteils von höherwertigen Lederprodukten ab.

Sie lässt sich in drei Phasen unterteilen (Grumiller 2019). Die erste Phase (1991–1997) war durch den Aufbau von Industriesektoren gekennzeichnet, die Inputs aus der Landwirtschaft verwenden. Die vormals verstaatlichten Gerbereien und lederverarbeitenden Industriebetriebe wurden privatisiert und Anreize für Investitionen durch lokale UnternehmerInnen geschaffen. Dies führte zu einem Anstieg der Exporte von Halbfertigleder, insbesondere zur Weiterverarbeitung an Gerbereien in der EU und dort vor allem in Italien. Lederverarbeitende Schuh-, Handschuh- und TaschenproduzentInnen produzierten hingegen weiterhin fast ausschließlich für den lokalen Markt, da dieser aufgrund protektionistischer Maßnahmen profitabler war, und die hohen Anforderungen der globalen Leitunternehmen in Exportmärkten exkludierend wirkten.

Die zweite Phase (1998–2007) war durch einen selektiveren Ansatz in der Industriepolitik gekennzeichnet, wobei die Lederindustrie als strategischer Sektor identifiziert wurde, um Exporte, Deviseneinnahmen und Beschäftigung zu steigern. Dies beinhaltete einen bevorzugten Zugang zu Finanzmitteln, Grund und Boden, Steueranreize für Investitionen und Exporte sowie eine Liberalisierung für ausländische Investitionen im Bereich der Gerbereien. Das neu gegründete *Leather and Leather Products Technology Institute* förderte lokale Firmen in ihrer technologischen Entwicklung und Exportfähigkeit.

Die selektive Industriepolitik führte zur Steigerung der lokalen Investitionen sowie der Produktion und des Exports von höherwertigem Halbfertigleder, doch Investitionen in die Produktion von Fertigleder blieben aus. Die geringen Investitionen der Gerbereien in Fertiglederkapazitäten können mit ihrer strategischen Ausrichtung erklärt werden: Die meisten UnternehmerInnen investierten in Gerbereien, um ihre Deviseneinnahmen zu steigern und ihre Importgeschäfte zu finanzieren. Sie verfügten über gute Exportbeziehungen zu Gerbereien in Europa, die am Import von Halbfertigleder (und nicht Fertigleder) interessiert waren. Die bereits etablierten sowie neu entstandenen lederverarbeitenden Unternehmen konzentrierten sich zudem weiterhin vorrangig auf den geschützten lokalen Markt.

Infolge des begrenzten Erfolgs verlagerte die Regierung ihre Strategie in der dritten Phase (2008–2019) gegen den Widerstand der lokalen Gerbereien auf die Förderung von ausländischen Direktinvestitionen. Die Einführung einer Exportsteuer auf Halbfertigleder und der Anstieg von ausländischen Direktinvestitionen – insbesondere aus China – veränderte die Struktur des Sektors grundlegend. Die neue strategische Ausrichtung der Industriepolitik, die eine Vielzahl zusätzlicher unterstützender Maßnahmen umfasste (z.B. Stärkung der institutionellen Kapazitäten, verbesserter Zugang zu Finanzmitteln, Versorgung der Exportfirmen mit Devisen und Inputs), bot Anreize für die Produktion und den Export von Fertigleder, verringerte aber gleichzeitig die Rolle der lokalen Gerbereien. Ausländische Firmen dominierten nunmehr den Export von Fertigleder (LIDI 2018). Dies veränderte auch die Exportmärkte: Statt lokaler Gerbereien, die Gerbereien in der EU zur Weiterverarbeitung mit Halbfertigleder belieferten, wurde der Lederexport nun großteils von ausländischen Firmen übernommen, die in Äthiopien hergestelltes Fertigleder hauptsächlich nach China lieferten. Dadurch blieb auch der Zugang zu Fertigleder in Exportqualität für kleinere lokale und nicht vertikal integrierte Lederverarbeitungsfirmen beschränkt. Ausländische Direktinvestitionen stiegen auch im lederverarbeitenden Sektor, was zu einem starken Anstieg der Exporte vor allem von Schuhen und Handschuhen führte. Ausländische Firmen konnten ihren Bedarf an Fertigleder leichter über Importe und – zumindest teilweise – lokale Angebote (u.a. wegen höherer Auftragsmengen) stillen. Das Gerbereisegment hatte somit weiterhin nur geringe Verknüpfungen zum lokalen Lederverarbeitungssektor – trotz des Aufbaus der Fertiglederkapazitäten. Dies erschwerte die Schaffung von lokal integrierten Ketten und benachteiligte vor allem lokale Gerbereien und lederverarbeitende Unternehmen (Grumiller 2019).

Das Beispiel der äthiopischen Lederindustrie zeigt die Schwierigkeiten der Integration und des Upgradings in GWK auf. Dabei wirkten nicht nur die strengen KäuferInnenanforderungen „exkludierend“ auf äthiopische ExporteurInnen von höherwertigen Produkten. Auch die Strategien lokaler und ausländischer Unternehmen, insbesondere im Gerbereisektor, schränkten das Upgrading-Potenzial und die Erhöhung der lokalen Wertschöpfung ein. Trotz der partiellen Erfolge leidet der Sektor daher nach wie vor unter einer Vielzahl von Herausforderungen. Die Kernprobleme der geringen Verknüpfung zwischen dem Tierzucht- und Gerberei-Segment sowie zwischen dem Gerberei- und lederverarbeitenden Segment bleiben weiterhin ungelöst. Dies unterstreicht auch die Widersprüche zwischen traditioneller Landwirtschaft und Industrialisierungsprozessen. Ein weiteres Problem ist der begrenzte Exporterfolg von lokalen Firmen, die trotz staatlicher Unterstützung nur geringen Anteil am Exportgeschäft haben, das vermehrt von ausländischen Unternehmen dominiert wird. Und obwohl der Ledersektor zu einer Erhöhung der Beschäftigung beiträgt, ist der Sektor mit seinem hohen Anteil an weiblichen Arbeitskräften durch unterdurchschnittliche Löhne geprägt – ein Umstand, der durch die Exportorientierung noch verstärkt wird und zu einer hohen Fluktuationsrate führt.

Literatur

Grumiller, Jan (2019): A Strategic-Relational Approach to Analyzing Industrial Policy Regimes within Global Production Networks. The Ethiopian Leather and Leather Products Sector. ÖFSE Working Paper 60. Wien: ÖFSE.

Grumiller, Jan/Raza, Werner (2019): The Ethiopian Leather and Leather Products Sector. An Assessment of Export Potentials to Europe and Austria. ÖFSE Research Report 11. Wien: ÖFSE.

LIDI (2018): Data provided by the Ethiopian Leather Industry Development Institute during field research.

TEIL 5
NATUR

10

Isabella M. Radhuber

Ressourcenkonflikte in globalen Produktionsnetzwerken: Lebenswelten und Gewinnverteilung in den Anden

Einleitung

Derzeitige Nachhaltigkeitsstrategien setzen darauf, die Klimakrise abzuschwächen und dabei vor allem fossile Energieträger (Erdöl, Erdgas, Kohle) zu ersetzen. Ohne tiefergehenden Wandel wird aber ein technologischer Übergang zu einer kohlenstoffärmeren Wirtschaft den Bedarf an natürlichen Ressourcen keineswegs reduzieren, sondern allenfalls die Nachfrage auf neue „kritische Metalle" verschieben, deren Bedarf drastisch ansteigen wird. Der globale Ressourcenverbrauch ist in den letzten 50 Jahren bereits massiv angestiegen und hat sich von land- und forstwirtschaftlichen hin zu mineralischen und metallischen Ressourcen verlagert. Der Abbau von Erz hat sich von 0,9 Gigatonnen 1970 auf circa sechs Gigatonnen im Jahr 2010 verdreifacht (Schaffartzik et al. 2016). Wenn das Zwei-Grad-Klimaziel erreicht werden soll, dann wird Schätzungen der Weltbank (2017) zufolge der Bedarf an kritischen Metallen wie Aluminium, Kobalt, Eisen, Stahl, Lithium, Mangan und Nickel, die unter anderem in Batterien für Elektrofahrzeuge oder in der Energiespeicherung genutzt werden, teilweise um mehr als 1000 Prozent ansteigen. Lösungsansätze für einen nachhaltigeren Ressourcenabbau werden daher dringend benötigt (Saleem et al. 2017).

Die global ansteigenden Ressourcenflüsse haben internationale Bemühungen hervorgerufen, um Produktionsnetzwerke und den dafür nötigen Ressourcenabbau nachhaltiger auszugestalten. Die Vereinten Nationen (UN) betonen in ihrer Entwicklungsagenda 2030, dass nachhaltige Konsum- und Produktionsmuster auch verantwortungsvollere Lieferketten erfordern (SDG 12 in UN 2018a, b). Zudem setzt sich eine zwischenstaatliche UN-Arbeitsgruppe für ein rechtsverbindliches Abkommen ein, das Unternehmen, unabhängig davon, wo sie agieren und ob Zulieferfirmen beteiligt sind, zur Einhaltung der Menschenrechte verpflichtet (OHCHR 2018). Auch die Europäische Union (2018) hat Strategiepapiere veröffentlicht, um Produktionsnetzwerke transparenter und nachhaltiger auszugestalten. Ein Rohstoffobservatorium, initiiert von zehn führenden Automobilunternehmen, soll zur Lösung von sozialen, politischen und ökologischen Nachhaltigkeitsproblemen an den Orten des Rohstoffabbaus beitragen (CSR 2017). Technologische Übergänge hin zu nachhaltigeren Produktions- und Verarbeitungsverfahren hingegen stehen im Visier von Bergbauindustrien (Mining Report 2017: 26).

Trotz der skizzierten Nachhaltigkeitsstrategien, die sich an sogenannten „grünen“ Technologien orientieren, sind lokale Gruppen und insbesondere Frauen, die sich in den Territorien um reproduktive Aufgaben kümmern, weiterhin von den Folgewirkungen des Ressourcenabbaus betroffen (Jenkins 2014; Mancini/Sala 2018; Horowitz et al. 2018). Der Umweltgerechtigkeits-Atlas (www.ejatlas.org) dokumentiert für 2018 allein in Lateinamerika 557 Konflikte um Ressourcenextraktion, im Rahmen derer die Abmilderung von sozialen und ökologischen Folgen und mehr Mitspracherechte in Entscheidungsprozessen gefordert werden (Walter/Urkidi 2017). Das Lateinamerikanische Observatorium für Bergbaukonflikte beziffert, dass in 143 der insgesamt 245 registrierten Bergbaukonflikte rechtliche Verfolgung und Kriminalisierung von protestierenden Gruppen stattfindet (OCMAL 2016, 2018). Auch direkte Formen der Gewalt nehmen zu. Der Global Witness Report (2018) zählt in nur einem Jahr 200 Morde an „UmweltverteidigerInnen“, das heißt an Menschen, die ihre Umwelt gegen extraktive Aktivitäten verteidigen. Diese Formen der offenen Gewalt konzentrieren sich vor allem auf den Bergbausektor, gefolgt von anderen extraktiven Tätigkeiten und dem Agrobusiness.

Ressourcenextraktion und deren Folgewirkungen stellen große Herausforderungen für die nachhaltige Ausgestaltung globaler Produktionsnetzwerke vom Rohstoff bis zum Endprodukt dar. Dieser Beitrag beschäftigt sich mit den Prozessen der Ressourcenentnahme und Aneignung der natürlichen Umwelt, die den Netzwerken zugrunde liegen (Bridge 2008; Radhuber 2015). Zwei unterschiedliche Fallbeispiele geben Aufschluss über die gesellschaftliche Mobilisierung an dem *extractive nexus* – also an der Verbindungs- oder Schnittstelle zur Naturaneignung in globalen Produktionsnetzwerken. Beleuchtet werden der Lithiumabbau im bolivianischen Hochland, der für klimafreundliche Agenden wie die Automobilkonversion bedeutsam ist, und erdölfördernde Aktivitäten im ecuadorianischen Amazonasgebiet, die sowohl das ökologische Gleichgewicht als auch indigene Gemeinschaften und im Besonderen „amazonische Frauen" bedrohen. Vorab werden die konzeptuellen Instrumente für die Analyse von Ungleichheiten in extraktiven Produktionsnetzwerken erläutert.

Analyse von globalen Produktionsnetzwerken: Ressourcenkonflikte und die Aneignung der natürlichen Umwelt

Forschungsperspektiven auf globale Produktionsnetzwerke (GPN) gehen auf weltsystemische Arbeiten zu Güterketten und die nachfolgenden Forschungsstränge zu globalen Güter- und Wertschöpfungsketten der 1980er und 1990er zurück (siehe Kapitel 2 Fischer/Reiner/Staritz in diesem Band). Extraktive Produktionsnetzwerke, die vorrangig auf Ressourcenabbau und deren Weiterverarbeitung beruhen, werden unter dem Begriff des Extraktivismus diskutiert, welcher auf die intensive und sich territorial ausdehnende Ressourcenextraktion vor allem für den Export verweist und die ungleichen Positionen der an Ressourcenabbauprojekten Beteiligten bzw. davon betroffenen Gruppen beleuchtet (Svampa 2015; Gudynas 2015; Andreucci/Radhuber 2017; Brand et al. 2016). In diesem Beitrag wird der Fokus darauf gelegt, wie nicht nur gesellschaftliche Beziehungen, sondern auch Mensch-Natur-Beziehungen globale Produktionsnetzwerke mitausgestalten.

In extraktiven Produktionsnetzwerken entstehen Ungleichheiten im Verlauf der Aneignung der natürlichen Umwelt. Im Zuge einer globalen Arbeitsteilung und von deren räumlicher Ausdifferenzierung haben manche Akteure die Möglichkeit, auf Produktionsnetzwerke gestaltend einzuwirken und Profite anzueignen, während andere negative Folgewirkungen erfahren (Dietz 2014: 2; Coe et al. 2004). Diese gesellschaftliche Beteiligung wird innerhalb extraktiver Produktionsnetzwerke an der „Schnittstelle Mensch-Natur" zwischen diversen Akteuren ausverhandelt und strukturell eingebettet. Unternehmensmacht kann dabei ebenso eine Rolle spielen wie durch lokale, nationale oder internationale Governance-Arrangements geschaffene institutionelle Macht und eine von Gewerkschaften, NGOs oder Bürgervereinigungen ausgeübte kollektive Macht (McQuilken/Hilson 2018: 984). Neben dem örtlichen Vorkommen und deren Qualität (Dicken 2003; Bridge 2008; Sánchez 2019b) sind verschiedene Mensch-Natur-Beziehungen für die Ausgestaltung solcher Machtbeziehungen ausschlaggebend.

Ungleiche Machtbeziehungen in Ressourcenkonflikten können anhand einer Analyse der beteiligten Akteure, ihrer Strategien und der sie beeinflussenden Handlungsbedingungen aufgeschlüsselt werden. Engels und Dietz (2016) systematisieren Bergbaukonflikte im Hinblick auf die von unterschiedlichen Gruppen kommunizierten Themen, die von ihnen angewandten Strategien zur Verteidigung ihrer Interessen sowie die zugrundeliegenden gesetzlichen und politökonomischen Rahmenbedingungen. Die Analyse solcher Konflikte hat bisher besonders die Rolle von politischen Eliten – die Unternehmen den Weg bereiten und von Abbautätigkeiten und Wertschöpfung profitieren – betont. Auch haben Studien in diesem Zusammenhang die Auseinandersetzungen zwischen Akteuren im handwerklichen und kleinen Bergbau und jenen im großen, industriellen Bergbau nachgezeichnet (Cuvelier 2019).

Dieser Beitrag greift auf das aus der sozialen Bewegungsforschung stammende Konzept der Gelegenheitsstrukturen (*opportunity structures*) zurück, die im Sinne von Events, Diskursen, Institutionen, Gesetzen usw. das Handeln von Akteuren positiv oder negativ beeinflussen (exemplarisch Engels/Dietz 2016). Anhand von zwei Fallbeispielen werden die gesellschaftlich und politisch umkämpften

Dynamiken an den Orten des Rohstoffabbaus beschrieben und aufgezeigt, wie soziale Organisationen und indigene Gemeinschaften an Aushandlungsprozessen innerhalb von globalen Produktionsnetzwerken beteiligt sind.

Einblicke in den „extractive nexus" in Bolivien und Ecuador

In Bolivien und Ecuador wurden in den neuen Verfassungen von 2008 und 2009 plurinationale Staaten und interkulturell ausgestaltete Demokratien anerkannt, um indigenen Bevölkerungsgruppen mehr Beteiligung zu ermöglichen. Auch wurden die Rechte der Natur sowie die Bedeutung der „Mutter Erde" im Rahmen eines Guten-Leben-Paradigmas festgeschrieben (Constitución 2008, 2009). In diesem Zusammenhang haben lokale Bevölkerungen ihre Forderungen nach mehr Mitspracherechten in Entscheidungsprozessen um Ressourcenpolitik geäußert. Die Anerkennung von unterschiedlichen Identitäten und Praktiken, von inklusiveren Staatsbürgerschaftskonzepten und der Kontrolle lokaler (indigener) Bevölkerungen über ihre Territorien standen dabei im Mittelpunkt (Conde 2017; Acuña 2015; Horowitz et al. 2018). Trotz dieser gesetzlichen Fortschritte und internationaler Nachhaltigkeitsinitiativen zeigen sich in beiden Ländern Kriminalisierung und offene Gewalt in den Rohstoffabbau-Territorien.

Die indigene Kichwa-Gemeinschaft der Sarayakus gegen erdölfördernde Unternehmen

Die indigene Gemeinschaft der Sarayakus wurde dadurch bekannt, dass sie mehrfach – zuletzt im November 2019 – erdölfördernde Aktivitäten auf ihren Territorien verhindert hat (Cendrero et al. 2017: 112). Im ecuadorianischen Amazonasgebiet südöstlich von Quito liegend, ist diese circa 1350 EinwohnerInnen zählende Gemeinschaft auf ihrem 135.000 Hektar großen Territorium mehrmals mit Interessen erdölfördernder Unternehmen konfrontiert gewesen. Sie haben mit der 2012 vor dem Interamerikanischen Gerichtshof für Menschenrechte gewonnenen Klage einen internationalen Präzedenzfall geschaffen. Aufgrund der Verletzung indigener Rechte seit den 1990er Jahren musste sich der ecuadorianische Staat öffentlich entschuldigen und Kompensationszahlungen in Höhe von 1,4 Millionen USD leisten (CIDH 2012; Andrade 2019). Seit 2012 wurden in Vergaberunden interessierten Ölfirmen erneut sogenannte Konzessionsblöcke, die drei Millionen Hektar im zentralen und südlichen Amazonasgebiet betreffen, angeboten. Aufgrund der anhaltenden Opposition der indigenen Zápara- und Kichwa-Bevölkerung hat sich das chinesische Konsortium Andes Petroleum allerdings vom – im Oktober 2019 mit dem ecuadorianischen Staat unterzeichneten – Konzessionsblock 79 über 158.000 Hektar in der Provinz Pastaza zurückgezogen (El Comercio 6.11.2019).

Der Widerstand gegen Ressourcenförderung im eigenen Territorium gründet auf Lebenswelten und -formen, die die Gemeinschaft selbst als nachhaltig bezeichnet. Patricia Gualinga, ehemalige Präsidentin der ecuadorianischen Vereinigung amazonischer Frauen und Mitglied der Sarayakus, erklärt, dass ihre Beziehung zur Natur reziprok ist, denn „wir Menschen sind auch Teil des Energie- und Lebensflusses der Natur […] wenn ein Baum gefällt wird, dann ist das auch ein Einschnitt in unsere Energie“ (Int8 Gualinga 2019). Ihrer biozentrischen Perspektive zufolge sollen wirtschaftliche Aktivitäten sozialen und ökologischen Gemeinschaftsinteressen unterordnet werden (Cedrero et al. 2017: 118). Das Land (*chakra*), die Wälder (*sacha*) und die Gewässer (*yaku*) bilden die Grundlage für Subsistenzwirtschaft. Patricia Gualinga weist darauf hin, dass die Gemeinschaft nach dem positiven Schiedsspruch des Interamerikanischen Gerichtshofes nun den eigenen nachhaltigen Entwicklungsweg beweisen müsse.

Die indigenen Frauen im Amazonasgebiet sind nicht nur Hauptbetroffene der Folgewirkungen des Ressourcenabbaus und der jüngsten Tendenzen der rechtlichen Verfolgung bis hin zu Morddrohungen gegen *frontline defenders*; sie sind in den letzten Jahren auch durch ihre führende Rolle bei der Verteidigung indigener Anliegen bekannt geworden. Im Interview erzählt Patricia Gualinga, dass ihr Haus am 5. Jänner 2018 von einer unbekannten Person überfallen, ihre Fenster mit Steinen eingeschlagen und sie mit Mord bedroht wurde. Nach ihrer Veröffentlichung des Vorfalls haben über 50 internationale Organisationen reagiert, darunter Amnesty International und Amazon Watch. Viele weitere amazonische Frauen haben seit 2018 Morddrohungen erhalten, und der Versammlungsraum der amazonischen Frauen wurde Ende 2018 mutwillig abgebrannt.

Trotz widriger Umstände werden Frauen zunehmend zu Protagonistinnen bei der Verteidigung ihrer Territorien. Die Vereinigung „Amazonische Frauen – VerteidigerInnen des Urwalds" etwa hat 2019 zahlreiche Protestmärsche angeführt und eine offizielle Stellungnahme an politische Institutionen und Regierungen überreicht.

Die Strategien der amazonischen Frauen und der Gemeinschaft der Sarayakus sind vielfältig; sie setzen an unterschiedlichen räumlichen Ebenen (*scales*) an und folgen verschiedenen Gelegenheitsstrukturen. Entsprechend ihrer flachen, netzwerkartigen Organisationsstruktur und des Verzichts auf ein rechtliches Statut – da sie dadurch weniger verfolgbar sind – bezeichnen sie sich als „Wespennest": Wenn eine von ihnen angegriffen wird, dann schwirren alle aus, um sie zu verteidigen. Lokal werden Allianzen mit umliegenden indigenen Gemeinschaften gestärkt, national wird mit der Regierung verhandelt und in gesetzgebenden Verfahren mitgewirkt – beispielsweise waren die Sarayakus an der Ausarbeitung eines Gesetzes über geistiges Eigentum beteiligt. International besonders bedeutend war ihre Teilnahme 2019 an der Bischofssynode *Amazonien – neue Wege für die Kirche und eine ganzheitliche Ökologie*. Ihre Forderung war, dass sich die katholische Kirche öffentlich als Verbündete der indigenen Völker deklariert und im Sinne eines *Desinvest* ihre Investitionen in Erdöl-, Bergbau- und kohlefördernde Industrien zurückzieht (El Universo 11.11.2019; Int8 Gualinga 2019).

Internationale Konferenzen boten Gelegenheitsstrukturen, um eigene umweltpolitische Vorschläge zu veröffentlichen. Delegationen der Sarayakus und umliegenden Gemeinschaften haben an den Klimakonferenzen 2015 in Paris und 2017 in Bonn sowie der Konferenz der Weltnaturschutzorganisation IUCN 2016 in Hawaii teilgenommen. Ihr Vorschlag der *Selva Viviente* (lebendiger Wald) beruht – in den Worten von Patricia Gualinga – auf den heiligsten Formen des indigenen Wissens und strebt eine neue Kategorie des Naturschutzes an. Dabei soll die Natur als lebendiges Wesen mit eigenem Bewusstsein und als eigenes Rechtssubjekt anerkannt werden. In sogenannten heiligen Orten soll der Ressourcenabbau auf Dauer unterbunden werden. Solche Orte befinden sich beispielsweise in der Arktis, in großen Bergregionen, in diversen afrikanischen Ökosystemen. Sie sind für das globale ökologische Gleichgewicht wesentlich; in ihnen spiele sich der „Fluss des Lebens" ab. Das ecuadorianische Amazonasgebiet ist einer dieser Lebensräume (Int8 2019).

Der bolivianische Salzsee: Lithium für Elektroautos

In Bolivien befindet sich auf 3659 Meter Höhe und einer Fläche von 12.000 Quadratmetern die weltweit größte und höchst gelegene Salzebene. Es handelt sich um eine der wichtigsten touristischen Attraktionen in der Region, auch die Dakar-Rallye führt seit 2014 einmal jährlich zum Salzsee. Manchmal Wüste, manchmal See – je nach Jahreszeit und Wasserspiegel – beherbergt das bedeutende Ökosystem unter anderem die bekannten pinken Flamingos. Die lokale Bevölkerung widmet sich der traditionellen Salzgewinnung sowie der Landwirtschaft und Viehzucht – allen voran dem Quinoa-Anbau sowie der Lama- und Alpaka-Zucht (Sánchez-López 2019a: 23f.). Der dort anzutreffende Eisenbahnfriedhof weist auf die bedeutende Geschichte des Bergbaus in der Region hin, denn auf dieser Strecke wurden in den letzten Jahrhunderten Gold, Silber und andere Metalle zum pazifischen Hafen nach Antofagasta (Chile) transportiert (EFE 2018; BBC 2016). Seit den Plänen zum Lithiumabbau wird Bolivien als zukünftiges „Saudi-Arabien des Lithiums" bezeichnet. Die symbolische Bedeutung des bolivianischen Salzsees hat sich im Zusammenhang mit dem Lithiumabbau grundlegend verändert.

Circa 80 Prozent des weltweiten Lithiumvorkommens finden sich im lateinamerikanischen Lithiumdreieck. Seit 20 Jahren exportiert Argentinien Lithiumkarbonat; in Chile wird der unverarbeitete Rohstoff exportiert, die Preise werden sorgfältig verhandelt, jedoch bestehen keine Ambitionen, den Rohstoff weiter zu verarbeiten. In Bolivien haben die 1984 gegründete Bauernorganisation des Südlichen Altiplanos FRUTCAS (*Federación Única de Trabajadores Campesinos del Altiplano Sud*) und andere regionale Organisationen die Anerkennung der Lithiumreserven als „staatliche Reserven" gefordert. Der Kommunikationsdirektor von FRUTCAS erzählt, dass sie breite Allianzen mit dem Bürgerkomitee von Potosí und anderen sozialen Bewegungen wie beispielsweise mit der Bolivianischen Bergarbeitervereinigung COB geschlossen haben. Gemeinsam haben sie Protestmärsche, Hungerstreiks und Symposien organisiert und ein 100 Prozent staatliches Projekt zum Lithiumabbau gefordert (Int4 2012). Unter dem damaligen Präsidenten Evo Morales wurde mittels Dekret am 1. April 2008 der Abbau durch das staatliche bolivianische Bergbauunternehmen COMIBOL beschlossen.

Der staatlich geführte Lithiumabbau in Bolivien wird als Möglichkeit gesehen, an globalen technologischen Entwicklungen im

Bereich der nachhaltigen Energie und der Bekämpfung des Klimawandels teilzuhaben. Die dabei geschaffenen Entwicklungseffekte sollen vor allem die wirtschaftliche und politische Souveränität des Landes stärken (Sánchez-López 2019a). Der nationale Manager für evaporitische Ressourcen verkündet: „Die wahre Entwicklung unseres Landes wird von der Industrialisierung unter staatlicher Kontrolle kommen" (Int9 2012; Sánchez-López 2019a). Die Leiterin der Einheit für evaporitische und nichtmetallische Rohstoffe im bolivianischen Bergbauministerium erklärt, dass der Lithiumbergbau im Land den Zugang zu Technologien auf der ganzen Welt gewährleisten soll (Int5 2012). Als Gegenmodell zum „technologischen Kolonialismus" (Urquidi 1962 in Fundación Jubileo 2017) haben Bolivien und Argentinien eine Initiative zur Gründung einer „OPEC des Lithiums" (OPROLI – *Organización de los Países Productores de Litio*) angedacht, um den Lithiummarkt stärker mit zu kontrollieren und Technologietransfer von Nord nach Süd zu ermöglichen.

Vor Ort gibt es große Hoffnungen auf Arbeitsplätze und Gewinnbeteiligung, so äußert beispielsweise der Bürgermeister von Uyuni:

> „[D]ann wird es maschinelle Ausstattung vor Ort geben, dann wird mehr Benzin verkauft, dann wird es mehr Unterkünfte vor Ort geben, mehr Taxi-FahrerInnen. Aber, vor allem, wenn die Investitionen der zweiten Phase auf den Feldern beginnen, dann erwarten die BewohnerInnen von Uyuni, und dann erwarte auch ich, mehr Arbeitsplätze" (Int2 2012).

Das bestätigt auch ein Bergarbeiter und ehemaliges Mitglied der verfassunggebenden Versammlung im Interview (Int1 2012). Ein Mitarbeiter des Arbeitsministeriums von Uyuni allerdings befürchtet, es könnten „qualifizierte Arbeitskräfte von anderen Orten kommen und nur wenige lokale Arbeitskräfte Anstellung finden" (Int7 2013). Konfliktpotenzial zeigt sich außerdem hinsichtlich der Aufteilung der Lithium-Förderabgaben, der sogenannten *royalities*: Eine zentralisierte Abwicklung der Projekte im als „staatliche Reserve" deklarierten Gebiet schließt die Gemeinden von der direkten Beteiligung aus (Romero 2019). Provinzregierungen, Gemeinden und lokale Gemeinschaften haben abgesehen von einer allenfalls reduzierten Gewinnbeteiligung laut Sánchez-López (2019a: 26) keinerlei weitere Mitspracherechte in politischen Entscheidungsprozessen.

Obwohl die staatliche Management-Stelle GNRE sich vom Lithiumabbau ein umweltpolitisches Vorzeigeprojekt auf internationaler Ebene erhofft (Int9 2012), kritisieren Mitglieder der indigenen Hochlandorganisation und der parlamentarischen Kommission für das Bergbaugesetz, dass indigene Rechte zu wenig respektiert würden (Int3 2012). Der bolivianische Salzsee ist von vier Provinzen und sechs Gemeinden mit circa 329 indigenen Quechua- und Aymara-stämmigen Gemeinschaften umgeben (Sánchez-López 2019a: 23f.) Dadurch, dass der Salzsee als staatliche Reserve (*reserva fiscal*) deklariert wurde, führte die Regierung keine vorherige Befragung mit der ansässigen Bevölkerung durch. Im Rahmen eines *top-down approach* wurden 2012 Konsultationen nachträglich und eher im Sinne einer Information der Bevölkerung durchgeführt (Sánchez-López 2019a: 25; siehe auch Int4 2012). Indigene Rechte erfuhren bisher wenig Beachtung, was laut der Leiterin des parlamentarischen Ausschusses für Bergbau paradox ist, denn „indigene Gemeinschaften besitzen ein Wissen von besonderer Relevanz für Nachhaltigkeitsfragen im Ressourcensektor“ (Int6 2012).

Die gesellschaftlichen und ökologischen Folgewirkungen könnten in Zukunft ökoterritoriale Forderungen lokaler – insbesondere indigener – Bevölkerungsgruppen verstärken. Studien zu Chile weisen darauf hin, dass Abbauprojekte vorerst positiv aufgenommen wurden und die Hoffnung auf Arbeitsplätze, Ausbau der Dienstleistungen, Spenden und Hilfsprogramme überwogen. Im Laufe der Zeit allerdings haben Forderungen nach Gewinnumverteilung abgenommen und es wurden stärker umweltbezogene Rechte und soziokulturelle Anerkennung verlangt (Gundermann/Göbel 2018). In Argentinien haben sich 33 Gemeinschaften rund um den Salzsee von Salinas Grandes zusammengeschlossen und den Versuch des Lithiumabbaus gestoppt. Um ihre Anliegen publik zu machen, haben sie auch eine Klage vor dem Interamerikanischen Gerichtshof für Menschenrechte eingebracht. Das lithiumreiche Länderdreieck ist eine der trockensten Regionen der Welt und seit Jahrtausenden von indigenen Bevölkerungen bewohnt. Wegen des hohen Verdunstungs- und des niedrigen Niederschlagsgrades können die Grundwasservorkommen im Gebiet der Salzseen als nicht erneuerbar angesehen werden. Für den Abbau von einer Tonne Lithium werden zwei Millionen Tonnen Wasser verbraucht. Sánchez-López (2019a: 23f.) warnt, dass die gesellschaftlichen und ökologischen Folgewirkungen des Lithiumabbau-Projektes in Bolivien nicht abschätzbar sind und zu wenig in Betracht gezogen werden.

Sánchez-López resümiert, dass der Lithiumabbau vor alle anderen sozialen und umweltbezogenen Überlegungen gestellt wird. Beispielsweise fanden die öffentliche Befragung sowie die Umweltverträglichkeitsprüfung 2013 und 2019 erst nach dem Baubeginn statt (Sánchez-López 2019a: 28). Trotz des Rücktritts von Präsident Evo Morales im November 2019 wird das Lithiumprojekt fortgeführt. Die industrielle Produktionsphase hat 2018 begonnen; es existieren eine Pilotanlage für Lithiumkarbonat (Kapazität 1.500 t/Jahr), 30 Hektar Verdunstungsbecken und eine semi-industrielle Anlage für Kaliumchlorid (Kapazität 12.000 t/Jahr) im südlichen Teil der Uyuni-Salzebene. Bolivien möchte 2020 als Juniorpartner in den Lithiummarkt einsteigen (Sánchez-López 2019a: 28). In dieser letzten Phase sollen Public-privat-Partnerships möglich sein, auch wurde ein Vertrag mit der deutschen ACI Systems Gruppe unterzeichnet; das Joint Venture plant ab 2022 über 70 Jahre bis zu 40.000 Tonnen Lithiumhydroxid pro Jahr zu produzieren. Ein Manager der ACI Gruppe gibt an, dass über 80 Prozent des Lithiums nach Deutschland exportiert werden sollen, dabei sollen große Autoproduzenten in Deutschland beliefert werden (UK Reuters 2019).

Dimensionen von Ressourcenkonflikten: Lebenswelten, symbolische Bedeutungen und Verteilungskonflikte

In Konflikten um Rohstoffabbau innerhalb globaler Produktionsnetzwerke kann es für die Beteiligten um unterschiedliche Dinge gehen, wie das Beispiel Sarayaku zeigt. Sogenannte ontologische Konflikte benennen Konflikte, die auf unterschiedlichen Verständnissen über die Realität und dessen, „was im Konflikt auf dem Spiel steht", beruhen. Die aus unterschiedlichen Lebenswelten stammenden Auffassungen werden als radikale oder ontologische Differenz bezeichnet – es findet eine Auseinandersetzung um die Bedeutungen und Existenzen verschiedener Welten statt. Indigene Gruppen haben in diesem Zusammenhang ein breites strategisches Instrumentarium entwickelt, um ihre Lebenswelten zu verteidigen. Einerseits fordern sie eine Anerkennung jener Mensch-Natur-Beziehungen, die ihre Seinsform (Ontologie) prägen. Andererseits setzen sie sich für ein Verständnis dafür ein, dass viele Welten gleichzeitig existieren, und ihre Lebenswelt eine davon ist (Blaser 2014; Escobar 2015).

Ressourcenkonflikte gehen zudem mit sich wandelnden Landschaftsbedeutungen einher und sie sind oft von postkolonialen Machtbeziehungen geprägt, wie das Beispiel der bolivianischen Salzebene verdeutlicht. Grundambition der Lithiumförderung vor Ort war von Beginn an die Chance auf Teilhabe an technologischen Entwicklungen, Gewinnbeteiligung und ein Aufbrechen postkolonialer Machtbeziehungen. Solche Beziehungen spielen auf fortbestehende Formen des Rassismus, der ungleichen Arbeitsteilung und des ‚günstigen' Exports an Rohstoffen ohne signifikante Beteiligung an der Gewinnabschöpfung an (Quijano 2007). Der Aushandlungsprozess zwischen Regierungen, regionalen und lokalen Bevölkerungsgruppen ist stark durch Hoffnungen auf Arbeitsplätze und auf Gewinnbeteiligung geprägt. Jedoch wurde der Rohstoffabbau – wie oft in der Geschichte – vor soziale und umweltbezogene Überlegungen gestellt.

Beide Beispiele zeigen, dass Ressourcenkonflikten unterschiedliche Bedeutungen des Territoriums und oft entgegengesetzte Mensch-Natur-Beziehungen zugrunde liegen. Während indigene Bevölkerungen ihren (historischen) Lebensraum als Ort der wirtschaftlichen und symbolischen Reproduktion verteidigen, hoffen andere Bevölkerungsgruppen auf die Aufwertung ihrer Region durch Ressourcenabbau und eine damit einhergehende Verbesserung ihrer Lebensbedingungen. Regierungen sehen sich oft verantwortlich dafür, die Konditionen für ein gutes Investitionsklima zu sichern und Staatseinnahmen mitunter für gesellschaftliche Umverteilung zu schaffen. Für die Unternehmen sind Territorien häufig ein Depot für Ressourcen, und sie stehen vor der Herausforderung, mit unterschiedlichen Akteuren mögliche Abbauprojekte zu verhandeln. Die Beziehungen innerhalb dieser komplexen Akteurskonstellation sind durch starke Machtgefälle geprägt, die Handlungsformen, gesetzliche und wirtschaftspolitische Grundlagen sowie die Durchsetzung gewisser Mensch-Natur-Beziehungen vor anderen bedingen.

Conclusio

Dieser Beitrag hat aufgezeigt, dass aktuelle Dynamiken an den Orten der Rohstoffextraktion große Herausforderungen für die nachhaltige Ausgestaltung globaler Produktionsnetzwerke darstellen. Die beiden analysierten Fallbeispiele zeigen, dass indigene Gemeinschaften, soziale Bewegungen und Organisationen sowie regionale Gruppierungen die Dynamiken an den Orten der Ressourcenextraktion mit beeinflussen. Dabei sind oft *more-than-human relations*, also Mensch-Natur-Beziehungen für gesellschaftliche und politische Bottom-up-Forderungen ausschlaggebend. Es geht um die Existenz von Lebenswelten, um symbolische Landschaftsbedeutungen und um materielle Lebensgrundlagen, die dabei verteidigt werden. Eine vergleichende Analyse zeigt allerdings, dass die Bevorzugung wirtschaftlicher, sogenannter ressourcenextraktivistischer Agenden vor sozialen und ökologischen Themen mittel- und langfristig auch die Zustimmung der lokalen Bevölkerung zu Ressourcenabbauprojekten mindern kann.

Der *extractive nexus* in Produktionsnetzwerken gibt Aufschluss darüber, wie sich Konflikte entlang der Auseinandersetzung über Mensch-Natur-Beziehungen strukturieren und wie soziale Ungleichheiten im Zuge der Aneignung der natürlichen Umwelt entstehen. Eine Betrachtung dieses Nexus kann daher das Verständnis von Machtasymmetrien innerhalb globaler Produktionsnetzwerke grundlegend erweitern. Eine Stärkung bisher marginalisierter Stimmen, vor allem jener, die auf Folgewirkungen des Ressourcenabbaus aufmerksam machen, ist für eine sinnvolle Ausgestaltung von Nachhaltigkeitsagenden und die Möglichkeit ihrer effektiven Umsetzung unabdingbar.

Die in diesem Artikel dargelegte Analyse wirft weitergehende Fragen darüber auf, wie nicht nur Produktionsnetzwerke, sondern auch Forschung und Wissensproduktion, die aktuellen Praktiken zugrunde liegen, durch Machtasymmetrien geprägt sind. Umwelt-

LERNFRAGEN

- Warum und auf welche Weise sollte Ressourcenextraktion in Nachhaltigkeitsagenden beachtet werden?
- Welche Akteure haben in globalen Produktionsnetzwerken, die auf Ressourcenabbau beruhen, wenige Chancen auf Mitbestimmung? Warum ist das so?
- Inwieweit können die lokale Bevölkerung und die Umwelt durch den „extractive nexus" positiv und negativ betroffen sein?

politische Vorschläge von indigenen Bevölkerungen gründen oft auf der Verteidigung einer radikalen ontologischen Differenz. Plurale Ontologien („Seinsformen") wirken auf die Art der Wissensproduktion ein, die über aktuelle Praktiken innerhalb von Produktionsnetzwerken informiert und dabei entstehende Ressourcenkonflikte mit ausgestaltet. Die Stärkung diverser Lebenswelten sowie der Stimmen bisher marginalisierter Akteure verändert den Diskurs über Nachhaltigkeit, Ressourcenabbau, internationale Umwelt- und Klimapolitik.

Basisliteratur

Engels, Bettina/Dietz, Kristina (2016): Umkämpfter Rohstoffboom. Akteure und Strategien in Konflikten um Bergbau in Subsahara-Afrika und Lateinamerika. In: Fischer, Karin/Jäger, Johannes/Schmidt, Lukas (Hg.): Rohstoffe und Entwicklung. Aktuelle Auseinandersetzungen im historischen Kontext. Wien: new academic press, 220-234.

Radhuber, Isabella M. (2015): Extractive processes, global production networks and inequalities. desiguALdades.net Working Paper Series 89, Berlin, online: http://www.desigualdades.net/Working_Papers/index.html, 06.10.2020.

Svampa, Maristela (2015): Commodities Consensus: Neoextractivism and enclosure of the commons in Latin America. In: South Atlantic Quarterly 114 (1), 65-82.

Literatur

Acuña, Roger M. (2015): The politics of extractive governance: Indigenous peoples and socio-environmental conflicts. In: The Extractive Industries and Society 2 (1), 85-92.

Andrade, Adrián R. L. (2019): Tiempos encontrados: frente de colonización y la sentencia del caso del pueblo indígena kichwa de Sarayaku contra Ecuador, 2012. In: Estado & comunes, revista de políticas y problemas públicos 2 (9), o.S.

Andreucci, Diego/Radhuber, Isabella M. (2017): Limits to „counter-neoliberal" reform: Mining expansion and the marginalisation of post-extractivist forces in Evo Morales's Bolivia. In: Geoforum 84, 280-291.

BBC (2016): In pictures: The world's largest salt flat in Bolivia. www.bbc.com/news/world-latin-america-34731813, 24.11.2019.

Blaser, Mario (2014): Ontology and indigeneity: on the political ontology of heterogeneous assemblages. In: Cultural geographies 21 (1), 49-58.

Brand, Ulrich/Dietz, Kristina/Lang, Miriam (2016): Neo-Extractivism in Latin America – one side of a new phase of global capitalist dynamics. In: Ciencia Política 11 (21), 125-159.

Bridge, Gavin (2008): Global Production Networks and the Extractive Sector: Governing Resource-Based Development. In: Journal of Economic Geography 8, 289-419.

Cendrero, Juan M./García, Santiago/Santillán, Alejandro (2017): Sumak kawsay in Ecuador: The role of communitarian economy and the experience of the rural communities in Sarayaku (Ecuadorian Amazonia). In: Journal of Rural Studies 53, 111-121.

CIDH (Corte Interamericana de Derechos Humanos) 2012: Pueblo Indígena Kichwa de Sarayaku vs. Ecuador Sentencia de 27 de Junio de 2012. http://www.corteidh.or.cr/docs/casos/articulos/seriec_245_esp.pdf, 21.11.2019.

Coe, Neil M./Hess, Martin/Yeung, Henry Wai-chung/ Dicken, Peter/ Henderson, Jeffrey (2004): „Globalizing" regional development: a global production networks perspective. In: Transactions of the Institute of British geographers 29 (4), 468-484.Conde, Marta (2017): Resistance to mining. A review. In: Ecological Economics 132, 80-90.

Constitución (2008): *Constitución de la República del Ecuador. Quito: Registro Oficial 449.*

Constitución (2009): Constitución Política del Estado: promulgada el 7 de febrero de 2009. La Paz: Congreso de Bolivia.

CSR (2017): Ten leading automotive companies launch an initiative to identify and address sustainability issues in raw materials sourcing, 17.11.2017. https://www.csreurope.org/ten-leading-automotive-companies-launch-initiative-identify-and-address-sustainability-issues-raw#.W4aINOgzZPY, 6.5.2018.

Cuvelier, Jeroen (2019): Mining in comparative perspective: Trends, transformations and theories. The Extractive Industries and Society 6 (2), 378-381.

Dicken, Peter (2003): Global Shift: Reshaping the Global Economic Map in the 21st Century. New York: Guilford Press.

Dietz, Kristina (2014): Researching Inequalities from a Socio-ecological Perspective. In: desiguALdades.net Working Paper Series 74, Berlin. http://www.desigualdades.net/Working_Papers/index.html, 06.05.2020.

EFE (2018): Uyuni Salt Flat uses Dakar Rally to show off Bolivian tourist attraction. https://www.efe.com/efe/english/business/uyuni-salt-flat-uses-dakar-rally-to-show-off-bolivian-tourist-attraction/50000265-3490967, 24.11.2019.

El Comercio (06.11.2019): Confeniae pide que suspensión de actividades petroleras de Andes Petroleum se amplíe al bloque 83. https://www.elcomercio.com/actualidad/confeniae-suspension-actividades-petroleo-amazonia.html, 21.11.2019.

El Universo (11.11.2019): Patricia Gualinga: El Vaticano tiene que desinvertir en petróleo y minería. https://www.eluniverso.com/entretenimiento/2019/11/11/nota/7598555/gualinga-vaticano-tiene-que-desinvertir-petroleo-mineria, 22.2.2020.

Escobar, Arturo (2008): Territories of difference: place, movements, life, redes. Duke University Press.

EU (2018): Sustainable and Responsible Supply Chain. https://ec.europa.eu/europeaid/sectors/economic-growth/private-sector-development/sustainable-and-responsible-supply-chains_en, 6.5.2018.

Fundación Jubileo (2017): Serie Debate Público No 54. (Autores: Bruno Fornillo, Julián Zicari, Juan Carlos Montenegro Bravo, Federico Nacif, Ivan Aranda). La Paz/Bolivia: Fundación Jubileo/ National Resource Governance Institute.

Global Witness Report (2018): At what cost? Irresponsible business and the murder of land and environmental defenders in 2017. London: Global Witness. https://www.globalwitness.org/en/campaigns/environmental-activists/at-what-cost/, 29.8.2018.

Gudynas, Eduardo (2015): Extractivismos: ecología, economía y política de un modo de entender el desarrollo y la naturaleza. Bolivia: CEDIB: Centro de Documentación e Información Bolivia.

Gundermann, Hans/Göbel, Barbara (2018): Comunidades indígenas, empresas del litio y sus relaciones en el Salar de Atacama. In: Chungará (Arica) 50 (3), 471-486.

Horowitz, Leah S./Keeling, Arn/Lévesque, Francis/Rodon, Thierry/Schott, Stephan/Thériault, Sophie (2018): Indigenous peoples' relationships to large-scale mining in post/colonial contexts: Toward multidisciplinary comparative perspectives. In: The Extractive Industries and Society 5 (3), 404-414.

Jenkins, Katy (2014): Women, mining and development: An emerging research agenda. In: The Extractive Industries and Society 1 (2), 329-339.

Mancini, Lucia/Sala, Serenella (2018): Social impact assessment in the mining sector: Review and comparison of indicators frameworks. In: Resources Policy 57, 98-111.

Mining Report 153 (2017): Mining 4.0 – Importance of Industry 4.0 for the Raw Materials Sector, https://mining-report.de/wp-content/uploads/2017/02/MRG_1701_RWTH_Bartnitzki_170105.pdf, 6.5.2018.

McQuilken, James/Hilson, Gavin (2018): Mapping small scale mineral production networks: the case of alluvial diamonds in Ghana. In: Development and Change 49 (4), 978-1009.

OCMAL (2016): Minería, violencia y criminalización en América Latina. Dinámicas y tendencias. https://www.ocmal.org/wp-content/uploads/2017/06/Estado-Situacion-Conflictos-Mineros-en-2016.pdf, 6.5.2018.

OCMAL (2018): Conflictos mineros en América Latina. https://mapa.conflictosmineros.net/ocmal_db-v2/, 6.5.2018.

OHCHR (2018): Working Group on the issue of human rights and transnational corporations and other business enterprises. http://www.ohchr.org/EN/Issues/Business/Pages/WGHRandtransnationalcorporationsandotherbusiness.aspx, 6.5.2018.

Quijano, Aníbal (2007): Coloniality and modernity/rationality. In: Cultural Studies 21 (2-3), 168-178.

Romero, Janine (2019): Die bolivianisch-deutsche Lithiumkooperation im Zeichen der politischen Krise in Bolivien, 25.11.2019. https://blog.prif.org/2019/11/25/die-bolivianisch-deutsche-lithiumkooperation-im-zeichen-der-politischen-krise-in-bolivien/?fbclid=IwAR117nlBHcocJ52R4JwBQNo BTEXKTSlzGJIolcR4ZxultaROLQ541O9vv-E, 22.2.2020.

Ali Saleem H./Giurco, Damien/Arndt, Nicholas/Nickless, Edmund/Brown, Graham/Demetriades, Alecos/Durrheim, Ray/Enriquez, Maria Amélia/Kinnaird, Judith/Littleboy, Anna/ Meinert, Lawrence D./Oberhänsli, Roland/Salem, Janeth/Schodde, Richard/Schneider, Gaby/Vidals, Olivier/Yakovleva, Natalia (2017): Mineral supply for sustainable development requires resource governance. Nature 543 (7645), 367.

Sanchez-Lopez, Daniela (2019a): Sustainable Governance of Strategic Minerals: Post-Neoliberalism and Lithium in Bolivia. In: Environment: Science and Policy for Sustainable Development 61 (6), 18-30.

Sanchez-Lopez, Daniela (2019b): From a White Desert to the Largest World Deposit of Lithium: Symbolic Meanings and Materialities of the Uyuni Salt Flat in Bolivia. In: Antipode 51 (4), 1318-1339.

Schaffartzik, Anke/Mayer, Andreas/Eisenmenger, Nina/Krausmann, Fridolin (2016): Global patterns of metal extractivism, 1950–2010: Providing the bones for the industrial society's skeleton. In: Ecological Economics 122, 101-110.

UK Reuters (2019): In the new lithium 'Great Game,' Germany edges out China in Bolivia. https://www.reuters.com/article/us-bolivia-lithium-germany-idUSKCN1PM1LS, 22.10.2020.

UN (2018a): High Level Political Forum 2018. https://sustainabledevelopment.un.org/hlpf/2018, 6.5.2018.

UN (2018b): Sustainable Development Goals. https://www.un.org/sustainabledevelopment/sustainable-development-goals/, 6.5.2018.

Walter, Mariana/Urkidi, Leire (2017): Community mining consultations in Latin America (2002–2012): The contested emergence of a hybrid institution for participation. In: Geoforum 84, 265-279.

Interviews

Int1: Bergarbeiter und ehemaliges Mitglied der verfassungsgebenden Versammlung 2012, Huanuni/Bolivien.

Int2: Bürgermeister von Uyuni 2012, Uyuni/Bolivien.

Int3: Mitglied der Kommission für das Bergbaugesetz Direktor der GNRE 2012, La Paz/Bolivien.

Int4: Kommunikationsdirektor von FRUTCAS 2012, Uyuni/Bolivien.

Int5: Leiterin der Einheit für evaporitische und nichtmetallische Rohstoffe im Bolivianischen Bergbauministerium 2012, La Paz/Bolivien.

Int6: Leiterin des parlamentarischen Ausschusses für Bergbau 2013, La Paz/Bolivien.

Int7: Mitarbeiter des Arbeitsministeriums von Uyuni 2013, Uyuni/Bolivien.

Int8: Patricia Gualinga 2019, Tübingen/Deutschland.

Int9: Nationaler Manager für evaporitische Ressourcen GNRE 2012, La Paz.

Johannes Knierzinger, Kathrin Hartmann

MENSCHENRECHTSVERLETZUNG BEIM BAUXITABBAU IN GUINEA

2019 haben dreizehn Dörfer in der Bergbauregion Boké in Guinea bei der Weltbankgruppe eine Beschwerde gegen die *Compagnie des Bauxites de Guinée* (CBG) eingereicht. Die CBG ist ein Bergbauunternehmen, das Bauxit abbaut und ins Ausland verschifft, wo das Erz dann zu Aluminium weiterverarbeitet wird. Die Bauxitminen Guineas sind damit Teil von globalen Produktionsnetzwerken, vor allem in den Bereichen Transport (Flugzeuge, Züge, Autos) sowie Bauwirtschaft und Verpackung (Dosen, Folien etc.). Guinea verfügt weltweit über die größten Reserven und ist einer der wichtigsten Bauxitexporteure, seine Bevölkerung zählt jedoch zu den benachteiligsten der Welt, sowohl in Bezug auf das Einkommen als auch in Bezug auf die Lebensqualität.

Die dreizehn Dörfer sind mit einem Erweiterungsprojekt von CBG konfrontiert und klagten den Konzern beim *Compliance Advisor Ombudsman* (CAO) der *International Finance Corporation* (IFC), einer Tochter der Weltbankgruppe, die dieses Projekt seit 2016 kofinanziert. Die CBG befindet sich zu 49 Prozent im Besitz der guineischen Regierung. Die andere Hälfte gehört den transnationalen Bergbaukonzernen Rio Tinto (Australien/GB), Alcoa (USA) und Dadco, einer Firma mit Sitz in der Schweiz und Produktionsanlagen in Deutschland. Nicht von ungefähr wurde das Erweiterungsprojekt daher neben der Weltbankgruppe auch von der US-amerikanischen Entwicklungsfinanzierungsgesellschaft (DFC) und über Investitionsgarantien (UFK) der deutschen Regierung finanziert (CAO 2019).

Die in der Beschwerde festgehaltenen Menschenrechtsverletzungen und Verstöße gegen internationale und nationale Gesetze und Auflagen sind schwerwiegend. Es geht unter anderem um unzureichenden Zugang zu Wasser aufgrund von Sprengungen und Umsiedlungen und den Verlust von lebensnotwendiger Biodiversität und Ackerflächen im Zusammenhang mit der kontinuierlichen und undemokratischen Ausweitung des Tagebergbaus. Sprengungen in den Minen verändern oft den Grundwasserspiegel und die Richtung der Grundwasserströmung und führen damit zur Austrocknung von Brunnen und Wasserstellen. Außerdem werden mit der Ausweitung von Minen die Wege zu den Brunnen immer länger und die durch verunreinigtes Wasser hervorgerufenen Krankheiten nehmen zu. Der Ackerbau wird zusätzlich erschwert, weil die Pflanzen aufgrund der Staubbelastung immer weniger Photosynthese betreiben können. Zugleich wird die Jagd immer schwieriger, weil auch das Wild immer weniger Nahrung vorfindet und den Sprengzonen ausweicht (CAO 2019).

Diese Probleme existieren auch in allen anderen Minenregionen Guineas seit über 50 Jahren. Bisher hörte man aber außerhalb Guineas unter anderem deshalb nicht viel davon, weil auch viele (einflussreiche) GuineerInnen vom Bergbau profitieren. Das betrifft nicht nur die etwa 10.000 bis 15.000 ArbeiterInnen (diese Zahl variiert sehr stark, je nachdem welche Gruppen und Arten der Beschäftigung dazu gezählt werden) und ihre Familien in den Minenstädten, sondern auch die Regierung, deren Budget überwiegend durch Bergbau erwirtschaftet wird, und – zumindest theoretisch – auch die restliche Bevölkerung, deren Wohl ja das Ziel der Regierungsprogramme sein sollte. Die ländliche Bevölkerung um die Minen ist die einzige Gruppe, die dem Bergbau seit jeher klar ablehnend gegenübersteht, sie schaffte es aber aufgrund von Sprachbarrieren und unzureichender Bildung bisher nur in Ausnahmefällen, ihre Rechte auf lokaler oder nationaler Ebene durchzusetzen. Meist wissen die BäuerInnen um die Minen weder über ihre Rechte Bescheid (etwa in Bezug auf Entschädigung nach der Zerstörung von Ackerflächen), noch verfügen sie über die nötigen Kenntnisse, schriftliche Beschwerden einzulegen. Hinzu kommen sehr ungleiche lokale Machtverhältnisse und eine unzureichende Ausstattung mit Ressourcen, etwa für Transportmittel (Knierzinger 2016). Die erwähnte Beschwerde beim *Compliance Advisor Ombudsman* der IFC ist aber nicht nur für Guinea ein Novum. Auch in zivilgesellschaftlichen Kampagnen und medialen Berichten der Verbraucherländer kamen Bauxit und Aluminium bisher fast nicht vor.

Leider geht diese erhöhte Aufmerksamkeit in Guinea und in den Verbraucherländern bisher nicht mit Sanktionsmöglichkeiten einher. Das Streitschlichtungsverfahren des CAO ist im Vergleich zu anderen internationalen Streitschlichtungsverfahren – wie etwa dem gerade nicht funktionsfähigen *Dispute Settlement Body* der WTO – zahnlos. Die CBG hätte nicht einmal die Teilnahme an einem Streitschlichtungsverfahren akzeptieren müssen. Sollten sich die Beschwerden der Bevölkerung bei diesem Verfahren bestätigen, sind keine Sanktionen gegen die beteiligten Firmen vorgesehen, sondern lediglich ein stärkeres Monitoring seitens der Weltbankgruppe. Von deutscher Seite wird eine Rücknahme der Investitionsgarantien als möglich erachtet, allerdings sei das nur als „Ultima Ratio zu verstehen, da dies die Insolvenz und Zahlungsfähigkeit des Kreditnehmers zur Folge haben könnte und somit keine Lösung für eventuelle nachteilige Auswirkungen des Projekts mehr erreicht werden könnte" (Hartmann 2019).

Die Beteiligung der deutschen Regierung an diesen Menschenrechtsverletzungen erscheint umso unverständlicher, als den Investitionsgarantien eine umfassende Evaluierung nach Weltbankkriterien (IFC 2020) mit „kritischer Begleitung der Mandatare des Bundes" (Euler Hermes) vorangegangen war (Hartmann 2019). In diesem Rahmen fanden mehrere Treffen und Workshops mit dem Management sowie ein „Standortbesuch" statt. Laut Verantwortlichen ist sich die deutsche Regierung bewusst, dass die CBG die *Performance Standards* der Weltbank (IFC 2020) gegenwärtig nicht einhält. Mit den Investitionsgarantien wolle man aber nicht nur die negativen Auswirkungen der neuen Minen verringern, sondern auch auf eine Verbesserung in den bereits bestehenden Minen einwirken. So werde etwa gegenwärtig untersucht, ob „für bestimmte frühere Umsiedlungen und Enteignungen zusätzliche Kompensationsmaßnahmen durch CBG zu leisten sind, um einen Lebensstandard der Betroffenen mindestens auf dem Niveau vor den Umsiedlungen und Enteignungen sicherzustellen" (Hartmann 2019).

Diese Selbstdarstellung als „Teil der Lösung" ist aus Konflikten zwischen zivilgesellschaftlichen und wirtschaftlichen Akteuren bzw. Arbeit und Kapital hinlänglich bekannt und wird noch fadenscheiniger, wenn man einen Blick auf die Auswirkungen des Projekts auf die globale Wertschöpfungskette von Aluminium wirft. Wenige Jahre vor dem Erweiterungsprojekt wurde auch ein Projekt zur lokalen Weiterverarbeitung von Bauxit beschlossen, allerdings ohne die Beteiligung von Dadco und der deutschen Regierung (EEM Gestion Durable 2014: 25). Der Umstand, dass ein Erweiterungsprojekt (der Export von Bauxit) unterstützt wird, ein Weiterverarbeitungsprojekt (das zu höherer Wertschöpfung, mehr Arbeitsplätzen und weniger Außenabhängigkeit führen würde) jedoch nicht, wirft zusätzlich ein schlechtes Licht auf die deutsche Unterstützung: Diese wurde offensichtlich nur unter der Bedingung gewährt, dass Guinea seinen Platz in der Wertschöpfungskette behält und Deutschland weiterhin mit dem Rohstoff für seine Raffinerie in Stade versorgt wird, die in weiterer Folge die deutsche Autoindustrie beliefert.

Literatur

CAO – Office of the Compliance Advisor Ombudsman (2019): Complaint Concerning IFC Loan to the ‚Compagnie des Bauxites de Guinée' (CBG). https://www.inclusivedevelopment.net/wp-content/uploads/2019/02/CBG_CAO-Request-for-Mediation_FINAL-EN.pdf, 5.6.2020.

EEM – Gestion Durable (2014): Environmental and Social Impact Assessment of the CBG Mine Extension Project. Chapter 9 – Cumulative Impact Assessment. Québec: EEM. https://www3.opic.gov/environment/eia/cbg/Chapter_9/PX047_EEM_EIES_Chapitre_9_ENG_version.pdf, 5.6.2020.

Hartmann, Kathrin (2019): E-Mailverkehr mit Anna Sophie Eichler (BMWI). [Unveröffentlicht. Es handelt sich hierbei um Auszüge aus dem E-Mail-Verkehr zwischen Kathrin Hartmann und Anna Sophie Eichler (BMWI) im April 2019. Die Antworten von Frau Eichler wurden mit Verantwortlichen der Bundesregierung abgestimmt.]

IFC – International Finance Corporation (2020): Performance Standards. https://www.ifc.org/wps/wcm/connect/Topics_Ext_Content/IFC_External_Corporate_Site/Sustainability-At-IFC/Policies-Standards/Performance-Standards, 5.6.2020.

Knierzinger, Johannes (2016): Après le Boom. La Laborieuse Mise en Œuvre de Nouvelles Régulations dans le Secteur Minier Guinéen. In : EchoGéo 38, 1-16.

11

Julian Stenmanns, Stefan Ouma

LOGISTIK DER IMPERIALEN LEBENSWEISE: ZUR WELTÖKOLOGIE MARITIMER GÜTERKETTEN

Einleitung

Vom Deck eines auf der Themse einfahrenden Schiffes beschreibt Friedrich Engels in seiner 1845 veröffentlichten Schrift zur *Lage der arbeitenden Klasse in England* schwärmend seine Ankunft in London. Seine Reise in die „kommerzielle[…] Hauptstadt der Welt“ führte ihn entlang der „riesenhaften Docks“ und den dort zu Tausenden vor Anker liegenden Schiffen.

> „Ich kenne nichts Imposanteres als den Anblick, den die Themse darbietet, wenn man von der See nach London Bridge hinauffährt. Die Häusermassen, die Werfte auf beiden Seiten, […] die zahllosen Schiffe an beiden Ufern entlang, die sich immer dichter und dichter zusammenschließen und zuletzt nur einen schmalen Weg in der Mitte des Flusses frei lassen, einen Weg, auf dem hundert Dampfschiffe aneinander vorüberschießen – das alles ist so großartig, so massenhaft, daß man gar nicht zur Besinnung kommt und daß man vor der Größe Englands staunt, noch ehe man englischen Boden betritt“ (Engels 1947 [1845, 1892]: 89).

Erst später beim Landgang, auf dem Weg durch die Elendsviertel der Stadt, so schreibt Engels in der Erstausgabe 1845 (ebd.), entdecke man die „Opfer, die alles das gekostet hat“. Knapp 50 Jahre später, in der 1892 veröffentlichten zweiten deutschsprachigen Ausgabe, wusste Engels seine Trennung zwischen der Ästhetik der weitläufigen maritimen Ökonomie Londons und den ausbeuterischen Fabriken der britischen Industrialisierung zumindest teilweise zu korrigieren (vgl. Sekula 1995: 42). So situierte Engels selbstkritisch seinen vorigen Blick auf die Themse mit dem Verweis auf die bereits vergangene Zeit der „malerischen Segelschiffe". Mittlerweile sei die Themse „bedeckt von rußigen, häßlichen Dampfern" (ebd.). Die Industrialisierung hatte längst das Land verlassen und ihren Weg auf die See gefunden.

Im vorliegenden Beitrag greifen wir Engels' maritimen Exkurs als Ausgangspunkt auf und lenken den Blick auf Fragen maritimer Logistik, der Frachtschifffahrt und ihrer Weltökologie. Damit knüpfen wir an einen der Gründungstexte der Güterkettenforschung von Hopkins und Wallerstein an. In dem von ihnen untersuchten Zeitraum zwischen 1590 und 1790 stellten Schiffe bereits die wesentliche Infrastruktur des Warentauschs und der internationalen Arbeitsteilung dar (Hopkins/Wallerstein 1986: 163). Sie waren zentrale Vermittler der sich herausbildenden imperial-kolonialen Arbeitsteilung im Handelskapitalismus und legten einen Grundstein für die Gestalt der heutigen Welt (Hasty/Peters 2012: 661). Auch der Historiker und Geograf Jason Moore räumt Schiffen und der Schiffsbaukette – in seinen Worten der „production of the means of production" (Moore 2010: 193) – einen prominenten Platz ein. Im Unterschied zu Engels, Hopkins und Wallerstein stellt Moore jedoch seine Analyse der „commodity frontiers" (Moore 2010: 189) in den Kontext der Weltökologie des Kapitalismus (siehe Kapitel 5 Langthaler in diesem Band). Mit Blick auf den „Global North Atlantic" (Moore 2010: 192) folgt er der Transformation amerikanischen Silbers in Holz für den Schiffsbau und der Entstehung ganzer Seewälder („seaborne forests", Moore 2010: 198), symbolisiert durch die Handelsschiffe. Dabei betont er vor allem das Moment der untrennbaren soziomateriellen Verflechtung. Für Moore ist die niederländische Handelsmarine, die Flotte der Hegemonialmacht zu jener Zeit, ein „irreducibly socio-ecological bundle of relations" (Moore 2010: 192), das nicht lediglich Natur verändert, sondern vielmehr durch sie hindurch wirkt und agiert.

Eine gegenwärtige Betrachtung einer solchen Weltökologie würde weder vom Panorama der Themse noch von seeseitigen Wäldern ausgehen. Nimmt man die Fährten der Logistik der globalen Güterketten auf, so sind es die großen Containerschiffe und ihre gewaltigen landseitigen Infrastrukturen – Hafenterminals, Containerkräne, Wasserstraßen und Stahlbetonschleusen –, die das Panorama bestimmen, und das an vielen Orten (z.B. Singapur, Port Klang, Dubai, Durban etc.), die zu Engels' Zeiten nur eine geringe Rolle in weltwirtschaftlichen Verflechtungen spielten. 2018 wurden 10,7 Milliarden Tonnen Fracht über die Weltmeere transportiert (UNCTAD 2018: 2). Dies entspricht schätzungsweise 90 Prozent des Gesamtvolumens des globalen Warenhandels (Carse/Lewis 2017: 10). Die Data Scientists von *Kiln* visualisierten diese „Verlandung des Meeres" (Klose 2009: 69) jüngst eindrucksvoll in einer Animation. Wie Landbrücken durchschneiden die wichtigsten Schifffahrtsrouten die Weltmeere (UCL 2020). Aufgrund dieser enormen Bedeutung der Seefahrt schlagen wir vor, den Blick der Ansätze zu globalen Güterketten für Fragen maritimer Logistik und ihrer Weltökologie zu sensibilisieren und damit den Fokus auf die See – eines der zentralsten Bindeglieder des globalen Kapitalismus – zu lenken.

Vor diesem Hintergrund lohnt sich erstens ein Blick auf die jüngere Debatte der kritischen Geografien der Logistik, die sich explizit mit der grundsätzlichen Rolle der Logistik für Güterketten und maritime Raumproduktionen beschäftigt (Cowen 2014; Danyluk 2018; Stenmanns 2019). Eine Verbindung dieser Debatte mit Ansätzen der Güterkettenanalyse eröffnet zweitens einen Zugang zu Fragen der Konstitutionsbedingungen des gegenwärtigen Kapitalismus (Bernstein/Campling 2006: 262) und damit gleichermaßen auch zu Fragen nach der Weltökologie globaler Güterketten (Moore 2010). Mit der Schifffahrt werden nicht nur Milliarden Tonnen Fracht bewegt. Die Schifffahrt ist auch einer der größten CO_2-Emittenten. Im direkten Vergleich mit Staaten würde sie bspw. Deutschland vom sechsten Rang verdrängen (ICCT 2017: iv). Darüber hinaus hat die Schifffahrt einschneidende Effekte auf lokale und planetarische Ökosysteme, etwa aufgrund der Vertiefungen von Wasserstraßen und Hafenbecken, des Transports von Milliarden „invasiver Arten" bzw. „standortfremder Organismen" in den Ballasttanks der Ozeanriesen oder der wenig regulierten Abwrackökonomien für Schiffe. Drittens ergeben sich aus dem Blick auf die maritimen „other 71 percent" (Bélanger 2014) des Planeten Fragen nach der Verortung von negativen sozialen und ökologischen Effekten globaler Güterketten. Externalisierung als „Leben auf Kosten anderer" bzw. als Kernbestandteil einer

„imperialen Lebensweise“ (Brand/Wissen 2017) beruht nicht nur auf systemlogischen und habituellen Voraussetzungen (Lessenich 2016), sondern bedarf auch einer spezifischen Infrastruktur und Logistik, die das „Außen“ (Orte der Wertextraktion) und das „Innen“ (Orte der Akkumulation und des Konsums) miteinander verbinden. Es sind gerade diese „dunklen Seiten“ (Werner 2019; Ouma 2020) globaler logistischer Operationen, die in der einschlägigen Literatur zu globalen Güterketten, Wertschöpfungsketten und Produktionsnetzwerken oft zu kurz kommen (exemplarisch hierzu siehe Coe 2014).

Logistik globaler Güterketten

Marx verstand die Transportindustrie als einen Sektor, der als Produkt die „Ortsveränderung selbst“, d.h. ein „verändertes örtliches Dasein“ verkauft (Marx 1963 [1885]: 60). Bereits zu seinen Lebzeiten beobachtete er die Entwicklung neuer Transportmittel, in deren Folge sich „die Geschwindigkeit der Raumbewegung beschleunigt und damit die räumliche Entfernung zeitlich verkürzt“ (ebd.: 253). Diese Veränderungen der Transportwirtschaft sind allerdings nur Vorboten einer Revolution in der Logistik. Denn „Verkehrsleichtigkeit“ (ebd.) bzw. die „transportation mechanisms“ (Hopkins/Wallerstein 1977: 128) stellen nur einen Teilaspekt der Logistik dar. Der Begriff der Logistik, der erst in den 1950er Jahren über das US-Militär seinen Weg in die Glossare der Betriebswirtschaft fand, beschreibt die administrativ weitaus komplexere Aufgabe der räumlichen und organisatorischen Auslagerung und Zergliederung von vormals räumlich integrierter Produktion sowie die systemische Verknüpfung der Sphären von Produktion und Distribution durch globale Güterketten.

Inspiriert durch Ansätze aus dem militärischen *operations research* wandten sich Unternehmen in den 1960er Jahren den Materialflüssen zu, die zuvor als fixe Kostenelemente nach der Produktion galten (Morgenstern 1955). Hier spielte die aus dem Umfeld der US Air Force stammende Gesamtkostenrechnung, deren Ziel es war, einen holistischen Blick auf jegliche Operationen einer Unternehmung zu entwickeln, eine entscheidende Rolle. Die Analyse von Daten führte oftmals zum kontraintuitiven Ergebnis, dass größere räumliche Distanzen zwischen Orten der Produktion (und auch der Konsumption) Profitmargen vergrößern könnten (Cowen 2014: 38).

Das Fließband der Fabrik konnte mittels dieser neuen buchhalterischen Form der Kontrolle über geografisch fragmentierte Güterketten neuverortet werden. An die Stelle der idealtypischen vertikal integrierten Fabrik im Fordismus trat ein räumlich aufgeteilter und gleichzeitig synchronisierter Produktionsprozess, der teils über weite Strecken aufgestellt war. Die Geografin Deborah Cowen spricht in diesem Zusammenhang von einem Netzwerk kontinuierlicher Produktion, verbunden durch Güterketten und organisiert durch die seit den 1950er Jahren sich verbreitende Praxisdisziplin des Supply Chain Management (Cowen 2014: 105; siehe auch Busch 2007).

Anfänglich stellten die Weltmeere hierfür noch Barrieren dar. Erst die Entwicklung des genormten, wiederverwendbaren Schiffscontainers und eine flächendeckende infrastrukturelle Harmonisierung, die in den späten 1960er Jahren begann, sollten hier Abhilfe verschaffen. Die Dimensionen des Containers bestimmten fortan Hafenterminals, Güterbahnhöfe, Lagerhäuser und sogar die Kurvenradien von Straßen (Danyluk 2018: 640). Als Folge ermöglichten diese Standardisierungen von Transportbehältern, ihren jeweiligen Trägern und ganzen infrastrukturellen Landschaften den Austausch von Gütern in einer bis dato nicht erreichten Geschwindigkeit und Effizienz. Das arbeitsintensive Umladen von in kleinen Einheiten verpackten Gütern, und damit auch die dafür notwendige (meist sehr gut gewerkschaftlich organisierte) Arbeitskraft, wurde obsolet. Mittlerweile können 10.000 Container (oder etwa 217.000 Tonnen Güter) in 20 Stunden von einem einzelnen Schiff gelöscht und weiterverladen werden. Die Verwendung von Containern schuf dabei nicht nur eine Integration zwischen unterschiedlichen Verkehrsträgern, sondern auch eine neue räumliche Integration von maritimen und terrestrischen Räumen (Martin 2013).

In Folge dieser Integration und Beschleunigung setzten Reedereien umso mehr auf Skaleneffekte durch größere Schiffe. Die Schiffe der MSC-Megamax-24-Klasse können beispielsweise bis zu 23.500 Container pro Fahrt laden. Gestapelt würden diese Container 56 Kilometer hoch sein, aneinandergereiht würden sie sich über eine Distanz von 143 Kilometern erstrecken. Bei diesen Größenordnungen ist es nicht überraschend, dass im Jahr 2017 etwa 752 Millionen Container durch die Häfen der Welt bewegt wurden (UNCTAD 2018: 64). Verschiffte Massengüter (*liquid* und *dry bulk*) spielen zudem mit 1,87 Milliarden Tonnen Rohöl und 5,1 Milliarden Tonnen

Schüttgüter (allen voran Eisenerz und Kohle) eine noch gewichtigere Rolle (UNCTAD 2018: 9, 11).

In Anbetracht dieser globalen Integrationen – von den intellektuellen Praktiken des Supply Chain Managements, das die Grenzen zwischen Produktion und Distribution auflöst, bis zu den Containern als Medien der räumlichen Integration von Land und See – argumentieren wir im Anschluss an Hesse (2007) und Sowers et al. (2014), dass die Logistik eine konstitutive Rolle für globale Güterketten einnimmt. Denn im Unterschied zu einzelnen Güterketten stellt die Logistik ein zugrundeliegendes „network of links" dar, welches das operative Fundament für quasi alle globalen Güterketten darstellt (Sowers et al. 2014: 113).

Die Weltökologie der Logistik

Diese Innovationen in der Logistik hatten nicht nur den dramatischen Anstieg des Werts exportierter Güter und Dienstleistungen um das Dreihundertfache zwischen 1950 und 2013 zur Folge (Wiedmann 2016: 160). Die durch die Logistik ermöglichten globalen Güterketten führen ebenso zu massiven Umweltveränderungen. Dazu gehören der Verbrauch von Wasser und Land, die Emission von Treibhausgasen wie Methan und CO_2 sowie der Eintrag toxischer oder anderweitig problematischer Stoffe wie Schwermetalle oder Nitrate in Bio- und Geosphäre. Ein Viertel bis ein Drittel aller globalen CO_2-Emissionen gehen auf Güter zurück, die Konsumbedürfnisse außerhalb der Herstellungsländer befriedigen (ebd.: 164). 20 bis 24 Prozent der globalen Landschaftsveränderungen und 35 Prozent aller konsumierten Energieressourcen werden dem internationalen Handel von Gütern und Dienstleistungen zugerechnet (ebd.: 170). Diese beeindruckenden Zahlen lenken unseren Blick allerdings zumeist auf Prozesse, die zwar die Atmosphäre belasten, aber an Land lokalisiert sind.

Aber was ist nun mit Emittenten, die sich gar nicht an Land befinden? Während der globale Flugverkehr bereits seit einigen Jahren als Treiber globaler Treibhausgasemissionen diskutiert wird (Gössling 2009), geschieht dies beim Schiffsverkehr überraschenderweise erst seit kurzem. Dies ist symptomatisch für die generelle Vernachlässigung von Schiffen – und maritimem Leben im Allgemeinen – in Debatten um die historische Genese, Funktionsweise und politische Ökologie der kapitalistischen Weltökonomie (Hasty/Peters 2012: 660).

Im Folgenden gehen wir nur auf den Güterfracht- und nicht auf den personenbezogenen Schiffsverkehr ein (beide summieren sich auf rund 60.000 Schiffe weltweit, Brändle 2020; vgl. Abb. 1). Diese Hervorhebung ist wichtig, denn große Kreuzfahrtschiffe zählen ebenfalls zu den großen Emittenten der verlandeten Meere: Während Kreuzfahrtschiffe 1990 „nur" 3,7 Millionen Passagiere beförderten, waren es 2015 bereits 23 Millionen (Sprague-Silgado 2017: 97). Jenseits von CO_2 belasten diese Schiffe die Weltmeere mit rund 40 bis 120 Tonnen konzentriertem Klärschlamm (ebd. 2017: 117), zusätzlich zu den gewaltigen Müllbergen, die bei der Landung von oft tausenden Passagieren in den Hotspot-Häfen der Kreuzfahrtindustrie anfallen.

Abbildung 1: Welthandelsflotte 2018

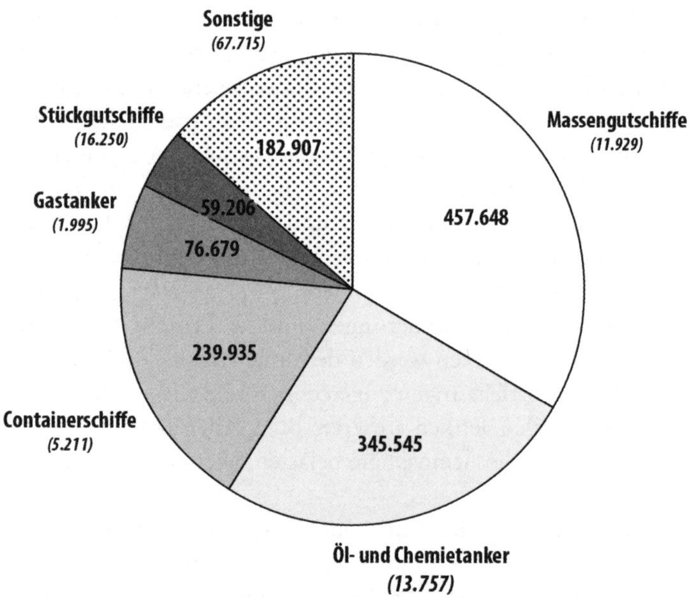

Quelle: eigener Entwurf nach Daten von equasis 2019

Fracht

Die globalen Handelsungleichgewichte lassen sich gut an den Ladelisten von Frachtschiffen ablesen. Etwa die Hälfte aller Stellplätze auf Containerschiffen, die die San-Pedro-Bucht an der Küste von Los Angeles verlassen, sind regelmäßig für leere Container auf dem Weg nach Asien reserviert. Ähnlich sieht es auf den Routen zwischen den europäischen und ostasiatischen Häfen aus (vgl. z.B. Neilson 2015). Die leeren und doch raumnehmenden und energieverbrauchenden Boxen stehen für eine der großen Paradoxien der globalen Logistik: Sie gelten weithin als Symbole logistischer Effizienz. Dies mag in Anbetracht der Menge der durch Container bewegten Güter, der Geschwindigkeit sowie der dafür anfallenden Kosten stimmen. Bei genauerer Betrachtung wird allerdings deutlich, dass die Logistik der Container selbst ein fundamentales Problem aufweist. Laut Neilson (2015: 48) sind sie die materiellen Register „of the inefficiency and excessive carbon burning inherent in current systems of global trade and production“. Noch drastischer zeigt sich diese *directional imbalance* im Bereich der großen Rohöltanker und von Kohle- und Erzfrachtern. *Empty runs* stehen hier auf der Tagesordnung, da sie nahezu immer leer an die jeweiligen Extraktionsorte zurückfahren.

„Luftfracht“ bzw. der Transport von Luft in und auf Schiffen offenbart nicht nur die ungleichen globalen Geografien von Produktion und Konsum, er hat auch ganz materielle Auswirkungen auf die Schiffskörper selbst. Die fehlende Last muss durch die Aufnahme von Wasser in die Ballasttanks der Schiffe ausgeglichen werden. Nur so erhalten die Schiffe ihre Stabilität und Schiffspropeller den notwendigen Tiefgang im Wasser. Die Ballasttanks der Emma Maersk verfügen über ein Fassungsvermögen von etwa sechs Millionen Liter Wasser. Insgesamt werden jährlich etwa vier Billionen Liter Meerwasser in Ballasttanks bewegt. In diesem planetarisch bewegten Wasser werden Schätzungen zufolge pro Jahr dreieinhalb Millionen marine Organismen disloziert (Hailey 2015: 9, 11). BiologInnen gehen daher davon aus, dass Küstenstaaten im wirtschaftlichen Aufschwung aufgrund steigender Schiffsbewegungen von dramatischen Veränderungen ihrer jeweiligen marinen Biodiversität betroffen sein werden (Sardain et al. 2019: 277).

Schiffsemissionen

Während die mit dem Schiffverkehr einhergehenden Bewegungen von Gütern und Organismen mehr oder weniger klare räumliche Bezüge aufweisen, lassen sich die CO_2-Emissionen von Schiffen nur schwer räumlich verorten. Zum einen belasten sie die Atmosphäre an sich, zum anderen bewegen sich die Schiffe für den Großteil ihrer Zeit auf See außerhalb der Zwölf-Seemeilen-Grenze von territorialen Gewässern. Jedoch ist ihre gesamte Emissionslast vergleichbar mit emissionsgewichtigen Industrienationen. Allein 2015 betrugen die Emissionen der Schifffahrt 932 Millionen Tonnen CO_2 (ICCT 2017: 13). Damit überstiegen sie sogar die Emissionen Deutschlands im Vergleichszeitraum. Mit ihrem Europageschäft belegt die Mediterranean Shipping Company (MSC) den achten Platz auf der Liste der größten CO_2-Emittenten der EU (Transport & Environment 2019: 7). Die Schweizer Reederei folgt dabei mit nur geringem Abstand den medial in der Kritik stehenden Kohlekraftwerken. Darüber hinaus übersteigen die Deutschland zugerechneten maritimen CO_2-Emissionen die Emissionslast von PKWs in den zehn größten deutschen Städten (Transport & Environment 2019: 20).

An der Frage der Schifffahrtsemissionen manifestieren sich fortlaufend Kontroversen, insbesondere mit Blick auf die Verantwortungsübernahme. Ausgehend von der Beflaggung der Schiffe müssten Panama, China und Liberia (gefolgt von den Marshall Islands, Singapur und Malta) die Hauptlast der globalen Schiffsemissionen tragen (ICCT 2017: 15). Diese *flags of convenience* sind zum Großteil jedoch nur administrative Kunstgriffe, um Steuern zu sparen sowie um von weniger strengen Arbeits- und Umweltregularien zu profitieren. Auf die Frage, wem die Emissionslast eines Schiffes einer deutschen Reederei unter liberianischer Flagge, das zwischen Los Angeles und Shenzhen verkehrt, anzurechnen wäre, konnte bislang wenig überraschend keine Antwort gefunden werden. Vor dem Hintergrund dieser Kontroversen wurde dieses Thema auch aus dem UN-Klimaübereinkommen von Paris 2015 ausgeklammert. Mittlerweile versucht die Internationale Seeschifffahrtsorganisation (*International Maritime Organization* – IMO) ein internationales Abkommen zu entwickeln, um bis 2050 die CO_2-Emissionen zu halbieren. Bislang konnten dabei aber nur mäßig erfolgreich Maßnahmen umgesetzt werden.

Die Mitgliedstaaten der IMO konnten sich zwar kürzlich auf eine Reduktion des Schwefelgehalts von Schiffskraftstoffen einigen

(Mooney 2018), doch selbst vorsichtig formulierte grundlegendere Vorschläge scheitern bisher an der Ideologie reibungsloser logistischer Prozesse (Martin 2013; Danyluk 2019). So machte der französische Reeder Dreyfuss jüngst folgenden Vorschlag für die rund 1.700 Capesize-Massengutfrachter und Supertanker (bzw. *Ultra Large Crude Carrier*), die 300 Meter lang sind und fast 70 Prozent des weltweiten Gütervolumens transportieren: Würden die Schiffe ihre Geschwindigkeit von 15 Knoten (27 km/h) um 20 Prozent verringern, würden sie statt 55 Tonnen Schweröl nur noch 25 Tonnen Schweröl pro Tag verbrauchen (vgl. Brändle 2020). Ein solches Tempolimit, in der Branche *slow steaming* genannt, findet allerdings nur in Krisenzeiten des Welthandels Anwendung, wenn die Schifffahrtsbranche mit großen Überkapazitäten zu kämpfen hat (Sibilia 2019). Es hängt wohl von der Dynamik der drastisch sichtbaren Klimaveränderungen ab, welche der im Moment diskutierten Szenarien sich durchsetzen werden und damit auch, ob sich die Schifffahrtsbranche mittelfristig innerhalb des Zwei-Grad-Ziels der Paris-Erklärung entwickeln wird (Mooney 2018).

Die Schifffahrtsbranche und die Zerstörung von Wert

Die bisherigen Ausführungen suggerieren womöglich, dass es sich bei der modernen Güterschifffahrt um eine Geschichte des stetigen Wachstums und unbeirrter Expansion handelt. Doch wenige Branchen reagieren so sensibel und unvermittelt auf wirtschaftliche Krisen wie die Schifffahrtsbranche. Seit dem 18. Jahrhundert hat sie Dutzende Überkapazitätskrisen durchlebt. Das chronische Überangebot am Markt für Schiffstonnage und sinkende Frachtraten verstetigt sich durch einen grundlegenden Problemzusammenhang. Fixkosten wie etwa die Heuer der Mannschaft oder Verwaltungskosten entwickeln sich nur unterproportional in Relation zur Größe der Schiffe. Gleichzeitig sparen moderne Schiffe Kraftstoff und sind oftmals auch wartungsärmer. Nach ca. 25 bis 35 Jahren haben Frachtschiffe ihren Lebenszyklus vollendet (Crang et al. 2013: 20). Die Reedereien sind aufgrund des Konkurrenzdrucks stetig gezwungen, in neue Flotten zu investieren (deren Eigentümer setzen dabei oft auf unterschiedliche Unternehmen und Routen, um Risiken zu diversifizieren, vgl. Kuecker 2010: 116). Gleichzeitig wird dadurch Kapital gebunden, was im Kontext einer zyklischen Entwicklung der Weltwirtschaft und einzelner großer Schockereignisse seit den 1960er Jahren immer wieder zu einer Entwertung von Kapital geführt hat. Verschärft wird der traditionell durch Bankenkredite befeuerte Ausbau von Flotten durch die Tatsache, dass Schiffe nicht mehr nur mobile Infrastrukturen für Transportdienstleistungen sind, sondern zunehmend auch selbst zu Anlageobjekten werden, über die klassische Börsennotierung oder aber auch über Schifffonds oder andere Finanzierungsformen im Bereich sog. *real assets* (z.B. Private Equity). Große Abwrackwellen von seetüchtigen Schiffen sind die Folge (Sibilia 2019), die am Ende ihres Transportlebens auch eine Werttransformation unterlaufen:

> „As they move from the second-hand ‚sale and purchase' market to the ‚demolition' market, the metric of their value is transformed from dead weight tonnes (dwt), or the amount they can carry, to light displacement tonnes (ldt), that is, the weight of metal that composes their hulls" (Crang et al. 2013: 20).

Etwa 80 Prozent aller Schiffe werden, nachdem sie die Netzwerke maritimer Güterketten verlassen haben, an Strandabschnitten in Indien und Bangladesch unter desolaten Arbeitsbedingungen abgewrackt (UNCTAD 2018: 37; Frey 2015). Grund hierfür sind vor allem die billige und verfügbare Arbeitskraft sowie nur spärlich durchgesetzte Umwelt-, Arbeitssicherheits- und Gesundheitsregularien (Frey 2015: 29). Die Externalisierungsgesellschaft bzw. imperiale Lebensweise ist also nicht nur mit der oft nicht nachhaltigen bzw. sozial verträglichen ‚Geburt' von Gütern verwoben, sondern auch mit deren Ende (siehe Exkurs Laser/Schlitz in diesem Band). Bei der Güterschifffahrt bezieht sich das nun aber nicht mehr nur auf die Güter an sich (wie etwa beim Thema E-Waste), sondern auch auf die (mobilen) Infrastrukturen, die für die globale Zirkulation von Gütern Voraussetzung sind.

Logistische Umwelt

Eng mit diesen Abwrackstränden verbunden sind die großen Wasserstraßen der Welt mit ihren planetarischen infrastrukturellen Standards. Als 2016 der erweiterte Panamakanal seine Schleusen für eine neue Schiffsklasse öffnete, hatte dies nicht nur immense Konsequenzen für maritime Industrien, sondern auch für marine Lebenswelten. Rund 40.000 ArbeiterInnen trugen in neun Jahren 150 Million Kubikmeter Geröll und Sedimente ab und verarbeiteten zwölf Millionen Tonnen Zement für den Bau der mächtigen Schleusen an den beiden Ein- und Ausgängen des panamaischen Isthmus (Handelsblatt 2016). Seitdem ist es für Schiffe der Neopanamax-Klasse möglich, das Nadelöhr zwischen Pazifik und Atlantik zu queren. Diese können nun einen Tiefgang von 15,2 Metern statt wie bisher 12,04 Metern haben. Ebenso wurde auch der Suezkanal 2015 erweitert. Da interozeanische Kanäle „obligatory points of passage" (Carse/Lewis 2017: 10) für die Schifffahrt darstellen, setzen sie globale infrastrukturelle und damit auch naturräumliche Standards. Die Ausgrabungen in Panama sind in dieser Hinsicht ein einzigartiges Beispiel für eine gleichermaßen infrastrukturelle wie ökologische Neuordnung der Welt.

Wenn wir Carse und Lewis (2017: 18) folgen, lässt sich argumentieren, dass „environmental standardization" nicht weniger als eine „precondition for global economic integration, logistics, and associated forms of value creation" darstellt. Am Beispiel der Vertiefung des Panamakanals um drei Meter werden die ökologischen Folgen der globalen ökonomischen Integration deutlich. Während die älteren Schiffe die Abwrackstrände in Indien und Bangladesch ansteuern, müssen Häfen fortlaufend den neuen infrastrukturellen Standards angepasst werden. Die neuen Schiffstypen (allen voran die Neopanamax-Klasse) haben somit auch globale Ausgrabungen und Sedimentbewegungen zur Folge. Denn um diese neuen Schiffe abfertigen zu können, müssen Häfen nicht nur ihre technologische Ausstattung anpassen. Ebenso müssen marine Gesamtsysteme – insbesondere die Breite und Tiefe von Schifffahrtsstraßen – für größere Schiffe angepasst werden. Gerade für küstennahe Flusssysteme, etwa entlang des Mississippi oder der Elbe, vergrößert sich dadurch die Gefahr der Versalzung. Durch die Vertiefung und Verbreiterung der Flussläufe kann Brackwasser in Flussläufe und Grundwasser eindringen (ebd.: 18ff.). Der Verlust von Süßwasser nimmt in Panama indes noch größere Ausmaße an. Pro Schiffspassage werden durch die Schleusungsvorgänge (also das Anheben der Schiffe) 197 Millionen Liter Süßwasser ins Meer entlassen (Carse 2012: 540). Schon jetzt leidet das zentralamerikanische Land unter den Folgen des Klimawandels und hat Schwierigkeiten, ausreichend Süßwasser für die Schleusen des Kanals aufzubringen (Zamorano 2020).

Am Fall des Suezkanals konnten MeeresbiologInnen zudem nachweisen, dass künstlich angelegte Wasserstraßen eine ernste Gefahr für marine Artenvielfalt darstellen. Die Verdopplung der Kapazität des Suezkanals im Jahr 2015 schuf einen vergrößerten Korridor zwischen dem Roten Meer und dem Mittelmeer. Neben Schiffen passieren zunehmend auch invasive Arten den Kanal, indem sie die nach Norden gerichtete Strömung nutzen. Hunderte neue Spezies haben so den Kanal bereits gen Mittelmeer passiert und gefährden dort nicht nur die biologische Diversität. Schon jetzt haben die Meerwasserkühlanlagen israelischer Kraftwerke massive Probleme mit Verstopfungen durch Quallen (Galil et al. 2017).

LERNFRAGEN

- Welche Rolle spielte die Erfindung des 20-Fuß-Containers für die Entwicklung des weltweiten Handels?
- Was sind die ökologischen Folgen des maritimen Transports und seiner benötigten „Hardware" (Schiffe, Container, Infrastrukturen)?
- Warum lassen sich globale Güterketten als räumliche Redimensionierung von Mensch-Umwelt-Verhältnissen denken?

Ausblick

Wie wir in diesem Beitrag zeigen, haben jüngere sozialwissenschaftliche Diagnosen wie etwa die der „imperialen Lebensweise" (Brand/Wissen 2017) oder der „Externalisierungsgesellschaft" (Lessenich 2016), mit denen der Zugriff des Globalen Nordens auf die sozialen und ökologischen Ressourcen des Globalen Südens sowie die räumliche und organisatorische Auslagerung negativer Effekte auf andere Gesellschaften beschrieben werden, auch eine logistische Entsprechung. Frey beschreibt dies treffend anhand der Schifffahrtsindustrie: „The global shipping industry […] facilitates the transport of wealth to the core and anti-wealth to the periphery […]" (Frey 2015: 28).

Logistik steht in diesem Kontext somit für weit mehr als nur die effiziente Steuerung und Planung von Waren- und Informationsströmen. Im Falle des „supply chain capitalism" (Tsing 2009: 148), der stark mit der Idee des Freihandels verbunden ist (obwohl die dadurch entstandenen Strukturen alles andere als „frei" sind), wird Logistik, unterstützt durch die Ideologie unablässiger Zirkulation (Martin 2013), zu einem Instrument des geografischen Transfers von Wert, (Arbeits-)Risiken und *environmental bads* (siehe auch Stenmanns 2019). Das macht die Logistik nicht nur zu einem zentralen Transferscharnier in der politischen Ökonomie des Welthandels, sondern auch zum konstitutiven Element der Weltökologie der imperialen Lebensweise. Damit steht diese politökologische Dimension globaler Güterketten den parallel ablaufenden Versuchen der regulativen Einhegung negativer ökologischer Effekte diametral entgegen (Hornborg 2018). Mit der globalen Verallgemeinerung und Intensivierung der imperialen Lebensweise (Brand/Wissen 2017: 95) spitzt sich diese Problematik abermals zu. Das Schiff ist dabei gewiss nur ein zu problematisierendes Element unter vielen:

> „How many (more) roads and vehicles, how much electrification, how many chemicals and plastics at large, how much construction and manufacturing, how much garbage dumped, incinerated, or squeezed into how many landfills, how many airplanes and ships, how much global trade and travel, how much mining, logging, damming, fishing, and aquaculture, how much plowing under of the tropics (with the temperate zone already dominated by agriculture), how many Concentrated Animal Feeding Operations (aka factory farms) – in brief, how much of little else but a planet and Earthlings bent into submission to serve the human enterprise?“ (Crist 2016: 19).

Darüber hinaus muss der Perspektive der räumlichen Externalisierung und der ungleichen ökologischen Belastung eine Perspektive auf die Grenzen der Externalisierung als politökologische Praxis gegenübergestellt werden. Die Deponierung von CO_2 in der Erdatmosphäre macht deutlich, dass die Menge und Wirksamkeit der Emissionen und nicht zwangsläufig deren Geografie eine entscheidende Größe sind – auch wenn natürlich die HauptverursacherInnen weiterhin im Globalen Norden zu finden sind (Folkers 2018: 245). Externalisierung ist somit oftmals ein Phantasma räumlicher Kammerung in Anbetracht der Weltökologie des Kapitalismus.

Insgesamt lassen sich globale Güterketten auch als räumliche Redimensionierung von Mensch-Umwelt-Verhältnissen denken. Der Stoffwechsel, welcher der Produktion und Reproduktion von Gesellschaften zugrunde liegt, erreicht über globale Güterketten planetarische Ausmaße. Dies ist an sich kein neuer Prozess (Patel/Moore 2018), in Intensität und Maßstab aber beispiellos. Aufgrund der sozialen, geografischen und politökologischen Komplexität von Warenketten und der Distanzen zwischen Produktions- und Konsumptionsorten sind die ökologischen Folgen globalisierter Produktion für KonsumentInnen jedoch bislang oft unsichtbar oder aber werden schlichtweg ignoriert.

Basisliteratur

Cowen, Deborah (2014): The Deadly Life of Logistics. Mapping the Violence in Global Trade. Minneapolis: University of Minnesota Press.

Moore, Jason W. (2010): ‚Amsterdam is Standing on Norway.' Part II. The Global North Atlantic in the Ecological Revolution of the Long Seventeenth Century. In: Journal of Agrarian Change 10 (2), 188-227.

Carse, Ashley/Lewis, Joshua A. (2017): Toward a political ecology of infrastructure standards. Or, how to think about ships, waterways, sediment, and communities together. In: Environment and Planning A: Economy and Space 49 (1), 9-28.

Sibilia, Elizabeth A. (2019): Oceanic accumulation. Geographies of speculation, overproduction, and crisis in the global shipping economy. In: Environment and Planning A: Economy and Space 51 (2), 467-486.

Literatur

Bélanger, Pierre (2014): The Other 71 Percent. In: Harvard Design Magazine 39. http://www.harvarddesignmagazine.org/issues/39/the-other-71-percent, 16.1.2020.

Bernstein, Henry/Campling, Liam (2006): Commodity Studies and Commodity Fetishism I. Trading Down. In: Journal of Agrarian Change 6 (2), 239-264.

Brand, Ulrich/Wissen, Markus (2017): Imperiale Lebensweise. Zur Ausbeutung von Mensch und Natur im globalen Kapitalismus. München: Oekom.

Brändle, Stefan (2020): Reeder kämpft für Tempolimit auf den Weltmeeren. In: Frankfurter Rundschau, 11.2.2020. https://www.fr.de/wirtschaft/reeder-kaempft-tempolimit-weltmeeren-13534253.html, 20.2.2020.

Busch, Lawrence (2007): Performing the economy, performing science: from neoclassical to supply chain models in the agrifood sector. In: Economy and Society 36 (3), 437-466.

Carse, Ashley (2012): Nature as infrastructure. Making and managing the Panama Canal watershed. In: Social Studies of Science 42 (4), 539-563.

Coe, Neil M. (2014): Missing links. Logistics, governance and upgrading in a shifting global economy. In: Review of International Political Economy 21 (1), 224-256.

Crang, Mike/Hughes, Alex/Gregson, Nicky/Norris, Lucy/Ahamed, Farid (2013): Rethinking governance and value in commodity chains through global recycling networks. In: Transactions of the Institute of British Geographers 38 (1), 12-24.

Crist, Eileen (2016): On the Poverty of Our Nomenclature. In: Moore, Jason W. (Hg.): Anthropocene or Capitalocene? Nature, History, and the Crisis of Capitalism. Oakland: PM Press, 14-33.

Danyluk, Martin (2018): Capital's logistical fix. Accumulation, globalization, and the survival of capitalism. In: Environment and Planning D: Society and Space 36 (4), 630-647.

Equasis – Electronic Quality Shipping Information System (2019): The World Merchant Fleet in 2018. http://www.emsa.europa.eu/equasis-statistics/download/5877/472/23.html, 25.2.2020.

Engels, Friedrich (1947 [1845, 1892]): Die Lage der arbeitenden Klasse in England. Berlin: Dietz.

Folkers, Andreas (2018): Stoffwechselstörung. Materialismus, Metabolismus, Müll. In: Hansen, Lis/Roose, Kerstin/Senzel, Dennis (Hg.): Die Grenzen der Dinge. Ästhetische Entwürfe und theoretische Reflexionen materieller Randständigkeit. Wiesbaden: Springer, 239-264.

Frey, R. Scott (2015): Breaking Ships in the World-System: An Analysis of Two Ship Breaking Capitals, Alang-Sosiya, India and Chittagong, Bangladesh. In: Journal of World-Systems Research 21 (1), 25-49.

Galil, Bella/Marchini, Agnese/Occhipinti-Ambrogi, Anna/Ojaveer, Henn (2017): The enlargement of the Suez Canal. Erythraean introductions and management challenges. In: Management of Biological Invasions 8 (2), 141-152.

Gössling, Stefan (Hg., 2009): Climate Change and Aviation. London: Earthscan.

Hailey, Charlie (2015): Ballast. In: Salter, Mark B. (Hg.): Making Things International I. Circuits and Motion. Minneapolis: University of Minnesota Press, 98-111.

Handelsblatt (2016): Schleusen auf für die Giganten der Meere, 25.6.2016. https://www.handelsblatt.com/technik/forschung-innovation/neuer-panamakanal-schleusen-auf-fuer-die-giganten-der-meere/13783262.html, 14.1.2020.

Hasty, William/Peters, Kimberley (2012): The ship in geography and the geographies of ships. In: Geography Compass 6 (11), 660-676.

Hesse, Markus (2007): Gütertransport und Logistik im räumlichen Kontext. In: Zeitschrift für Wirtschaftsgeographie 51 (2), 73-76.

Hopkins, Terence K./Wallerstein, Immanuel (1977): Patterns of Development of the Modern World-System. In: Review (Fernand Braudel Center) 1 (2), 111-145.

Hopkins, Terence K./Wallerstein, Immanuel (1986): Commodity Chains in the World-Economy Prior to 1800. In: Review (Fernand Braudel Center) 10 (1), 157-170.

Hornborg, Alf (2018): Why you can't have free trade and save the planet. In: The Conversation, 30.4.2018. https://theconversation.com/why-you-cant-have-free-trade-and-save-the-planet-94128, 20.2.2020.

UCL – University College London (2020): UCL-Energy Institute. Visualisation of Global Cargo Ships (Visualisation by Kiln). www.shipmap.org, 16.12.2020.

Klose, Alexander (2009): Das Container-Prinzip. Wie eine Box unser Denken verändert. Hamburg: Mare.

Kuecker, Glen David (2010): Review of „Getting the Goods: Ports, Labor, and the Logistics Revolution" by Edna Bonacich and Jake B. Wilson. In: Journal of World-Systems Research 16 (1), 115-117.

Lessenich, Stephan (2016): Neben uns die Sintflut. Die Externalisierungsgesellschaft und ihr Preis. München: Hanser Berlin.

Martin, Craig (2013): Shipping container mobilities, seamless compatibility, and the global surface of logistical integration. In: Environment and Planning A: Economy and Space 45 (5), 1021-1036.

Marx, Karl (1963 [1885]): Das Kapital. Kritik der politischen Ökonomie. Band II. Berlin: Dietz.

Mooney, Chris (2018): The shipping industry is finally going to cut its climate change emissions. That's a big deal. In: Washington Post, 13.4.2018. https://www.washingtonpost.com/news/energy-environment/wp/2018/04/13/the-global-shipping-industry-is-finally-going-to-cut-its-climate-change-emissions/, 20.2.2020.

Morgenstern, Oskar (1955): Note on the formulation of the theory of logistics. In: Naval Research Logistics 2 (3), 129-136.

Neilson, Brett (2015): A city that exports air: Containers, traffic and logistics in Sydney's intermodal network and beyond. In: Birtchnell, Thomas/Savitzky, Satya/Urry, John (Hg.): Cargomobilities. Moving Materials in a Global Age. London: Routledge, 48-64.

Ouma, Stefan (2020): Waren, Wissen und „Raum": Die dunklen Seiten globaler Lieferketten im Lebensmittelhandel. In: Baur, Nina/Fülling, Julia /Hering, Linda/Kulke, Elmar (Hg.): Waren – Wissen – Raum. Die Koordination von Konsumenten und Produzenten in Warenketten am Beispiel des Lebensmittelhandels. Berlin: Springer, 486-516.

Patel, Raj/Moore, Jason W. (2018): A history of the world in seven cheap things. A guide to capitalism, nature, and the future of the planet. Oakland: University of California Press.

Sardain, Anthony/Sardain, Erik/Leung, Brian (2019): Global forecasts of shipping traffic and biological invasions to 2050. In: Nature Sustainability 2 (4), 274-282.

Sekula, Allan (1995): Fish story. Düsseldorf: Richter.

Sowers, Elizabeth/Ciccantell, Paul/Smith, David A. (2014): Comparing Critical Capitalist Commodity Chains in the Early Twenty-first Century: Opportunities for and Constraints on Labor and Political Movements. In: Journal of World-Systems Research 20 (1), 112-139.

Sprague-Silgado, Jeb (2017): The Caribbean Cruise Ship Business and the Emergence of a Transnational Capitalist Class. In: Journal of World-Systems Research 23 (1), 93-125.

Stenmanns, Julian (2019): Logistics from the margins. In: Environment and Planning D: Society and Space 37 (5), 850-876.

ICCT – The International Council on Green Transportation (2017): Greenhouse Gas Emissions From Global Shipping, 2013–2015. https://theicct.org/sites/default/files/publications/Global-shipping-GHG-emissions-2013-2015_ICCT-Report_17102017_vF.pdf, 14.1.2020.

Transport & Environment (2019): EU shipping's climate record. Maritime CO_2 emissions and real-world ship efficiency performance. https://www.transportenvironment.org/sites/te/files/publications/Study-EU_shippings_climate_record_20191209_final.pdf, 14.1.2020.

Tsing, Anna L. (2009): Supply Chains and the Human Condition. In: Rethinking Marxism 21 (2), 148-176.

United Nations Conference on Trade and Development (UNCTAD, 2018): Review of Maritime Transport 2018. New York: United Nations.

Werner, Marion (2019): Geographies of production I. In: Progress in Human Geography 43 (5), 948-958.

Wiedmann, Thomas (2016): Impacts Embodied in Global Trade Flows. In: Clift, Roland/Druckman, Angela (Hg.): Taking stock of industrial ecology. Berlin: Springer, 159-180.

Zamorano, Juan (2020): Panama Canal watershed records 5th driest year in 7 decades. In: AP News, 7.1.2020. https://apnews.com/article/716e91b0932d568fbf4c0a6adc2b8202, 17.1.2020.

Stefan Laser, Nicolas Schlitz

Abfall in und jenseits von globalen Güterketten: Ungleichheiten und unterschätzte Materialien

Die Containerisierung hat der Globalisierung enormen Schwung gegeben. Ein Grundproblem des Verschiffens sind jedoch leere Container. Durch Ungleichheiten in der Produktion und Konsumption reisen mit „frisch" produzierten Waren beladene Schiffe aus dem Globalen Süden in den Globalen Norden. Aber sie müssen auch wieder zurück. Ein ‚Gut' eignet sich besonders, um mit diesem logistischen Problem der global ungleichen Arbeitsteilung umzugehen und die Container gefüllt wieder zurück in Länder des Globalen Südens zu senden: Müll.

Abfälle sind ein inhärenter Teil globaler Güterketten, wobei die mit Müll gefüllten Container nur ein griffiges Beispiel dafür sind. Öffentlich wird das Thema unter dem Schlagwort der „globalen Müllkrise" verhandelt (Keller 2009). Gemeint ist damit, dass der Planet von Müll überschwemmt wird und wir uns dem Problem nicht entziehen können. Doch dieses „wir" verschleiert, dass die Verantwortung für und die negativen Auswirkungen dieser Müllkrise höchst ungleich verteilt sind. KritikerInnen vertreten die These, dass Abfälle bewusst und vornehmlich in den Globalen Süden exportiert werden, weil sie dort durch die Umgehung von Umwelt- und Arbeitssicherheitsstandards günstiger entsorgt oder weiterverarbeitet werden können. Vor allem NGOs haben das seit den 1990er Jahren scharf kritisiert. Ein gutes Beispiel ist *Exporting Harm*, ein Bericht mit Filmreportage über das „High-tech Trashing of Asia", also den illegalen Export von Elektroschrott in Länder des Globalen Südens (The Basel Action Network/Silicon Valley Toxics Coalition 2002). Dieser breitenwirksame Bericht basiert aber auch auf einigen Kurzschlüssen, argumentiert mit Daten geringer Qualität, und vor allem behandelt er Abfälle und die mit ihnen hantierenden Akteure zu oberflächlich (Lepawsky 2018).

Abfall ist mehr als ein „dreckiges Geheimnis", wie es NGOs nahelegen. Wir stellen eine alternative Perspektive vor, die im innovativen Feld der Abfallstudien – den *Waste* oder *Discard Studies* – erarbeitet wird (Gregson/Crang 2015; Liboiron 2018) und die gut am Beispiel Elektroschrott verdeutlicht werden kann. Abfallstudien plädieren dafür, die Gesellschaft mit und durch Abfall neu zu denken. Pionierarbeit geleistet haben hier die sozialkonstruktivistischen Arbeiten von Mary Douglas (1985 [1966]) und Michael Thompson (1989 [1979]). Die Klassifikation von etwas als Müll hängt von den gesellschaftlichen Verhältnissen und der geografischen und historischen Situation ab. Die neueren *Waste* und *Discard Studies* entwickeln jedoch auch eine Sensibilität für die Eigenschaften der Dinge, die Materialität von Müll. Zentral ist dabei der Doppelcharakter von Müll: Dingen wie Elektroschrott haftet immer etwas Positives *und* Negatives an. Mit Blick auf alte Elektronikgeräte wird etwa sowohl über Schwermetallgrenzwerte als auch Recyclingquoten gestritten. Diese Unbestimmtheit – zwischen Material und Diskurs – ist ein entscheidendes Charakteristikum und erinnert fortwährend an bekanntes wie auch unbekanntes Nichtwissen über Materialität, Potenziale und Risiken von Müll.

Aus abfallspezifischer Perspektive lässt sich die eindimensionale Ausrichtung der bisherigen Güterkettenforschung auf nur jeweils *eine* bestimmte Güterkette mit strikten Anfangs- und Endpunkten genauso kritisieren wie die Vernachlässigung der *Materialität* von gebrauchten Gütern. Die als „Global Recycling Networks" (Crang et al. 2013) bekannten Studien haben deshalb die materiellen und diskursiven Transformationen von Abfällen hervorgehoben, die im Zuge von Recyclingprozessen und der Rückgewinnung von Wert nach der Konsumption von Gütern zu beobachten sind. Wenn ein Smartphone in den Container geworfen wird, ist es zum Beispiel keineswegs wertlos. Eine ‚Rückgewinnung' von Wert durch Recyclingnetzwerke hängt gleichwohl stark von der Einschätzung der Qualität sowie der Heterogenität und Komplexität gebrauchter Güter ab. Unterschiedliche Studien zeigen, dass in Recyclingnetzwerken nicht nur geografische Räume miteinander verbunden werden, sondern auch verschiedene Sektoren und Segmente von globalen Güterketten. Die im Zuge des Abwrackens von Schiffen entlang der Küsten Südasiens gewonnenen Schiffseinrichtungsgegenstände werden zum Beispiel zu modernen Möbelstücken für die aufstrebenden Mittelschichten auffrisiert. Die hochtechnologische Entsorgung von elektronischen Datenträgern im Globalen Norden hat hingegen oft weniger mit Elektroschrottrecycling als mit der kostspieligen Vernichtung sensibler Daten zu tun.

Das zeigt ein anderer Teil der Forschung, der die zentrale Bedeutung hervorhebt, die der *Arbeitsprozess* bei der Entstehung, im Transfer sowie bei der Rückgewinnung von Wert in Güterketten und Recyclingnetzwerken einnimmt. Diese Studien sind als „Global Destruction Networks" (Herod et al. 2013) zusammengefasst, und sie kritisieren einen zu starken Fokus auf die materielle und diskursive Transformation von Dingen im Übergangsprozess von Ware zu Abfall zu Recyclingmaterial. Stattdessen konzentrieren sie sich auf die politische Ökonomie der Transformation von Wert *innerhalb* von Recyclingprozessen. Während Abfälle durchaus noch Teile jenes ökonomischen Werts besitzen können, der im Produktionsprozess (als Arbeitsprozess) in sie eingeflossen ist, gibt es demnach auch Grenzen der Wiederverwertung – wenn Dinge aus verschiedenen Gründen jeden Gebrauchswert verloren haben. Ein Handy, das 15 Jahre alt und wieder leicht funktionstüchtig zu machen ist, aber nicht mehr den aktuellen Trends und Standards der Datenübermittlung entspricht, wird wahrscheinlich nicht mehr repariert.

Abfallstudien zeigen, dass zeitgenössische Umweltdebatten zu stark auf individuelle Verantwortung und Haushaltsabfälle fokussieren. Im Fall von Elektroschrott ist etwa das Smartphone das zentrale Symbol. Turnusmäßig besprechen Zeitungsmedien die Verantwortung, die KonsumentInnen aufgrund ihrer Smartphones tragen müssten. Es wird eine direkte Linie gezogen zwischen dem Handy in der eigenen Tasche und schlechten Arbeitsbedingungen sowie Müllbergen in einem fernen Land im Globalen Süden. Solche Haushaltsabfälle machen aber nur einen kleinen Teil des tatsächlichen

Abfallaufkommens aus. Schätzungen deuten darauf hin, dass zwischen 93 und 99 Prozent des Mülls unserer „smarten“ Gadgets durch *industrielle* Praktiken entlang der Güterketten produziert wird – lange, bevor ein Smartphone konsumiert wird, und weit außerhalb der Kontrolle individueller KonsumentInnen. Josh Lepawsky (2018: 143) erhellt den Zusammenhang am Beispiel der Verteilung der CO_2-Belastung durch Smartphones. Vergleicht man den CO_2-Ausstoß bei der *Produktion* mit dem der *Benutzung*, der zurückgelegten *Transportwege* und dem *Recycling*, überwiegt die Produktion deutlich. Beim Apple iPhone 7 gehen etwa zwei Drittel des Ausstoßes auf die Produktion zurück, rund 18 Prozent auf die Benutzung. Und selbst die Benutzung basiert auf Infrastrukturen wie mobilen Netzwerken, die eigentlich auch eine Form der Produktion darstellen, die schwer zu kontrollieren ist.

Die Beispiele verdeutlichen politökonomische Machtverhältnisse und Ungleichheiten innerhalb globaler Güter- und Recyclingketten (Laser/Schlitz 2019). Ein Denken und Handeln mit und durch Müll zeigt auf, dass globale Güterketten nicht nur in der Nebenfolge große Mengen an Abfall produzieren. Ohne Abfall würden sie gar nicht funktionieren können. Zugleich könnten sie auch nicht ohne eine Vielzahl an kreativen und kompetenten Akteuren funktionieren, die Abfälle aufnehmen, verarbeiten und mit ihnen (über)leben gelernt haben. Das Leben entlang der globalen Recyclingketten ist oft kein einfaches Leben. Kleine informelle Elektroschrott-RecylerInnen in indischen Städten wie Delhi oder Bangalore sind dennoch mehr als nur passive Akteure in Güterketten. Sie demontieren mit einfachsten Mitteln, aber ausgeklügelten Methoden die Überreste des digitalen Kapitalismus – wohl wissend, dass sie sich und ihre lokale Umwelt dabei hohen toxischen Risiken und Gefährdungen aussetzen. Was sie uns damit zeigen, ist jedoch nicht (nur) Fatalismus, sondern Eigeninitiative im Umgang mit den widersprüchlichen materiellen Implikationen und diskursiven Formationen globalisierter Produktions- und Lebensweisen.

Abfall zeigt sich in der Summe als ein Thema mit komplizierten Verflechtungen. Es lässt sich nicht in wenigen Worten wegverhandeln, sondern verlangt nach feingliedrigen Analysen, einer Sensibilität für Widersprüche sowie einer prinzipiellen Offenheit für vielschichtige Realitäten und überraschende Verbindungen. Es ist kein Widerspruch, dass man dabei zugleich klare Verantwortlichkeiten aussprechen muss.

Literatur

Crang, Mike/Hughes, Alex/Gregson, Nicky/Norris, Lucy/Ahamed, Farid (2013): Rethinking Governance and Value in Commodity Chains through Global Recycling Networks. In: Transactions of the Institute of British Geographers 38 (1), 12-24.

Douglas, Mary (1985 [1966]): Reinheit und Gefährdung. Eine Studie zu Vorstellungen von Verunreinigung und Tabu. Berlin: Reimer.

Gregson, Nicky/Crang, Mike (2015): From Waste to Resource. The Trade in Wastes and Global Recycling Economies. In: Annual Review of Environment and Resources 40, 151-176.

Herod, Andrew/Pickren, Graham/Rainnie, Al/McGrath-Champ, Susan (2013): Waste, Commodity Fetishism and the Ongoingness of Economic Life. In: Area 45 (3), 376-382.

Keller, Reiner (2009): Müll – Die gesellschaftliche Konstruktion des Wertvollen. Die öffentliche Diskussion über Abfall in Deutschland und Frankreich. Wiesbaden: Springer VS.

Laser, Stefan/Schlitz, Nicolas (2019): Facing Frictions. Waste and Globalised Inequalities. In: Journal für Entwicklungspolitik 35 (2/3), 5-32.

Lepawsky, Josh (2018): Reassembling Rubbish. Worlding Electronic Waste. Cambridge, MA: MIT Press.

Liboiron, Max (2018): The What and the Why of Discard Studies. Discard Studies. https://discardstudies.com/2018/09/01/the-what-and-the-why-of-discard-studies/, 30.3.2020.

The Basel Action Network/Silicon Valley Toxics Coalition (2002): Exporting Harm. The High-Tech Trashing of Asia. Seattle/San Jose: BAN/SVTC.

Thompson, M. (1989 [1979]): Die Theorie des Abfalls. Über die Schaffung und Vernichtung von Werten. Stuttgart: Klett-Cotta.

TEIL 6
KONSUM

12

Christian Reiner

Die Macht der Handelsunternehmen in globalen Warenketten

Einleitung

Der Handel war lange Zeit ein passiver Akteur am Ende von meist regionalen oder nationalen Warenketten. Bis in die 1970er Jahre dominierte die Industrie den Handel. Dies hat sich seitdem massiv verändert, und seit Ende des 20. Jahrhunderts haben die großen Handelskonzerne die Industrieunternehmen als Schlüsselakteure der Weltwirtschaft abgelöst (Hamilton et al. 2011) und zählen zu den weltweit größten Unternehmen. Walmart, 1962 in den USA gegründet, gilt mit einem Umsatz von 514,4 Milliarden USD und 2,2 Millionen Beschäftigten (2019) laut Global Fortune 500 als das größte Unternehmen der Welt, während Amazon mit seinem Onlinehandel zu den Internetgiganten des 21. Jahrhunderts zählt. Walmart betreibt etwa 11.500 Geschäfte in 28 Ländern und E-Commerce in zehn Ländern. Der Beschaffungsmarkt von Walmart besteht aus ca. 100.000 Lieferanten aus der ganzen Welt (Walmart 2020). Diese Zahlen machen deutlich, dass Handelsunternehmen komplexe Netzwerkstrukturen aufweisen. Ein effizientes Management dieser Netzwerke zählt daher zu deren Kernkompetenzen.

Der Handel ist ein sehr heterogener Sektor. Der Großhandel beschafft Güter bei Herstellerunternehmen und liefert diese an den Einzelhandel, der wiederum an KonsumentInnen verkauft. Branchenmäßig lässt sich zwischen Lebensmitteleinzelhandel, Bekleidungshandel, Elektrohandel, Möbelhandel etc. unterscheiden. Seit etwa 20 Jahren gewinnt der Onlinehandel (E-Commerce) an Bedeutung, während der stationäre Handel nach neuen Strategien sucht. Dieser Beitrag fokussiert vor allem auf Supermärkte und Onlinehandelsplattformen. Unter Supermärkte verstehe ich filialisierte Unternehmen, die einen Schwerpunkt im Segment *fast-moving consumer goods* (Güter des täglichen Bedarfs wie Lebensmittel, Putzmittel, Körperpflegeartikel) aufweisen, unabhängig davon, ob es sich um Vollsortimenter, Diskonter oder andere Betriebsformate (wie z.B. Hypermärkte) handelt.

Tabelle 1 zeigt die größten Einzelhandelsunternehmen der Welt nach Umsatz. Auffallend ist, dass manche Handelsunternehmen nur eine relativ geringe Internationalisierung aufweisen. So sind The Kroger und CSV Health Corporation nur in einem bzw. zwei Auslandsmärkten aktiv. Etwa 1,5 Prozent der Händler unter den größten 250 Handelsbetrieben der Welt stammen aus Afrika, 1,8 Prozent aus Lateinamerika und 15 Prozent aus Asien; 45 Prozent haben ihren Hauptsitz in den USA und 34 Prozent in Europa. Branchenmäßig dominiert der Handel mit *fast-moving consumer goods*; hierzu zählen etwa zwei Drittel der größten Händler der Welt (Deloitte 2020).

Tabelle 1: Die größten zehn Handelsunternehmen der Welt (nach Umsatz, 2018)

Name	Hauptsitz	Handelsumsatz (Mio. USD)*	Betriebsform	Anzahl Länder **	Anteil Auslands--umsatz
Walmart Stores, Inc.	USA	514.405	Hypermarket/ Supercenter/ Superstore	28	23,7 %
Costco Wholesale Corporation	USA	141.576	Cash & Carry/ Warehouse Club	11	27,8 %
Amazon.com, Inc.	USA	140.211	Internethandel	16	31,2 %
Schwarz Group	DEU	121.581	Diskonter	30	65,0 %
The Kroger Co.	USA	117.527	Supermarkt	1	0,0 %
Walgreens Boots Alliance, Inc.	USA	110.673	Drug Store/ Pharmacy	10	11,1 %
The Home Depot, Inc.	USA	108.203	Home Improvement	3	8,1 %
Aldi Einkauf GmbH & Co. oHG	DEU	106.175	Diskonter	19	66,3 %
CVS Health Corporation	USA	83.989	Drug Store/ Pharmacy	2	0,8 %
Tesco PLC	GBR	82.799	Hypermarket/ Supercenter/ Superstore	8	20,9 %

*Anmerkungen: *Bezieht sich nur auf Handelsaktivitäten.*
***Anzahl der Länder, in denen das Handelsunternehmen Filialen hat.*

Quelle: Deloitte 2020

Die globale Bedeutung und Macht der Handelsunternehmen führt zum einen dazu, dass die Aktivitäten des Handelskapitals auch makroökonomische Größen wie etwa Inflation, Handelsströme oder Produktivitätsentwicklung beeinflussen (Basker 2007; Altenburg et al. 2016). Zum anderen führt die Größe der Handelskonzerne zu einer kritischeren Beurteilung durch Zivilgesellschaft und Politik. So publiziert etwa die NGO Oxfam seit 2018 einen *Supermarkt-Check*, der die Einhaltung von menschenwürdigen Arbeitsbedingungen in den Lieferketten bewertet. Bislang erreicht kein Supermarkt mehr als 50 Prozent der von Oxfam als notwendig erachteten Standards (Oxfam 2020).

Die Entstehung der modernen Einzelhandelsstrukturen setzte mit dem Aufbau von großen nationalen oder regionalen Handelsketten ein. Diese Entwicklung begann in den USA in den 1960er Jahren und basierte auf einer Reihe von Merkmalen, wie z.B. Filialisierung, Selbstbedienung, breiter Produktmix und Ausschaltung des Großhandels, der traditionell als Zwischenhändler zwischen Industrie und Einzelhandelsunternehmen agierte. Danach ermöglichte der Einsatz von neuen Technologien das weitere Wachstum der Handelsunternehmen. Wichtig ist dabei vor allem die Anwendung von Informationstechnologien auf Verkaufsaktivitäten, Lagermanagement und die Organisation der Zulieferkette. Diese ermöglichen das effiziente Management von immer größeren Beschaffungs- und Filialnetzwerken. Das durch Technologien getriebene Wachstum verursachte Größenvorteile und eine zunehmende Verhandlungsmacht gegenüber Zulieferunternehmen und damit niedrigere Einkaufspreise, die aufgrund der Konkurrenz zwischen den Händlern auch an die KonsumentInnen weitergegeben werden (Basker 2007).

Ermöglicht durch Freihandelspolitik begannen Handelsketten mit dem Aufbau von globalen Beschaffungsnetzwerken. Der Trend zum „Global Sourcing" begann in den USA in den späten 1960er Jahren. Diese Entwicklung stärkte die Macht des Handelskapitals über die nationale Konsumgüterindustrie und führte zu massiven Arbeitsplatzverlusten in Industrien wie Bekleidung oder Elektronik. Weil die direkte Zusammenarbeit mit ausländischen Lieferanten mit hohen Fixkosten verbunden ist, können kleinere Händler davon oft keinen Gebrauch machen (Basker 2007). In Summe bedingen diese Entwicklungen eine zunehmende Größe und Macht der Supermarktketten. Weil die Märkte insbesondere in den reichen Ländern weitgehend gesättigt sind, impliziert die Expansion der großen Handelsketten einen Verdrängungswettbewerb und steigende Konzentration. In Österreich stieg der Anteil der drei größten Supermarktketten (REWE, Spar, Hofer) von ca. 20 Prozent in den 1970er Jahren auf 84 Prozent im Jahr 2015; die Top 5 erreichen gar 95 Prozent Marktanteil (RegioData 2018). In Ländern wie Mexiko, Chile oder Peru liegt der Anteil der drei größten Ketten sogar bei über 90 Prozent (OECD 2015).

Erst seit den 1990er Jahren erfolgt die Internationalisierung der Supermärkte auch über den Vertrieb, das heißt über den Aufbau eines Filialnetzes im Ausland. Die Kombination aus überschüssigem Kapital, konsolidierten Heimmärkten in den reichen Ländern und einer Orientierung am Shareholder Value führten auch im Einzelhandel zur Suche nach neuen Investitionsmöglichkeiten. Die Entwicklung des Onlinehandels hat eine weitere Restrukturierungswelle im Handelssektor zur Folge. Neben den Onlineplattformen wie Amazon, Zalando oder Alibaba verkaufen mittlerweile auch die großen Händler ihre Waren sowohl online als auch im Geschäft (*multi channel retailing*).

Der Aufsatz fokussiert auf die Beziehungen zwischen Händlern und Herstellern als Zulieferunternehmen in globalen Warenketten. Die Warenkettenforschung bietet dafür die konzeptuellen Grundlagen, die im ersten Abschnitt erörtert werden. Anschließend werden die sozioökonomischen Effekte der Ausbreitung von Supermärkten für den Globalen Süden diskutiert. E-Commerce steht im Zentrum des letzten Kapitels. Ein Fazit fasst die Hauptergebnisse zusammen.

Käufergesteuerte Warenketten und Verhandlungsmacht

Die Rolle von Handelsunternehmen als *big buyer* bildet ein wichtiges Konzept in der Theorie über globale Warenketten (Gereffi 1994). Im Gegensatz zum Industriekapital entwickelten sich die durch das Handelskapital gesteuerten globalen Warenketten (*buyer-driven global commodity chains*) erst ab den 1960er Jahren. Im Zentrum stand zunächst die Beziehung zwischen US-amerikanischen Handelsunternehmen und asiatischen Kontraktproduzenten in Branchen wie Bekleidung, Elektronik, Spielzeuge oder Haushaltswaren. Große Einzelhandelsketten (wie z.B. Walmart) und Markenhändler (wie z.B. Apple, Nike oder Dell, die selbst keine Produktionsstätten besitzen) vergeben Produktionsaufträge an die bestbietenden Kontraktproduzenten. Die starke Konsumnachfrage der USA wurde so zu einem wichtigen Treiber der exportorientierten Industrialisierung in Ländern wie Südkorea, Hongkong oder Singapur. Während Technologie und Größenvorteile die zentralen Profitquellen in *producer-driven global commodity chains* sind, kann das Handelskapital seine Gewinne vor allem durch Design, Marketing, Beschaffung und Logistik erhöhen. Durch den monopolisierten Zugang zu den kaufkraftstarken KundInnen in den reichen Ländern der Welt, das Wissen über deren Präferenzen und die Fähigkeit zu Organisation und Bündelung von globalen Güterströmen kann das Handelskapital als Leitunternehmen (*lead firm*) die Kontrolle über das Industriekapitel in den Zulieferindustrien erlangen und die Kaufentscheidungen der KonsumentInnen beeinflussen. Dieses Phänomen lässt sich vor allem in arbeitsintensiven Branchen (wie z.B. in der Bekleidungs- oder Spielzeugindustrie), aber auch in der Lebensmittelproduktion oder der Herstellung von Elektronikprodukten beobachten.

Supermärkte, die im Zentrum der folgenden Ausführungen stehen, kaufen ihre Güter auf dem Beschaffungsmarkt bei Herstellerunternehmen (das heißt Produzenten von *fast-moving consumer goods*) ein und verkaufen diese am Handelsmarkt an KonsumentInnen. Ihre Macht hängt von der Position auf beiden Märkten ab. Die Macht des Handels wird als Nachfragemacht bzw. *buyer power* bezeichnet. Lange Zeit wurde das Phänomen der Nachfragemacht des Lebensmittelhandels wenig beachtet, weil der traditionelle Handel gegenüber den großen Herstellern und Markenproduzenten im Nachteil war. Das Entstehen großer Handelsunternehmen wurde von der Politik als vorteilhaft angesehen, weil diese in Form einer *countervailing power* billigere Einkaufspreise erzielen können, die bei Wettbewerb am Handelsmarkt auch zu günstigeren Preisen für die KonsumentInnen führen. Die positive Einschätzung von Nachfragemacht hat sich allerdings aufgrund der stetig zunehmenden Konzentration im Handelsmarkt gewandelt.

Ausdruck der Nachfragemacht sind die Forderungen nach jährlichen Preisnachlässen, oder Gebühren, die Hersteller an die Supermärkte zahlen müssen, ohne nennenswerte Gegenleistungen zu erhalten (Listungsgebühren, Werbekostenzuschüsse, Tiefpreisaktionen etc.) sowie rückwirkende und einseitige Änderungen von Vertragsbedingungen. Ein weiterer Ausdruck von Machtasymmetrien ist die Setzung von privaten Standards durch Supermärkte. Diese Standards betreffen neben der Lebensmittelsicherheit auch Sozial- und Umweltaspekte und werden von den Supermärkten zur strategischen Positionierung gegenüber der Konkurrenz eingesetzt. Sie existieren für verschiedene Produktgruppen und stellen sehr detaillierte Anforderungen an die Hersteller (siehe Tabelle 2). Nach einer erstmaligen Zertifizierung müssen die Unternehmen jährlich ihre Zertifizierung erneuern. Beispiele für Standards sind etwa der IFS (*International Food Standard*) oder GLOBALG.A.P. (G.A.P.: *Good Agricultural Practice*).

Tabelle 2: Auswahl von GLOBALG.A.P.-Standards für Obst- und Gemüseproduzenten

Is there a reference system for each field, orchard, greenhouse, yard, plot, livestock building/pen, and/or other area/location used in production?
Is the site kept in a tidy and orderly condition?
Are GM crops stored separately from other crops to avoid adventitious mixing?
Is a GLOBALG.A.P. registered product traceable back to and trackable from the registered farm (and other relevant registered areas) where it has been produced and, if applicable, handled?
Are workers, visitors, and subcontractors equipped with suitable protective clothing in accordance with legal requirements and/or label instructions and/or as authorized by a competent authority?

Quelle: https://www.globalgap.org/uk_en/for-producers/globalg.a.p./integrated-farm-assurance-ifa/crops/FV/, 20.09.2020.

Die Beziehung zwischen Herstellern und Supermärkten ist durch sogenannte „Jahresgespräche" geprägt. Im Rahmen dieser Verhandlungen wird mit jedem Hersteller über die Lieferkonditionen für das kommende Geschäftsjahr verhandelt. Industrieökonomische Verhandlungsmodelle und empirische Untersuchungen zeigen, welche Faktoren die Verhandlungsmacht der beiden Seiten beeinflussen (Haucap et al. 2013). Dabei gilt generell folgender Zusammenhang: (a) Je größer die Anzahl der Hersteller für ein Produkt, (b) je niedriger die Anzahl an Ausweichmöglichkeiten für die Hersteller auf andere Händler und (c) je geringer die Bindung der KonsumentInnen an die Marken der Hersteller, desto höher ist die Nachfragemacht der Supermärkte (Bundeswettbewerbsbehörde 2007). Strukturell hat der Händler zwei Vorteile: Zum einen verfügt dieser über genauere Informationen über das KonsumentInnenverhalten und kann besser beurteilen, wie „unentbehrlich" ein Produkt ist. Zum anderen ist das physische Kapital eines Supermarkts durch eine geringere Spezifität gekennzeichnet als die Produktionsstätte und das Markenkapital eines Herstellers. So lässt sich etwa ein Geschäftslokal mit Regalen zum Verkauf von sehr unterschiedlichen Produkten verwenden, während eine Fertigungsstraße in einer Fabrik nicht einfach für die Produktion von anderen Gütern genutzt werden kann (Aiginger et al. 1999).

Die dominante Position der Supermärkte auf dem Handelsmarkt ist eine Voraussetzung für deren Nachfragemacht gegenüber Lieferanten. Erst wenn die Hersteller nurmehr unter Kosten zu einem alternativen Händler wechseln können, kann der Händler dem Hersteller Konditionen diktieren. Das große Einkaufsvolumen der Supermärkte ermöglicht günstigere Einkaufspreise und kann zur wirtschaftlichen Abhängigkeit der Hersteller führen. Befragungen haben ergeben, dass ein Hersteller von einem Händler abhängig ist, wenn der Hersteller 22 Prozent oder mehr seines Umsatzes durch die Lieferung an einen einzelnen Händler erzielt; im Sinne der Warenkettentheorie wird von einer *captive value chain* gesprochen (Bundeswettbewerbsbehörde 2007; Gereffi et al. 2005). Die Interdependenz zwischen Beschaffungsmarkt und Handelsmarkt kann eine Konzentrationsdynamik auslösen. Der Spiraleffekt bezeichnet eine Situation, in der große Supermärkte günstigere Einkaufskonditionen bekommen und dadurch einen Preisvorteil am Handelsmarkt gegenüber kleineren Konkurrenten erlangen. Die resultierenden Marktanteilsgewinne erhöhen wiederum das Einkaufsvolumen am Beschaffungsmarkt und führen zu noch günstigeren Einkaufskonditionen usw.

Supermärkte können auch über Sortimentspolitik ihre Position in der Warenkette verbessern. In diesem Zusammenhang spielen Handelsmarken, deren Anteil am Umsatz mittlerweile zwischen 30 bis 50 Prozent liegt, eine wichtige Rolle. Im Gegensatz zu Herstellermarken werden Handelsmarken von der Supermarktkette selbst betrieben. Die Produktion erfolgt über Auftragsproduktion oder zunehmend auch in eigenen Produktionsanlagen (Rückwärtsintegration des Handels). Die Handelsmarken stehen mit den Herstellermarken in Konkurrenz und steigern die Macht der Händler. Erstens können Händler im Falle einer Nichteinigung mit Herstellermarken leichter auf deren Belieferung verzichten. Zweitens wird die Regalfläche durch die Eigenmarken reduziert, wodurch die Herstellermarken in eine intensivere Konkurrenz um diese verknappte Fläche gesetzt werden. Drittens kann der Händler über die genauen Informationen über Produktinnovationen von Herstellermarken rasch eine billigere, nachgemachte Version dieses Produkts auf den Markt bringen. Dies reduziert die Innovationsrente der Hersteller und stärkt die Rentabilität der Eigenmarken. Viertens nimmt die Bindung der KonsumentInnen an den Supermarkt zu.

Hersteller können eine Gegenmacht am ehesten durch den Aufbau einer starken Marke erreichen. Erst wenn das Management des Supermarkts fürchten muss, durch die Auslistung einer Marke KonsumentInnen an die Konkurrenz zu verlieren, kann der Markenhersteller bessere Konditionen erwarten und eine *relational value chain* mit dem Supermarkt aufbauen (Gereffi et al. 2005). Der Aufbau einer Marke stellt hohe Anforderungen an die Kompetenzen der Hersteller. Permanente Investitionen in Produktinnovationen und Marketing sind notwendig (Aiginger et al. 1999). Gerade ProduzentInnen in den Ländern des Südens verfügen vielfach nicht über solche Potenziale. Weiters existiert in diesen Ländern auch keine effektive Wettbewerbspolitik, die Hersteller vor der Ausbeutung durch Supermärkte schützen könnte.

Supermärkte im Globalen Süden

Das Vordringen der Supermärkte (Supermarktrevolution) in die Länder des Globalen Südens erfolgt seit den 1990er Jahren in mehreren Wellen und zunächst vor allem über den Markteintritt von europäischen oder US-amerikanischen Supermarktketten (Reardon et al. 2009). Die mit dem Vordringen der Supermärkte verbundenen Entwicklungseffekte sind vielfältig, ambivalent und abhängig von einer Reihe von länderspezifischen Kontextfaktoren. Auf Basis der Studie von Altenburg et al. (2016) wird im Folgenden eine Synthese der verschiedenen Auswirkungen präsentiert. Diese Diskussion wird danach anhand der Ergebnisse einer Studie über afrikanische Supermärkte weiter ausdifferenziert.

Vor der Supermarktrevolution sind die Stufen der Produktion und des Handels durch eine Vielzahl von relativ kleinen Unternehmen gekennzeichnet ist. Es gibt zwar einige größere Produzenten und Händler, aber diese dominieren nicht. Die Supermarktrevolution führt zunächst zu einer Konzentration der Handelsunternehmen. In einem zweiten Schritt erfolgt ein sekundärer Konzentrationsprozess innerhalb der Herstellerunternehmen in der Lieferkette, der das teilweise Verschwinden des Zwischenhandels mit sich bringt. Die konsolidierte, supermarktgesteuerte Kette wird durch deutlich weniger, aber dafür technologie- und kapitalintensivere sowie größere Unternehmen geprägt (siehe Exkurs Franz in diesem Band).

Entwicklungseffekte von Supermärkten

Effekte auf heimische Zulieferunternehmen: Der Markteintritt von einem ausländischen Supermarkt in ein traditionell organisiertes Einzelhandelssystem führt zunächst zu einer Zunahme der Importe, weil die moderne Supermarktkette keine entwickelte moderne nationale Zulieferkette vorfindet. Es kommt zur Etablierung von käufergesteuerten Warenketten. Lieferanten, die bislang an kleine Händler geliefert haben, sehen sich nunmehr Supermärkten gegenüber, die durch ihre Ressourcen, Kompetenzen und ihre Größe die Unternehmen in der Lieferkette kontrollieren.

Die einsetzende Konzentration entlang der Zulieferkette entsteht durch steigende Markteintrittsbarrieren: Supermärkte fragen große Mengen nach und schließen zur Minimierung von Transaktionskosten Lieferverträge mit großen Zulieferfirmen, die unter Nutzung von Größenvorteilen effizienter produzieren können. Zum zweiten fordern Supermärkte die Einhaltung von Standards (z.B. GLOBALG.A.P.). Die dadurch gesetzten Anforderungen verlangen u.a. Investitionen in Kapitalgüter und Training der ArbeiterInnen und führen zur Exklusion von kleineren, weniger entwickelten Unternehmen aus der Lieferkette. Kleine bäuerliche Betriebe können durch die Bildung von Produktionsgenossenschaften, d.h. durch

Bündelung von Ressourcen und Produktionsfaktoren bei gleichzeitiger Professionalisierung, als Lieferanten für moderne Supermärkte bestehen.

Die an Supermärkte liefernden Unternehmen profitieren von einer stabileren Nachfrage nach größeren Mengen. Dadurch sowie aufgrund der Nachfrage nach konstant hoher Qualität nimmt der Anreiz für produktivitätssteigernde Investitionen bei den Lieferanten zu. Supermärkte haben einen Anreiz zur Entwicklung der produktiven Fähigkeiten ihrer Lieferanten und versorgen diese daher in selektiver Weise mit Wissen über Konsumtrends. Sie zahlen im Durchschnitt höhere Preise als traditionelle Zwischen- oder Einzelhändler. Teilweise erhalten die Lieferanten auch Zugang zu Auslandsmärkten, weil Supermärkte die Waren von besonders leistungsfähigen Lieferanten exportieren (Das Nair 2019).

Iacovone et al. (2011) untersuchten die Effekte von Walmart auf die mexikanische Zulieferindustrie. Der Markteintritt von Walmart steigerte Produktivität, Umsätze und Innovationsausgaben bei Zulieferunternehmen mit hoher Wettbewerbsfähigkeit; Unternehmen mit geringer Wettbewerbsfähigkeit zeigten demgegenüber eine Abnahme der entsprechenden Werte. Im Ergebnis polarisierte sich dadurch die Zulieferkette: Wenige produktive und innovative Unternehmen wuchsen, während Unternehmen mit geringeren produktiven Fähigkeiten schrumpften.

Effekte auf heimische Supermärkte: Supermärkte verlangen tendenziell niedrigere Preise, bieten ein attraktiveres Sortiment und höhere Qualität als traditionelle Lebensmittelhändler. Es kommt daher zum Marktaustritt von kleineren Geschäften und damit zu einem Verlust von Arbeitsplätzen. Die Markteintrittsbarrieren nehmen zu, d.h. neu gegründete Handelsunternehmen müssen nunmehr höhere Standards und Produktivitätsniveaus erreichen, um am Markt zu überleben. Andererseits steigt in den verbleibenden heimischen Handelsunternehmen die Produktivität, weil diese das Geschäftsmodell der ausländischen Supermarktketten nachahmen.

Effekte auf KonsumentInnen: Für die KonsumentInnen mit der nötigen Kaufkraft und einem Wohnort in der Nähe eines Supermarkts steigt die Bequemlichkeit des Einkaufs (viele Güter in einem Geschäft) sowie Auswahl und Qualität an verfügbaren Konsumgütern. Die Preise für einfache, nicht rasch verderbliche Lebensmittel sind in Supermärkten tendenziell billiger, während die Preise für

Obst und Gemüse höher sind, weil dies den Aufbau einer kapitalintensiven Kühlkette verlangt, der bei traditionellen Märkten nicht notwendig ist. Supermärkte verkaufen mehr importierte Markenartikel, die ebenfalls teurer sind. Dies hat zur Folge, dass ärmere Haushalte verderbliche Produkte weiterhin auf traditionellen Märkten einkaufen. Das Warenangebot von Supermärkten ändert auch den Nahrungsmittelkonsum und damit die Gesundheit der Menschen. Auf der einen Seite nehmen die Lebensmittelsicherheit und die Auswahl an Obst, Gemüse und Vollkornprodukten zu. Anderseits werden durch Supermärkte vor allem verarbeitete Lebensmittel mit einem hohen Fett- und Zuckergehalt aber wenig Nährstoffen billiger. Zusammen mit einer Abnahme an körperlicher Arbeit führt dies zu einer Zunahme von Erkrankungen wie Fettleibigkeit oder Diabetes (Demmler et al. 2017).

Effekte auf die Umwelt: In Abhängigkeit von den Standorten der Supermarktfilialen, der Produzenten und der KonsumentInnen kommt es zu einem Anstieg des Verkehrs. Insbesondere die steigenden Importe bedingen längere Transportwege. Lebensmittelabfälle nehmen zu, weil in den Filialen und Haushalten mehr Produkte weggeworfen werden (*Food Waste*). Auf der anderen Seite sorgen Supermärkte durch eine professionelle Logistik dafür, dass weniger Produkte in der Lieferkette verderben. Die Industrialisierung der Landwirtschaft mit entsprechend negativen Umwelteffekten nimmt zu, gleichzeitig fordern die Supermärkte aber eine strengere Einhaltung von Umweltstandards.

Süd-Süd-Internationalisierung von Supermärkten

Bislang konzentrierte sich die Warenkettenforschung auf die Rolle von europäischen oder US-amerikanischen Supermärkten, die als Leitunternehmen Lieferanten aus dem Globalen Süden steuern. Wachstum und Internationalisierung von Supermärkten aus den Ländern des Südens ist ein relativ junges Phänomen. Shoprite aus Südafrika ist der führende afrikanische Supermarkt und liegt mit einem Umsatz von 10,5 Milliarden USD, 2.370 Filialen (davon ca. 2.000 in Südafrika) und einer Präsenz in 15 Ländern Afrikas auf Platz 100 in der Rangliste der Top-250-Einzelhandelsunternehmen der Welt (Shoprite 2020). Die Studie von Barrientos et al. (2016) untersucht auf Basis von Fallstudien zu acht Obst- und Gemüseproduzenten (OGP) aus Südafrika (drei), Uganda (drei) und Kenia (zwei), wie sich die Internationalisierung von afrikanischen Supermärkten innerhalb Afrikas auf ökonomische und soziale Upgrading- bzw. Downgradingprozesse in der Lieferkette auswirkt. Von den untersuchten OGP liefern drei primär an Supermärkte in Europa, vier an regionale Ketten und ein OGP verfolgt eine Mischstrategie.

Die Beschaffung der afrikanischen Ketten folgt den Strategien von etablierten transnationalen Supermärkten: Direkter Einkauf bei den Produzenten unter Ausschaltung des Zwischenhandels, Aufbau einer Kühlkette und von Verteilerzentren und Durchsetzung von höheren Standards. Im Vergleich zu europäischen Supermärkten sind die geforderten Standards der regionalen Supermärkte weniger streng. Im Gegensatz zu Qualitäts- und Lebensmittelsicherheitsstandards wird die Einhaltung von Sozial- und Umweltstandards gar nicht bzw. nur in geringerem Maße gefordert.

Für die OGP öffnet sich durch die Expansion von afrikanischen Supermärkten die Option für eine „strategische Diversifikation" zwischen nationalen, regionalen und globalen Warenketten. Die größere Anzahl an Optionen stärkt tendenziell die Verhandlungsmacht der Lieferanten in den Warenketten gegenüber Supermärkten. Durch die unterschiedlichen Anforderungen ergibt sich für Lieferanten damit auch die Möglichkeit zum *strategic downgrading*, das heißt zum strategisch geplanten Ausstieg aus globalen Warenketten und zur Integration in weniger anspruchsvolle lokale bzw. regionale Warenketten.

Economic upgrading zur Erreichung der Produktstandards erfolgte bei allen acht OGP, jedoch in höherem Maße bei jenen Lieferanten, die auch an europäische Supermärkte verkaufen. Alle vier OGP, die nach Europa exportieren, begannen im Zuge der regionalen Supermarktexpansion einen größeren Anteil ihrer Ware an afrikanische Ketten zu verkaufen. Dadurch konnten sie ihre Abhängigkeit vom europäischen Markt reduzieren. Für die ausschließlich regional orientierten OGP erleichterte sich der Einstieg in die Lieferkette. Nicht alle Lieferanten konnten aber in gleicher Weise profitieren. Zum Beispiel investierten bäuerliche Betriebe, um den höheren Ansprüchen der Supermärkte zu entsprechen, konnten aber die Kredite wegen mangelnder Einnahmen nicht mehr bedienen. KleinbäuerInnen mit geringen produktiven Fähigkeiten und ohne Anbindungen an Genossenschaften können auch afrikanische Supermärkte nicht beliefern.

Social upgrading erfolgte dort, wo die höheren Qualitätsanforderungen zu einer gesteigerten Nachfrage nach qualifizierter Arbeit führten. Hiervon profitierten vor allem Frauen. Dem „quality/skill nexus" steht jedoch ein „cost/price nexus" (Barrientos et al. 2016: 1277) gegenüber, der durch Kostendruck zu einem *social downgrading* beiträgt. Die Zunahme von befristeten Arbeitsverhältnissen sowie die Bezahlung von Mindestlöhnen, die kein gutes Leben ermöglichen, sind eine Folge davon. Barrientos et al. (2016: 1278) kommen daher zu folgendem Ergebnis: „In sum, economic and social upgrading were found where producers and workers have the capabilities and skills to upgrade and can find new opportunities. [...] However, commercial pressures on suppliers long identified in global supermarket value chains reverberate in those of regional supermarkets."

E-Commerce, Entwicklung und Warenketten

E-Commerce führt zur Restrukturierung des Handels. Dadurch kann es zu Änderungen in der Steuerung und der Verteilung von Wertschöpfung entlang der globalen Warenketten kommen. „E-Commerce umfasst jede Art von geschäftlichen Transaktionen (z.B. Verkauf oder Kauf von Waren und Dienstleistungen) sowie elektronisch abgewickelte Geschäftsprozesse (z.B. Werbung, „After-Sales-Services", Onlinebanking), bei denen die Beteiligten auf elektronischem Wege (z.B. über das Internet oder Netzwerke von Mobilfunkanbietern) miteinander verkehren und nicht durch physischen Austausch in direktem physischen Kontakt stehen" (Gabler Wirtschaftslexikon 2020).

Weltweit kaufen ca. 1,3 Milliarden Menschen online ein, wobei der größte Anteil davon in China lebt (440 Millionen) (UNCTAD 2019). Die drei größten E-Commerce-Märkte der Welt nach Umsatz sind die USA, Japan und China. Die Nutzung von E-Commerce ist in den Ländern des Globalen Südens sowie in Kleinunternehmen deutlich geringer als in den reichen Ländern und in Großunternehmen. Von der Güterstruktur her werden vor allem Bekleidung, Bücher und Elektrogeräte via E-Commerce gehandelt. Lebensmittel spielen eine untergeordnete Rolle, wenngleich die Supermarktketten mittlerweile auch Onlinehandelskanäle aufgebaut haben.

Aus einer Entwicklungsperspektive eröffnet E-Commerce neue Chancen (UNCTAD 2015). E-Commerce reduziert die hohen Kosten des Handels für Unternehmen aus den Ländern des Globalen Südens und damit die Eintrittsbarrieren in globale Warenketten. Studien für Afrika zeigen, dass die Anbindung an eine schnelle Internetverbindung zu höheren Exporten und Beschäftigungswachstum führt (World Bank 2019). Aufbauend auf Gereffi (2001) stellen Li et al. (2019) die These auf, dass E-Commerce zu einer neuen Form der Governance in Warenketten führt. Demgemäß kommt es zur Ablöse der käufergesteuerten Warenkette durch eine „consumer-feedback chain". In dieser Kette kommunizieren „engaged consumers" und „e-commerce focused firms" (Lin et al. 2019:27) über Onlineplattformen direkt miteinander. Die Handelsunternehmen verlieren an Macht, während die OnlinekonsumentInnen an Einfluss gewinnen und mit ihrem Kaufverhalten Entscheidungen über Preise, Qualität und Design steuern. Li et al. (2019) argumentieren, dass eine solche „consumer-feedback chain" in der chinesischen Bekleidungsindustrie entstanden sei. Im Folgenden wird dies an einem Beispiel veranschaulicht. Der Abschnitt danach diskutiert negative Effekte von E-Commerce.

Upgradingpotenziale durch E-Commerce

In ihrer Studie über die chinesische Bekleidungsindustrie erklären Li et al. (2019), wie traditionelle Klein- und Mittelbetriebe (KMU) durch E-Commerce ihre Position in der Warenkette verbessern konnten. Traditionell ist diese Industrie durch die Dominanz von mächtigen Käuferunternehmen gekennzeichnet: Handelsunternehmen und Markenunternehmen aus dem Globalen Norden steuern die Aktivitäten der Produzenten im Globalen Süden. E-Commerce ermöglicht eine kostengünstige und direkte Kommunikation zwischen Produzenten und KonsumentInnen. Bekleidungsproduzenten können dadurch neue und größere Marktsegmente erreichen und wertvolle Informationen über das Kaufverhalten erlangen: Etwa 70 Prozent der chinesischen InternetkäuferInnen kommentieren die gekauften Produkte, und 90 Prozent lesen die Produktbesprechungen, bevor sie etwas im Internet kaufen.

Upgradingprozesse in den KMU werden durch den kombinierten Einsatz von Internethandel und sozialen Medien ermöglicht. In den sozialen Medien bewerben populäre Persönlichkeiten („Online

Celebrities“) die Produkte der Bekleidungsproduzenten. Die Online Celebrities können dabei über ihre Vorbildfunktion und ihre Reichweite die Präferenzen und Kaufentscheidungen von KonsumentInnen beeinflussen. Die Struktur dieses Modells, das etwa im Textilcluster Humen in der Provinz Guandong eingesetzt wird, ist in Abbildung 1 dargestellt.

Abbildung 1: Das „Online Celebrity Model of Upgrading“

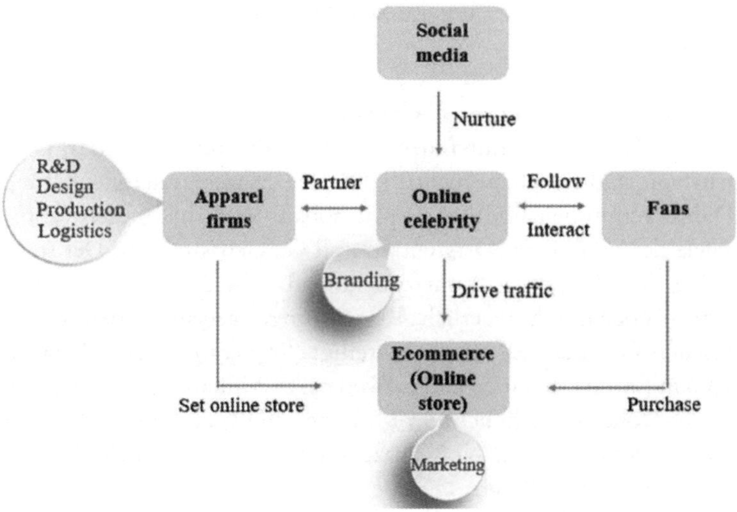

Quelle: Li et al. 2019: 37

Ausgangspunkt ist die Beziehung zwischen der Bekleidungsfirma und einem Online Celebrity. Die Bekleidungsfirma entwirft eine Musterkollektion, die von der Online Celebrity in den sozialen Medien präsentiert wird. Wenn sich die Kollektion als populär erweist, wird eine Marke begründet und die Produktion beginnt. Die Kleidungsstücke werden auf Onlineplattformen angeboten, wobei die Online Celebrity für die Frequenz (Traffic) auf den Handelsplattformen sorgt. E-Commerce unterstützt somit über die Verknüpfung von Bekleidungsproduzenten, Online Celebrities und KonsumentInnen das funktionale Upgrading der chinesischen KMU. Diese können nunmehr einfacher als zuvor vom Original Equipment Manufacterer (OEM) zum Original Design Manufacterer (ODM) bzw. Original Brand Manufacterer aufsteigen (OBM). Beim OEM-Modell produziert das Bekleidungsunternehmen nach den Vorgaben eines Käuferunternehmens, während beim ODM- bzw. OBM-Modell die hochwertigen Aktivitäten des Designs sowie des Marketings einer eigenen Marke in das Unternehmen integriert werden. Die Kette in Abbildung 1 wird von keinem mächtigen Leitunternehmen gesteuert, sondern es erfolgt eine über die Online Celebrity vermittelte Interaktion zwischen KonsumentInnen und ProduzentInnen.

Negative Effekte von E-Commerce

Die Konkurrenz durch den Onlinehandel führt zum Marktaustritt von traditionellen, nichtfilialisierten Einzelhandelsgeschäften. Damit verbunden sind Arbeitsplatzabbau und Einkommensverlust sowie der Verfall von Ortszentren und Geschäftsstraßen. Der stationäre Einzelhandel ist zwar zunehmend selbst im Onlinegeschäft aktiv, jedoch durch steuerliche Regulierungen gegenüber den ausländischen Onlinehändlern benachteiligt. So bezahlte etwa Amazon 2016 in Europa für einen Umsatz von ca. 22 Milliarden EUR Steuern in der Höhe von lediglich 16,5 Millionen EUR; das entspricht einer Steuerpflicht von ca. 0,08 Prozent (Sweney 2017) (siehe Exkurs Fischer in diesem Band).

Während die Unternehmen durch E-Commerce produktiver werden (UNCTAD 2015) und von einem alternativen Absatzkanal profitieren, steigt auch die Polarisierung im Unternehmenssektor durch die erhöhte Sichtbarkeit von Preis- und Qualitätsdifferenzialen auf Onlineplattformen. Unternehmen mit guten Bewertungen und kompetitiven Preisen können rasch wachsen, während andere Unternehmen stärker als bisher der Konkurrenz ausgesetzt sind (World Bank 2019). Die hohe Konzentration der Supermärkte wird durch die Konzentration der Onlineplattformen noch übertroffen. Diese ist primäre technologiebedingt: Größenvorteile sowie Netzwerkexternalitäten erzeugen eine Marktdynamik mit starken Monopolisierungstendenzen. Damit schaffen und kontrollieren diese Unternehmen große Segmente von Konsumgütermärkten und können sich den größten Anteil der durch E-Commerce geschaffenen Werte aneignen (Li et al. 2019).

Die Plattformen fungieren nicht nur als neutrale Marktplätze für Unternehmen und KonsumentInnen, sondern verkaufen dort auch ihre eigenen Produkte. Durch Informationsvorsprünge – Amazon weiß z.B. genau Bescheid über die Nachfrage nach Konkurrenzprodukten – und strategische Platzierungen stehen Plattformen zahlreiche Mittel zur Verfügung, um die eigenen Produkte zu bevorzugen. Garofalo et al. (2020) argumentieren, dass Amazon die Preispolitik der Unternehmen kontrolliert. Diesen ist es nicht erlaubt, etwa auf ihrer eigenen Homepage einen günstigeren Preis als auf Amazon zu verlangen. Eine derartige Meistbegünstigungsklausel steht im Spannungsverhältnis mit dem Wettbewerbsrecht und reduziert die Handlungsspielräume der Unternehmen signifikant.

Ebenfalls Teil der Preispolitik von Amazon ist der Einsatz von *predatory pricing*, das die Verdrängung der Konkurrenz durch einen temporären, nicht die Kosten deckenden Preis zum Ziel hat. Nachdem der Konkurrent Marktanteile verloren hat, werden die Preise wieder erhöht. Eine solche Strategie ist aufgrund der Informationen über die Nachfrage nach Konkurrenzprodukten in besonders effizienter Weise umsetzbar.

Zusammengenommen greifen Plattformen zwar deutlich weniger in die Produktionsprozesse der Lieferanten ein als Supermarktketten. Es wäre aber eine Illusion anzunehmen, dass Unternehmen wie Amazon als neutrale Marktmacher agieren. Die Konzeption einer durch E-Commerce ermöglichten „consumer-feedback chain“, die nicht mehr durch Handelskapital, sondern von OnlinekäuferInnen gesteuert wird, erscheint angesichts dieser Entwicklungen als eine optimistische Einschätzung.

Fazit

Der Handel war lange Zeit ein passiver Akteur am Ende von nationalen oder regionalen Warenketten. Seit den 1970er Jahren kam es zur Entstehung von globalen Warenketten, die nicht mehr durch das Industriekapital, sondern durch mächtige Handelsunternehmen gesteuert werden. Je größer die Anzahl der Hersteller für ein Produkt, je niedriger die Anzahl an Ausweichmöglichkeiten der Hersteller auf andere Händler und je geringer die Bindung der KonsumentInnen an die Marken der Hersteller ist, desto höher fällt die Nachfragemacht der Supermärkte aus.

LERNFRAGEN

- Wovon hängt die Macht von Supermärkten über ihre LieferantInnen ab?
- Welche Entwicklungseffekte hat die Supermarktrevolution in den Ländern des Globalen Südens?
- Wie kann E-Commerce die Position von Unternehmen in globalen Warenketten beeinflussen?

Die Supermarktrevolution in den Ländern des Globalen Südens seit den 1990er Jahren führte zunächst zu einer Konzentration der Handelsunternehmen. In einem zweiten Schritt erfolgte ein sekundärer Konzentrationsprozess innerhalb der Unternehmen in der Lieferkette sowie ein teilweises Verschwinden des Zwischenhandels. Die konsolidierte, supermarktgesteuerte Kette wird durch deutlich weniger, aber dafür technologie- und kapitalintensivere und größere Unternehmen geprägt. Diese Polarisierung führt zur Exklusion von kleineren Unternehmen, die über weniger Ressourcen und produktive Fähigkeiten verfügen.

Aus einer Entwicklungsperspektive eröffnet E-Commerce neue Chancen. E-Commerce reduziert die Handelskosten für Unternehmen aus den Ländern des Globalen Südens und damit die Eintrittsbarrieren in globale Warenketten. Aufgrund der hohen Konzentration der Plattformunternehmen entstehen jedoch neue Probleme. Ohne wettbewerbs- und steuerpolitische Eingriffe der Politik droht ein durch Technik und Big Data ermöglichtes neues Monopolzeitalter, das durch noch größere Machtasymmetrien in den globalen Warenketten gekennzeichnet ist.

Dieser Beitrag ist eine überarbeitete Version von Aufhauser/Reiner (2010).

Basisliteratur

Altenburg, Tim/Kulke, Elmar/Hampel-Milagrosa, Aimée/Peterskovsky, Lisa/Reeg, Caroline (2016): Making Retail Modernisation in Developing Countries Inclusive. A Development Policy Perspective. Discussion Paper 2/2016. Bonn: Deutsches Institut für Entwicklungspolitik.

Gereffi, Gary (1994): The Organization of Buyer-Driven Global Commodity Chains. How U.S. Retailers Shape Overseas Production Networks. In: Gereffi, Gary/Korzeniewicz, Miguel (Hg): Commodity Chains and Global Capitalism. Westport: Praeger, 95-122.

Hamilton, Gary/Senauer, Benjamin/Petrovic, Misha (Hg., 2011): The Market Makers. How Retailers are Reshaping the Global Economy. Oxford: Oxford University Press.

Literatur

Aiginger, Karl/Wieser, Robert/Wüger, Michael (1999): Marktmacht im Lebensmitteleinzelhandel. In: WIFO-Monatsbericht 12, 797-809.

Aufhauser, Elisabeth/Reiner, Christian (2010): Die Macht der Supermarktketten. Steuerung globaler Produktionsnetze durch den Einzelhandel. In: Fischer, Karin/Reiner, Christian/Staritz, Cornelia (Hg.): Globale Güterketten. Weltweite Arbeitsteilung und ungleiche Entwicklung. Wien: Promedia, 246-269.

Barrientos, Stephanie/Knorringa, Peter/Evers, Barbara/Visser, Margareet/Opondo, Maggie (2016): Shifting Regional Dynamics of Global Value Chains. In: Environment and Planning 48 (7), 1266-1283.

Basker, Emek (2007): The Causes and Consequences of Wal-Mart's Growth. In: Journal of Economic Perspectives 21 (3), 177-198.

Bundeswettbewerbsbehörde (2007): Allgemeine Untersuchung des österreichischen Lebensmittelhandels unter besonderer Berücksichtigung des Aspekts der Nachfragemacht. Wien: BWB.

Das Nair, Reena (2019): The Spread and Internationalisation of South African Retail Chains and the Implications of Market Power. In: International Review of Applied Economics 33 (1), 30-50.

Deloitte (2020): Global Powers of Retailing 2020. https://www2.deloitte.com/content/dam/Deloitte/global/Documents/Consumer-Business/Report_GPR2020.pdf, 17.8.2020.

Demmler, Kathrin M./Klasen, Stephan/Nzuma, Jonathan M./Qaim, Matin (2017): Supermarket Purchase Contributes to Nutrition-related Non-communicable Diseases in Urban Kenya. In: PLoS ONE 12 (9), 1-18.

Gabler Wirtschaftslexikon (2020): https://wirtschaftslexikon.gabler.de/definition/e-commerce-34215/version-257721, 20.9.2020.

Garofalo, Pat/Stoller, Matt/Webb, Olivia (2020): Understanding Amazon. Making the 21st-Century Gatekeeper Safe for Democracy. Working Papers on Corporate Power, 5. https://www.economicliberties.us/wp-content/uploads/2020/07/Working-Paper-Series-on-Corporate-Power_5-FINAL.pdf, 17.8.2020.

Gereffi, Gary (2001): Beyond the Producer-Driven/Buyer-Driven Dichotomy. The Evolution of Global Value Chains in the Internet Era. In: IDS Bulletin 32 (3), 30-40.

Gereffi, Gary/Humphrey, John/Sturgeon, Timothy (2005): The Governance of Global Value Chains. In: Review of International Political Economy 12 (1), 78-104.

Haucap, Justus/Heimeshoff, Ulrich/Klein, Gordon/Rickert, Dennis/Wey, Christian (2013): Die Bestimmung von Nachfragemacht im Lebensmitteleinzelhandel. Theoretische Grundlagen und empirischer Nachweis. Ordnungspolitische Perspektiven, 49. Düsseldorf: Düsseldorf University Press.

Iacovone, Leonardo/Javorcik, Beata/Keller, Wolfgang/Tybout, James (2011): The Two Faces of Walmart in Mexico. https://voxeu.org/article/two-faces-walmart-mexico#fn1, 17.8.2020.

Li, Fuyi/Frederick, Stacey/Gereffi, Gary (2019): E-Commerce and Industrial Upgrading in the Chinese Apparel Value Chain. In: Journal of Contemporary Asia 49 (1), 24-53.

Oxfam (2020): Supermarket Scorecards. https://www.oxfam.org/en/take-action/campaigns/end-suffering-behind-your-food/supermarkets-scorecard, 14.9.2020.

Reardon, Thomas/Barrett, Christopher/Berdegué, Julio/Sinnen, Johan (2009): Agrifood Industry Transformation and Small Farmers in Developing Countries. In: World Development 37 (11), 1717-1727.

RegioData (2018): RegioData-Analyse: Konzentration im österreichsichen Einzelhandel steigt weiter! https://www.regiodata.eu/attachments/article/1135/PRA_Handelskonzentration_in_AT_18.09.2018.pdf, 19.10.2020.

Shoprite (2020): https://www.shopriteholdings.co.za/content/dam/MediaPortal/InvestorCenter/ShopriteAtAGlance/Shoprite_at_a_glance.pdf, 14.9.2020.

Sweney, Mark (2017): Amazon Paid just £15m in Tax on European Revenues of £19.5bn. https://www.theguardian.com/technology/2017/aug/10/amazon-uk-halves-its-corporation-tax-to-74m-as-sales-soar-to-7bn, 14.9.2020.

UNCTAD (2015): Information Economy Report 2015. Genf: United Nations.

UNCTAD (2019): Digital Economy Report 2019. Genf: United Nations.

Walmart (2020): Location Facts. https://corporate.walmart.com/our-story/our-locations, 20.9.2020.

World Bank (2019): World Development Report 2020. Washington: World Bank.

Martin Franz

Transnationale Handelskonzerne im indischen Lebensmittelhandel: Lokaler Widerstand und politische Regulierung von Lieferketten

Die Ausbreitung von Supermärkten begann in vielen Staaten des Globalen Südens in den 1990er Jahren und wurde häufig von internationalen Konzernen wie Walmart, Tesco oder Carrefour vorangetrieben. Eine besondere Herausforderung bei der Expansion in neue Märkte im Globalen Süden stellt für derartige Lebensmittelhandelskonzerne der Aufbau von Lieferketten dar. Je nach Land oder Region werden sie mit zahlreichen Problemen konfrontiert: fragmentierte und nicht standardisierte Märkte, räumlich verstreute kleine ProduzentInnen, Korruption, Mangel an Qualitätsprodukten und ungenügende Qualitätskontrollen, schlechte Infrastruktur (Straßen, Lagerhäuser, Kühlkette, Elektrizität), fehlende Marktinformationen, Abhängigkeiten der BäuerInnen von traditionellen ZwischenhändlerInnen sowie ein geringes Vertrauen der BäuerInnen gegenüber fremden AkteurInnen (Reardon et al. 2004; Trebbin 2011).

KritikerInnen befürchten eine Reihe von negativen Auswirkungen der Ausbreitung von Supermärkten und ihrer Lieferketten: Durch die Umgehung von ZwischenhändlerInnen und die Verdrängung von kleinen EinzelhändlerInnen würden viele Arbeitsplätze verloren gehen. Auch die Gefahr eines kompletten Ersatzes regionaler durch internationale Lieferanten wird gesehen. Außerdem schaffe die wachsende Marktmacht der Konzerne unfaire Wettbewerbsbedingungen und die BäuerInnen könnten in Abhängigkeit von den großen abnehmenden Unternehmen geraten. Auch werden wachsende Unterschiede zwischen den BäuerInnen, die Teil der Lieferketten sind, und denen die ausgeschlossen bleiben, weil sie sich den Konzernstandards nicht anpassen können oder wollen oder ihre Betriebe zu abgelegen oder zu klein sind, befürchtet. Hinzu kommen der mögliche Verlust von traditionellem Anbauwissen und Vielfalt bei den Feldfrüchten, die negativen Folgen von industrieller Produktion mit Monokulturen und dem Einsatz von Agrochemie (Franz/Müller 2015). Daher ist es nicht überraschend, dass die Konzerne auf Widerstände von alteingesessenen AkteurInnen, Nichtregierungsorganisationen und politischen Gruppen stoßen.

Die Entwicklungen in Indien illustrieren die Herausforderungen, denen sich Einzelhandelskonzerne bei der Entwicklung von Lebensmittellieferketten im Globalen Süden gegenüber sehen. Dabei wird im Folgenden ein Schwerpunkt auf die Einflüsse von Widerständen alteingesessener HändlerInnen und politischer Regulation gelegt.

Die indische Landwirtschaft wird von einer großen Zahl von KleinbäuerInnen und kleinen Betrieben geprägt. Die AufkaufgroßhändlerInnen haben daher für die Zusammenfassung der landwirtschaftlichen Produkte eine zentrale Bedeutung. Der Weg der Produkte von der landwirtschaftlichen Produktion zu den KonsumentInnen ist sehr fragmentiert. Dies gilt besonders für frisches Obst und Gemüse. So gehen z.B. Tomaten über bis zu acht Stationen von ProduzentInnen zu den KonsumentInnen – meist ohne jegliche Kühlung und nicht sachgerecht verpackt. Dies führt zu einer anteilig hohen Wertaneignung seitens der Intermediäre (50 bis 90 Prozent des KonsumentInnenpreises, Kumar et al. 2008: 70) und Qualitätsverlusten. So erreichen die Produkte die insgesamt ca. 12,8 Millionen Lebensmittelgeschäfte (Statista 2019: o.S.) oft in schlechtem Zustand. Der Lebensmitteleinzelhandel wird nach wie vor von traditionellen Handelsformaten wie Straßenverkäufern und kleinen Bedienläden, sogenannten Kirana-Stores, dominiert. Diese haben einen Marktanteil von rund 98 Prozent (Mishra/Anthony 2018: 2).

Die Beziehungen zwischen den BäuerInnen und den AufkaufgroßhändlerInnen sind häufig von Abhängigkeiten und unfairen Handelspraktiken geprägt („captive“ Governance-Beziehungen; Gereffi et al. 2005: 89). Da vielen BäuerInnen das Wissen über die

Marktsituation außerhalb ihres direkten Lebensumfeldes fehlt, können HändlerInnen diese Informationsasymmetrie ausnutzen (Trebbin/Franz 2010). Durch die zunehmende Verbreitung von Mobiltelefonen hat sich der Zugang der BäuerInnen zu Marktinformationen allerdings verbessert. Obwohl das traditionelle System auf den ersten Blick uneffektiv erscheint, ist es aufgrund der geringen Löhne und der guten Vernetzung der AkteurInnen erstaunlich kostengünstig. Das bedeutet, dass moderne Handelsunternehmen beim Aufbau ihrer Lieferketten einem starken Preisdruck ausgesetzt sind. Sie können durch die Umgehung des Zwischenhandels und den Einsatz moderner Logistikinfrastruktur zwar Einsparungen erreichen und die Produkte frischer zu den KonsumentInnen bringen, haben aber höhere Kosten für Infrastruktur, Energie, Personal und Steuern.

In Indien breiteten sich Supermärkte erst ab etwa 2005 aus. Zunächst handelte es sich dabei nur um einheimische Unternehmen, da der Lebensmitteleinzelhandel diesen bis 2011/12 vorbehalten war. Transnationale Konzerne durften nur im Großhandel oder im Management der Lieferketten investieren. Die Möglichkeiten für ausländische Investitionen in Großhandel und Supply-Chain-Management nutzte als erstes Metro (Deutschland, ab 2003), später auch Shoprite (Südafrika, von 2004 bis 2010), Walmart (USA, ab 2007), Tesco (Großbritannien, seit 2008) und Carrefour (Frankreich, von 2010 bis 2014). Dabei stießen sie von Anfang an auf Widerstände.

Bereits in den 1990er Jahren hatte es Lobbyarbeit verschiedener Verbände von Groß- und Einzelhandel gegen eine Öffnung des indischen Marktes für ausländische Handelskonzerne gegeben. Mit einer ersten großen Demonstration anlässlich des Markteinstiegs von Metro Cash & Carry 2003 in Bangalore wurde der Widerstand auf die Straßen getragen. Dabei engagierten sich nicht mehr nur die Mitglieder der Groß- und Einzelhandelsverbände, sondern auch diverse linke und nationalistische Organisationen. Neben der möglichen Konkurrenzsituation für die etablierten Akteure wurden auch Abhängigkeiten von ausländischen Akteuren, zunehmende Produktimporte durch die Handelskonzerne, die Entstehung von Monopolen und die Zerstörung der Lebensgrundlage von den in Logistik, Einzel- und Großhandel tätigen Personen befürchtet. Im Jahr 2006 wurden dann die Märkte in Delhi für einen Tag bestreikt und es gab eine Großdemonstration vor dem Parlament. Dabei richteten sich die Proteste nicht nur gegen ausländische Unternehmen, sondern auch gegen die aufkommenden einheimischen Einzelhandelsketten, die in ihren Strategien die ausländischen Unternehmen weitgehend kopieren. Im Jahr 2007 erfassten Demonstrationen und gewalttätige Ausschreitungen gegen Supermärkte und Distributionszentren der Handelsketten zahlreiche Großstädte in verschiedenen Bundesstaaten. Die Liberalisierungspläne auf zentralstaatlicher Ebene wurden deshalb zunächst verschoben. In Reaktion auf die Proteste ergriffen auch viele Bundesstaatsregierungen Maßnahmen. Diese reichten von Lizenzentzügen für den Handel mit Obst und Gemüse bis zu Sondersteuern für Supermärkte (Franz 2011).

Am Beispiel von Metro Cash & Carry im indischen Bundesstaat Karnataka lässt sich zeigen, dass die Widerstände nicht nur die Politik beeinflussten, sondern auch der Aufbau der Lieferketten betroffen war. Dort wurde dem Unternehmen von 2003 bis 2008 eine Genehmigung für den Handel mit frischen Agrarprodukten in Folge des Widerstandes vorenthalten. Metro Cash & Carry konnte fünf Jahre lang keine frischen Lebensmittel verkaufen. Als die Genehmigung 2008 erteilt wurde, wurde sie mit der Auflage belegt, Obst und Gemüse nur direkt von den BäuerInnen zu kaufen. Damit stand die Regelung in Karnataka jenen anderer Bundesstaaten entgegen, in denen gerade dies nicht erlaubt wurde, um die ZwischenhändlerInnen vor Konkurrenz zu schützen. Die verschiedenen Strategien sind dabei zum Teil in unterschiedlichen politischen Mehrheiten und WählerInnenklientelen begründet. Durch die Unterschiede in der Regulierung wurden die Unternehmen gezwungen, jeweils angepasste Formen von Lieferketten aufzubauen. Um weitere Widerstände und schärfere Regulation zu vermeiden, ging das Unternehmen beim Aufbau der Lieferketten und auch bei der Preisgestaltung vorsichtig vor (Franz 2011). Dies erläuterte ein Supply-Chain-Manager des Unternehmens 2008 im Interview (Ü. d. A. aus dem Englischen): „Wir sind übervorsichtig. [...] Der Grund dafür ist, dass wir diese Lizenz nach fünf Jahren Kampf erhalten haben. [...] Wir wollen keine Agitation, damit die Regierung uns nicht erneut ausbremst."

Als die Liberalisierung auf nationaler Ebene 2012 in Kraft trat, wurde diese mit Auflagen verbunden. Ausländische Unternehmen dürfen nur 51 Prozent der Anteile an einer Supermarktkette in Indien halten, und die Produkte, die sie anbieten, müssen zu mindestens 30 Prozent von kleinen ProduzentInnen in Indien hergestellt werden.

Außerdem müssen 50 Prozent der Investitionen in die Lieferketteninfrastruktur fließen (Chakrabarti et al. 2014: 115). Damit wird erheblich in den Aufbau der Lieferketten eingegriffen – in der Hoffnung, auf diese Weise regionale Güterketten und die indische Infrastruktur dauerhaft zu stärken. Neben diesen Regeln auf zentralstaatlicher Ebene reagierten auch viele indische Bundesstaaten auf die Öffnung des indischen Marktes für ausländische Supermarktketten mit strikten Regulierungen (z.B. Sonderabgaben für Supermärkte, Verbote von ausländischen Direktinvestitionen im Einzelhandel), die es ausländischen Einzelhandelsunternehmen weiterhin erschweren oder sogar unmöglich machen, in den jeweiligen Bundesstaaten zu investieren (Franz/Müller 2015: 38). Im Ergebnis führt dies zu einer relativ geringen Anzahl an Super- und Hypermärkten (rund 4.900 Super- und 500 Hypermärkte; Mishra/Anthony 2018: 3) und weiterhin sehr vielfältigen und fragmentierten Güterkettenarchitekturen für Obst und Gemüse. Aus Perspektive der traditionellen ProduzentInnen und HändlerInnen bedeutet dies einen – zumindest in bestimmten Regionen – langsameren Wandel der Handelsstrukturen, der ihnen Anpassungsprozesse ermöglicht. Ein Verständnis dieser Strukturen und ihrer Determinanten ist nur möglich, wenn das unternehmerische Handeln im Kontext der unterschiedlichen Einflüsse von staatlicher und kollektiver Macht analysiert wird.

Literatur

Chakrabarti, Sukalpa/Paul, Anusree/Ghosh, Ishita (2014): FDI and Retail Regulation in India. In: Annual Research Journal of SCMS 1, 111-121.

Franz, Martin (2011): Die Macht des Widerstandes aus dem Globalen Süden in Prozessen der Globalisierung – Proteste gegen Metro Cash & Carry in Karnataka, Indien. In: Geographische Zeitschrift 99 (4), 220-236.

Franz, Martin/Müller, Philip (2015): Foreign Direct Investment in Agri-Food Networks in India and Sub-Saharan Africa. Aachen/Prag: Bischöfliches Hilfswerk Miserior e.V., Mendelova Univerzita in Brno, Caritas Czech Republic.

Gereffi, Gary/Humphrey, John/Sturgeon, Timothy (2005): The governance of global value chains. In: Review of International Political Economy 12 (1), 78-104.

Mishra, Shubhi/Anthony, Varun (2018): India – Retail Foods – Food and Grocery Product Opportunities Stemming from Internal Sector Shifts. https://apps.fas.usda.gov/newgainapi/api/report/downloadreportbyfilename?filename=Retail%20Foods_New%20Delhi_India_6-28-2018.pdf, 22.12.2019.

Reardon, Thomas/Timmer, Peter/Berdegué, Julio (2004): The rapid rise of Supermarkets in Developing Countries: Induced Organizational, Institutional, and Technological Change in Agrifood Systems. In: Electronic Journal of Agricultural and Development Economics 1 (2), 168-183.

Statista (2019): Number of traditional retail grocery outlets across India from 2013 to 2018. www.statista.com/statistics/1048774/india-number-of-traditional-grocery-retail-stores, 24.3.2020.

Trebbin, Anika (2011): Gemüsebauern in Maharashtra: Entwicklungschancen durch die Integration in Zuliefernetzwerke des modernen Einzelhandels. In: Geographische Rundschau 63 (5): 36-41.

Trebbin, Anika/Franz, Martin (2010): Exclusivity of private governance structures in agrofood networks: Bayer and the food retailing and processing sector in India. In: Environment and Planning A 42 (9), 2043-2057.

13

Miriam Wenner

FAIRE KETTEN? ZUR ROLLE VON FAIREM HANDEL IN GLOBALEN WARENKETTEN

Ungleiche Verhältnisse im globalen Handel machen es für Menschen am unteren Ende von globalen Warenketten schwer, ihren Lebensunterhalt zu bestreiten (Selwyn 2019). Um die Arbeits- und Lebensbedingungen entlang von globalen Warenketten zu verbessern, haben sich seit den 1980er Jahren privatwirtschaftliche und zivilgesellschaftliche Initiativen gebildet. Diese reagieren auf mangelnde staatliche Regulierung, in manchen Fällen sind sie auch ein Versuch, staatliche Regulierung als überflüssig erscheinen zu lassen. Ein bekanntes Beispiel für Letzteres ist die soziale Unternehmensverantwortung (*Corporate Social Responsibility* – CSR), die von der Idee getragen ist, dass Unternehmen über ihre ökonomischen Profite hinaus freiwillig auch einen Beitrag zum Wohlergehen der Gesellschaft leisten sollten (Bassen et al. 2005: 232). Ein zentrales Instrument hierbei sind *Codes of Conduct*, in denen sich Unternehmen moralisch verpflichten, bestimmte Sozial- und Umweltstandards entlang ihrer Lieferketten zu befolgen. KritikerInnen beschreiben CSR allerdings als eine Strategie, mittels derer Firmen ihre Dominanz gegenüber anderen Akteuren in globalen Warenketten aufrechterhalten, indem sie zivilgesellschaftliche Kritik antizipieren, absorbieren und Zustimmung erzeugen (Bair/Palpacuer 2015; siehe Exkurs Ollendorf in diesem Band).

Während sich CSR nur auf die Praktiken einzelner Unternehmen bezieht, zielen private Standards – also solche, die nicht von Regierungen, sondern von Privatwirtschaft und Zivilgesellschaft gesetzt werden – darauf ab, soziale, ökonomische und ökologische Mindeststandards in Lieferketten durchzusetzen (Nadvi 2008). Ein bekanntes Beispiel ist der faire Handel. Dieser strebt primär eine gerechtere Art von Welthandel an, versucht aber in manchen Konzeptionen auch eine Alternative zum kapitalistischen System zu entwickeln (Fridell 2007; Raynolds/Bennett 2015: 9).

Der faire Handel und insbesondere die Siegelinitiative Fairtrade erlebten in den vergangenen Jahren ein starkes Wachstum. So hat sich die Anzahl der von Fairtrade anerkannten *Producer Organisations* (POs) weltweit seit 2008 von 745 auf 1.707 im Jahr 2018 mehr als verdoppelt. Mehr als 1,7 Millionen BäuerInnen und ArbeiterInnen produzieren zertifizierte Güter (Fairtrade International, persönliche Kommunikation). Der weltweite Umsatz von Fairtrade-Gütern ist zwischen 2004 und 2018 von 832 Millionen auf 9.800 Millionen EUR gestiegen. Der größte Umsatz mit Fairtrade-Produkten in der EU wird im Vereinigten Königreich, in Deutschland und in der Schweiz erzielt (Statista 2018). In Deutschland besitzen Bananen mit 13,5 Prozent (Fairtrade Deutschland 2020a) und Kaffee mit 5 Prozent den größten Marktanteil (2019) (Fairtrade Deutschland 2020b). Zu Kunsthandwerk, Kaffee, Kakao und Bananen sind inzwischen Blumen, Tee, Baumwolle, Früchte sowie Textilien, Sportbälle, Gold und Elektronik hinzugekommen. Dieser Beitrag fokussiert auf Lebensmittel, die den größten Anteil des Umsatzes ausmachen (FFH 2019: 5). Allerdings ist die Bedeutung des fairen Handels im Welthandel nach wie vor sehr gering. So beträgt etwa der Anteil der fair gehandelten Kaffeeexporte – mit ca. 762.000 LandwirtInnen das mit Abstand wichtigste Fairtrade-Produkt (Fairtrade International 2019) – ca. 3 Prozent an den Gesamtexporten.

Dieser Beitrag untersucht, welche Auswirkungen der faire Handel auf die Produktionsverhältnisse zwischen dem Globalen Norden und dem Globalen Süden hat. Anhand der Perspektive globaler Güterketten wird gefragt, wie „faire“ Güterketten aussehen, welchen Beitrag der faire Handel dazu leistet und wo die Chancen und Grenzen dieses Ansatzes liegen. Dabei wird besonders auf die Gestaltung von Machtverhältnissen zwischen Akteuren im Globalen Süden und im Globalen Norden eingegangen.

Was ist fairer Handel?

Fairness ist ein ambivalentes Konzept, das mit Bezug zu Gleichbehandlung, Gleichverteilung (Einkommen, Wohlstand) oder Gerechtigkeit verwendet wird (Molenaar et al. 2016; Suranovic 2015; Kleine 2010). Im Sinne der Fair-Handels-Bewegung bedeutet Fairness eine Korrektur „unfairer" Handelsbedingungen, indem insbesondere Mindestpreise garantiert werden. Gleichberechtigte Handelspartner sollen sich basierend auf geteilten Prinzipien und Regeln treffen. Gleichzeitig soll durch den fairen Handel ein Einkommenstransfer von KonsumentInnen im Globalen Norden zu ProduzentInnen im Globalen Süden ermöglicht werden (Suranovic 2015). Ziel ist es, die Armut von marginalisierten KleinproduzentInnen mittels der Förderung ökonomischer Selbständigkeit zu reduzieren (Die Internationale Charta des Fairen Handels 2018). Normativ ist diese Vorstellung in der Idee von nachhaltiger Entwicklung verwurzelt (Die Internationale Charta des Fairen Handels 2018: 4) sowie Ausdruck einer „Ethik der Fürsorge", „[which] aims to remoralize the economy by supplanting the calculation and abstraction of capitalism through exchange founded on mutual obligation, co-operation and interdependence" (Dolan 2011: 42). Diese Grundidee spiegelt sich in der 2011 von *Fairtrade International* (FLO), *World Fair Trade Organization* (WFTO) und *European Fair Trade Organisation* (EFTA) verabschiedeten Definition des fairen Handels als „Handelspartnerschaft, die auf Dialog, Transparenz und Respekt beruht und nach mehr Gerechtigkeit im internationalen Handel strebt. Durch bessere Handelsbedingungen und die Sicherung sozialer Rechte für benachteiligte ProduzentInnen und ArbeiterInnen – insbesondere in den Ländern des Südens – leistet der Faire Handel einen Beitrag zu nachhaltiger Entwicklung. Fair-Handels-Organisationen engagieren sich (gemeinsam mit VerbraucherInnen) für die Unterstützung der Produzent* innen, die Bewusstseinsbildung sowie die Kampagnenarbeit zur Veränderung der Regeln und der Praxis des konventionellen Welthandels" (Die Internationale Charta des Fairen Handels 2018: 11).

Weiterhin verschreiben sich die Mitglieder der WFTO den zehn Prinzipien des fairen Handels. Dazu gehören die Förderung des fairen Handels in Konsumentenländern, das Vermeiden von Kinder- oder Zwangsarbeit, Nichtdiskriminierung, Geschlechtergleichheit und Vereinigungsfreiheit, sichere und gesunde Arbeitsbedingungen, der Aufbau von Entwicklungskapazitäten für die ProduzentInnen sowie ein nachhaltiger Ressourcenumgang (WFTO 2017). Zentrale Prinzipien, die den fairen Handel vom kapitalistischen Marktmechanismus und anderen Initiativen abgrenzen, sind „faire Handels-Praktiken" und „faire Bezahlung". Zu fairen Handelspraktiken gehören Vertragssicherheit, Vereinbarungen über Kompensationen im Falle von Vertragsbrüchen, effektive Kommunikation zwischen ProduzentInnen und KäuferInnen sowie der Aufbau einer langfristigen Beziehung basierend auf Solidarität, Vertrauen und gegenseitigem Respekt. Faire Bezahlung basiert auf der gemeinsamen Aushandlung von Mindestpreisen, die ProduzentInnen nicht nur vor Preisschocks schützen, sondern einen gleichwertigen Anteil der Wertschöpfung eines Produkts ermöglichen und sich an existenzsichernden Löhnen (*local living wage*) orientieren sollen (WFTO 2017). Liegen die Weltmarktpreise über dem Minimumpreis, wird der höhere Weltmarktpreis bezahlt. Weiterhin werden die Ziele des fairen Handels durch die Bereitstellung einer Prämie für die Durchführung von Entwicklungsprojekten sowie durch ein Set von sozialen und ökologischen Mindeststandards umgesetzt (Kleine 2010). Die Fairtrade-Prämie entspricht einem bestimmten Geldbetrag, den die ProduzentInnen pro Mengeneinheit an verkauften Fairtrade-Gütern erhalten. Zum Beispiel wird pro Pfund konventionellem Arabica-Kaffee ein Mindestpreis von 1,35 USD und eine Prämie von 0,2 USD bezahlt (Fairtrade International 2020, Stand 1.1.2020). Über die Verwendung der Prämie sollen die ProduzentInnen in demokratischer Form entscheiden.

So definiert ist fairer Handel ein marktbasiertes Instrument, das geleitet von den Gedanken der Nachhaltigkeit und Fürsorge danach strebt, den internationalen Handel von einer Form der Ausbeutung in ein Instrument der Ermächtigung zu transformieren (Raynolds/Bennett 2015: 3). Innerhalb der Bewegung gibt es allerdings verschiedene Verständnisse von Fairness. Zu den ursprünglichen Akteuren des fairen Handels gehören insbesondere christliche Netzwerke und daraus erwachsene alternative Handelsorganisationen (*Alternative Trading Organizations* – ATOs). Im Zuge einer Ausweitung der Absatzkanäle jenseits der Weltläden seit den 1990er Jahren kamen profitorientierte Akteure wie Supermarktketten dazu. Ziel dieser Marktausweitung war es, den Absatzmarkt für fair gehandelte Waren zu vergrößern (Arnold 2017: 59; Kister 2019). Zentrales Instrument bildeten Siegel und Zertifizierungsmechanismen. Gemäß einer Reihe von Sozial-, Arbeits- und Umweltstandards können sich ProduzentInnen, darunter kleinbäuerliche Kooperativen und Plantagen, sowie Händler zertifizieren lassen. Die so produzierten Güter erhalten ein Siegel, das die Konformität mit den Standards garantieren soll. Seit 1997 und der Gründung des von den nationalen Siegelinitiativen getragenen Dachverbandes *Fairtrade International* (FLO) ist dieses Transfair-Siegel international gültig. Gemäß Abbildung 1 wächst der faire Handel vor allem im Bereich der durch Fairtrade zertifizierten Güter.

Abbildung 1: Umsatzentwicklung verschiedener Fair-Handels-Bereiche in Deutschland 2009–2018

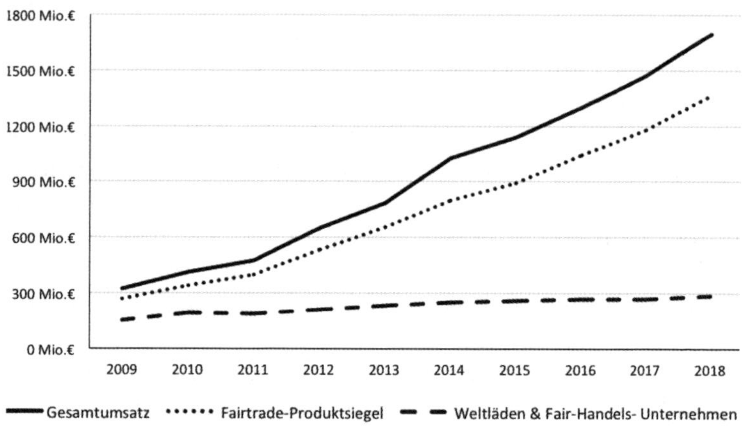

Quelle: FFH (Forum Fairer Handel) 2019

Viele ursprüngliche Fair-Handels-Organisationen stehen diesem *Mainstreaming* (also der Zertifizierung für den konventionellen Handel) allerdings kritisch gegenüber. Insbesondere die Zertifizierung von Plantagen mit LohnarbeiterInnen (*hired labour*) sorgte für Zerwürfnisse, da nicht klar ist, inwieweit oftmals aus der Kolonialzeit hervorgegangene, hierarchisch organisierte Plantagen überhaupt „fair“ sein können (Besky 2008; Renard 2015).

Entsprechend der eingeführten Unterschiede nutzt dieser Beitrag die Bezeichnung fairer Handel für das Konzept, die Bewegung und die Organisationen, welche die generelle Fair-Handels-Vision vorantreiben. Fairtrade bezieht sich auf das Zertifizierungssystem und dessen Labeling-Organisationen (Raynolds/Bennett 2015: 5).

Standards und Zertifizierungen in der Kritik

Im fairen Handel sind Standards Ausdruck des Versuchs, Bedingungen hinsichtlich Einkommen, sozioökonomischer Entwicklung oder sozialer Rechte für die ProduzentInnen von Gütern im Globalen Süden zu verbessern (Dragusanu et al. 2014: 220 ff.). Die Zertifizierung durch eine unabhängige Stelle (z.B. durch FLO-CERT GmbH) soll das Vertrauen der KonsumentInnen in das Siegel stärken. Obwohl Standards in der FLO unter Einbeziehung verschiedener Gruppen (darunter nationale Fairtrade-Organisationen und VertreterInnen der regionalen Produzentennetzwerke) und nach langwierigen Konsultationsrunden gesetzt werden, bemängeln viele AutorInnen die mangelnde Beteiligung von ProduzentInnen und sehen eher die Interessen von PlantagenbesitzerInnen oder transnationalen Unternehmen berücksichtigt (Besky 2010; Bennett 2015). Zudem wird kritisiert, dass die universellen Standards Vorstellungen des Globalen Nordens reflektieren, die an der Realität von ProduzentInnen und der Spezifik lokaler Produktionsbedingungen und sozialer Normen vorbeigehen (Gibbon/Śliwa 2012). Dies zeigt sich auch in der teils problematischen Reinterpretation von Standards im Zuge ihrer Übersetzung entlang der Warenkette (Brugger/Wenner 2020). Standards können so zu Kontrollinstrumenten über ProduzentInnen werden, die sich auf bestimmte Weise – etwa als bedürftig, demokratisch organisiert etc. – präsentieren müssen, um Zugang zu Zertifizierung zu erlangen (Kuiper/Gemählich 2017). Eine auf Vertrauen und Konsens beruhende Beziehung wird so zu einer Beziehung der Kontrolle durch nördliche über südliche Akteure (Renard 2015). Allerdings konstatieren Koenig-Archibugi et al. (2017) und Bennett (2015) auch Fortschritte bei der Beteiligung von ProduzentInnen in Gestaltung und Governance der FLO-Standards.

Ein weiterer Kritikpunkt betrifft die Prozeduren der Zertifizierung und der Kontrolle. Die Etablierung von FLO-CERT führt zu hohen Kosten für die ProduzentInnen und damit zu einer Marktbarriere (Dolan 2011; Kuiper/Gemählich 2017). So betragen die Kosten für Kleinproduzentenorganisationen zwischen etwa 2.000 und 4.000 EUR für die Erstzertifizierung (Troulis 2016: 306). Statt Diskussionen über grundlegende Veränderungen kommerzieller und sozialer Praktiken zu initiieren, bieten Standards technische Lösungen für politische Prozesse an, und Fairness wird in neoliberaler Manier zur individuellen Verantwortung der ProduzentInnen erklärt (Besky 2010; Wilson/Mutersbaugh 2015). Diese Depolitisierung führt zur Verschleierung von Machtbeziehungen entlang globaler Warenketten (Kuiper/Gemählich 2017; Brugger/Wenner 2020). Weiterhin werden die schwache Durchsetzung von Standards und unzureichende Kontrollen bemängelt (Cramer et al. 2014; Molenaar et al. 2016).

Ein dritter Kritikpunkt bezieht sich auf die nicht beabsichtigten Folgen von Standards und Zertifizierungen. Zertifizierung und Produktion gemäß Fairtrade-Kriterien verlangen Ressourcen und Fähigkeiten, die möglicherweise die marginalsten ProduzentInnen in den ärmsten Ländern der Welt nicht haben. Damit würden genau jene exkludiert, die am dringendsten der Verbesserung ihrer sozioökonomischen Situation bedürfen.

Akteure und Governance in fairen Ketten

Nach Kister (2019) lassen sich vier Typen von fairen Ketten unterscheiden (siehe Abbildung 2, siehe auch Reed 2009). Typ A stellt die ursprüngliche Form des fairen Handels dar, bei dem eine ATO unter Fair-Handels-Bedingungen Güter von kleinbäuerlichen Kooperativen kauft und diese in alternativen Nischen, wie Weltläden, vermarktet. Typ B signalisiert die Marktausweitung, da Vermarktung und Herstellung konventionelle, profitorientierte Akteure mit einbeziehen. Typ C und D verzichten ganz auf die Beteiligung von ATOs. Hier vermarkten Supermarktketten oder Hersteller (wie Kaffeeröstereien) als *lead firms* Produkte von zertifizierten ProduzentInnen, an der Kettengestaltung selbst ändert sich nichts. In Typ D mit hoher vertikaler Integration etablieren Unternehmen ihre eigenen Fair-Handels-Produkte (z.B. Lidls FAIRGLOBE) oder Supermärkte lassen bereits bestehende Produkte nachträglich zertifizieren (Reed 2009; Kister 2019; Kuiper/Gemählich 2017). Während also auf der einen Seite traditionelle ATOs und Kooperativen die Ketten basierend auf den ursprünglichen Ideen des fairen Handels und geleitet von einem Werteparadigma gestalten (Typ A, teilweise Typ B), stehen auf der anderen Seite von einem Wachstumsparadigma geleitete konventionelle Marktunternehmen, die zertifizierte Produkte in ihr Sortiment aufnehmen, aber wenige oder keine persönlichen Beziehungen zu den ProduzentInnen pflegen (Typ C und D).

Entsprechend unterschiedlich ist die Machtverteilung innerhalb der Ketten. Während in Typ A die traditionellen ATOs ihre Macht in relationalen Ketten mit Handelspartnern bewusst teilen (z.B. durch Wissensaustausch, gemeinsame Entscheidungen über Produktdesign) und die Wertschöpfung im Land fördern (z.B. durch Investitionen in Upgrading), werden in den konventionelleren Ketten ökonomisch lukrative Tätigkeiten (Verarbeitung, Design, Marketing) von Herstellern oder Supermarktketten durchgeführt, während die ProduzentInnen zu Rohstofflieferanten degradiert werden (Typ C und D). Die ProduzentInnen haben wenig Einfluss auf Endprodukte, Qualität, Mengen und Zeitplanung. Verträge können kurzfristig sein, die Beziehung ist rein vertraglich und basiert nicht auf Vertrauen und Sicherheit. Entsprechend bezeichnet Kister (2019: 243) die Governance der Kettentypen C und D als *captive*, da Vorgaben an Qualität, Mengen, Lieferzeiten etc. von den *lead firms* diktiert werden, die ihrerseits Kaufpräferenzen der KonsumentInnen in ihre Nachfrage übersetzen. Im Gegensatz hierzu werden die Kettentypen A und teilweise B als relational beschrieben, da man von einer wertebasierten, gegenseitigen Abhängigkeit zwischen KäuferInnen und ProduzentInnen ausgeht (Reed 2009; Kister 2019).

Die unterschiedlichen Machtverhältnisse zeigen sich in der Verteilung der Wertschöpfung in den verschiedenen Kettentypen. Laut der größten europäischen Fair-Handels-Organisation GEPA verbleiben jeweils ca. 25 Prozent des Verkaufspreises einer 250g-Kaffee-Packung bei den südlichen Handelspartnern, bei der GEPA selbst sowie im Groß- und Einzelhandel (GEPA 2020). Im konventionellen Handel erhalten ArbeiterInnen und Plantagenbesitzer jeweils etwa 5 bzw. 8,5 Prozent vom Verkaufspreis, wohingegen Händler und Röster mit knapp 18 Prozent und der Einzelhandel mit 24 Prozent wesentlich mehr Anteil an der Wertschöpfung haben (Brühl Stiftung 2012).

Abbildung 2: Wertschöpfungsketten-Typen im fairen Handel

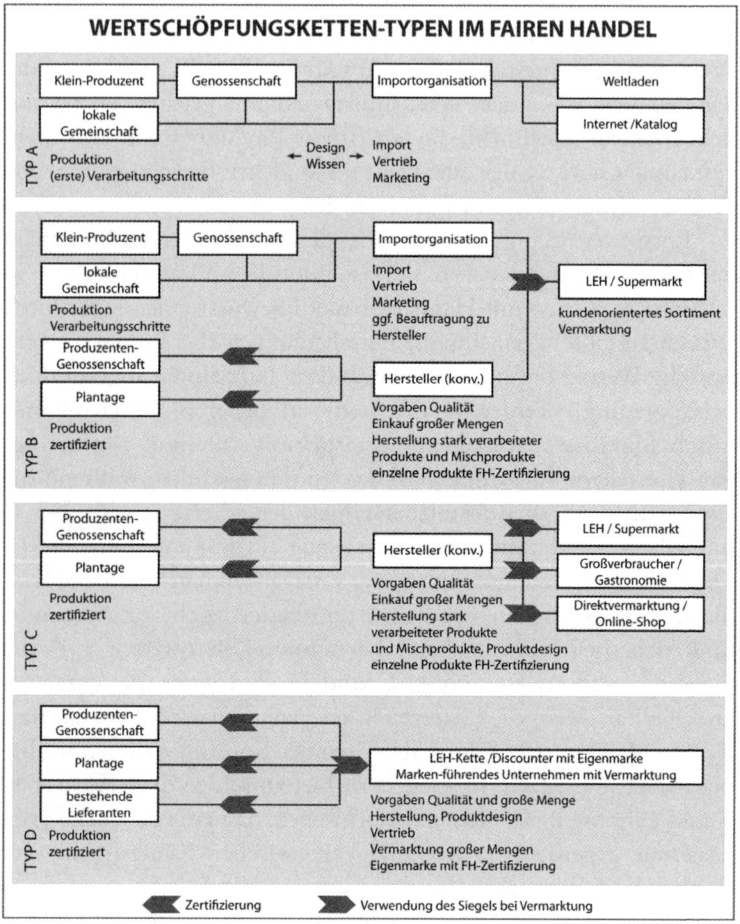

Anmerkungen: Kister unterscheidet vier Typen der fairen Handelskette: Typ A: partnerschaftliche Kette mit direkter Beziehung; Typ B: Supermarkt als Käufer fertiger Produkte; Typ C: herstellergesteuerte Kette mit anonymer Handelsbeziehung; Typ D: vertikal integrierte Struktur.

Quelle: Kister 2019: 196

Abbildung 3: Fairtrade- und Marktpreise von Kaffee (1989–2014)

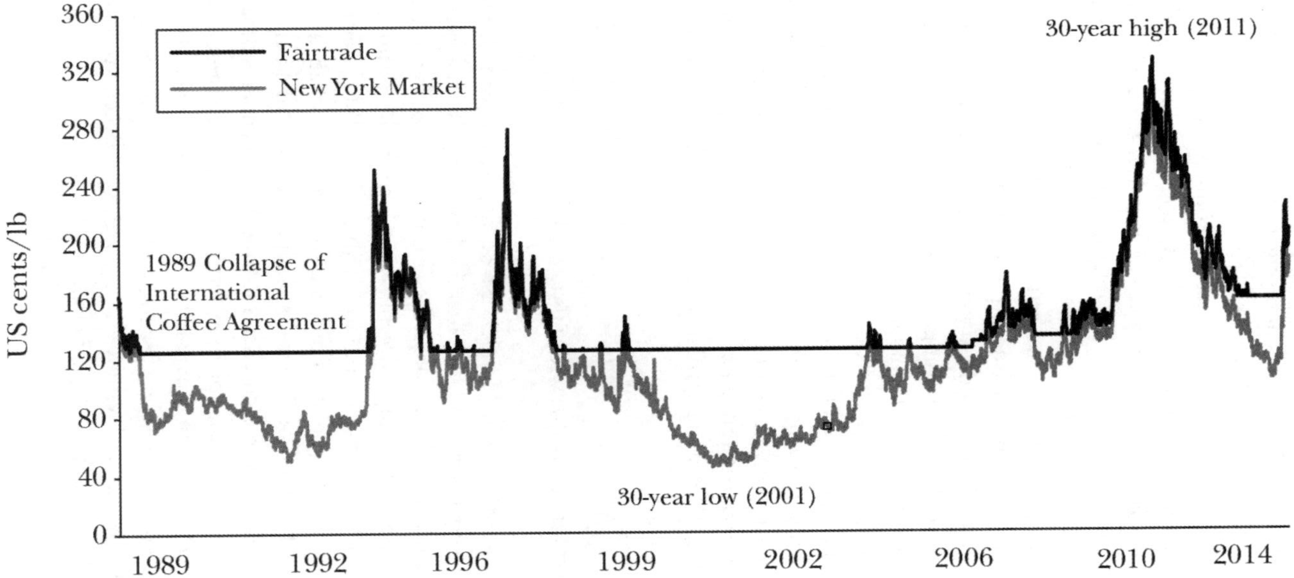

Anmerkung: Fällt der Weltmarktpreis unter den Fairtrade-Mindestpreis, erhalten Fairtrade-ProduzentInnen den Mindestpreis.
Quelle: Dragusanu et al. 2014: 220

In käufergesteuerten fairen Ketten scheinen vor allem die „oberen Kettenglieder“ bei der Wertschöpfung zu profitieren, sei es, weil sie lukrative Mischprodukte herstellen (Kister 2019: 208), oder die Zertifizierung in höhere Preise übersetzen können (Kuiper/Gemählich 2017). Johannessen/Wilhite (2010: 535) zeigen in ihrer Studie über zertifizierten Kaffee in Norwegen, der von *lead firms* wie Starbucks vertrieben wird, dass POs in Nicaragua und Guatemala lediglich 13 bis 16 Prozent des Verkaufspreises erhielten. Sie erklären dies damit, dass *lead firms* wie Starbucks Verträge mit den POs vor allem dann abschlossen, wenn die Weltmarktpreise tief waren.

Weil große Einzelhandelsunternehmen oder Hersteller flexiblere Lieferzeiten und größere Mengen benötigen, bevorzugen sie größere Produzenten wie z.B. Plantagen, wodurch KleinproduzentInnen strukturell benachteiligt werden (Johannessen/Wilhite 2010; Renard 2015). Deshalb und weil Einzelhandelsketten – Typ C und D – zertifizierte Güter günstiger anbieten als traditionelle Vertreiber wie Weltläden – Typ A –, kommt es zu einer Konkurrenz der unterschiedlichen Kettentypen untereinander (Reed 2009; Molenaar et al. 2016). Das illustriert die Widersprüche und Interessenkonflikte im Fairtrade-System.

Fairtrade und Entwicklung

Ein Ziel des fairen Handels ist es, die Armut von ProduzentInnen zu verringern und zu einer Verbesserung ihres Lebensstandards beizutragen. Evaluationen dieser Entwicklungseffekte kommen zwar zu unterschiedlichen Ergebnissen, doch in der Summe ergibt sich gemäß Dragusanu et al. (2014) ein positives Bild: Zertifizierte BäuerInnen erzielen höhere Preise als konventionelle, haben besseren Zugang zu Krediten, nehmen ihr ökonomisches Umfeld als stabiler wahr und engagieren sich eher in umweltschonenden Anbautechniken. Minimumpreise, Vorfinanzierung und längerfristige Handelsbeziehungen tragen zu finanzieller Stabilität bei (siehe Abbildung 3). Hinzu kommt besserer Zugang zu Gesundheitsversorgung und Bildung (Johannessen/Wilhite 2010; Nindl 2014; Becchetti et al. 2015; Nelson/Martin 2015; Molenaar et al. 2016).

Dieser grundsätzlich positive Befund ist jedoch zu relativieren. Zunächst ist festzuhalten, dass der Anteil des fairen Handels am Welthandel zwischen ca. 0,2 (Tee), ein (Bananen), 3 (Kaffee) und etwa 6 Prozent (Kakao) liegt (eigene Berechnungen, 2018). Diese Größenverhältnisse machen klar, dass Entwicklungseffekte auf eine kleine Gruppe beschränkt sind. Weiterhin können auch zertifizierte ProduzentInnen keineswegs ihre gesamte Produktion zu Fairtrade-Konditionen verkaufen. So konnten 2017 Kaffeebauern und -bäuerinnen nur ca. 34 Prozent ihres fair produzierten Kaffees auch zu Fairtrade-Konditionen verkaufen (Fairtrade International 2019). Während 2018 die von Fairtrade-ProduzentInnen erzeugte Kaffeemenge um 18 Prozent zunahm, sank die als Fairtrade verkaufte Menge um 3 Prozent und die Prämie gar um 9 Prozent (Fairtrade International 2018). Bei Bananen konnten 2017 etwa 66 Prozent und bei Tee ca. 5 Prozent der Ernte zum Fairtrade-Preis verkauft werden (Fairtrade International 2019).

Hinzu kommt, dass selbst Mindestpreise nicht immer die Kosten für eine nachhaltige Produktion und Zertifizierung decken, während höhere Preise nicht immer zu höheren Löhnen führen (Besky 2010; Davenport/Low 2012; Nelson/Martin 2015; Molenaar et al. 2016; Kuiper/Gemählich 2017). Die mangelnde Bereitschaft der FLO die Minimumpreise anzuheben (Reinecke 2010) ist Ausdruck eines inhärenten Widerspruchs zwischen Fairness und Profit, denn höhere Preise könnten die Nachfrage und somit – zum Nachteil für die ProduzentInnen – Gewinne reduzieren. KritikerInnen bemängeln zudem, dass Mindestpreise zu Überproduktion und damit zu niedrigeren Weltmarktpreisen führen (Gibbon/Śliwa 2012).

Umso wichtiger ist die Fairtrade-Prämie, die Investitionen in soziale Infrastruktur (wie Schulen, Krankenstationen), Produktivitätssteigerungen (Maschinen, Trainings) oder Nachhaltigkeit ermöglichen soll (Johannessen/Wilhite 2010; Molenaar et al. 2016; Nelson/Martin 2015). Neben Erfolgen berichten Studien allerdings von teils undemokratischen Entscheidungen und mangelnder Transparenz im Zusammenhang mit der Verwendung der Prämie (Besky 2010; Dragusanu et al. 2014: 231; Kuiper/Gemählich 2017). Auch können sozioökonomische Unterschiede und ungleiche Machtbeziehungen innerhalb von Kooperativen zu einer Verstärkung von Ungleichheiten führen (Cramer et al. 2014).

Der Einfluss von fairem Handel auf die Ermächtigung (*empowerment*) von ProduzentInnen ist ambivalent. Während einige ihre Verhandlungsfähigkeit steigern können (Becchetti et al. 2015; Molenaar et al. 2016), haben andere kaum oder gar kein Wissen über den fairen Handel (Besky 2010; Johannessen/Wilhite 2010; Dragusanu et al. 2014). Auch der Einfluss auf Geschlechterbeziehungen ist stark von Kontextfaktoren (wie formaler Landbesitz von Frauen, Zugang zu produktiven Ressourcen, traditionelle Geschlechterrollen) abhängig (Tallontire et al. 2005; Smith 2015). Smith (2015) sieht allerdings Fortschritte durch die 2012 und 2013 verabschiedeten Gender-Strategien der FLO und WFTO. Auch landlose Lohn- und WanderarbeiterInnen werden häufig von den Vorteilen des fairen Handels ausgeschlossen, weil sie als Nichtmitglieder von Kooperativen weder von höheren Löhnen noch von der Prämie profitieren (Davenport/Low 2012; Cramer et al. 2014).

Fazit: Fairer Handel zwischen Kapitalismuskritik und Markt

Die Diskussion zeigt, dass hinter „fairen“ Produkten sehr unterschiedliche Strategien, Werte, Geschäftsmodelle und Warenkettenorganisationen stehen. So gibt es eine Koexistenz verschiedener Beziehungsformen in Güterketten, die sich zwischen partnerschaftlicher Beziehung (emotionale Nähe der Akteure, langfristige Bindung, Austausch), stabiler Zuliefererbeziehung (langfristig, aber ohne emotionale Nähe, Asymmetrie in Unternehmensgröße, Marktmacht der Unternehmen) und rein geschäftlicher Marktbeziehung (Bindung ist auf eine Transaktion beschränkt, externe Kontrolle durch Zertifizierung) erstrecken (Kister 2019: 264 ff.). Dies hat unterschiedliche Auswirkungen auf die ProduzentInnen, die zwar von Mindestpreisen und Prämie profitieren, jedoch nur in relationalen Ketten größere Chancen für Mitbestimmung, Wertschöpfung und Upgrading entlang der Ketten erhalten.

Problematisch ist, dass im Zuge der Marktausweitung mächtige und profitorientierte Unternehmen Einfluss auf die Gestaltung von Fairtrade (z.B. Standards) gewinnen konnten. Dies kann zu einer Erosion der ursprünglichen Werte und Absichten des fairen Handels führen. Die Kommodifizierung von sozialer Gerechtigkeit birgt die

Gefahr des *Fairwashings* durch Unternehmen (Fridell 2007; Johannessen/Wilhite 2010; Troulis 2016). Obwohl der faire Handel also durchaus positive Effekte haben und eine Alternative zum kapitalistischen Welthandelssystem aufzeigen kann, so hat er doch kaum Einfluss auf dominante Handelspraktiken wie z.B. Überproduktion, Marktkonzentration und Preiskämpfe. Er bringt keinen grundsätzlichen Wandel der Machtverteilung in Ketten hervor und hat daher nur begrenzten Einfluss auf die Wohlfahrt der Akteure am „unteren Ende" globaler Warenketten (Nelson/Martin 2015; Molenaar et al. 2016; Troulis 2016).

LERNFRAGEN

- Was versteht man unter fairem Handel und welche Ansätze werden unterschieden? Welche Akteure und Motive kennzeichnen die unterschiedlichen Ansätze?
- Welche Typen von Warenketten gibt es im fairen Handel und wie unterscheiden sich diese?
- Inwieweit kann der faire Handel als eine Alternative zum konventionellen Freihandelssystem betrachtet werden?

In letzter Zeit kommt Fairtrade durch Unternehmen wie Starbucks, McDonald's oder Sainsbury in Bedrängnis, die in Konkurrenz zu Fairtrade ihre eigenen Qualitätssiegel entwickeln und sich aus dem Fairtrade-Zertifizierungssystem partiell zurückziehen (Subramanian 2019). Damit entziehen sich diese Unternehmen einem externen Audit, definieren selbst, was Fairness heißt und sichern ihren Zugang zu agrarischen Rohstoffen, der nicht zuletzt durch Klimawandel zunehmend unsicher werden könnte. Dies unterstreicht den prinzipiellen Konflikt zwischen Profitinteressen und den ethischen Prinzipien des fairen Handels (Fridell 2007; Johannessen/Wilhite 2010).

Kann eine rein marktbasierte Initiative einen grundlegenden, strukturellen Wandel des internationalen Handelssystems und der Gestaltung von Warenketten hervorbringen? In diesem Zusammenhang fordern verschiedene AutorInnen eine Rückbesinnung des fairen Handels auf die ursprüngliche Vision eines alternativen Handelssystems basierend auf staatlicher Regulation (Fridell 2007; Molenaar et al. 2016; Troulis 2016). Aktuelle Forderungen nach gesetzlich verankerter Unternehmensverantwortung – wie die *Initiative Lieferkettengesetz* in Deutschland oder die *Konzernverantwortungsinitiative* in der Schweiz, die auf eine generelle Einführung und Einhaltung von sozialen und ökologischen Mindeststandards zielen

– könnten zur Umgestaltung struktureller Rahmenbedingungen beitragen und gemeinsam mit dem fairen Handel eine gerechtere Alternative zum aktuellen System schaffen.

Basisliteratur

Kister, Jutta (2019): Von Wachstum und Werten. Globale Wertschöpfungsketten im Fairen Handel. München: Oekom.

Raynolds, Laura T./Bennett, Elizabeth A. (Hg., 2015): Handbook of Research on Fair Trade. Cheltenham: Edward Elgar.

Warrier, Meera (Hg., 2011): The Politics of Fair Trade. A Survey. London/New York: Routledge Taylor & Francis.

Literatur

Arnold, Nadine (2017): Standardisierungsdynamiken im Fairen Handel. Die Entwicklung des Schweizer Fair Trade Feldes und dessen Standards. Wiesbaden: Springer.

Bair, Jennifer/Palpacuer, Florence (2015): CSR beyond the Corporation. Contested Governance in Global Value Chains. In: Global Networks 15 (1), 1-19.

Bassen, Alexander/Jastram, Sarah/Meyer, Kathrin (2005): Corporate Social Responsibility. Eine Begriffserläuterung. In: Zeitschrift für Wirtschafts- und Unternehmensethik 6 (2), 231-236.

Becchetti, Leonardo/Castriota, Stefano/Conzo, Pierluigi (2015): Quantitative Analysis of the Impacts of Fair Trade. In: Raynolds, Laura T./Bennett, Elizabeth A. (Hg.): Handbook of Research on Fair Trade. Cheltenham: Edward Elgar, 532-548.

Bennett, Elizabeth A. (2015): Fairtrade International Governance. In: Raynolds, Laura T./Bennett, Elizabeth A. (Hg.): Handbook of Research on Fair Trade. Cheltenham: Edward Elgar, 80-101.

Besky, Sarah (2008): Can a Plantation Be Fair? Paradoxes and Possibilities in Fair Trade Darjeeling Tea Certification. In: Anthropology of Work Review 29 (1), 1-9.

Besky, Sarah (2010): Colonial Pasts and Fair Trade Futures. Changing Modes of Production and Regulation on Darjeeling Tea Plantations. In: Lyon, Sarah/Moberg, Mark (Hg.): Fair Trade and Social Justice. Global Ethnographies. New York/London: New York University Press, 97-122.

Brühl Stiftung (2012): Wissen Sie, wie sich der Preis Ihres Kaffees zusammensetzt? https://www.bruehl-stiftung.de/2012/05/27/wie-sich-der-preis-ihres-kaffees-zusammensetzt/, 1.9.2020.

Brugger, Andri/Wenner, Miriam (2020): Wie Fairtrade übersetzt wird. Machtbeziehungen im globalen Produktionsnetzwerk von zertifiziertem Darjeeling-Tee. In: Geographische Rundschau 2020 (1/2), 24-29.

Cramer, Christopher/Johnston, Deborah/Oya, Carlos/Sender, John (2014): Fairtrade Cooperatives in Ethiopia and Uganda. Uncensored. In: Review of African Political Economy 41 (S1), 115-127.

Davenport, Eileen/Low, Will (2012): The Labour behind the (Fair Trade) Label. In: Critical Perspectives on International Business 8 (4), 329-348.

Die Internationale Charta des Fairen Handels (2018): Köln, Berlin. TransFair e.V.; Forum Fairer Handel e.V. https://www.forum-fairer-handel.de/fileadmin/user_upload/dateien/publikationen/andere_publikationen/2018_FH-Charta_Deutsch.pdf, 14.8.2020.

Dolan, Catherine. S (2011): Branding Morality. The Case of Fair Trade. In: Warrier, Meera (Hg.): The Politics of Fair Trade. A Survey. London/New York: Routledge Taylor & Francis, 37-52.

Dragusanu, Raluca/Giovannucci, Daniele/Nunn, Nathan (2014): The Economics of Fair Trade. In: Journal of Economic Perspectives 28 (3), 217-236.

Fairtrade Deutschland (2020a): Fairtrade-Bananen. So funktioniert der faire Handel mit Bananen. https://www.fairtrade-deutschland.de/produkte/bananen/hintergrund-fairtrade-bananen, 20.6.2020.

Fairtrade Deutschland (2020b): Fairtrade-Kaffee. So funktioniert der faire Handel mit Kaffee. https://www.fairtrade-deutschland.de/produkte-de/kaffee/hintergrund-fairtrade-kaffee.html, 20.6.2020.

Fairtrade International (2018): Key Data. Fairtrade Coffee. https://www.fairtrade.net/impact/key-data-fairtrade-coffee, 14.8.2020.

Fairtrade International (2019): Monitoring the Scope and Benefits of Fairtrade. Overall. Monitoring Report 10th Edition. Bonn: Fairtrade International.

Faitrade International (2020): Fairtrade Minimum Price and Fairtrade Premium Table. Bonn: Fairtrade International.

FFH (Forum Fairer Handel) (2019): Aktuelle Entwicklungen im Fairen Handel, Umsatzentwicklungen. https://www.forum-fairer-handel.de/fileadmin/user_upload/dateien/publikationen/materialien_des_ffh/FFH_Entwicklungen_2019_web.pdf, 20.6.2020.

Fridell, Gavin (2007): Fair Trade Coffee. The Prospects and Pitfalls of Market-Driven Social Justice. Toronto: University of Toronto Press.

GEPA (2020): Wer bekommt eigentlich was? https://www.gepa.de/fileadmin/user_upload/Info/Produktinfo/Musterkalkulation/Musterkalkulation-Kaffee_2020-02_4c.pdf, 28.7.2020.

Gibbon, Jane/Śliwa, Martyna (2012): Critical Perspectives on Fair Trade. An Introduction. In: Critical Perspectives on International Business 8 (4), 272-276.

Johannessen, Silje/Wilhite, Harold (2010): Who Really Benefits from Fairtrade? An Analysis of Value Distribution in Fairtrade Coffee. In: Globalizations 7 (4), 525-544.

Kleine, Dorothea (2010): How Fair is Fair Enough? Negotiating Alterity and Compromise within the German Fair Trade Movement. In: Fuller, Duncan (Hg.): Interrogating Alterity. Alternative Economic and Political Spaces, London: Routledge, 113-130.

Koenig-Archibugi, Mathias/Macdonald, Kate (2017): The Role of Beneficiaries in Transnational Regulatory Processes. In: Annals of the American Academy of Political and Social Science 670 (1), 36-57.

Kuiper, Gerda/Gemählich, Andreas (2017): Sustainability and Depoliticisation. Certifications in the Cut-Flower Industry at Lake Naivasha, Kenya. In: Africa Spectrum 52 (3), 31-53.

Molenaar, Jan Willem/Blackmore, Emma/Smith, Sally/Van Bragt, William/Petit dit de la Roche, Cormac/Heuvels, Sjaak/Vorley, Bill/Fearne, Andrew (2016): Fairness in Trade Matters for Sustainability. An Impact Evaluation of Fairtrade's Supply Chain Interventions. o.O.: idenvironment/iied.

Nadvi, Khalid (2008): Global Standards, Global Governance and the Organization of Global Value Chains. In: Journal of Economic Geography 8 (3), 323-343.

Nelson, Valerie/Martin, Adrienne (2015): Fairtrade International's Multi-Dimensional Impacts in Africa. In: Raynolds, Laura T./Bennett, Elizabeth A. (Hg.): Handbook of Research on Fair Trade. Cheltenham: Edward Elgar, 509-531.

Nindl, Elisabeth (2014): An Empirical Assessment of Fairtrade: A Perspective for Low- and Middle-Income Countries? Department of Economics Working Paper Series, 160. Wien: Wirtschaftsuniversität Wien.

Reed, Darryl (2009): What Do Corporations Have to Do with Fair Trade? Positive and Normative Analysis from a Value Chain Perspective. In: Journal of Business Ethics 86 (1), 3-26.

Reinecke, Juliane (2010): Beyond a Subjective Theory of Value and Towards a „Fair Price". An Organizational Perspective on Fairtrade Minimum Price Setting. In: Organization 17 (5), 563-581.

Renard, Marie-Christine (2015): Fair Trade for Small Farmer Cooperatives in Latin America. In: Raynolds, Laura T./Bennett, Elizabeth A. (Hg.): Handbook of Research on Fair Trade. Cheltenham: Edward Elgar, 475-490.

Selwyn, Benjamin (2019): Poverty Chains and Global Capitalism. In: Competition and Change 23 (1), 71-97.

Smith, Sally (2015): Fair Trade and Women's Empowerment. In: Raynolds, Laura T./Bennett, Elizabeth A. (Hg.): Handbook of Research on Fair Trade. Cheltenham: Edward Elgar, 405-421.

Statista (2018): Dossier zu Fairtrade in Deutschland. Marktüberblick. Umsatz mit Fairtrade-Produkten weltweit bis 2018. https://de.statista.com/statistik/studie/id/9879/dokument/fair-trade-statista-dossier/, 20.6.2020.

Subramanian, Samanth (2019): Is Fair Trade Finished? In: The Guardian, 23.7.2019. https://www.theguardian.com/business/2019/jul/23/fairtrade-ethical-certification-supermarkets-sainsburys, 15.8.2020.

Suranovic, Steven (2015): The Meaning of Fair Trade. In: Raynolds, Laura T./Bennett, Elizabeth A. (Hg.): Handbook of Research on Fair Trade. Cheltenham: Edward Elgar, 45-60.

Tallontire, Anne/Dolan, Catherine/Smith, Sally/Barrientos, Stephanie (2005): Reaching the Marginalised? Gender Value Chains and Ethical Trade in African Horticulture. In: Development in Practice 15 (3/4), 559-571.

Troulis, Pavlos (2016): Power Relations and Fairtrade in Cocoa and Cotton Value Chains in the UK, Ghana and India. Doctoral Thesis. London: UCL.

WFTO (2017): 10 Principles of Fair Trade. https://wfto.com/sites/default/files/WFTO -10 Principles of Fair Trade %282017%29.pdf, 23.7.2020.

Wilson, Bradley R./Mutersbaugh, Tad (2015): Fair Trade Certification, Performance and Practice. In: Raynolds, Laura T./Bennett, Elizabeth A. (Hg.): Handbook of Research on Fair Trade. Cheltenham: Edward Elgar, 281-297.

Michael Jonas

Fairtrade-Konsum zwischen Moralisierung und geteilter Verantwortung[1]

Marken und Siegel, die moralische Botschaften vermitteln, finden sich auf immer mehr Produkten. Das fängt bei den Biomarken für Lebensmittel an und reicht bis zum „Fairtrade"-Siegel. Seit Fairtrade-Produkten ab den 1990er Jahren Einzug in die Supermärkte gewährt wurde, hat deren Umsatz und Sortiment stark zugenommen. In Österreich waren im Jahr 2018 mehr als 2.000 Produkte besiegelt. Mit Fairtrade, so die Dachorganisation (Fairtrade Österreich 2018: 1), „hat es jede und jeder von uns selbst in der Hand, alltägliche Kaufentscheidungen zu bewussten Entscheidungen zu machen". Sich „bewusst zu entscheiden" hat augenscheinlich genuin mit der Übernahme von Verantwortung zu tun. Indem sich etwa eine Konsumentin bewusst zum Kauf mit dem Siegel versehener Produkte entscheidet, zeigt sie nicht nur, dass sie die ungerechten Praktiken des globalisierten Weltmarktes erkennt. Sie übernimmt, so lässt sich die Aufforderung weiter ausbuchstabieren, auch Verantwortung und kümmert sich durch den Kauf aktiv um die Beseitigung von Missständen.

Aus einer soziologischen Perspektive ist das aber zu kurz gegriffen. Julia Eckert (2016) unterscheidet daher zwischen der Juridifizierung und der Moralisierung von Verantwortung. Die Juridifizierung von Verantwortung basiert auf rechtlich bindender Zurechnung, Berücksichtigung weltgesellschaftlicher Handlungszusammenhänge sowie weitgehender Irrelevanz emotionaler Aspekte. Die Moralisierung von

Verantwortung setzt zwar auch auf eine Erweiterung der Handlungszusammenhänge. Sie verzichtet aber auf rechtlich bindende Verpflichtungsaspekte. Verantwortungszuschreibung wie -übernahme wird in Richtung emotional motivierter Barmherzigkeit verschoben. Wie das oben genannte Beispiel verdeutlicht, geht es in erster Linie um die moralische Qualität der verantwortlichen Personen, hier also der Menschen etwa in Österreich, die zu bewussten Kaufentscheidungen aufgerufen werden. Verantwortung wird auf den Aspekt akteursspezifischer Freiwilligkeit bezogen. In Gewissensentscheidungen, beispielsweise ein nachhaltiges und Fairtrade-besiegeltes Produkt zu kaufen, „entscheidet" sich die einzelne Person freiwillig zur Verantwortungsübernahme. Die Abhängigkeiten derer, zwischen denen asymmetrische Beziehungen bestehen, geraten aber aus dem Blick (Jonas 2019).

Diese Beziehungen werden erst dann sichtbar, wenn KonsumentInnen die dominierenden Unternehmen in den Wertschöpfungsketten als Akteure adressieren, die sich bewusst für (oder gegen) einen gerechteren Welthandel einsetzen. Erst dann werden Prozesse der wechselseitigen Be- und Verstärkung in der Übernahme von Verantwortung möglich. Iris Marion Youngs (2011) Modell geteilter Verantwortung macht verständlich, um was es dabei geht. Sie geht davon aus, „(that) individuals bear responsibility for structural injustices because they contribute by their actions to the processes that produce unjust outcomes. Our responsibility derives from belonging together with others in a system of interdependent processes of cooperation and competition through which we seek benefits and aim to realize projects" (Young 2011: 105). Young unterscheidet zwischen der Zuschreibung, Verantwortung zu haben, und der Zuschreibung, Verantwortung zu übernehmen. Verantwortung zu tragen wird empirisch festgestellt, Verantwortung zu übernehmen hingegen normativ gefordert. Die wechselseitige Verantwortungszuweisung etwa zwischen einer Konsumentin und den ProduzentInnen reicht also nicht aus. Verantwortung wird nicht als individuell zurechenbares, sondern als ein ge- und verteiltes Phänomen begriffen. Inwiefern sich Aspekte eines gerechteren Weltmarktes in die Wertschöpfungsketten einschreiben, wird an entsprechende Aktivitäten aller involvierten Akteure gekoppelt. Verantwortung ergibt sich folglich erst aus Aushandlungsprozessen geteilter Verantwortungszuweisungen und -übernahmen, die immer wieder neu initiiert werden müssen. Solche Praktiken geteilter Verantwortung sind nicht auf einzelne

Akteursgruppen ausgerichtet, sondern adressieren grundsätzlich alle Beteiligten in den globalisierten Wertschöpfungsketten, resultieren in verbindlichen Vereinbarungen, die auf Interessenausgleich und Machtbalance basieren, und kommunizieren diese weitgehend transparent auch zu jenen MarktteilnehmerInnen weiter, die als EndkonsumentInnen nur schwer in langfristige Vereinbarungen eingebunden werden können. Was bedeutet das nun für den fairen Handel in Österreich?

Ein zentraler Akteur des fairen Handels ist die Dachorganisation „Fairtrade Österreich", die 1994 gegründet wurde. Sie vergibt das Siegel an LizenzpartnerInnen und nimmt eine wichtige Rolle in der Vermittlung zwischen Anbietern besiegelter Produkte und KonsumentInnen wahr. Sie setzt auf den breitflächigen Einzug von Fairtrade-Produkten vor allem in die Supermärkte, eine Steigerung der Marktdurchdringung und des Absatzes sowie eine Erhöhung der Anzahl der LizenzpartnerInnen. Mittlerweile vertreiben in Österreich über 4.000 Supermarktkettenfilialen und weitere Marktakteure wie Bäckereiketten Fairtrade-Produkte. In Tankstellen eines heimischen Öl- und Gasunternehmens, in Café-Shops einer internationalen Kette sowie in den Filialien von Röstereien gibt es Fairtrade-Kaffee. Hinzu kommen Bettwaren oder Handtücher in den Niederlassungen großer Einrichtungshäuser oder Fachhandelsketten. Besiegelte Lebensmittel erhalten KonsumentInnen in Biosupermärkten, Bioläden, Reformhäusern, veganen Fachgeschäften sowie in über 100 Weltläden und der EZA – der „Schwester" der deutschen GEPA – als eine der sozial-ökonomischen PionierInnen des fairen Handels. Besiegelte Bekleidung wird in den Weltläden, in einigen urbanen Fachgeschäften sowie in den Niederlassungen einer internationalen Bekleidungskette oder über das Internet angeboten.

In den Supermärkten wird inzwischen mehr als 80 Prozent des Gesamtumsatzes Fairtrade-besiegelter Produkte gemacht. Deshalb lohnt es sich, einen genaueren Blick auf die dortige Inszenierung von Fairtrade zu richten. Die ersten Fairtrade-Produkte wurden Ende der 1990er Jahre in das Sortiment der Supermärkte eingeführt. Das anfangs kleine Sortiment ist inzwischen auf hunderte Produkte angestiegen. Neben dem „Bestseller" Biobanane und stark nachgefragten Produkten wie Kaffee, Reis oder Orangensäften sind heutzutage auch Ananas oder Trocken- und Hülsenfrüchte erhältlich. Die Supermarktketten haben in den vergangenen Jahren ihre Eigenmarken ausgebaut und insbesondere die Produkte ihrer Premiummarken mit dem Fairtrade-Siegel veredelt. Kontakte zwischen SortimentsmanagerInnen und RohstoffproduzentInnen aus der südlichen Hemisphäre sind aber äußerst selten. Während die Supermarktketten verstärkt darauf setzen, mit ihren Fairtrade-besiegelten Eigenmarkenprodukten Wettbewerbsvorteile gegenüber Konkurrenten zu erzeugen, gehen sie mit ProduzentInnen anderer besiegelter Produkte mitunter unfair um.

Sieht man von Produkten der EZA ab, werden in den Filialen Fairtrade-Produkte direkt neben ihren nicht fair gehandelten Pendants angeboten. Die Verpackung, die lange Zeit das Medium war, um über die ProduzentInnen im Süden zu informieren, ist von denen nicht besiegelter Produkte nicht mehr zu unterscheiden. Nur noch das Siegel selbst dient als Vertrauensgarant. Für KonsumentInnen bleiben Aspekte der Preisbildung, der Gewinnspannen sowie auch des sozioökonomischen Nutzens für die involvierten Menschen im Globalen Süden undurchsichtig. Da der konventionelle Handel generell das Produkt und seine Verpackung, nicht aber seine Herstellungs- und Distributionsbedingungen in den Vordergrund rückt, mag ihnen zwar auffallen, dass immer mehr Fairtrade-besiegelte Produkte erhältlich sind. Nicht registrierbar ist aber, dass dies mit einer zunehmenden Unterschiedlichkeit der Fairness verbunden ist, also einer marktgetriebenen Fairness auf der einen Seite des Spektrums, die auf Moralisierung und KundInnenanrufung setzt, und einer gerechtigkeitsorientierten Fairness, die sich am Leitbild der Juridifizierung von Verantwortung orientiert und die auf einer gelebten Kooperationspraxis wechselseitig ausgehandelter Verantwortungsübernahme fußt.

Um diese Unterschiedlichkeit zu verstehen, lohnt ein Blick auf die im fairen Handel umstrittenen Regelungen zu sogenannten Mischprodukten, dem Mengenausgleich und den Fairtrade-Programmen zu Zucker, Kakao und Baumwolle. Hier stehen sich vornehmlich konventionelle Massenproduzenten und -anbieter zusammen mit der Fairtrade-Dachorganisation sowie die überwiegend im Biosegment verorteten, spezialisierten ProduzentInnen in Koalition mit den Weltläden und der EZA gegenüber. Im Biobereich können Regelungen für Mischprodukte – also Produkte wie etwa Schokoriegel, in denen verschiedene Rohmaterialien verarbeitet werden – den Kriterien einer transparenten Herstellung genügen, nämlich dann, wenn die

Rohstoffe klar zurückverfolgt und die Zusammensetzung der Mischprodukte vor allem auf den Verpackungen und im Internet dokumentiert wird. Fairtrade-besiegelte Mischprodukte können damit der vermittelten Idealvorstellung eines mehr oder minder gerecht produzierten und gehandelten Produktes entsprechen.

Im konventionellen Handel weisen hingegen zunehmend mehr Mischprodukte Komponenten auf, auf deren Herstellungsbedingungen und -orte bewusst nicht eingegangen wird und die in keiner Weise etwa für eine Umwandlung ganzer Wertschöpfungsketten im Sinne eines gerechteren Wirtschaftens stehen. Auch Erläuterungen zum Mengenausgleich werden auf den Produktverpackungen konventioneller ProduzentInnen ins Kleingedruckte verschoben: Wer einen Fairtrade-besiegelten Orangensaft eines konventionellen Anbieters in Österreich kauft, soll angesichts der auf den Verpackungen suggerierten Imagination einer direkten Verbindung zwischen RohstoffproduzentInnen und EndkonsumentInnen davon ausgehen, dass sie (oder er) auch den Saft der Orangen jener KleinbäuerInnen und ArbeiterInnen trinken kann, zu denen durch den Kaufakt eine verantwortungstragende Verbindung geschaffen worden sein soll. Dass die fair erzeugten Früchte überwiegend gar nicht in der besiegelten Packung enthalten sind, wird nicht vermittelt. Dafür ist die besiegelte Variante um etwa 30 Cent teurer als ihr nicht besiegeltes Pendant.

Unternehmen, die hingegen aus den Solidaritätsbewegungen, der Biowirtschaft oder der Gemeinwohlökonomie stammen, orientieren ihre Geschäftsaktivitäten an den Kriterien konsequent fairer Handelspraktiken. Sie verkoppeln fairen Handel mit Bio. Zudem arbeiten sie vorwiegend mit Kooperativen und ausgesuchten kleineren rohstoffverarbeitenden ProduzentInnen „auf Augenhöhe" zusammen und kooperieren auf der Basis wechselseitig ausgehandelter verbindlicher Regeln etwa der Rohstoffrückverfolgung, der (mitunter auch Voraus-)Bezahlung garantierter Abnahmemengen und der Weiterverarbeitung. In Vorzeigeprojekten wird versucht, durch den Aufbau von Produktionsstrukturen den Anteil der Wertschöpfung in Ländern des Südens zu erhöhen. Die genannten Unternehmen engagieren sich bewusst in Prozessen wechselseitiger Verantwortungsübernahme. In der Regel geben sie in ihren Internetauftritten, Informationskampagnen und auf den Verpackungen genaue Informationen über ihre KooperationspartnerInnen in den Ländern des Globalen Südens. Besuche und Vorträge von ProduzentenvertreterInnen aus der südlichen Hemisspäre etwa in Weltläden helfen bei der transparenten Vermittlung geteilter Verantwortung. Mitunter, etwa wenn sie auch Mitglieder der Gemeinwohlökonomie sind, legen sie ihre Kostenstrukturen offen, ohne vorhandene Antagonismen sowohl in der nördlichen als auch der südlichen Hemisphäre mit dem einfachen Slogan *shopping for change* zu verdecken.

Verantwortungsanrufungen, die sich moralisierend und einseitig an die EndkonsumentInnen richten und dabei von dubiosen Geschäftsgebaren ablenken, helfen keineswegs, faire Wertschöpfungsketten zwischen dem Globalen Süden und dem Globalen Norden zu entwickeln. Erst Praktiken der geteilten Verantwortungszuweisung und -übernahme, die sich an den Kriterien einer Juridifizierung von Verantwortung orientieren, stehen für einen gerechteren Handel mit dem Süden, der diese Bezeichnung auch verdient.

1 Diese Publikation basiert auf einem Forschungsprojekt zum fairen Handel in Österreich, das vom Jubiläumsfonds der Österreichischen Nationalbank (Projekt 15216) mitfinanziert und am IHS Wien durchgeführt wurde.

Literatur

Eckert, Julia (2016): Tugend, Recht und Moral. Tendenzen der Verantwortungszuschreibung. In: Deutsche Zeitschrift für Philosophie 64 (2), 246-257.

Fairtrade Österreich (2018): Jahresrückblick 2018. 25 Jahre Fairtrade Österreich. Wien: Fairtrade Österreich. https://www.fairtrade.at/fileadmin/AT/Materialien/2019_AT_JB_Textteil.pdf, 28.2.2020.

Jonas, Michael (2019): Moralisierung der Marktsphäre? Verantwortungszuschreibungen in der Inszenierung von Fairtrade. In: Henkel, Anna/Lütdke, Nico/Buschmann, Nikolaus/Hochmann, Lars (Hg.): Reflexive Responsibilisierung. Verantwortung für eine nachhaltige Welt. Bielefeld: transcript, 391-410.

Young, Iris Marion (2011): Responsibility for Justice. Oxford: Oxford University Press.

TEIL 7
ENTWICKLUNG

14

Karin Fischer

Globale Industrien und umkämpfte Entwicklung: Die Lachszuchtindustrie im Süden Chiles

Einleitung

Fisch ist ein fixer Bestandteil der viel beworbenen modernen, schlanken und gesunden Küche. Dass die gestiegene Nachfrage befriedigt werden kann und ständig Nachschub in den Kühlregalen der Supermärkte landet, ermöglicht die industrielle Fischzucht. Die Aquakulturindustrie findet überwiegend in Ländern des Globalen Südens statt und erzeugt über die Hälfte der Fische und Meerestiere, die weltweit für den menschlichen Verzehr bestimmt sind. Lachs stammt zu 98 Prozent aus Zuchtfarmen. Chile hat es als einziges Land der Semiperipherie geschafft, Teil der exklusiven Produzentengemeinschaft zu werden, denn für die Lachszucht braucht es besondere natürliche Bedingungen. Durch enorme Produktionssteigerungen in einem Küstenabschnitt im Süden des Landes ist es innerhalb von nur 15 Jahren zum weltweit zweitgrößten Lachsexporteur hinter Norwegen aufgestiegen.

Die Forcierung der weltmarktorientierten Lachsindustrie in Chile galt lange als gelungenes Beispiel, die Exportstruktur des Landes, die maßgeblich auf Kupfer beruht, zu diversifizieren. In der einschlägigen Literatur wurde die Lachsindustrie als Beispiel für eine erfolgreiche Integration in globale Warenketten gewürdigt, mit der positive Arbeitsplatzeffekte, ein Upgrading der Produktion und Lerneffekte einheimischer Unternehmen erzielt wurden (Maggi 2006). Die vergangenen Jahre zeigten aber die Krisenanfälligkeit einer Industrie, die auf Output-Steigerung und internationaler Vermarktung einer lebenden Ressource beruht. Der Ausbruch einer Fischseuche 2007 und Umweltprobleme haben zu massiven Protesten geführt und den Modus Operandi der Industrie verändert.

Der Beitrag beginnt mit Ausführungen zur globalisierten Fischproduktion, analysiert anschließend die Struktur und Kennzeichen der Lachskette und wendet sich dann ihrem Ausgangsort in Chile zu. Der Fokus liegt auf den Machtverhältnissen zwischen den beteiligten Akteuren, dem institutionellen und politischen Umfeld sowie auf den lokalen Entwicklungseffekten. Das Konzept der globalen Produktionsnetzwerke eignet sich für dieses Vorhaben besonders. Aus der Wirtschaftsgeografie kommend fokussiert der Forschungsansatz auf die Verbindung von lokalen und globalen Prozessen. Lokale Entwicklung wird demnach von Akteuren und Prozessen auf anderen Ebenen wesentlich mitgeprägt (Coe/Hess 2011). In der Ausgestaltung dieser „glokalen" Beziehung spielen neben Unternehmen politische Instanzen wie der Nationalstaat, die Regionalregierung, die Welthandelsorganisation sowie zivilgesellschaftliche Akteure (soziale Bewegungen, Gewerkschaften, Unternehmerverbände etc.) eine wichtige Rolle. Wie die Ansiedlung oder Einbettung globaler Aktivitäten in einer Region gestaltet wird und wem sie nützt, ist immer eine Machtfrage (Bair/Werner 2011).

Der Beitrag stützt sich auf wissenschaftliche Literatur, auf Quellen von Behörden, wenn es um Regulierung und Gesetze geht, Berichte in Fachzeitschriften der Industrie und in lokalen Medien sowie mehrfache Forschungsaufenthalte in der Region, zuletzt Anfang 2020. Interviews mit verschiedenen gesellschaftlichen Akteuren zielten insbesondere auf Problemwahrnehmung und Entwicklungsperspektiven.

Fisch gehört zu den am stärksten in Welthandelsströme einbezogenen Nahrungsmitteln. Lachs und Lachsprodukte sind gar – gemessen an ihrem Exportwert – das weltweit meist gehandelte Nahrungsmittel (FAO 2020: 8). Etwas über 60 Prozent der Fischexporte stammt aus Ländern des Globalen Südens. Die Erlöse, die damit lukriert werden, sind höher als jene für Kaffee, Kautschuk, Zucker, Bananen, Kakao, Tee und Tabak zusammen (FAO 2016: 61, 64). China steht an der Spitze, ein Drittel des „globalen Fischs" kommt von dort. Die größten Abnehmer sind die Europäische Union, gefolgt von den USA, Japan und China. Dass China nicht nur beim Export, sondern auch beim Import ganz vorne liegt, ist nicht nur dem lokalen Konsum geschuldet, sondern Ergebnis von globalen Warenketten: Fisch wird eingeführt, weiterverarbeitet und als Konserve, Fertigmenü oder Räucherlachs exportiert (FAO 2020: 75ff.).

Der weltweite Fischkonsum steigt seit den 1960er Jahren. Grund dafür sind der liberalisierte Welthandel, verbesserte Verarbeitungs- und Transportmöglichkeiten und steigende Einkommen. Im Globalen Süden ist der durchschnittliche Pro-Kopf-Verbrauch stärker gestiegen als im Globalen Norden, allerdings von einem viel niedrigeren Ausgangsniveau aus und in sehr unterschiedlichem Ausmaß. Starke Anstiege gibt es etwa in den Schwellenländern China und Brasilien; auch Nordafrika verzeichnet Zuwächse und liegt weit vor Subsahara-Afrika, wo der Fischkonsum in einigen Ländern sogar zurückgegangen ist (FAO 2020: 4f., 67ff.). Generell korrelieren niedrige Einkommen und niedriger Fischkonsum.

Den steigenden Konsum bedient vor allem die Aquakulturindustrie, denn der Fischbestand in den Meeren hat erheblich abgenommen. Die Aquakulturindustrie – die kontrollierte Aufzucht von im Wasser lebenden Organismen (Fische, Krebse, Muscheln und andere Mollusken) – weist, parallel zum Abschwung des Fischfangs, ab den 1980er Jahren ein starkes Wachstum auf. Seit 2016 stammt mehr als die Hälfte des weltweit konsumierten Fischs aus Zuchtfarmen (FAO 2020: 23, 72). Fast 90 Prozent davon werden in Asien produziert, mit China an der Spitze. Neben China und Norwegen gehören Bangladesch, Chile, Ägypten, Indien, Indonesien und Vietnam zu den führenden Produzenten von Fisch aus industrieller Zucht.

Analog zur „Grünen Revolution“, bei der in den 1960er Jahren von internationalen Entwicklungsorganisationen die Einführung von moderner Technik, Monokulturen und Hybriden in der Landwirtschaft empfohlen wurde, spricht man von der „Blauen Revolution“ (Islam 2014: 54f., 71ff.). Unter diesem Titel fördern die Weltbank, regionale Entwicklungsbanken und die UN-Welternährungsorganisation FAO intensive Produktionsmethoden von Fisch und eine Integration der *fish farmers* in globale Warenketten. Neben Deviseneinnahmen soll die *Blue Growth Initiative* auch die Ernährungssituation, vor allem die Versorgung mit Eiweiß, verbessern (Rashid/Zhang 2019).

FürsprecherInnen weisen darauf hin, dass gezüchteter Fisch im Vergleich zu Hühnern, Schweinen und Rindern hinsichtlich Flächen- und Futterbedarf eine effizientere Proteinquelle darstellt. Angesichts des Fischrückgangs in den Meeren leistet die Aquakultur einen wichtigen Beitrag zur Ernährungssicherheit. Neben teuren Exportprodukten für gehobene Einkommensschichten – wie Shrimps und Lachs – hat „billiger Industriefisch“ wie Tilapia und Pangasius das Angebot für niedrigere Einkommensgruppen erweitert (Belton et al. 2018). Auch Futter und Futterverwertung werden durch Forschung laufend verbessert und durch den Zusatz von Ölsamen, Algen und Insektenlarven nachhaltiger, da weniger Lebendfisch für die Aufzucht verwendet wird.

KritikerInnen wenden ein, dass der Großteil des industriellen Fischs in den Verbrauchermärkten des Nordens landet und nicht der Ernährungssicherheit der lokalen Bevölkerung im Globalen Süden dient. Einwände zielen auf Umweltgefahren, da eine intensive Fischproduktion Probleme mit sich bringt, wie sie aus den Legebatterien für Hühner bekannt sind: Chemie- und Medikamenteneinsatz, intensive Fütterung sowie die ungelöste Entsorgung von Abfall. In Ecuador, Bangladesch und auf den Philippinen sind durch die Shrimp-Aquakulturindustrie 70 Prozent der Mangrovenwälder abgeholzt worden. Aufgrund der Verseuchung der Teichböden mit Chemikalien werden die Shrimpteiche nach drei- bis maximal zehnjähriger Nutzung aufgegeben. Eine Aufforstung ist über Jahrzehnte hinweg unmöglich (Islam 2014: 60ff.). Die großflächigen Zuchtbecken schaffen Ressourcenkonflikte, weil sie Küstengemeinden von der traditionellen Nutzung des Meeres ausschließen. Auch schlechte Arbeitsbedingungen werden der Aquakulturindustrie angelastet.

Die globale Lachskette: Struktur und Kennzeichen

Lachszucht ist eine kapital- und technologieintensive Branche. Es beginnt im Labor mit der Laichgewinnung, künstlichen Befruchtung und der Entwicklung der Eier. Die Lachssetzlinge werden in Süßwasserbecken oder, wie in Chile, in Seen und Flüssen aufgezogen. Nach durchschnittlich zwölf Monaten werden die Jungtiere zu den Zuchtfarmen im Meer transportiert. Voll- oder halbautomatisch gemästet, überwacht und medikamentös behandelt, wachsen sie dort neun (Pazifiklachs) oder 15 bis 18 Monate (Atlantiklachs) in Netzkäfigen zur Schlachtreife heran. Dann werden sie in speziellen Transportbooten an Land verbracht oder im Fall küstennaher Zuchtfarmen in die Fabrik gepumpt. In der Fischfabrik, der arbeitsintensiven Phase, wird der Fisch gemäß den Vorlieben der europäischen, amerikanischen und japanischen Märkte aufbereitet und verpackt. Nach dem logistisch anspruchsvollen Transport folgen Vermarktung und Vertrieb an Supermärkte, Gastronomie oder Lebensmittelindustrie.

Die globale Lachskette ist weder idealtypisch eine produzenten- noch eine käuferdominierte Warenkette. Im Unterschied zu anderen Nahrungsmittelketten sind die Supermärkte nicht zwingend die Leitunternehmen. Das Geschäft mit dem Lachs wird von Global Players dominiert, die sämtliche Produktionsschritte von der Eiproduktion über die Futtermittelherstellung und Aufzucht bis zur Primärverarbeitung unter ihrem Dach vereinigen. Wenngleich Lachs überwiegend über Supermarktketten an die KonsumentInnen gelangt (in der EU zu 70 Prozent), haben die produzierenden Unternehmen den Käuferunternehmen gegenüber große Verhandlungsmacht in Bezug auf Preis, Menge und Standards. Da auch private Regulierungsagenturen und zivilgesellschaftliche Organisationen die Produktstandards beeinflussen, ist die globale Aquakulturindustrie von einer „hybriden" Governance gekennzeichnet (Vince/Haward 2017).

Der teuerste Input in der Produktionskette ist – unabhängig vom Standort – das Futter. Die Produktionskosten in Chile liegen seit der Jahrtausendwende über jenen in Norwegen. In Chile sind die Arbeitskosten zwar niedriger, aber es schlagen größere Mengen an Medikamenten und veterinärmedizinischen Inputs zur Bekämpfung von Fischkrankheiten zu Buche. Dazu kommen höhere Transportkosten durch die vergleichsweise größere Distanz zu den Verbrauchermärkten. Dem Anstieg der Produktionskosten begegnen die Firmen mit Mengensteigerung (Gerens 2016: 70; Dresdner et al. 2019).

Die globale Lachskette in Chile: Entwicklung, Akteure, Machtbeziehungen

Lachs ist in Chile nicht heimisch. Erste Zuchtexperimente datieren in die 1960er Jahre. So richtig in Fahrt kam die industrielle Fischzucht während der Pinochet-Diktatur ab den späten 1970er Jahren. Um die einseitige Abhängigkeit vom Kupferexport zu mindern, setzte das Regime auf eine forcierte Weltmarktintegration auf Basis der im Land vorhandenen natürlichen Ressourcen: den Forstsektor mit nachgelagerten Industrien (Zellulose, Papier), die Obst- und Gemüseexportwirtschaft (Wein, Avocados) – und die Lachszucht. Das weltmarktorientierte Entwicklungsmodell stützte sich auf unternehmerfreundliche Klassenbeziehungen: einen weitgehend deregulierten Arbeitsmarkt, restriktive Lohnpolitik sowie Einschränkungen für gewerkschaftliche Organisierung. Das Geschäft mit dem Lachs galt als attraktives *high-risk, high-return business* und zog einheimisches Großkapital an. Es blieb weitgehend unberührt von staatlichen Umweltvorgaben und Unternehmenssteuern. Konzessionen waren billig und auf unbegrenzte Zeit zu haben.

In den 1980er Jahren exportierten die Lachsfarmen Fischmehl und weitgehend unverarbeiteten Pazifiklachs nach Japan. Heute verlässt Lachs das Land zu etwas mehr als zwei Drittel als frische und gefrorene Filets. Neben funktionalem Upgrading prägen technologische Neuerungen die Produktion. Anfang der 1990er Jahre brauchte es auf einer Zuchtfarm noch 60 Männer, heute sind es durch Prozess-Upgrading zwei bis drei Techniker, die von einer Kontrollstation aus das Geschehen in den Netzkäfigen im Meer steuern. Chilenische Firmen sind in die Biotechnologie- und Genforschung eingestiegen und forschen in Zusammenarbeit mit dänischen, norwegischen und kanadischen Firmen zu Seuchenresistenz, neuen Futtermitteln und Impfstoffen. Insofern kann man von einem inter-sektoralen Upgrading sprechen (Iizuka et al. 2016: 88ff., 91ff.; Gerens 2016; Dresdner et al. 2017: 194). Die „Upgrading-Meilensteine“ können allerdings kritisch interpretiert werden. So ist der Anteil der Produkte mit höherer Wertschöpfung gemessen an den Erträgen seit Jahren weitgehend stabil. Eine höhere Wertschöpfung beruht einerseits auf Weiterverarbeitung, vor allem Filets, die dann teurer an die Käuferunternehmen geliefert bzw. an KonsumentInnen abgegeben werden. Andererseits entsteht *value added* durch eine Reduktion der Inputkosten. Während die erfolgreiche Verminderung der Futtermenge und ihres tierischen Gehalts unter ökologischen Gesichtspunkten gewürdigt werden kann, beruht Produkt-Upgrading in den Fischfabriken der Region im Wesentlichen auf der Weiterverarbeitung von Primärgütern mit wenig qualifizierten Arbeitskräften.

Ein wichtiges Kennzeichen des Sektors ist seine Transnationalisierung, die ab 1990, dem Jahr des formellen Übergangs zur Demokratie, einsetzte. Das lag nicht nur daran, dass die demokratischen Regierungen zahlreiche Freihandelsabkommen unterzeichneten und ausländischem Kapital günstige Investitionsmöglichkeiten boten. Angesichts der wenigen möglichen Produktionsstätten und der zurückhaltenden Lizenzvergabe Norwegens und Großbritanniens bildete Chile einen attraktiven Standort für das ertragreiche Geschäft mit dem Lachs. Der Nachfrageeinbruch im Zuge der Asienkrise 1997 und „teure" Umweltkrisen verstärkten durch Aufkäufe und Übernahmen die Transnationalisierung.

Die Global Players zielen auf Marktbeherrschung und eine überregionale Streuung der Produktionsstätten (siehe Kapitel 8 Kapeller/Gräbner in diesem Band). Schätzungen zufolge sorgt der größte, unter dem Firmennamen Mowi (vormals Marine Harvest) operierende Konzern für fast ein Drittel der globalen Produktion (Mowi 2020: 49). Sein Mehrheitseigentümer ist der norwegische, aus steuerlichen Gründen in Zypern ansässige Öl- und Schifffahrtsmilliardär John Frederiksen. Neben dem japanischen Multi Mitsubishi (Energie, Chemie, Nahrungsmittel, Schiffbau, Automobil, Maschinen) und dem chilenischen Marktführer AquaChile dominieren norwegische Firmen das globale Ranking (Tabelle 1).

Dem globalen Trend folgend, reduzierte sich in Chile durch Aufkäufe und Fusionen die Anzahl der Fischzuchtunternehmen von ursprünglich über 200 auf unter 40. Heute kontrollieren 13 Firmen rund 90 Prozent der konzessionierten Meeresoberfläche (Mowi 2020: 49; Bustos-Gallardo 2017: 155). Neben Mowi und dem ursprünglich staatlichen norwegischen Futtermittelerzeuger Cermaq (2014 von Mitsubishi übernommen) ist einheimisches Großkapital mit Multiexport (seit Mitte der 1990er Jahre im Joint Venture mit Mitsui) und

Australis Seafood weiterhin stark in der Spitzengruppe vertreten (Tabelle 1). Angeführt wird das nationale Ranking von AquaChile im Besitz des chilenischen Nahrungsmittelmulti Agrosuper. Dass der Marktführer bei Schweine- und Hühnerfleisch die Nummer eins bei Lachs geworden ist, verdeutlicht einen globalen Trend: Lachszucht ist Massenproduktion und folgt Unternehmensstrategien aus der industriellen Fleischproduktion.

Tabelle 1: Marktführer bei gezüchtetem Atlantiklachs 2019 (in Tonnen)

Top 5 global	Top 5 Chile	Top 5 Norwegen
Mowi 420.000	AquaChile (Agrosuper) 141.300	Mowi 236.900
Mitsubishi/Cermaq 160.000	Salmones Multiexport 77.600	Salmar 153.100
Salmar 150.000	Mitsubishi/Cermaq 71.900	Lerøy Seafood 128.700
AquaChile (Agrosuper) 148.500	Mowi 65.700	Mitsubishi/Cermaq 73.000
Lerøy Seafood 135.000	Australis Seafood 53.500	Grieg Seafood 57.600

Quelle: Mowi 2020: 48

Die Konzerne kaufen spezialisierte Inputs und Dienstleistungen zu. Taucher, die die Käfige und Netze instandhalten, reinigen und reparieren sowie tote Fische entsorgen, arbeiten selbständig und auf Abruf. Ausgelagert sind auch Transport und internationale Transportlogistik, mitunter die Eiproduktion sowie labortechnische und veterinärärztliche Dienste. Netze und technische Geräte für Fütterung, Überwachung etc. werden importiert, zumindest die Komponenten, und bestenfalls vor Ort montiert. Entgegen optimistischen Annahmen in früheren Analysen (Maggi 2006) wird die Einbettung der Industrie in die regionale Wirtschaft als eher schwach bewertet. Erwartungen an Qualifizierung und Ausbildungseffekte wurden enttäuscht. Qualifiziertes Personal in Management und Technik ist zahlenmäßig gering und kommt selten aus der Region. Mit Ausnahme des Transportsektors blieben die Linkages, also die Verflechtungen, zur lokalen und regionalen Ökonomie beschränkt (Gerens 2016). Bustos-Gallardo (2017) spricht deshalb von einer „Enklaven-Ökonomie".

Allerdings brachte die Aquakulturindustrie (Lohn-)Arbeit in die Region. Die direkten Arbeitsplätze werden insgesamt auf ca. 30.000 geschätzt, die indirekten auf 15.000. In der X. Region, an deren Küste Lachszucht überwiegend stattfindet, sind das ein Viertel der Arbeitsplätze im Agrarsektor, der 30 Prozent zum regionalen BIP beiträgt und in dessen Warenketten eben auch Sektoren wie Transport und verarbeitende Industrie eingebunden sind. Seit 2007 schwankt die Beschäftigung wegen der (Umwelt-)Krisen. In den Fischfabriken sind zwischen 16.500 (Boom) und 10.400 (Bust) Personen beschäftigt, die Hälfte davon Frauen; auf den Lachsfarmen sind es zwischen 7.000 und 3.500, mit einem Frauenanteil von 0 bis 3 Prozent (Dresdner et al. 2017: 187ff.; Ramírez/Ruben 2015).

Soziales Upgrading konnte den Unternehmen erst in den 2000ern abgerungen werden. Davor waren die Fischfabriken und Zuchtfarmen gewerkschaftsfreie Zonen (Bustos-Gallardo 2017: 156). Heute sind zwar 50 Prozent gewerkschaftlich organisiert (Román/Barton 2016: 659), das Arbeitsgesetz lässt aber keine Branchengewerkschaften zu. Lohnverhandlungen, die sich nicht nur auf eine einzelne Firma beziehen, brauchen die Zustimmung des Arbeitgebers. Im Zentrum der Forderungen stehen nach wie vor die Verbesserung der Arbeitsbedingungen und der Kampf gegen Subcontracting und Zeitverträge. Arbeit in der Fischfabrik ist Akkordarbeit im Stehen in feuchten Hallen. Am und im Meer wird unter hoher körperlicher Beanspruchung und rauen klimatischen Bedingungen gearbeitet. Gesundheits- und Sicherheitsvorschriften werden lax gehandhabt. Gefährlich ist das vor allem für die Taucher. Sie werden auch bei Sturmwarnung ohne adäquate Ausrüstung in die Tiefe geschickt und hantieren bei der Netzreparatur mit giftigen Desinfektionsmitteln. Im Gewirr aus Leitungen und kaputten Netzen am Meeresboden kommt durchschnittlich alle zwei Monate ein Taucher ums Leben (Cárdenas et al. 2019).

Grenzen globaler Warenketten: Krisen und Krisenlösungen

Im Jahr 2007 brach mit dem ISA-Virus nicht die erste, aber bislang folgenschwerste Fischseuche aus. Die Exporte der am stärksten betroffenen Spezies, Atlantiklachs, brach um fast die Hälfte ein. Zusätzlich verschärft durch die globale Finanzkrise gingen 30 Prozent, andere Quellen sprechen von der Hälfte, der direkten und indirekten Arbeitsplätze verloren (Dresdner et al. 2017).

Krisensymptome konnte, wer wollte, schon früher wahrnehmen. Fischer klagten, dass die Lachsfirmen ohne gesetzliche Deckung den konzessionierten Bereich ausdehnten und den Zugang zum Meer versperrten. „Ausreißer" aus den Netzgehegen würden den lokalen Fischbestand beeinträchtigen und Krankheiten übertragen. Frauen äußerten sich besorgt über die Schädigung von Algen, was einen wichtigen Zuverdienst gefährdete (Barrett et al. 2002). Bereits vor 2007 grassierten in den Fischfarmen Parasiten, vor allem Lachsläuse und *Salmonid Rickettsial Septicemia*. SRS führt, ebenso wie ISA, zu Einblutungen, einem Anschwellen innerer Organe und zum Tod der Tiere. Seit der Jahrtausendwende wuchsen die Fische langsamer, wurden weniger groß und brauchten mehr Futter. Die Sterblichkeitsrate betrug 25 Prozent. Der gestiegene Futter- und Medikamenteneinsatz verteuerte die Produktion. In wirtschaftlichen Begriffen ausgedrückt, kennzeichnete die chilenische Lachszuchtindustrie eine sinkende Produktivität (Iizuka/Zanlungo 2016: 117).

Der Ausbruch des ISA-Virus mag an infizierten Eiimporten gelegen haben, für seine schnelle Verbreitung war die Besatzdichte entscheidend. In den Netzkäfigen befanden sich bis zu 40 Kilogramm Lebendmasse pro Kubikmeter – in Norwegen sind es fünf (Iizuka/Zanlungo 2016: 113ff.). Der dichte Besatz macht Antibiotika, Insektizide und Desinfektionsmittel notwendig, um die gestressten Fische zu „entlausen" und weniger anfällig für Bakterien zu machen. Auch die dichte Anordnung der Netzkäfige im Meer ist problematisch. Drei Viertel der Produktion befindet sich in der X. Region auf weniger als 300 Quadratkilometer. Dort wird fast so viel Output erzeugt wie auf 1.700 Küstenkilometer in Norwegen.

Der chilenische Staat reagierte mit einem neuen Gesetz für Fischerei und Aquakultur, das unter Mitwirkung von Stakeholders – Industrie, Sektorverband und erstmals auch Umwelt-NGOs und

Gewerkschaften – erarbeitet und 2011 verabschiedet wurde. Bis dahin unterlag das Geschäft mit dem Lachs – abgesehen von Rahmengesetzen – weitgehender Selbstregulierung. Die vom Sektorverband initiierten Zertifizierungs- und Managementsysteme und adaptierten Öko-Standards dienten in erster Linie als Schlüsselressource für die internationale Wettbewerbsfähigkeit: Sie folgen dem Ziel, den Anforderungen in globalen Nahrungsmittelketten zu entsprechen und die Produktivität zu steigern (Chávez et al. 2019).

Das neue Gesetz folgt der Logik einer ökologischen Modernisierung, die das Wachstum der Industrie mit nachhaltiger Entwicklung verbinden soll (Aguayo/Parra 2017). Es setzt dabei weiterhin auf eine Selbstregulierung des Privatsektors. Innerhalb neu geschaffener Zonen sind die dort tätigen Firmen angehalten, ihre Aktivitäten zu koordinieren, um „möglichst effizient" Krankheitsübertragungen zu verhindern, gemeinsame Biosicherheitsstandards und Hygienemaßnahmen zu treffen und wechselseitig zu kontrollieren. Neu sind verpflichtende Ruhezeiten und die Festlegung maximaler Besatzdichten in den Käfigen (17 kg/m³). Das Gesetz sieht verstärkte Kontrollrechte der Behörden und Forschung über Umweltbelastungen vor. Konzessionen werden teurer und fortan nur mehr auf 25 Jahre vergeben (Chávez et al. 2019: 406f.). Firmen können aufgrund der neuen Gesetzeslage ihre Konzessionen als Sicherstellung für Bankkredite verwenden – das kommt, so die KritikerInnen, einer Privatisierung des Meeres gleich (Bustos 2015).

Die Industrie erholte sich schnell. Das Produktionsvolumen vor der Krise war bereits 2012 wieder erreicht und wurde in den Folgejahren auf neue Höchstmengen gesteigert (Sernapesca 2019). Die neuen Regeln zur Ressourceneffizienz ließen die Produktivität steigen; dazu kamen hohe Preise für Lachs und Einsparungen bei den Arbeitskosten durch Lohndumping sowie weitere Automatisierung. Zum Teil wichen die Unternehmen auf weniger seuchenanfällige Salmonide aus (Dresdner et al. 2017: 193f., 345). Am bedeutendsten ist allerdings die räumliche Expansion: Die Unternehmen wanderten mit ihren Zuchtfarmen in „frische Gewässer" im Süden aus.

Eine nachhaltige Krisenbewältigung gewährleisteten die neuen Regelungen nicht. Rationalisierungen und Subcontracting bedeuteten fortgesetzte soziale Unsicherheit. In ökologischer Hinsicht blieben Läuse und selbst das ISA-Virus ständige Gäste in den Netzkäfigen, und 2016 bewirkte eine Algenpest ein massenhaftes Fischsterben innerhalb und außerhalb der Zuchtkäfige. Die Ursache wurde der Meereserwärmung in Folge der Klimaveränderung zugeschrieben. Schnell waren aber auch Stimmen zu hören, die in der Kontaminierung des Meeres den Nährboden für die toxischen Algen sahen. Produktionsstilllegungen und striktes Fangverbot lösten abermals eine soziale Krise aus, die auf der Insel Chiloé, dem Hauptstandort der Industrie in der X. Region, mit einem mehrwöchigen sozialen Aufstand beantwortet wurde. Anhand der Auseinandersetzungen um die Krisen 2007 und 2016 und deren Verlauf lassen sich exemplarisch die unterschiedlichen Positionen der Akteure in globalen Warenketten und der umkämpfte Charakter von Entwicklung aufzeigen.

Globalisierte Produktion und umkämpfte Entwicklung: Akteure und Positionen

Der chilenische Staat war wesentlich für den Aufbau der globalen Industrie und agierte in der Folge als Wettbewerbsstaat (Hirsch 1995), der unternehmerfreundliche Bedingungen schafft. Neben Investitionen in die regionale und lokale Infrastruktur ist er für die Hälfte der sektorbezogenen Forschungsausgaben zwischen 1990 und 2006 aufgekommen (Iizuka et al. 2016: 104). In der ISA-Krise leistete er Subventionen an die Unternehmen und garantierte für bis zu 60 Prozent der Kredite, wenn sie in Hygiene- und Umweltschutzmaßnahmen investiert werden. Die Regierung, egal welcher politischen Provenienz, sieht sich als Moderator, der unterschiedliche Interessen an runden Tischen einem Konsens zuführt. Neue und stärkere Kontrollrechte der Behörden müssen ihre Wirksamkeit angesichts des partnerschaftlichen Verhältnisses zwischen Industrie und Staat erst beweisen (Aguayo/Parra 2017: 110).

Die Gewerkschaften haben sich im Gefolge der ISA-Krise einen Platz an den runden Tischen erkämpft und sich als nicht mehr zu ignorierender Verhandlungspartner etabliert. 2010 wurde gewerkschaftsfeindliches Verhalten in der Aquakulturindustrie für illegal erklärt. Bei Nichteinhaltung der ILO-Kernarbeitsnormen können den Firmen Konzessionen verweigert oder bestehende entzogen werden (Aguayo/Parra 2017: 111). Kernanliegen der Gewerkschaften ist es, Arbeitsplätze und die Industrie in der Region zu halten. Ökologischen Regulierungen standen sie distanziert gegenüber, weil sie Investitionsrückgänge fürchteten (Bustos/Román 2019: 110). Angesichts der standortgefährdenden Umweltkrisen werden diese nunmehr als unumgänglich angesehen. Zugleich stellt das neue Aquakulturgesetz die ArbeiterInnen und ihre Vertretung vor neue Herausforderungen: Die obligatorischen Ruhezeiten bedeuten arbeitslose Zeiten; die Expansion der Industrie in den Süden bringt lange und beschwerliche Anreisen, neue Schichtmodelle und eine mehrwöchige Abwesenheit von zu Hause mit sich (Bustos-Gallardo 2017: 157).

Fischer und Muschelfischer sind ein lauter und mobilisierungsfähiger Akteur. Den „Hauptfeind" erblicken sie weniger in den Lachsfirmen als im Zentralstaat, der ihr Geschäft im Laufe der Zeit mit Lizenzen, Fangquoten und jahreszeitlichen Beschränkungen immer stärker verregelt hat (Bustos-Gallardo 2017: 156, 160f.). Die Lachsindustrie hingegen bietet den Fischern eine alternative oder ergänzende Beschäftigungsmöglichkeit zu ihren kargen und instabilen Einkünften. Im jüngsten Protestzyklus 2016 waren sie die ersten, die aus der Protestfront ausgestiegen sind, als die Regierung auf ihre Forderung nach Entschädigungszahlungen eingegangen ist. Für die Fischer steht die Kompensation im Vordergrund, getragen von einer wirtschaftlichen Problemsicht und Kurzfristorientierung sowie einem funktionalistischen Zugang zum Meer, das ihre Verdienstquelle darstellt. Ökologische Fragen, die einer längerfristigen Lösung bedürfen, sucht man vergeblich in ihrem Forderungskatalog (Bustos/Román 2019: 105f., 108).

Pragmatisch und auf Umweltschutz ausgerichtete NGOs und Bürgerinitiativen haben sich konstruktiv an den runden Tischen zur Re-Regulierung der Industrie beteiligt. Vor Ort sind aber auch radikale Organisationen entstanden, die Umweltgerechtigkeit zum Thema machen und außerhalb institutionalisierter Verhandlungsarenen und Kompromisse geblieben sind. Sie knüpfen an lokale, indigen geprägte Traditionen der Subsistenz und gegenseitigen Hilfe an und vertreten agrarökologische Visionen (Mondaca et al. 2018; siehe Kapitel 10 Radhuber in diesem Band).

Die lokale und regionale Politik hat im zentralisierten politischen System Chiles kaum Gestaltungsmacht. Mit dem neuen Gesetz behalten die Gemeinden zwar die – gering bezifferten – Gewerbesteuern aus der Lachszucht; die Unternehmens- und Exportsteuern werden allerdings in der Hauptstadt verbucht. Die „Investitionsoffensive" der Zentralregierung nach der ISA-Krise betraf wie schon in den 1990er Jahren überwiegend die Straßeninfrastruktur, von der (auch) die Unternehmen profitieren (Áviles 2015: 89ff., 95). Erst einige Jahre später und angetrieben von einer sozialen Bewegung (*Movimiento por la salud digna*) konnte erreicht werden, dass Mittel auch in Gesundheitseinrichtungen, Schulen und Wohnbau, Energie- und Trinkwasserversorgung flossen. Eine integrierte Regionalentwicklung gibt es nicht, und der politische und finanzielle Handlungsspielraum der BürgermeisterInnen, die sich in vielen Fällen an der Seite der Protestierenden finden, ist eng bemessen.

Im Unternehmenssektor gibt es ein Eigeninteresse an einer Regulierung, die das Geschäft mit dem Lachs langfristig absichert. Dass die Produktion nur unter haltbaren Umweltbedingungen stattfinden kann, ist Common Sense – neben flexiblen Arbeitsverhältnissen und der Unterstützung des Staates. Gleichzeitig haben die Umweltkrisen zu einer Spaltung im Unternehmenssektor geführt. Fischproduzenten mittlerer Größe tun sich mit den neuen Regulierungen schwer; obligatorische Ruhezeiten bedeuten mangels möglicher Standortwechsel Stillstand, Umweltauflagen erfordern Kapital. Sie sind aus Protest aus dem Sektorverband ausgetreten. Die Weltmarktführer Mowi und AquaChile haben es ihnen gleich getan, aus gänzlich entgegengesetzten Gründen: Ihnen gehen die Regulierungen nicht weit genug. Sie begründen ihre Position rein wirtschaftlich: Nur mit einer strengen Regulierung kann die Produktion in Chile international wettbewerbsfähig sein. Nur jene mit den meisten Konzessionen, der größten Kapitalausstattung und Innovationskraft könnten eine ökologisch verträgliche Produktion gewährleisten.

Unter diesen Bedingungen ist aus den wiederholten Krisen und Mobilisierungen keine Langfristperspektive entstanden. Der jüngste Konflikt um die Algenpest reduzierte sich auf die Frage von Entschädigungszahlungen und blieb eine regionale Angelegenheit, ohne dass es gelungen wäre, diesen in Richtung Ressourcennutzung und Steuergerechtigkeit zu politisieren und „multi-skalar" auf andere Ebenen zu heben. Ein tragfähiges Bündnis zwischen den Anliegen der Arbeit und der Natur ist nicht entstanden. Das zu diesem Zweck 2006 gegründete Zentrum zur Beobachtung von Arbeit und Umwelt in Chiloé (*Observatorio Laboral y Ambiental de Chiloé*) blieb eine leere Hülle.

Resümee

Das Fallbeispiel verdeutlicht ungleiche Machtverhältnisse in der Aquakulturindustrie auf globaler und regionaler Ebene. Während Global Players Gewinne aus einem öffentlichen Gut, dem Meer, und der Region ziehen und mit den dort extrahierten Ressourcen zur Weltmarktspitze aufgestiegen sind, ist der Gestaltungsspielraum auf lokaler und regionaler Ebene gering. Entscheidungen werden außerhalb der Region getroffen: in den Konzernzentralen und der Zentralregierung. Eine ganzheitliche Risikoeinschätzung und Vorstellungen über eine integrierte Regionalentwicklung fehlen.

Auf lokaler Ebene hat die Ankunft der globalen Industrie angestammte Arbeits- und Lebensweisen der lokalen Bevölkerung umgemodelt. Wenngleich lokale Linkages eher schwach ausgeprägt sind, brachte die Industrie Lohnarbeit in eine Region, die durch Vieh- und Landwirtschaft sowie Fischfang geprägt ist. Harte Lebensumstände und mangelnde Einkünfte zwangen die Männer zu temporärer Migration in die Minenstädte im Norden oder zu den Schaffarmen auf der argentinischen Seite Patagoniens. Die Frauen versorgten die Familie und bestellten den kleinbäuerlichen Besitz. Algensammeln bot einen Zusatzverdienst. Mit der Ankunft der globalen Lachsindustrie müssen Männer nicht mehr zwingend ihre Familien verlassen; junge Erwachsene und Frauen bekamen erstmals vor Ort Zugang zu Lohnarbeit und erlangten ökonomische Selbständigkeit (Ramírez/Ruben 2015; Bustos 2015: 1370).

Die Industrie brachte Arbeitsplätze und eine Modernisierung des Alltags, machte die Region und ihre Bevölkerung aber auch abhängig von der weltmarktorientierten Produktion. Trotz wiederholter (Umwelt-)Krisen zeigen Untersuchungen, dass die Bevölkerung der

LERNFRAGEN

- Welche Akteure sind an der globalen Lachskette beteiligt? Auf welcher räumlichen Ebene sind sie jeweils angesiedelt und über welches Machtpotenzial verfügen sie bei der Gestaltung der globalen Lachskette?

- Welche Vor- und Nachteile entstehen durch die Einbindung in die globale Lachskette für die beteiligten Akteure, die Natur miteingeschlossen?

- Welche Strategien zur Krisenlösung verfolgen die beteiligten Akteure? Welche Zukunftsszenarien bieten die Chance auf eine sozial und ökologisch nachhaltige Entwicklung?

Lachsindustrie mehrheitlich positiv gegenübersteht (zuletzt CEDER 2019: 41): 65 Prozent treten für den Verbleib der Aquakulturindustrie ein und fast 90 Prozent stimmen zu, dass sie einen grundlegenden Beitrag zur regionalen Entwicklung leistet. Dass gleichzeitig über 80 Prozent der Meinung sind, dass die Industrie sich zu sehr ausgebreitet hat und das Meer kontaminiert, verdeutlicht das Konfliktpotenzial.

In den Auseinandersetzungen um zukunftsfähige Entwicklungsstrategien stehen sich unterschiedliche Positionen gegenüber. Während kapitalstarke Wirtschaftsakteure im Verbund mit internationalen Lobbygruppen für eine „Neuerfindung" der Aquakulturindustrie durch Zukunftstechnologien optieren (Damanaki 2019), ist eine breite, aber heterogene Protestfront derzeit noch nicht in der Lange, von unten gemeinsame Entwicklungsstrategien zu entwerfen, die auf Umwelt- und soziale Gerechtigkeit zielen.

Basisliteratur

Aguayo, Beatriz/Parra, José Manuel (2017): Governances and Invisibilities. Interests and Rationalities in the Socio-Environmental Regulation of Salmon Farming in Chile. In: Ambiente & Sociedade 20 (2), 105-120.

Bustos, Beatriz/Román, Álvaro (2019): A Sea Uprooted. Islandness and Political Identity on Chiloé Island, Chile. In: Island Studies Journal 14 (2), 97-114.

FAO (2020): The State of World Fisheries and Aquaculture 2020. Sustainability in Action. Rome: Food and Agriculture Organization of the United Nations.

Literatur

Áviles, David (2015): Construcción de una Economía Política Híbrida. Análisis Comparativo de las Inversiones Públicas y Privadas desde una Óptica Neoestructural. In: Román, Álvaro/Barton, Jonathan R./Bustos, Beatriz/Salazar, Alejandro (Hg.): Revolución Salmonera. Paradojas y Transformaciones Territoriales en Chiloé. Santiago: RIL editores, 79-122.

Bair, Jennifer/Werner, Marion (2011): Commodity Chains and the Uneven Geographies of Global Capitalism. A Disarticulations Perspective. In: Environment and Planning A. Economy and Space 43 (5), 988-997.

Barrett, Gene/Caniggia, Mauricio/Read, Lorna (2002): „There are More Vets than Doctors in Chiloé“. Social and Community Impact of the Globalization of Aquaculture in Chile. In: World Development 30 (11), 1951-1965.

Belton, Ben/Bush, Simon/Little, David (2018): Not Just for the Wealthy. Rethinking Farmed Fish Consumption in the Global South. In: Global Food Security 16, 85-92.

Bustos, Beatriz (2015): Moving on? Neoliberal Continuities through Crisis. The Case of the Chilean Salmon Industry and the ISA Virus. In: Environment and Planning C. Government and Policy 33, 1361-1375.

Bustos-Gallardo, Beatriz (2017): The Post 2008 Chilean Salmon Industry. An Example of an Enclave Economy. In: The Geographical Journal 183 (2), 152-163.

Cárdenas, Juan Carlos/Melillanca, Patricio/Díaz, Isabel (2019): Salmones de Sangre del sur del Mundo. https://www.ecoceanos.cl/wp-content/uploads/2019/05/Salmones-de-sangre-28_04_19.pdf, 20.8.2020.

CEDER (2019): Barómetro Regional 2019. Chile Visto por sus Regiones. Centro de Estudios del Desarrollo Regional y PolíticasPúblicas, Universidad de Los Lagos.

Chávez, Carlos/Dresdner, Jorge/Figueroa, Yanina/Quiroga, Miguel (2019): Main Issues and Challenges for Sustainable Development of Salmon Farming in Chile. A Socio-economic Perspective. In: Reviews in Aquaculture 11, 403-421.

Coe, Neil M./Hess, Martin (2011): Local and Regional Development. A Global Production Network Approach. In: Pike, Andi/Rodriguez-Pose, Andrés/Tomaney, John (Hg.): Handbook of Local and Regional Development. London/New York: Routledge, 128-138.

Damanaki, Maria (2019): This is How we Can Feed the Planet while Saving the Ocean. World Economic Forum, 2.9.2019. https://www.weforum.org/agenda/2019/09/this-is-how-we-can-feed-the-planet-while-saving-our-oceans, 20.8.2020.

Dresdner, Jorge et al. (2017): Evaluación Socioeconómica del Sector Salmonicultor, en Base a las Nuevas Exigencias de la Ley General de Pesca y Acuicultura. Informe Final. http://www.subpesca.cl/fipa/613/articles-92098_informe_final.pdf, 20.8.2020.

Dresdner, Jorge/Chávez, Carlos/Quiroga, Miguel/Jiménez, Daniel/Artacho, Paulina/Tello, Alfredo (2019): Impact of *Caligus* Treatments on Unit Costs of Heterogeneous Salmon Farms in Chile. In: Aquaculture Economics and Management 23 (1), 1-27.

FAO (2016): The State of World Fisheries and Aquaculture 2016. Contributing to Food Security and Nutrition for All. Rome: Food and Agriculture Organization of the United Nations.

Gerens (2016): Análisis de Proveedores Especializados para la Industria Salmonera. Informe Final. https://www.cnid.cl/wp-content/uploads/2019/03/Análisis-de-proveedores-especializados-para-la-industria-salmonera.pdf, 20.8.2020.

Hirsch, Joachim (1995): Der nationale Wettbewerbsstaat. Staat, Demokratie und Politik im globalen Kapitalismus. Amsterdam/Berlin: Edition ID-Archiv.

Iizuka, Michiko/Roje, Pedro/Vera, Valentina (2016): The Development of Salmon Aquaculture in Chile into an Internationally Competitive Industry. 1985–2007. In: Hosono, Akio/Iizuka, Michiko/Katz, Jorge (Hg.): Chile's Salmon and Industry. Policy Challenges in Managing Public Goods. Tokyo: Springer, 75-107.

Iizuka, Michiko/Zanlungo, Juan Pablo (2016): Environmental Collapse and Institutional Restructuring. The Sanitary Crisis in the Chilean Salmon Industry. In: Hosono, Akio/Iizuka, Michiko/Katz, Jorge (Hg.): Chile's Salmon Industry. Policy Challenges in Managing Public Goods. Tokyo: Springer, 109-135.

Islam, Saidul Md (2014): Confronting the Blue Revolution. Industrial Aquaculture and Sustainability in the Global South. Toronto: University of Toronto Press.

Maggi, Claudio (2006): The Salmon Farming and Processing Cluster in Southern Chile. In: Pietrobelli, Carlo/Rabellotti, Roberta (Hg.): Upgrading to Compete. Global Value Chains, Clusters, and SMEs in Latin America. Washington, D.C.: Inter-American Development Bank, 109-140.

Mondaca, Eduardo/Uribe, Esteban/Henríquez, Sebastián/Torres, Vladia (2018): Archipiélago de Chiloé. Nuevas Lecturas de un Territorio en Movimiento. Castro: Centro de Estudios Sociales de Chiloé.

Mowi (2020): Salmon Farming Industry Handbook 2020. https://mowi.com/it/wp-content/uploads/sites/16/2020/06/Mowi-Salmon-Farming-Industry-Handbook-2020.pdf, 20.8.2020.

Ramírez, Eduardo/Ruben, Ruerd (2015): Gender Systems and Women's Labor Force Participation in the Salmon Industry in Chiloé, Chile. In: World Development 73, 96-104.

Rashid, Shahidur/Zhang, Xiaobo (Hg., 2019): The Making of a Blue Revolution in Bangladesh. Enablers, Impacts, and the Path ahead for Aquaculture. Washington, D.C.: International Food Policy Research Institute.

Román, Álvaro/Barton, Jonathan R. (2017): Una Ecología Política de las Transformaciones Territoriales en Chile. Poder y Gobernanza en los Sectores Forestal y Salmonero. In: Bustos, Beatriz/Prieto, Manuel/Barton, Jonathan (Hg.): Ecología Política en Chile. Naturaleza, Propiedad, Conocimiento y Poder. Santiago: Universitaria, 237-264.

Sernapesca (2019): Informe sobre uso de antimicrobianos en la salmonicultura nacional. http://www.sernapesca.cl/sites/default/files/informe_sobre_uso_de_antimicrobianos_2018_0.pdf, 20.8.2020.

Vince, Joanna/Haward, Marcus (2017): Hybrid Governance of Aquaculture. Opportunities and Challenges. In: Journal of Environmental Management 201, 138-144.

Tijo Salverda

Land Grabbing und seine KritikerInnen: Ein Fallbeispiel in Sambia

Seit der globalen Lebensmittel- und Finanzkrise 2007/08 interessieren sich internationale InvestorInnen erneut für Land. Land Matrix, eine öffentliche Datenbank, die Großkäufe von Land (*large-scale land acquisitions*, im Folgenden LSLA), vor allem im Agrarsektor, beobachtet, meldete in ihrem Bericht 2016 Gesamtinvestitionen in über 42,2 Millionen Hektar Land (Nolte et al. 2016). Viele dieser großflächigen Landkäufe sind mit globalen Güterketten verbunden. Internationale Agrarkonzerne kaufen Land, um ihren Rohstoffzugang zu sichern (Amanor 2012); die Lieferketten von multinationalen Konzernen wie Coca-Cola verstärken indirekt LSLA (Oxfam Canada 2013).

Ländliche Gemeinschaften, die die Last des globalen „Landrausches" tragen, sowie internationale NGOs, Menschenrechtsgruppen, JournalistInnen und, auf eher zwiespältige Weise, multilaterale Institutionen wie die Weltbank und die Ernährungs- und Landwirtschaftsorganisation der Vereinten Nationen äußern Kritik am Land Grabbing. Während einige LSLA grundsätzlich ablehnen, zielen andere darauf ab, Landkäufe zu regulieren und die größten Probleme einzudämmen. Viele KritikerInnen eint, dass sie nicht direkt von den negativen Auswirkungen des Land Grabbing betroffen sind. Sie nehmen eher einen moralischen Standpunkt „im Namen" der direkt Betroffenen ein. Die Bewegung für die Abschaffung der Sklaverei stellt einen Vorläufer einer solchen (globalen) Trennung zwischen Aktivismus und direkter Betroffenheit dar, aber dieses räumliche

Auseinanderfallen ist insbesondere im Zuge der Globalisierung von Güterketten entstanden. Die Fairtrade-Bewegung und internationale Kampagnen gegen schlechte Arbeitsbedingungen in der Bekleidungsindustrie sind aktuelle Beispiele dieser räumlichen Trennung zwischen KritikerInnen, etwa internationale NGOs, und jenen, die negative Auswirkungen globaler Güterketten direkt erfahren.

Der Fall eines europäischen Agrarkonzerns, der ca. 38.000 Hektar Land in Sambias Zentralprovinz erwarb, zeigt, dass KritikerInnen nicht unbedingt ohne Einfluss sind, verdeutlicht aber auch unterschiedliche Strategien der beteiligten Akteure und widersprüchliche Effekte. Der Konzern (anonymisiert, Salverda 2019a) verkaufte einen Großteil seiner Produkte auf dem nationalen Markt, hoffte aber, eine integrierte Verarbeitungskette aufzubauen und von einem (erwarteten) Anstieg der Lebensmittelpreise auf dem Weltmarkt zu profitieren. Für seine Tätigkeiten musste der Konzern zahlreiche BewohnerInnen umsiedeln.

Das ab 2012 von dem Agrarkonzern erworbene Land ist zivilrechtlich privater Grund (*titled land*) und nicht, wie in vielen Fällen von Land Grabbing, durch Gewohnheitsrecht verwaltetes traditionelles Land (*customary land*). Allerdings leben direkt angrenzend auf traditionellem Land Kleinbauern und -bäuerinnen, die hauptsächlich (Semi-)Subsistenzwirtschaft betreiben. Da der erworbene Grund abwesenden EigentümerInnen gehörte oder nur teilweise genutzt wurde, waren die Grenzen zwischen privatem und traditionellem Grund häufig nicht ersichtlich. Dementsprechend hatten sich über die Jahre Menschen auf dem privaten Land angesiedelt. Wie andere skrupellose Landaufkäufer hätte der neue Eigentümer die BewohnerInnen ohne Entschädigung vertreiben können, auch weil diese laut sambischem Recht als „BesetzerInnen" gelten und keine rechtlichen Ansprüche auf das Land haben. Der Agrarkonzern verpflichtete sich trotzdem, eine Lösung für die dort lebenden Menschen zu finden. Der Konzern sorgte sich offenbar um die internationale Kritik; er wollte nicht als „Land Grabber" identifiziert werden. Die Kampagnen von GRAIN, La Via Campesina, FIAN und Oxfam gegen Land Grabbing und Lebensmittelspekulation erzielten nämlich im Gefolge der Finanzkrise hohe internationale Aufmerksamkeit.

Die Aktivitäten des Konzerns blieben dennoch nicht unbemerkt. KritikerInnen, die direkt den Agrarkonzern adressierten, kamen hauptsächlich aus dem Herkunftsland des Konzerns. Sie wurden über die internationale Öffentlichkeit auf den Landkauf aufmerksam und nicht aufgrund der Unzufriedenheit oder Proteste lokaler Gemeinschaften. Eine NGO, die das Recht auf Nahrung verteidigt, argumentierte, dass die Investition den Zugang lokaler Gemeinschaften zu Land, und somit zu Nahrung, erschweren würde. Zudem würden LSLA-Investitionen tendenziell Lebensmittel für Weltmärkte anstatt für lokale Märkte produzieren. Für die NGO war wenig relevant, dass der Konzern den privaten Grund legal erworben hatte, da Land Grabbing generell die Frage nach dem Zugang lokaler Bevölkerungen zu Land aufwirft. Viele lokale BewohnerInnen begrüßten allerdings zunächst den europäischen Investor. Sie erhofften sich Beschäftigung und andere Vorteile, wie zum Beispiel einen Absatz für ihre landwirtschaftlichen Überschüsse.

Obwohl, wie in diesem Fall, die Positionen ländlicher BewohnerInnen und internationaler KritikerInnen auseinandergehen, können internationale NGOs und der von ihnen geprägte globale Diskurs zu LSLA trotzdem zu positiven Veränderungen vor Ort beitragen. Der Agrarkonzern begegnete den Sorgen bezüglich der KleinbäuerInnen mit einem Umsiedlungsplan für eine erste Gruppe von BewohnerInnen sowie Angeboten, die diese rechtlich absichern sollten (Salverda 2019b). Für den Konzern spricht, dass die Maßnahmen über sambisches Recht und internationale Standards hinausgingen. Möchte der Konzern jedoch die gesamte Fläche nutzen, wie er es beabsichtigte, müssten deutlich mehr BewohnerInnen umgesiedelt werden, wobei fraglich ist, ob dabei dieselben Standards angewendet würden.

Gleichzeitig kann argumentiert werden, dass die negativen und/oder positiven Effekte für BewohnerInnen nicht eindeutig sind. Bei Landkäufen, die zu regelrechten Räumungen oder schlecht organisierten Umsiedlungen führen, ist es einfach, die negativen Auswirkungen zu benennen. In anderen Fällen ist es jedoch oft nicht so eindeutig, wie auch im sambischen Fall. Der Konzern steckte in finanziellen Schwierigkeiten und hat deswegen viel weniger Land als geplant, gerade mal 7.000 Hektar, ausgebaut. Abgesehen von einem für den sambischen Markt produzierenden Fleischverarbeitungsunternehmen ist es dem Konzern auch nicht gelungen, eine integrierte Verarbeitungskette aufzubauen. Stattdessen baut der Konzern Soja, Mais und (Winter-)Weizen an, die zum Großteil an sambische HändlerInnen und VerarbeiterInnen verkauft werden. Aufgrund nationaler Restriktionen und der mit dem Weltmarktzugang verbundenen Kosten werden diese Güter hauptsächlich lokal oder regional verkauft. Einige der Befürchtungen internationaler KritikerInnen, das ausschließlich für den Weltmarkt produziert würde, haben sich somit nicht bewahrheitet.

In weiterer Folge sank der internationale Druck auf den Konzern, weil dieser auf die Kritik reagiert hatte und NGOs ihre begrenzten Ressourcen für dringlichere Fälle einsetzten. Inzwischen kommt Kritik eher von der ländlichen Bevölkerung. Sie organisieren in der Regel keine direkten Proteste, sondern beschweren sich bei dem Konzern, teilweise von RegierungsbeamtInnen unterstützt, über die fehlende Einhaltung von Versprechen. Der Konzern hat zwar Arbeitsplätze geschaffen und mehrere *Corporate Social Responsibility*-Projekte gefördert, aber es werden weniger Menschen beschäftigt als vereinbart. Darüber hinaus sind viele lokale BewohnerInnen als GelegenheitsarbeiterInnen ohne Arbeitsgarantie und zu einem kaum existenzsichernden Lohn angestellt. Ein Vertragsanbauprogramm, das laut dem Konzern den angrenzenden KleinbäuerInnen zugutekommen sollte, wurde nach einem vielversprechenden Start verkleinert. Die BewohnerInnen und BeamtInnen sind zwar in der Lage, den Konzern dazu zu bringen, einige Probleme anzugehen. Sie schaffen es allerdings nicht, bessere Ergebnisse in Bezug auf die Einkommensverteilung auszuhandeln (was anderen globalen Güterketten ähnelt, Locke 2013). Internationale KritikerInnen wären, selbst mit anhaltendem Druck, wohl ebenfalls nicht in der Lage, die Arbeitssituation und Einkommensverteilung zugunsten der lokalen Bevölkerung zu verändern. Sie waren jedoch von Anfang an in Hinblick auf die Zusicherungen des europäischen Konzerns skeptisch. Die meisten groß angelegten Landwirtschaftsprojekte versprechen mehr Arbeitsplätze und bessere Arbeitsbedingungen als sie halten und erzielen aufgrund der extrem ungleichen Verteilung von Erträgen zwischen Konzern und lokaler Bevölkerung nur begrenzt nachhaltige Entwicklungsergebnisse.

Diesem spezifischen Fall folgend kann argumentiert werden, dass der Einfluss von KritikerInnen nicht eindeutig ist und sich von Fall zu Fall unterscheidet. Vor allem aufgrund der internationalen Akteure werden negative Auswirkungen für die BewohnerInnen abgeschwächt, das gilt zumindest für LSLA. Die NGOs schaffen es aber kaum, sich für positive Verteilungs- und Entwicklungseffekte stark zu machen. Um die Funktionsweise von globalen Güterketten und die potenziellen Konsequenzen für BewohnerInnen, KleinbäuerInnen, ArbeiterInnen usw. an weit entfernten Standorten zu verstehen, ist es aber wichtig, die Vielfalt der (indirekt) involvierten Akteure zu berücksichtigen (siehe Kapitel 14 Fischer in diesem Band). Wie ein Regierungsbeamter im Herkunftsland des Agrarkonzerns in Bezug auf eine kritische NGO sagte, ist es vorteilhaft, auch wenn die Kritik nicht immer faktisch korrekt ist, dass der Agrarkonzern sich von seinen KritikerInnen beobachtet fühlt und deswegen wachsam bleibt.

Literatur

Amanor, Kojo Sebastian (2012): Global Resource Grabs, Agribusiness Concentration and the Smallholder. Two West African Case Studies. In: Journal of Peasant Studies 39 (3-4), 731-749.

Land Matrix Consortium (o.J.): Land Matrix Public Database on Land Deals. https://landmatrix.org/, 10.8.2020.

Locke, Richard M. (2013): The Promise and Limits of Private Power. Cambridge: Cambridge University Press.

Nolte, Kerstin/Wytske Chamberlain/ Markus Giger (2016): International Land Deals for Agriculture: Fresh Insights from the Land Matrix. Analytical Report II. Bern: Bern Open Publishing.

Oxfam Canada (2013): Nothing Sweet About It. How Sugar Fuels Land Grabs. Oxfam Media Briefing 06/2013. Ottawa: Oxfam Canada.

Salverda, Tijo (2019a): Conflicting Interpretations. On Analyzing an Agribusiness' Concerns about Critique. In: Journal of Business Anthropology 8 (1), 4-24.

Salverda, Tijo (2019b): Facing Criticism. An Analysis of (Land-based) Corporate Responses to the Large-scale Land Acquisition Countermovement. In: Journal of Peasant Studies 46 (5), 1003-1020.

15

Cornelia Staritz, Christian Reiner, Leonhard Plank

Industriepolitik im Zeitalter von globalen Warenketten

Einleitung

Ungeachtet kontroverser Debatten über die Bedeutung und Wirksamkeit von Industriepolitik besteht weitgehend Einigkeit darüber, dass alle Länder mit heute hohen Einkommen im Laufe ihrer Wirtschaftsgeschichte aktiv Industriepolitik genutzt haben und weiterhin nutzen, sowie, dass Industriepolitik für Länder des Globalen Südens wichtig ist (Chang 2002; Rodrik 2008; Mazzucato 2013). Die globale Finanz- und Wirtschaftskrise von 2008, Klimaveränderung (*Green New Deal*) und Digitalisierung (Industrie 4.0) sowie der Aufstieg Chinas und zuletzt die Covid-19-Krise haben dazu beigetragen, dass Industriepolitik erneut eine breitere Akzeptanz findet und auch in Ländern des Globalen Südens wieder vermehrt diskutiert und praktiziert wird.

Die weltwirtschaftlichen und geopolitischen Rahmenbedingungen, in denen Industriepolitik heute stattfindet, sind jedoch ganz andere als zur Zeit der Industrialisierungserfolge der ostasiatischen *newly industrialising countries* (Südkorea, Taiwan, Hongkong, Singapur) in den 1960er bis 1980er Jahren. Globale Warenketten haben stark expandiert, und viele Länder verfolgen exportorientierte Industrialisierungsstrategien, die den Wettbewerb zwischen Zulieferfirmen und Ländern (Standortwettbewerb) intensivieren. Diese verschärfte

Wettbewerbssituation für Länder des Globalen Südens ist auch eine Folge des Aufstiegs von China zum „globalen Produktionszentrum" (Kaplinsky 2005; siehe Exkurs Lüthje in diesem Band). Weiters erhöhen digitale Technologien in einigen Sektoren die Eintrittsbarrieren für ProduzentInnen, weil Infrastruktur- und Qualifikationserfordernisse zunehmen (UNIDO 2020). Politische Veränderungen durch Liberalisierung und weitreichende Handels- und Investitionsabkommen haben den industriepolitischen Spielraum eingeschränkt und die Verwendung von klassischen Instrumenten wie Zöllen, Subventionen, *Local-Content*-Maßnahmen und Exportsteuern auf unverarbeitete Rohstoffe erschwert. Dies ist auch anhand der strengeren internationalen Regulierungen bezüglich geistiger Eigentumsrechte zu sehen. Schließlich stellt das Überschreiten planetarischer ökologischer Grenzen traditionelle industriepolitische Strategien in Frage und vor neue Aufgaben.

Dieses Kapitel erörtert die Bedeutung von Industriepolitik für Länder des Globalen Südens und wie sich die Expansion von globalen Warenketten auf Industriepolitik auswirkt. Nach einer Diskussion der Ziele, der theoretischen Begründung sowie der möglichen Probleme von Industriepolitik folgt eine Darstellung dreier idealtypischer industriepolitischer Positionen, die unterschiedliche Implikationen für entwicklungspolitische Strategien im Zeitalter von globalen Warenketten haben. Der letzte Abschnitt ist der Notwendigkeit einer sozial und ökologisch orientierten Industriepolitik gewidmet.

Ziele, Begründung und Probleme von Industriepolitik

Industriepolitik soll die wirtschaftliche Entwicklung eines Landes fördern und zielt darauf ab, den Strukturwandel der Wirtschaft zu unterstützen. Struktur kann sich dabei auf verschiedene Dimensionen beziehen: (a) Zusammensetzung der Wirtschaft nach Sektoren (Landwirtschaft, Rohstoffe, Industrie, Dienstleistungen), (b) Zusammensetzung der produzierten Güter und Exportgüter (Rohstoffe vs. Fertigprodukte vs. Dienstleistungen), (c) Zusammensetzung der Aktivitäten bzw. produzierten Güter nach Innovationsniveau, Komplexität, aber auch Beschäftigungsmöglichkeiten und ökologischer Nachhaltigkeit. Die traditionelle Industriepolitik fokussiert vor allem auf ökonomische Zielsetzungen, also die Veränderung der

Wirtschaftsstruktur, sodass jene Bereiche an Bedeutung gewinnen, die eine höhere Produktivität aufweisen, höhere technologische Externalitäten und Lernmöglichkeiten bieten und/oder über mehr Linkages, also Verflechtungen, zu anderen Sektoren und der lokalen Wirtschaft verfügen (Hirschmann 1958). Industriepolitik kann aber auch soziale und ökologische Ziele verfolgen. Die Schaffung von Arbeitsplätzen spielt in der traditionellen Industriepolitik eine wesentliche Rolle, wobei der Qualität der Jobs (hohe Löhne, gute Arbeitsbedingungen, Geschlechtergerechtigkeit, gewerkschaftliche Mitbestimmung) generell wenig Stellenwert eingeräumt wird. Ökologische Nachhaltigkeit ist erst seit kurzem ins Zentrum industriepolitischer Debatten gerückt.

Aus entwicklungsökonomischer Sicht spielen traditionell folgende Punkte eine zentrale Rolle in der Industriepolitik: (a) Wirtschaftliche Entwicklung verlangt insbesondere in frühen Phasen eine Diversifizierung der Wirtschaftsstruktur. (b) Historisch betrachtet spielte der Aufbau eines wettbewerbsfähigen Industriesektors (Industrialisierung) – zusätzlich zu Landwirtschafts-, extraktiven Ressourcen- und Dienstleistungssektoren – eine wichtige Rolle im wirtschaftlichen Entwicklungsprozess. (c) Länder mit niedrigen Einkommen benötigen Exporte, um Importe zu bezahlen, daher ist die Steigerung von Exporterlösen oftmals ein Ziel der Industriepolitik. (d) Unternehmen im Globalen Süden verfügen generell über geringere technologische und organisatorische Fähigkeiten; die Übernahme und Adaption von ausländischem Wissen (Technologietransfer) spielt daher eine wichtige Rolle in industriepolitischen Strategien.

Die großen strukturellen Unterschiede zwischen den Ländern hinsichtlich ihrer produktiven Fähigkeiten stellt der *Complexity Index* in Tabelle 1 dar. Der Indexwert nimmt zu, wenn Länder unterschiedlichere und komplexere Produkte, die von weniger anderen Ländern produziert werden, exportieren. Eine schlechtere Platzierung geht mit höherem Konkurrenzdruck einher und ist zunächst Ergebnis geringer produktiver Fähigkeiten, was wiederum u.a. durch die Geschichte einer abhängigen Weltmarktintegration erklärt werden kann. Diese Geschichte setzt sich heute in Form von globalen Warenketten fort, die zumeist von Leitunternehmen aus dem Globalen Norden kontrolliert werden. Tabelle 1 zeigt zum einen die „gute" Platzierung von Japan, USA und Deutschland, aber auch die verbesserte Position Chinas (von Platz 46 auf 18) und die verschlechterte Position von Ländern wie etwa Südafrika und Nigeria.

Tabelle 1: Platzierung im *Country Complexity Ranking* (1–133)

Land	1995	2000	2005	2010	2015	2018
Japan	1	1	1	1	1	1
Deutschland	2	2	2	3	2	4
USA	9	6	9	12	9	11
Südkorea	21	19	10	8	4	3
Brasilien	25	27	34	46	50	49
China	46	39	29	24	18	18
Südafrika	47	46	49	56	57	63
Russland	51	28	39	55	51	64
Argentinien	52	58	53	60	65	73
Türkei	56	56	48	42	40	40
Indien	60	44	51	54	48	42
Philippinen	69	63	55	41	31	35
Indonesien	76	59	62	67	63	61
Albanien	84	69	80	83	86	76
Vietnam	107	92	88	70	62	52
Äthiopien	110	120	120	113	106	97
Ghana	123	118	114	104	121	103
Nigeria	128	132	133	132	133	133

Quelle: https://atlas.cid.harvard.edu/rankings, 1.9.2020.

Obwohl Industrialisierung ein zentrales Ziel von Industriepolitik ist und mit den Eigenschaften von Industriesektoren begründet wird (hohe Produktivitätszuwächse durch den Einsatz von Technologie, hohes Exportpotenzial, zahlreiche Linkages-Möglichkeiten, Bereitstellung guter Arbeitsplätze, stabile Preise im Gegensatz zu Rohstoffen etc.) ist Industriepolitik nicht auf Industriesektoren beschränkt, sondern umfasst auch Interventionen in Rohstoff- oder Dienstleistungssektoren. Der Großteil der Länder des Globalen Südens ist weiterhin stark von Rohstoffproduktion und -exporten abhängig, vor allem Länder in Afrika, wo knapp 80 Prozent der Exporte agrarische und mineralische Rohstoffe sind (UNCTAD 2018). Die Realität vieler Länder des Globalen Südens ist weiters durch das Phänomen der „premature deindustrialization" gekennzeichnet (Tregenna 2016). Dies bedeutet, dass Länder mit niedrigen Einkommen und niedrigem Anteil des Industriesektors einen sinkenden Industrieanteil an der nationalen Produktion oder Beschäftigung aufweisen. Asiatische Länder verzeichneten seit den 1970er Jahren ein Wachstum ihres Industrieanteils (an der Wertschöpfung), aber in Lateinamerika schrumpfte der Anteil seit den 1980er und in Subsahara-Afrika seit den 1990er Jahren (UNCTAD 2018). Dies hängt auch mit fehlgeschlagenen industriepolitischen Interventionen und weitreichenden Liberalisierungen im Kontext von Strukturanpassungsprogrammen zusammen, da nationale Industrien am Weltmarkt nicht wettbewerbsfähig waren.

Tabelle 2 zeigt, dass die *least developed countries* in Afrika nur 0,3 Prozent der Weltindustrieproduktion produzieren und seit 1990 einen abnehmenden Industrieanteil am BIP aufweisen; demgegenüber konnte China seinen Industrieanteil auf über 25 Prozent der Weltindustrieproduktion steigern. Industrialisierungserfolge sind also auf wenige ostasiatische Länder und China konzentriert. Frühzeitige Deindustrialisierung erhöht die Abhängigkeit von Importen und ist insbesondere dann problematisch, wenn es keine hochwertigen und guten Arbeitsplätze in anderen Sektoren gibt. Arbeitsbedingungen in Industriesektoren sind aber auch oft problematisch, vor allem in arbeitsintensiven Prozessen in globalen Warenketten, wie dem Nähen in der exportorientierten Bekleidungsindustrie, was die oben genannten Vorteile von Industriesektoren für den Entwicklungsprozess in Frage stellt.

Die wirtschaftstheoretische Begründung von Industriepolitik diskutiert die Frage, warum es Staatseingriffe braucht, um die positive Entwicklung der Wirtschaftsstruktur zu unterstützen. Das liberale Grundmodell der Ökonomie besagt, dass freie Märkte effizient funktionieren und in der Lage sind, die Ressourcen (Arbeit, Kapital, Wissen) in die jeweils produktivsten Verwendungen zu lenken. Märkte funktionieren jedoch nur unter eine Reihe von Modellannahmen, während es in der Realität zu Marktversagen kommen kann. Weiters fokussieren Märkte auf statische Effizienz und sind schlechte Verteilungsmechanismen, wenn es um dynamische und

Tabelle 2: Industrieanteile am BIP und an der Weltindustrieproduktion

	Industrieanteil am BIP (in %)				
	1990	2000	2010	2017	19
Afrika LDC	11,3	9,7	9,0	8,8	0
ASEAN	23,3	25,9	22,8	20,8	1
China	29,7	31,8	31,5	28,8	2
Mercosur	23,3	14,7	13,1	11,4	3
OECD	20,1	17,3	14,2	13,9	8
Welt	20,3	17,7	15,9	16,2	10

Quelle: UNIDO MVA 2020 Database, eigene Berechnungen

längerfristige Entwicklungs- oder soziale und ökologische Ziele geht. Das Konzept von „freien“ Märkten ist darüber hinaus problematisch, da Märkte auf öffentliche Regulierungen und Investitionen (etwa staatlich bereitgestellte technische und soziale Infrastruktur) angewiesen sind und vermachtet sein können. Der Staat hat also eine zentrale Rolle im Sinne von *market shaping* und *market creating* (Mazzucato 2013). Nachstehend werden vier exemplarische Argumente für und zwei Argumente gegen Industriepolitik vorgestellt (Cimoli et al. 2009).

Infant-Industry-Argument: Dieses Argument steht am Beginn der Entwicklung der Industriepolitik in den USA (18. Jahrhundert) und in Deutschland (19. Jahrhundert). Der Aufbau nationaler Industriezweige war unter der Überlegenheit der englischen Industrie nicht möglich. Das *Infant-Industry*-Argument besagt, dass ein temporärer Schutz vor Konkurrenz durch einen „Erziehungszoll“ oder andere Maßnahmen (wie z.B. Subventionen) notwendig ist, um eine neue

dustrieanteil an der eltindustrieproduktion (in %)			BIP pro Kopf (USD)			
00	2010	2017	1990	2000	2010	2017
0,1	0,3	0,3	318	234	625	831
2,7	4,3	4,4	839	1.189	3.318	4.272
6,5	18,3	27,1	335	939	4.457	8.612
3,4	4,8	3,5	2.586	3.924	9.784	9.493
9,8	60,5	53,1	17.561	2.3689	36.149	38.498
0,0	100,0	100,0	4.315	5.468	9.515	10.673

nationale Industrie aufzubauen. Dahinter steht die Annahme, dass die Stückkosten einer Industrie mit steigender Erfahrung in der Produktion sinken (*learning by doing*). Wenn dieser Prozess erfolgreich ist und internationale Wettbewerbsfähigkeit erreicht ist, soll der Schutz aufgehoben werden. Es ist aber zentral, dass geschützte Unternehmen in Lernprozesse investieren und dass der Staat den Schutz oder die Unterstützung aufhebt, wenn dies nicht der Fall ist.

Externalitäten: Externalitäten treten in unterschiedlichen Formen auf. Im Bereich neuer Sektoren müssen Unternehmen in einem Trial-and-Error-Prozess herausfinden, welche Aktivitäten in einem Land wettbewerbsfähig sind. Dieser Prozess ist mit hohem Risiko verbunden, und NachahmerInnen profitieren von dem Versuch von Pionierunternehmen, ohne diese hierfür zu bezahlen. Damit ist der Anreiz für risikoreiche Entdeckungshandlungen gering. Weitere Formen positiver Externalitäten entstehen durch Innovationsprozesse bzw. Ausbildung von ArbeiterInnen, bei denen das innovierende oder ausbildende Unternehmen die Kosten trägt, aber andere Unternehmen durch Nachahmung oder die Abwerbung der ausgebildeten ArbeiterInnen profitieren. Diese Wissens-Spillover sind positiv, weil sie die Diffusion von neuen Technologien und Skills zur Folge haben, aber sie reduzieren gleichzeitig die Anreize für innovative bzw. ausbildende Unternehmen. Externalitäten können aber auch negativ sein, wenn z.B. Unternehmen nicht für die Kosten von verschmutzenden Aktivitäten aufkommen, weil Märkte ökologische Kosten nicht bepreisen. Industriepolitik sollte demnach Aktivitäten mit positiven Externalitäten fördern und solche mit negativen Externalitäten reduzieren.

Pfadabhängigkeit: Wenn sich eine Produktionsweise oder Technologie einmal als dominant durchsetzt, eine dafür passende Infrastruktur geschaffen worden ist und die NutzerInnen davon profitieren, dass auch andere NutzerInnen diese einsetzen, dann ist sehr schwer auf eine andere, neue Produktionsweise/Technologie zu wechseln. Dieses Argument ist insbesondere für ökologische Ziele von Relevanz: Auch wenn alternative Energien vorteilhaft sind, wird ihre Durchsetzung ohne staatliche Eingriffe zu langsam stattfinden, weil der Pfad fossiler Energietechnik nur schwer zu verlassen ist. Ähnliches gilt neben der Energieversorgung auch für Transportsysteme und -korridore, die etwa in Subsahara-Afrika zumeist auf globalen und nicht regionalen Handel ausgerichtet sind.

Kapitalmarktversagen: Bei den drei genannten Argumenten spielt die Finanzierung durch den Kapitalmarkt eine wesentliche Rolle. Kleine, junge und innovative Unternehmen und Unternehmen in neuen Sektoren sowie allgemein längerfristige und unsichere Projekte werden am Kapitalmarkt diskriminiert. Beispielsweise müssen Kleinunternehmen aufgrund von weniger Sicherheiten höhere Zinsen zahlen und Investitionen in neue, unsichere Aktivitäten bekommen möglicherweise gar keinen Kredit. Als Folge davon soll der Staat in die Verteilung von Kapital an Unternehmen eingreifen, sodass neue oder aus anderen Gründen für die wirtschaftliche, soziale und/oder ökologische Entwicklung wichtige Aktivitäten finanziert werden können.

Diese Argumente für Industriepolitik bedeuten aber nicht, dass Industriepolitik stets erfolgreich ist, weil es auch zu Staatsversagen kommen kann. Die große Anzahl an gescheiterten Projekten dokumentiert dies eindrücklich. Die Hauptgründe hierfür werden unter den Begriffen *picking winners* und *rent seeking* zusammengefasst (Cimoli et al. 2009). *Picking winners* bezieht sich auf das mangelnde Wissen des Staates, jene Sektoren, Innovationen oder Unternehmen für Förderungen auszuwählen, die in Zukunft erfolgreich sein werden. Tatsächlich haben weder PolitikerInnen noch Beamte oder ManagerInnen dieses Wissen und daher ist moderne Industriepolitik auch eher als das Fördern von Experimenten mit unsicherem Ausgang zu verstehen. Das Scheitern von Projekten ist daher noch kein Beweis für eine schlechte Industriepolitik; schädlich ist es aber dann, wenn gescheiterte Projekte bzw. Unternehmen weiterhin von öffentlichen Ressourcen profitieren.

Das Konzept des *rent seekings* bezeichnet Aktivitäten von Unternehmen zur Beeinflussung der Politik, um Subventionen zu erhalten oder um vor Konkurrenz geschützt zu werden. Die damit erzielbaren Renten (leistungsloses Einkommen) steigern die Profite der Unternehmen auf Kosten der Allgemeinheit. Die Bedeutung von diesen Prozessen hängt vom politökonomischen Kontext ab, den Machtbeziehungen zwischen Staat und Unternehmenssektor und auch der Monopolmacht von einzelnen Unternehmen. Spezifisch für Warenketten haben transnationale Leitunternehmen oft eine überlegene Verhandlungsposition, auch gegenüber Staaten, wodurch industriepolitische Zielsetzungen konterkariert werden können.

Industriepolitik im Kontext von globalen Warenketten

Bei Industriepolitik geht es immer zentral um die Frage, inwieweit sich Länder in die globale Ökonomie integrieren oder eigenständige Industrien aufbauen sollen. Generell wird zwischen importsubstituierender Industrialisierung (ISI) und exportorientierter Industrialisierung (EOI) unterschieden. Während unter ISI Länder versuchen, Importe einzuschränken und nationale Industriekapazitäten aufzubauen, konzentrieren sich Länder unter EOI auf die Förderung von Exporten und den Abbau von Importbeschränkungen. Auch im Kontext von globalen Warenketten wird die Frage der Weltmarktorientierung kontrovers diskutiert, was anhand dreier idealtypischer Positionen zur Rolle von Industriepolitik im Kontext von globalen Warenketten dargestellt wird: (a) die liberale Position mit einem Fokus auf Freihandel und horizontale Industriepolitik; (b) die Mainstream-Position in der Forschung zu Warenketten, die Industriepolitik im Dienste einer *vertically specialized industrialization* (VSI) – im Gegensatz zu ISI oder EOI – sieht; und (c) die strukturalistische Position, die auf dem klassischen *Infant-Industry*-Argument aufbaut. Anzumerken ist, dass diese drei Positionen hier aus analytischen Gründen differenziert werden; in der wirtschaftspolitischen Debatte kommt es zu Überlappungen.

Liberale Industriepolitik

Die liberale Position geht von effizienten Märkten aus und betont die negativen Auswirkungen von industriepolitischen Interventionen für ausgewählte Sektoren oder Unternehmen. Anstatt *picking winners* soll die Politik eine horizontale Industriepolitik forcieren, die allen Sektoren und Unternehmen in gleicher Weise nutzt. Der Fokus liegt auf Verbesserungen der Infrastruktur (Energieversorgung, Transport, Telekom etc.), der Sicherung von (geistigen) Eigentumsrechten und Handelsliberalisierung und -erleichterungen sowie auf Investitionen in Ausbildung, Forschung und Innovation. Sonderwirtschaftszonen (SWZ), die vorteilhafte Bedingungen vor allem für ausländische Investoren bieten, werden als effizientes industriepolitisches Instrument betrachtet.

Besondere Bedeutung kommt in dieser Position dem Freihandel zu, der die effiziente Verteilung von produktiven Ressourcen zwischen Ländern und auf jene Sektoren, in denen das jeweilige Land relativ produktiver ist, bewirkt (Theorem der komparativen Kostenvorteile). Daher sollen Staaten nicht versuchen, Wirtschaftsstrukturen durch Protektionismus zu „verzerren“. Und dies trifft noch einmal mehr für den Handel im Kontext von globalen Warenketten zu, wo Exportsektoren auf Importe als Input angewiesen sind. Die Bedeutung von globalen Warenketten wird also als Rechtfertigung für einen noch stärkeren Fokus auf Handelsliberalisierung verwendet.

VertreterInnen der horizontalen Industriepolitik (sowie der vertikalen Spezialisierung) argumentieren, dass es globale Warenketten für Länder leichter gemacht haben, sich in die internationale Arbeitsteilung zu integrieren. Unternehmen im Globalen Süden können sich auf eng definierte Aufgaben spezialisieren, die nötigen Inputs importieren und müssen nicht die Kapazitäten und Fähigkeiten zum Aufbau voll integrierter Sektoren entwickeln (Gereffi/Sturgeon 2013).

Mainstream-Forschung zu Warenketten

Die Mainstream-Position in der Forschung zu Warenketten zeigt auf, dass wirtschaftliche Entwicklung nicht zum Ziel hat, ganze Produktionsstrukturen national aufzubauen, sondern die Integration in globale Warenketten und ein Upgrading erfordert. Neben der Bedeutung von horizontalen Politiken kommt dabei dem Anwerben von und der Gestaltung der Beziehung zu Leitunternehmen eine zentrale Bedeutung zu. Leitunternehmen sind die *Gatekeeper*, die den Zugang zu globalen Märkten definieren. Sie bestimmen Standards und Anforderungen in globalen Industrien, die Aktivitäten der Zulieferfirmen und die Verteilung der Wertschöpfung (Milberg et al. 2014).

Aus industriepolitischer Sicht beinhaltet Upgrading nicht nur eine Steigerung der Produktivität, Qualität oder Komplexität der bestehenden Aktivitäten, was unter Prozess- oder Produkt-Upgrading verstanden wird, sondern auch die Veränderung hin zu Aktivitäten mit höherer Wertschöpfung innerhalb von und zwischen Sektoren, also funktionales und intersektorales Upgrading. Upgrading-Prozesse hängen von den Governance-Beziehungen in Warenketten ab, wobei Leitunternehmen das Upgrading von Zulieferfirmen ermöglichen und unterstützen, aber auch verhindern können, vor allem wenn es wertschöpfungs-, wissens- und rentenintensivere Aktivitäten betrifft, die Leitunternehmen als ihre Kernkompetenzen sehen (Humphrey/Schmitz 2002).

Upgrading ist umkämpft, und selbst wenn Upgrading erreicht wird, sind damit nicht automatisch höhere und stabilere Einkommen für Zulieferfirmen (Kaplinsky 2005) und noch weniger höhere Löhne und/oder bessere Arbeitsbedingungen für ArbeiterInnen verbunden. Leitunternehmen spielen Zulieferfirmen oft gegeneinander aus und üben durch ihre Beschaffungspolitiken Druck (geringe Preise, hohe Anforderungen und Flexibilität, kurze Lieferzeiten etc.) aus. Dies hat zu einem weitreichenden Preisverfall bei Industrieproduktexporten vor allem in *low-* und *medium-tech*-Sektoren beigetragen (Haraguchi et al. 2017). Weiters können Leitunternehmen Druck auf Staaten ausüben, damit diese Steuern senken und sie von Auflagen wie *Local-Content*-Bestimmungen befreien. Es ist daher zentral, nicht nur Win-win-Möglichkeiten zu identifizieren, was im Fokus der Warenketten-Mainstream-Position steht, sondern auch Interessenskonflikte zwischen Leitunternehmen, Zulieferfirmen, Staaten und ArbeiterInnen sowie die asymmetrischen Macht- und Abhängigkeitsbeziehungen mit Leitunternehmen, deren Umsätze vergleichbar sind mit den BIPs von manchen Ländern des Globalen Südens (siehe Kapitel 8 Kapeller/Gräbner in diesem Band), nicht aus dem Blick zu verlieren.

Strukturalistische Industriepolitik

Strukturalistische Ansätze argumentieren, dass Strukturwandel zu Tätigkeiten mit hoher Produktivität und Wertschöpfung eine der wichtigsten Triebkräfte und Ergebnisse von wirtschaftlicher Entwicklung ist, und dass es dafür selektive industriepolitische Interventionen braucht. Dazu gehören z.B. Importzölle, Exportsteuern, *Local-Content*-Politiken oder andere Leistungsanforderungen an ausländische Firmen; weiterhin die Unterstützung bestimmter (lokaler) Firmen, Aktivitäten und Sektoren durch z.B. Kredite, Subventionen und andere Anreize sowie der strategische Einsatz von öffentlichen Investitionen, Beschaffung und Unternehmen. Neben sektoralen Verschiebungen ist der Aufbau von produktiven Fähigkeiten von Unternehmen zentral (Lall 1992; Amsden 2001). Die Vorstellung, dass ein Hyundai, ein Samsung, ein Tata, ein Embraer allein durch die „Magie des Marktes" entstehen kann, gilt als abwegig (Cimoli et al. 2009:4). Eine Debatte innerhalb der strukturalistischen Position ist, wie weit unterstützte Aktivitäten und Sektoren von der jeweils existierenden Wirtschaftsstruktur, die den „komparativen Vorteilen" eines Landes entsprechen, abweichen sollen (Lin/Chang 2009).

Eine zentrale Frage innerhalb der strukturalistischen Position ist, inwieweit (abhängige) Weltmarktintegration strategisch genutzt werden kann, um lokale Fähigkeiten, Wertschöpfung und Linkages sowie diversifizierte Wirtschaftsstrukturen aufzubauen. Es wird argumentiert, dass historisch viele Länder, wie die ostasiatischen *newly industrializing countries*, ISI und EOI (sowie VSI) kombiniert haben – die Unterstützung von Exporten und die Ermöglichung eines zollfreien Zugangs zu importierten Inputs in bestimmten Sektoren bei gleichzeitigem Schutz anderer Sektoren und heimischer Märkte. Odije (2020) betont weiters, dass das *Infant-Industry*-Argument und daher der Schutz von lokalen Unternehmen und Märkten für Länder des Globalen Südens weiterhin zentral ist. Es geht zuerst um den Aufbau lokaler Warenketten, um die lokalen Fähigkeiten zu verbessern, Linkages in der lokalen Ökonomie und zum heimischen

Markt zu stärken und lokale (Leit-)Unternehmen zu entwickeln, und erst danach um eine Integration in globale Warenketten (ebd.).

Andere AutorInnen betonen die Beschränkungen durch ISI, um die lokalen Fähigkeiten und Technologien zu verbessern, und sehen die Integration in globale Warenketten als einen potenziell wichtigen Kanal für Technologietransfer von ausländischen (Leit-) Unternehmen zu lokalen Firmen (Lall 1992; Hauge 2020). Dies bedarf aber strategischer Industriepolitik und an Bedingungen geknüpfter Investitionspolitik für ausländische Leitunternehmen und Zulieferfirmen. Ohne solche Bedingungen haben Produktionsstätten, vor allem von ausländischen Firmen, oft Enklavencharakter mit geringen Linkages zur lokalen Wirtschaft, was lokale Lern-, Wertschöpfungs- und Diversifizierungseffekte sowie Steuereinnahmen reduziert. Dies wird durch SWZ verstärkt; Beispiele reichen etwa von den *Maquiladoras* in Mexiko, der *Assembly*-Produktion von Bekleidung in Subsahara-Afrika, aber auch Südostasien, zur Elektronik- und Automobilindustrie in Zentral- und Osteuropa (UNCTAD 2018; siehe Kapitel 14 Fischer und die Exkurse Neveling und Grumiller in diesem Band).

Selektive Integration und Abkoppelung sowie Makropolitiken

Zwei Aspekte werden aus unserer Sicht von allen drei industriepolitischen Konzeptionen unzureichend berücksichtigt. Es ist, erstens, zentral nicht nur auf strategische Integration in globale Warenketten zu fokussieren, sondern auch auf die selektive Abkoppelung von abhängigen Beziehungen in von Leitunternehmen dominierten Warenketten. In Baumwollketten, die von internationalen Rohstoffhändlern gesteuert werden, ist z.B. die Weiterverarbeitung von Baumwolle zu Textilien nicht möglich, da generell nur Interesse am Export von unverarbeiteter Baumwolle besteht. Der hohe Wettbewerb im globalen Bekleidungssektor, geringe Preise und steigende Anforderungen machen auch eine entwicklungspolitisch vorteilhafte Integration in diese Warenkette schwierig. Selektive Abkoppelung von globalen Warenketten geht mit einem stärkeren Fokus auf lokale und regionale Produktionsnetzwerke einher, aber auch mit alternativen Integrationsprojekten, was vor allem in den 1960er/70er Jahren im Kontext von „autozentrierter Entwicklung“ oder „collective self-reliance“ diskutiert wurde (Eder/Schneider

2018). Neben nationalen sind regionale Endmärkte wichtig, da sie die Ausweitung der Marktgröße für Länder mit kleinen Heimmärkten ermöglichen und bessere Upgrading-Möglichkeiten bieten können. Zum Beispiel weisen die intraregional gehandelten Güter sowohl in Afrika als auch in Lateinamerika eine stärker diversifizierte und technologisch anspruchsvollere Zusammensetzung auf als die international gehandelten Güter (UNCTAD 2018). Die Bedeutung von lokalen und regionalen Märkten im Sinne des *Infant-Industry*-Arguments kann aber mit dem Technologietransfer-Potenzial durch selektive Integration in globale Warenketten verbunden werden (Morris/Staritz 2019). Strategischer Protektionismus kann hier eine wichtige Rolle spielen, ebenso wie der Aufbau von Süd-Süd Kooperationen (siehe Exkurs Eder in diesem Band).

Zweitens müssen industriepolitische Diskussionen um eine Makroperspektive ergänzt werden. Industriepolitik hat einen angebotsseitigen Bias und unterbelichtet die Bedeutung von nachfrageseitigen Politiken wie Fiskal- und Geldpolitik, aber auch Wechselkurspolitik (Chang/Andreoni 2020). Eine wirksame Industriepolitik erfordert makroökonomische Politik, die produktive Investitionen unterstützt, was jedoch im Kontext liberalisierter Finanzmärkte und von Finanzialisierungsprozessen an Grenzen stößt (siehe Kapitel 9 Staritz/Tröster in diesem Band). Zentral ist Zinspolitik, wobei produktive Unternehmen gegensätzliche Interessen zu Finanzinvestoren haben – Erstere profitieren von niedrigen Zinsen, Letztere von hohen Zinsen. Die Interessen von Letzteren setzen sich oft durch, da Zinssenkungen oder auch Wechselkursabwertungen zu Kapitalabfluss führen können. Aber nicht nur Finanzmarktliberalisierung, sondern auch Handels- und Investitionsabkommen reduzieren den politischen Handlungsspielraum für Makro- und Industriepolitiken. Es bedarf also auch auf internationaler Ebene einer kohärenten Entwicklungs-, Handels- und Investitionspolitik, durch die der politische Handlungsspielraum für Länder des Globalen Südens erhöht wird (Morris/Staritz 2019).

Industriepolitik und sozial-ökologische Transformation

Aufgrund der sich zuspitzenden globalen Klima- und Umweltkrise muss die Industriepolitik einen Beitrag zur sozial-ökologischen Transformation leisten. Dies bedeutet zum einen, dass Industriepolitik die oben angesprochenen ökonomischen und sozialen Zielsetzungen unter Berücksichtigung der ökologischen Leitplanken verfolgen muss. Zum anderen kann Industriepolitik sozial-ökologische Transformation vorantreiben, indem sie nachhaltige Produktionsweisen fördert und den Strukturwandel von problematischen, CO_2-intensiven Aktivitäten (z.B. Kohlekraftwerke) in Richtung zukunftsfähiger Sektoren (z.B. erneuerbare Energieproduktion) unterstützt. Zwar ist angesichts der historischen Klimaschuld des Globalen Nordens der Handlungsdruck hier besonders hoch, aber die Notwendigkeit zu einer ökologisch orientierten Industriepolitik ist auch in Ländern des Globalen Südens trotz bestehender Industrialisierungsnotwendigkeit angezeigt (siehe Kapitel 16 Ungericht in diesem Band).

Der Ende 2019 von der Europäischen Kommission verabschiedete „European Green Deal" ist ein illustratives Beispiel für die Berücksichtigung ökologischer Aspekte in der Industriepolitik. Die EU soll demnach bis 2050 klimaneutral werden und das Wirtschaftswachstum von der Ressourcennutzung entkoppeln (Europäische Kommission 2020). Zentrale Instrumente sind neben Subventionen für Investitionen in nachhaltige Produktionszweige insbesondere die Einführung eines Preises für CO_2-Emissionen und ein geplanter CO_2-Grenzausgleich. Letzterer soll von ProduzentInnen bezahlt werden, die aus Ländern mit geringeren Umweltauflagen in die EU exportieren wollen. Auch im Globalen Süden gibt es im Kontext von grünen Wachstumsstrategien in den letzten Jahren verstärkt Bemühungen im Sinne einer grünen Industriepolitik (Altenburg/Assmann 2017). Ungeachtet der wichtigen Rolle von technologiefokussierten Effizienzstrategien greifen diese aber zu kurz, weil die notwendige Entkopplung des Ressourcenverbrauchs vom Wirtschaftswachstum nicht bzw. jedenfalls nicht schnell genug stattfindet. Neben verstärkten Konsistenzstrategien, die auf das Schließen von stofflichen und energetischen Kreisläufen abzielen (*circular economy*), bedarf es auch Suffizienzstrategien, die vor allem im Globalen Norden eine grundlegende Änderung von Produktions- und Konsummustern bedingen (siehe Kapitel 16 Ungericht in diesem Band).

Die notwendige Dematerialisierung und Dekarbonisierung der Wirtschaft impliziert eine Verkürzung von globalen Warenketten bzw. eine stärkere Regionalisierung und Lokalisierung der Wirtschaft. Dies bedeutet nicht Autarkie, sondern eine sektoral differenzierte De-Globalisierung von globalen Warenketten. So wäre es etwa widersinnig, die Halbleiterproduktion auf lokaler Ebene anzusiedeln, wohingegen eine Reihe von wirtschaftlichen Aktivitäten der alltäglichen Notwendigkeiten (z.B. Lebensmittel, Bekleidung, Möbel) stärker auf regionaler oder lokaler Ebene stattfinden sollten. Aus Sicht der Länder des Globalen Südens würden sich dadurch Chancen für eine Verbreiterung der industriellen Basis durch Importsubstitution im Rahmen lokaler und regionaler Produktionsnetzwerke ergeben. Andererseits droht weltmarktorientierten ProduzentInnen im Globalen Süden der Wegfall von Nachfrage, und der Vorwurf eines ökologisch motivierten Protektionismus des Globalen Nordens wird kontrovers diskutiert. Weiters werden Unternehmen im Globalen Süden mit steigenden Umweltanforderungen konfrontiert. Dies könnte grundsätzlich eine Chance für ökologisches Upgrading bieten, aber führt oft zu Konzentrationsprozessen, da nur große Unternehmen diese erfüllen können, und geht oft nicht mit höheren Preise oder besseren Positionen in globalen Warenketten einher. Nicht zuletzt nutzen (Leit-)Unternehmen niedrigere Umwelt- sowie Sozialstandards im Globalen Süden als Profitquelle.

Die Unterstützung von stärker lokalisierten Wirtschaftskreisläufen, die an den grundlegenden und universellen Bedürfnissen der Menschen ansetzen, steht auch im Zentrum von alternativen Entwicklungsstrategien, die in den letzten Jahren an peripheren Orten des Globalen Nordens an Popularität gewonnen haben. Exemplarisch dafür steht das Konzept der *Foundational Economy* (Foundational Economy Collective 2020), das sowohl Güter und Dienste, die für das tägliche Überleben (Lebensmittel, sauberes Trinkwasser, Strom, Mobilität) notwendig sind, als auch bestimmte Komfortgüter (Bekleidung, Möbel) umfasst. Aus industriepolitischer Perspektive stellt sich hier insbesondere die Frage, welche Güter und Dienstleistungen produziert werden sollen, sodass Grundbedürfnisse innerhalb der planetarischen Grenzen befriedigt werden können. Ähnlich wie

Ansätze der autozentrierten Entwicklung oder der *collective self-reliance* bricht auch diese Strategie mit der einseitigen Orientierung auf den Weltmarkt und versucht die Muster internationaler Arbeitsteilung und ungleicher Entwicklung in Richtung binnenwirtschaftlich orientierter Entwicklungen zu verändern.

LERNFRAGEN

- Welche Argumente sprechen für den Einsatz von Industriepolitik und welche dagegen?
- Worin unterscheiden sich die drei vorgestellten industriepolitischen Perspektiven im Kontext von globalen Warenketten?
- Welche Rolle kann Industriepolitik für eine sozial-ökologische Transformation in Ländern des Globalen Südens spielen?

Schlussfolgerungen

Globale Warenketten sein kein „Allheilmittel" für wirtschaftliche Entwicklung. Vielmehr können diese *windows of opportunity* bieten, die für eine breitere wirtschaftliche Entwicklung genutzt werden müssen. Stärkere Linkages zwischen Warenketten und lokalem Unternehmenssektor, die strategische Nutzung nationaler und regionaler Märkte, ein den produktiven Sektor förderndes makropolitisches Umfeld sowie existenzsichernde Löhne (und Preise) und gute Arbeitsbedingungen wären zentrale Ansatzpunkte, um den entwicklungspolitischen Beitrag von globalen Warenketten zu stärken. Die asymmetrischen Macht- und Abhängigkeitsbeziehungen, die mit globalen Warenketten inhärent verbunden sind, machen solche Strategien jedoch schwer umsetzbar. Es geht also zentral darum, Machtasymmetrien zu reduzieren und gleichzeitig um die selektive Abkoppelung von globalen Warenketten und alternative Integrationsprojekte.

Die Klima- und Umweltkrise macht deutlich, dass Strukturwandel auch die Dekarbonisierung der Wirtschaft befördern und eine sozial-ökologische Transformation unterstützen muss. Die notwendige grundlegende Änderung von Produktions- und Konsummustern muss zur Restrukturierung und Verkürzung von globalen Warenketten führen. Wie sich die Klima- und Industriepolitik im Globalen Norden auf Länder des Globalen Südens auswirkt, hängt nicht zuletzt von den industriepolitischen Maßnahmen in diesen Ländern ab. Können verkürzte Warenketten genützt werden, um lokale Ökonomien zu diversifizieren, gute Arbeitsplätze zu schaffen und grundlegende Bedürfnisse zu decken? Oder führt der verstärkte Protektionismus im Globalen Norden zu weniger Nachfrage und Deindustrialisierung sowie zum Verlust von Arbeitsplätzen? Jedenfalls sind traditionelle Muster der Industrialisierung nicht mehr mit den planetarischen Grenzen vereinbar.

Ob ein Land des Globalen Südens oder Nordens eine bestimmte industriepolitische Strategie erfolgreich umzusetzen vermag, hängt letztlich zentral vom politischen Handlungsspielraum, den Kompetenzen der Akteure und den nationalen sowie internationalen Machtverhältnissen ab. Der weltwirtschaftliche und geopolitische Kontext im Zuge der Covid-19-Krise birgt Möglichkeiten, aber insbesondere auch Herausforderungen, die weit über den industriepolitischen Bereich hinausgehen. Jedenfalls sollte Industriepolitik immer in breitere Entwicklungsstrategien eingebettet werden und mit Infrastruktur-, Arbeitsmarkt-, Sozial-, Umwelt- und Regionalpolitik verbunden werden.

Basisliteratur

Cimoli, Mario/Dosi, Giovanni/Stiglitz, Joseph E. (2009): Industrial Policy and Development. Oxford: Oxford University Press.

Milberg, William/Jiang, Xiao/Gereffi, Gary (2014): Industrial Policy in the Era of Vertically Specialized Industrialization. In: Salazar-Xirinachs, José M./Nübler, Irmgard/Kozul-Wright, Richard (Hg.): Transforming Economies. Making Industrial Policy Work for Growth, Jobs and Development. Geneva: UNCTAD/ILO, 151-178.

Morris, Mike/Staritz, Cornelia (2019): Industrialization Paths and Industrial Policy for Developing Countries in Global Value Chains. In: Gereffi, Gary/Ponte, Stefano/Raj-Reichert, Gale (Hg.): Handbook on Global Value Chains. Cheltenham: Edward Elgar, 506-521.

Literatur

Altenburg, Tilman/Assmann, Claudia (Hg., 2017): Green Industrial Policy. Concept, Policies, Country Experiences. Geneva/Bonn: UN Environment/Deutsches Institut für Entwicklungspolitik.

Amsden, Alice H. (2001): The Rise of the „Rest". Challenges to the West from Late-industrializing Economies. Oxford: Oxford University Press.

Chang, Ha-Joon (2002): Kicking Away the Ladder. Development Strategy in Historical Perspective. London: Anthem Press.

Chang, Ha-Joon/Andreoni, Antonio (2020): Industrial Policy in the 21st Century. In: Development and Change 51 (2), 324-351.

Eder, Julia/Schneider, Etienne (2018): Progressive Industriepolitik. Ein Ausweg für Europa?! In: Wirtschaft und Gesellschaft 44 (4), 471-502.

Europäische Kommission (2020): Ein europäischer Grüner Deal. Erster klimaneutraler Kontinent werden. https://ec.europa.eu/info/files/communication-european-green-deal_en, 14.9.2020.

Foundational Economy Collective (2020). https://foundationaleconomy.com, 1.9.2020.

Gereffi, Gary/Sturgeon, Timothy (2013): Global Value Chains and Industrial Policy. The Role of Emerging Economies. In: Elms, Deborah Kay/Low, Patrick (Hg.): Global Value Chains in a Changing World. Geneva: World Trade Organisation, 329-360.

Haraguchi, Nobuya/Cheng, Charles Fang Chin/Smeets, Eveline (2017): The Importance of Manufacturing in Economic Development. Has his changed? In: World Development 93, 291-315.

Hauge, Jostein (2020): Industrial Policy in the Era of Global Value Chains. Towards a Developmentalist Framework Drawing on the Industrialisation Experiences of South Korea and Taiwan. In: The World Economy 43 (8), 2070-2092.

Hirschmann, Albert O. (1958): The Strategy of Economic Development. New Haven, CT: Yale University Press.

Humphrey, John/Schmitz, Hubert (2002): How does Insertion in Global Value Chains Affect Upgrading in Industrial Clusters? In: Regional Studies 36 (9), 1017-1027.

Kaplinsky, Raphael (2005): Globalization, Poverty and Inequality. Between a Rock and a Hard Place. Cambridge, MA: Polity Press.

Lall, Sanjaya (1992): Technological Capabilities and Industrialization. In: World Development 20 (2), 165-186.

Lin, Justin/Chang, Ha-Joon (2009): Should Industrial Policy in Developing Countries Conform to Comparative Advantage or Defy it? A Debate Between Justin Lin and Ha-Joon Chang. In: Development Policy Review 27 (5), 483-502.

Mazzucato, Mariana (2013): The Entrepreneurial State. Debunking Public vs. Private Sector Myths. London: Anthem Press.

Odije, Michael E. (2020): Is Traditional Industrial Policy Defunct? Evidence from the Nigerian Cement Industry. In: Review of International Political Economy 27 (3), 1-23.

Rodrik, Dani (2008): Normalizing Industrial Policy. Commission on Growth and Development Working Paper, 3. Washington: World Bank.

Tregenna, Fiona (2016): Deindustrialization and Premature Deindustrialization. In: Reinert, Erik S./Ghosh, Jayati/Kattel, Rainer (Hg.): Handbook of Alternative Theories of Economic Development. Cheltenham, Edward Elgar.

UNCTAD (2018): Trade and Development Report 2018. New York, Genf: United Nations.

UNIDO (2020): Industrial Development Report 2020. Industrializing in the Digital Age. Wien: UNIDO.

Christian Bellak

HANDELSPOLITIK: AUSWIRKUNG AUF GLOBALE GÜTERKETTEN

Globale Güterketten (GGK) sind komplex und oft ist nicht feststellbar, woher im Endeffekt ein Fertigprodukt stammt, da eine Vielzahl von Produktionsstätten involviert ist und ein großer Teil der Transaktionen innerhalb von GGK Zwischengüter (bzw. Vorleistungen) betrifft. Entscheidungen von Leitunternehmen in GGK, in welchen Ländern und in welchem Ausmaß produziert wird, bestimmen in einem großen Ausmaß die transnationalen Güter- und Dienstleistungsströme. GGK werden stark von handelspolitischen Maßnahmen beeinflusst. Unter Handelspolitik versteht man Maßnahmen (wie z.B. Zölle, Quoten, Ursprungslandregeln, Harmonisierung von Produktstandards zwischen Ländern) zur Beeinflussung des internationalen Handels mit Gütern und Dienstleistungen; sie findet auf multilateraler (WTO) sowie regionaler und bilateraler Ebene statt. Handelspolitik hat deshalb eine starke und direkte Wirkung auf die Ausgestaltung und die Entwicklung von GGK und entscheidet damit auch darüber, welche Länder in welchem Ausmaß von GGK potenziell profitieren.

Die Erwartung, dass GGK neue Chancen für Entwicklung bieten, wurde bisher nur teilweise erfüllt. Die institutionelle Gestaltung und machtpolitischen Gegebenheiten der Handelspolitik haben dazu beigetragen, dass Niedrigeinkommensländer (NEL) nur punktuell von GGK profitieren konnten. Dies ist einerseits auf die marginalisierte Rolle von NEL in der Festlegung von handelspolitischen Regeln zurückzuführen. Andererseits besteht in einigen Bereichen ein Konflikt zwischen der Gestaltung von handelspolitischen Regelungen und jener von entwicklungspolitischen Maßnahmen durch NEL, etwa in der Frage, ob und inwieweit lokale Unternehmen – zumindest temporär – vor globalem Wettbewerb geschützt werden sollen („infant industry argument"). Um die Partizipation von NEL in GGK im Sinne einer nachhaltigen Entwicklung zu gestalten, ist daher eine Abstimmung von Handelspolitik mit anderen Politikfeldern vonnöten (World Bank 2019: 238ff.). Das sind allen voran Industriepolitik, insbesondere die Wettbewerbspolitik und die Investitionspolitik. Letztere wird oft gemeinsam mit der Handelspolitik verhandelt (wie etwa bei den Handelsabkommen NAFTA oder TPP).

Handelspolitik beeinflusst die Kosten für die an einer GKK beteiligten Unternehmen. Unternehmen werden nämlich die Art, den Umfang und die geografische Gestaltung ihrer GGK auch daran orientieren, welche Kosten in Form von Handelsbarrieren, Handelskonflikten, administrativem Aufwand aufgrund von Handelsregulierungen etc. zu erwarten sind. Nachdem die Güter und Dienstleistungen in GGK Grenzen mehrfach überschreiten – im Gegensatz zum konventionellen Handel, bei dem nur das Finalgut exportiert wird –, können diese Kosten einen erheblichen Wettbewerbsnachteil bedeuten, der die Teilnahme an GGK verhindert oder zumindest erschwert. In weiterer Folge hat damit Handelspolitik auch einen Einfluss darauf, welche Länder Gewinner und welche Verlierer in Bezug auf die Attrahierung von Produktionsaufträgen, Investitionen und Wertschöpfung innerhalb von GGK sind. Jedoch ist dies nicht nur eine Frage der Nutzen und Kosten im Unternehmenssektor und der Machtbeziehungen zwischen Unternehmen in GGK, sondern auch des internationalen Machtgefälles zwischen Hoch- und Niedrigeinkommensländern.

Welche Maßnahmen der Handelspolitik sind für die Partizipation in GGK und deren Entwicklungseffekte besonders relevant und welche Wirkungen haben diese auf NEL? Im Folgenden werden Zölle, Ursprungslandregeln und Handelsverträge näher erörtert. Zölle und andere protektionistische Maßnahmen können einerseits entwicklungspolitisch motiviert sein, andererseits aber auch erhebliche Handelsverzerrungen zur Folge haben. So kann etwa der „neue Protektionismus", in der Form einer Rücknahme von Zollpräferenzen oder der Einführung von Anti-Dumpingzöllen (Curran 2015), bestehende GGK gefährden. Neben Zollsenkungen ist die Einräumung von zeitlich und geografisch begrenzten Zollpräferenzen für Staaten möglich. Gerade weil die Vorleistungen in GGK oftmals Grenzen überschreiten und gerade weil ein Gutteil dieser Vorleistungen auf Dienstleistungen entfällt, bei welchen es relativ mehr Protektionismus als im Handel mit Sachgütern gibt, könnte eine Liberalisierung starke Effekte auf GGK haben.

Ein Blick auf rezente Daten zeigt jedoch, dass viele NEL bislang von Zollsenkungen *grosso modo* wenig profitiert haben. NEL sind insbesondere von der Zolleskalation negativ betroffen. Darunter versteht man, dass Zollsätze mit der Verarbeitungsstufe (von Rohstoffen zu Halbfertigprodukten zu Fertigprodukten) zunehmen (World Bank 2019). Daher besteht ein reduzierter Anreiz in GGK, weiterführende Verarbeitungsstufen in Ursprungsländer von Rohstoffen und gering verarbeiteten Produkten zu verlegen, was deren Wertschöpfung gering hält.

Ursprungslandregeln (*rules of origin*) in Handelsverträgen definieren die geografische Herkunft eines Produkts. Dies ist wichtig, weil je nach Herkunft unterschiedliche Zollsätze zur Anwendung kommen können. Importe aus NEL unterliegen oftmals einem niedrigeren Zoll. Dieser reduzierte Zoll kommt jedoch nur dann zur Anwendung, wenn das importierte Produkt gemäß Ursprungslandregeln aus dem NEL kommt. Wenn nun etwa ein Teil der verwendeten Inputs wiederum aus z.B. Südkorea kommt, dann kann es sein, dass dieses Produkt als südkoreanisches Produkt klassifiziert wird, obwohl es aus einem afrikanischen NEL importiert wurde. Komplexe Ursprungslandregeln, u.a. ausgerichtet an den Interessen der nationalen Industrie in den reichen Ländern, tragen so dazu bei, dass NEL vielfach nicht von reduzierten Zollsätzen profitieren können (Curran 2015).

Handelsabkommen, in denen die oben beschriebenen Maßnahmen vielfach geregelt sind, können den geografischen Gestaltungsspielraum von GGK für Unternehmen erweitern. Außenhandelsabkommen haben allerdings auch einen protektionistischen Charakter, sofern sie bilateraler oder regionaler Natur sind, d.h. nur ein Land oder eine bestimmte Ländergruppe umfassen. Sie haben die intendierte oder unintendierte Nebenwirkung, die Teilnahme von anderen Ländern an GGK zu erschweren. Zudem verdrängt die Verlagerung der Handelspolitik vor allem auf die bilaterale Ebene (sog. „Neue Handelspolitik") die ursprünglich multilateral konzipierte

Politik der WTO. Dies eröffnet einerseits das Potenzial, Interessen auf bilateraler Ebene zu berücksichtigen, verstärkt aber gleichzeitig auch die Wirkung von Machtungleichgewichten bei der Verhandlung neuer Handelsabkommen.

Die Erfahrung der Vergangenheit zeigt, dass Handelsabkommen nicht automatisch zu positiven Wirkungen in NEL führen. Der Protektionismus im Landwirtschaftssektor der EU mit seinen massiven Auswirkungen auf lokale Produktion in NEL sei hier stellvertretend genannt (z.B. auf den Geflügelsektor in Afrika). Außerdem können politische Handlungsspielräume im betreffenden Land durch Handelsabkommen eingeschränkt werden, etwa im Bereich der Exportsteuern oder *local content policies* (Unternehmen müssen einen Teil der Inputs von anderen heimischen bzw. lokalen Unternehmen beziehen). Im Kontext von weitreichenden Handelsliberalisierungen und einer Reduktion des industriepolitischen Handlungsspielraums bleibt es zum Beispiel eine offene Frage, ob die *Economic Partnership Agreements* (EPAs), die die EU im Rahmen der bilateralen Handelspolitik mit Gruppen afrikanischer, karibischer und pazifischer Staaten aushandelt, zu einer Stärkung oder Schwächung kritischer Sektoren beitragen kann (Grumiller et al. 2018).

Viele der genannten handelspolitischen Maßnahmen weisen eine starke Branchendimension auf. Diese kann aus zwei Gründen ein Hemmnis bei der Auswahl von Standorten für GGK darstellen, die gerade für NEL bedeutend sind: Erstens existieren spezifische Bedingungen, wie etwa die oben erwähnte Zolleskalation bei landwirtschaftlichen Gütern oder auch den Wegfall des *Multi Fibre Agreement* (MFA) im Jahr 2005 in der Bekleidungsindustrie: „While broader trade agreements sometimes eliminate or reduce these levies, textile and apparel products are often subject to restrictions“ (Frederick/Daly 2019: 10). Zweitens können Branchen von negativen außenhandelspolitischen Maßnahmen betroffen sein (z.B. Strafzölle im Bereich der Stahlindustrie). Da NEL oftmals eine wenig diversifizierte Branchenstruktur aufweisen, stellt sich die Frage, inwieweit durch bestehende Protektionismen die Entstehung von Leitunternehmen in NEL verhindert wird. Curran (2015: 1046) argumentiert aufgrund eines Vergleichs der Herstellung von Schuhen und von Solarpanelen, dass „labour intensive sectors are particularly vulnerable to trade defence actions, as well as other trade-distorting tools like quotas.“ Die Automatisierung von Produktionsprozessen etwa in der Leder-, Bekleidungs- und Textilindustrie verstärkt den Druck in genau diesen arbeitsintensiven Sektoren, sodass mit geringen Potenzialen für die Entwicklung von GGK in diesen Bereichen – und damit in NEL – gerechnet werden muss.

Zusammen zeigen diese Argumente, wie Handelspolitik auf verschiedenen Ebenen starke Auswirkungen auf GGK hat und einen Bias zu Lasten der NEL geschaffen hat. Es sind daher erhebliche Zweifel angebracht, ob die zentralen handelspolitischen Weichenstellungen der letzten Jahrzehnte für die Integration von NEL in GGK und deren Entwicklungseffekte vorteilhaft gewesen sind.

Literatur

Curran, Louise (2015): The impact of trade policy on global production networks: the solar panel case. In: Review of International Political Economy 22 (5), 1025-1054.

Frederick, Stacey/Daly, Jack (2019): Pakistan in the Apparel Global Value Chain, Duke Global Value Chains Center, Duke University.

Grumiller, Jan/Raza, Werner/Staritz, Cornelia/Tröster, Bernhard/von Arnim, Rudi (2018): The economic and social effects of the Economic Partnership Agreements on selected African countries, Final Report, ÖFSE Research Report 7/2018, Wien.

World Bank (2019): Trading for Development in the Age of Global Value Chains, 2020 World Development Report, The World Bank Group, https://www.worldbank.org/en/publication/wdr2020, 20.11.2020.

16

Bernhard Ungericht

Globale Profitschöpfungsketten: Eine wirtschaftsethische Bestandsaufnahme und zukunftsfähige Alternativen

In diesem Beitrag werden globale Wertschöpfungsketten (*Global Value Chains* – GVCs) einer wirtschaftsethischen Betrachtung unterzogen. Dies trägt einerseits dem Umstand Rechnung, dass GVCs ein zentrales Organisationsprinzip globaler Ökonomie darstellen, und andererseits der Tatsache, dass ökonomische Phänomene immer von spezifischen Interessen und den Strategien ihrer Durchsetzung und Legitimation geprägt sind. „Die" Wirtschaft ist kein von menschlichem Handeln unabhängiges „Objekt", das quasinatürlichen Gesetzmäßigkeiten folgt, sondern ein sozial hergestellter Wirkungszusammenhang. Dabei werden immer auch Lasten und Nutzen gesellschaftlich verteilt. Vor diesem Hintergrund ist der Begriff „Wertschöpfung" selbst ideologieverdächtig, denn er lässt einen wesentlichen Aspekt im Dunkeln: In der Praxis globaler Güterketten und Produktionsnetzwerke geht es nicht darum, Werte zu schaffen – denn dann müsste argumentiert werden, welche Werte für wen geschaffen werden (sollen). Tatsächlich geht es vor allem um Profite für die Kapitaleigner. Privatwirtschaftliches Profitstreben ist das Definitionszentrum globaler Wertschöpfungsketten. Deshalb wird im Weiteren – mit Ausnahme von direkten Zitaten – der Terminus Profitschöpfung verwendet. In diesem Beitrag sollen drei Aspekte globaler Profitschöpfungsketten näher beleuchtet werden:

- Ideologische Grundlagen: Mit welchen Versprechungen und theoretischen Grundannahmen wird die Praxis und Ausbreitung globaler Profitschöpfungsketten legitimiert?
- Reale Auswirkungen: Welche sozialen und ökologischen Kosten sind mit dieser Praxis verknüpft?
- Gesellschaftspolitische Implikationen: Warum ist ein Pfadwechsel notwendig und was wäre die Alternative zur Logik globaler Profitschöpfungsketten?

Legitimation globaler Profitschöpfungsketten

Sozioökonomische Transformationen – wie die ab den 1980er und 1990er Jahren verstärkt einsetzende Reorganisation der Produktion in Form von globalen Profitschöpfungsketten – sind immer Ausdruck dominanter Interessen und gesellschaftlicher Machtverhältnisse. Im Zuge solcher Transformationen werden Kosten und Nutzen neu verteilt: zwischen Arbeit und Kapital, zwischen Nord und Süd, zwischen elitärer Minderheit und globaler Mehrheit, zwischen gegenwärtigen und zukünftigen Generationen. Derartige Transformationen müssen deshalb immer auch legitimiert werden. Auf das Wesentliche verdichtet folgt der von den meisten Medien verbreitete, an Universitäten gelehrte, von wirtschaftsliberalen Thinktanks und Institutionen propagierte dominante wirtschaftspolitische Diskurs folgender Erzählung: Da die Wirtschaft als Resultat objektiver Markt- und Wettbewerbszwänge betrachtet wird, sollten die Regierungen aller Länder vernünftigerweise danach trachten, sich reibungslos in die internationale Arbeitsteilung zu integrieren. Dazu müssten sie aber ihre Volkswirtschaften öffnen und sich ausreichend attraktiv im Sinne des Kapitalverwertungsziels internationaler Konzerne machen. Ihre Attraktivität könnten die Länder erhöhen, indem sie Produktionsfaktoren (Arbeit, Natur und Infrastruktur) möglichst günstig bereitstellen und darüber hinaus internationalen Abkommen beitreten, welche die Rahmenbedingungen für transnationale Unternehmensaktivitäten weiter verbessern (v.a. Investorenschutz, Abbau von Zöllen und Rückbau bzw. Angleichung von nichttarifären Maßnahmen wie Umwelt-, Sozial- und Sicherheitsstandards).

Wichtige Institutionen der Weltwirtschaft – wie Weltbank, OECD, Internationaler Währungsfonds und mit einigen Abweichungen auch die UNCTAD – folgen in ihren Publikationen zu globalen Profitschöpfungsketten dieser Erzählung. Ich beziehe mich im Weiteren auf deren Publikationen, insbesondere auf den *World Development Report* (WDR) 2020 der Weltbank. Dort wird an vielen Stellen argumentiert, dass globale Wertschöpfungsketten Wachstum ankurbeln, Produktivität und Einkommen erhöhen, bessere Jobs bereitstellen und Armut reduzieren (World Bank 2019: 1f.). Die in vielen Fragen kritischere UNCTAD verknüpft nachhaltige Entwicklung mit ökonomischem Wachstum und stellt explizit eine starke Korrelation zwischen dem Grad der Integration eines Landes in globale Profitschöpfungsketten und seinem ökonomischen Wachstum fest. Laut UNCTAD profitieren vor allem kleinere Unternehmen und Länder, da sie über transnationale Unternehmen Zugang zu Kapital, Know-how und Märkten erhielten und dadurch ihre Wettbewerbsfähigkeit steigern könnten (UNCTAD 2013a, 2013b).

In der Mainstreamliteratur zu globalen Profitschöpfungsketten sticht ein weiteres Merkmal hervor: Die zentrale Rolle, die transnationalen Unternehmen zugeschrieben wird. Für die Weltbank sind „GVCs […] a firm-level phenomenon" bzw. „firms [are] the main actors of GVCs" (World Bank 2019: 100). Empirisch ist das ein korrekter Befund. Aber die normative Aussage geht tiefer: Unternehmen werden als Effizienzmaschinen betrachtet, und es wird die Überlegenheit privatwirtschaftlicher Effizienz gegenüber staatlichen Lösungen behauptet. Der Konkurrenzdruck von profitorientierten Unternehmen würde sicherstellen, dass „GVCs allow resources to flow to their most productive use, not only across countries and sectors, but also within sectors across stages of production. As a result, GVCs magnify the growth, employment, and distributional impacts of standard trade" (ebd.: 38). Folglich wird die Aufgabe von Regierungen v.a. darin gesehen, die optimalen Rahmenbedingungen für die Kapitalverwertung zu schaffen. So folgert das ICTSD: „An enabling investment and business environment is key for enhancing value chain participation" (ICTSD 2016: 27). Ähnlich erklärt auch der *World Development Report*: „Attracting foreign direct investment requires openness, investor protection, stability, and a strong business climate“ (World Bank 2019: 2). Die Staaten sollen sich in internationalen Abkommen dauerhaft zu weiterer Liberalisierung verpflichten. Die Weltbank ruft deshalb alle Länder dazu auf: „[to] define a negotiating agenda that incorporates the areas mentioned above and reflects both development and business priorities“ (ebd.: 6). Als Vorbild gilt dabei das Freihandelsabkommen *Trans-Pacific Partnership* (TPP) vom Oktober 2015, das viele Kapitel enthält, deren Ziel es ist „to create an enabling environment for firms“ (ICTSD 2016: 16). In diesem Abkommen gibt es zudem ein eigenes Kapitel „Competitiveness and Business Facilitation“, welches das Ziel verfolgt „[...] to integrate production, facilitate trade and reduce the costs of doing business within the free trade area“ (Article 22.3.1, zitiert nach ebd.: 14).

Diese mit globalen Profitschöpfungsketten in Verbindung gebrachten Hoffnungen und Versprechen beruhen auf drei ideologische Grundüberzeugungen der dominanten neoklassischen Wirtschaftstheorie und der an ihr orientierten Wirtschaftspolitik: Erstens Wettbewerb und Markt als Wachstumstreiber, zweitens Wachstum als einzige Quelle von Wohlstand und drittens, dass profitzentrierte betriebswirtschaftliche Effizienz zu ökonomischem Wachstum und gesellschaftlichem Wohlstand führen. Die neoklassische Theorie argumentiert damit, dass „freie“ Märkte und Wettbewerb zu Wachstum führten, das wiederum die Armut senke und den Wohlstand steigere. Die argumentativen Elemente - Armut und Reichtum, Markt und Wettbewerb – werden dabei auf besondere Weise konstruiert. Der Ökonom Karl-Heinz Brodbeck (2005) hat darauf hingewiesen, dass hier ein spezifisches Verständnis von Armut zugrunde liegt: Erstens wird Armut als natürlicher historischer Ausgangspunkt betrachtet – als Urzustand, den Gesellschaften durch ökonomische Entwicklung hinter sich lassen. Zweitens wird Armut – wie in dem wohl einflussreichsten Lehrbuch der Ökonomie zu lesen ist – als ein „Zustand, in dem Menschen unzureichende Einkommen beziehen“ dargestellt (Samuelson/Nordhaus 1998: 427). Diese beiden Grundannahmen werden von vielen ÖkonomInnen unhinterfragt akzeptiert. Mit weitreichenden Folgen: Denn Armut wird damit als etwas Gegebenes konstruiert – als quasinatürlicher „Zustand“, der durch Wachstum beseitigbar ist. Die neoklassische Wirtschaftswissenschaft beleuchtet damit einseitig die Schaffung von Reichtum durch Wachstum – Armut hingegen ist kein explizites Thema. Armut wird als eine historisch vorübergehende Entwicklungsstufe konstruiert – auch die Armen würden irgendwann durch das ökonomische Wachstum reicher. Was dabei ausgeblendet wird: Armut ist kein (Ur-)Zustand, sondern das Ergebnis eines sozialen Prozesses.

Ein weiteres Kernelement neoklassischer Theorie: Die Schaffung von Reichtum wird als eine Marktleistung betrachtet. Deshalb sehen neoliberale WirtschaftspolitikerInnen die wirksamste Armutspolitik im Abbau von Marktschranken (Deregulierung) und in der Intensivierung des Wettbewerbs. Daraus resultiert eine Politik, die die Interessen der ökonomisch Starken bevorzugt und die sich in der Organisation globaler Profitschöpfungsketten manifestiert. Den Profiteuren – transnationalen Unternehmen – wird eine zentrale Rolle bei der wachstumszentrierten Wohlstandsschaffung zugeschrieben. Der Ökonom Karl-Heinz Brodbeck weist auf den grundlegenden Denkfehler hin: „Die Effizienz der privaten Gewinnmaximierung beruht darauf, die Kosten den jeweiligen Gemeinwesen, nachfolgenden Generation oder Mitbewerbern zu überlassen" (Brodbeck 2007: 13).

Soziale und ökologische Auswirkungen globaler Profitschöpfungsketten

Wenden wir uns den realen Konsequenzen der gegenwärtigen Organisation der Weltwirtschaft zu. Wir können dabei auf die vorher kritisch betrachtete Mainstreamliteratur zurückgreifen. Obwohl in Überschriften, Zusammenfassungen, Schlussfolgerungen und politischen Empfehlungen globale Profitschöpfungsketten als Instrumente ökonomischer Entwicklung dargestellt werden, finden sich in den Texten genügend Hinweise auf ihre problematischen Auswirkungen. Drei Aspekte sind hier besonders hervorzuheben: ökologische Zerstörung, soziale Ungleichheit und gesellschaftliche Vulnerabilität.

Ökologische Zerstörung

Der WDR sieht eine „clear positive correlation between higher GVC activity and a number of indicators of global environmental damage" (World Bank 2019: 166). Die Aufspaltung der Produktionsketten, die damit einhergehende Hyperspezialisierung auf einzelne Aufgaben, der enorme Transport- und Verpackungsaufwand und das dadurch forcierte ökonomische Wachstum „will put pressure on the environment“ (ebd.: 26). Der WDR identifiziert drei ökologische Problembereiche, die unmittelbar mit globalen Profitschöpfungsketten verknüpft sind: Emissionen durch das erhöhte Verkehrsaufkommen, Plastikmüll und die Senkung von nationalen Umweltstandards.

Globale Profitschöpfungsketten sind mit einem drastisch höheren Transportaufwand verbunden als traditionelle Formen internationalen Handels. Der WDR macht auf den CO_2-Ausstoß durch den *back-and-forth*-Transport aufmerksam, bei dem „parts and components being shipped to a country only to be shipped out after assembly“ (ebd.: 168). Diese Emissionen machen 7 Prozent des globalen CO_2-Ausstoßes aus, und der WDR rechnet mit einer Vervierfachung der CO_2-Emissionen durch Güterketten bis 2050 mit katastrophalen Auswirkungen auf das Klima. Der internationale Frachtschiffsverkehr ist zudem für 15 Prozent des weltweiten Schwefel- und Stickstoffausstoßes verantwortlich, da die Tanker mit extrem schädlichem Schweröl betrieben werden (ebd.: 168; siehe Kapitel 11 Stenmanns/Ouma in diesem Band).

Ein zweites ökologisches Problem, das direkt mit globalen Profitschöpfungsketten zusammenhängt, ist Plastikmüll. Plastik wird für die Verpackung der Vor-, Zwischen- und Endgüter verwendet. Jede Komponente eines Gutes, das im Rahmen einer globalen Profitschöpfungskette Verwendung findet, wird mehrfach ein-, aus- und umverpackt. Laut WDR stammen 20 Prozent des Plastiks in den Weltmeeren direkt von Frachtschiffen. Das dritte ökologische Problemfeld ist der Druck, der auf Gesetze zum Schutz der natürlichen Umwelt ausgeübt wird: „polluting tasks migrate to countries with lax regulations“ (World Bank 2019: 26). „[…] some of the most environmentally damaging parts, such as the batteries and tires, may end up being produced in countries with the weakest regulations, leading to more environmental degradation“ (ebd.: 164). Ähnlich Steueroasen entstünden „pollution havens“: „Countries with lax pollution regulations have a comparative advantage in goods whose production is pollution-intensive, and they will export those goods – they are the pollution havens“ (ebd.: 174).

Eine wirtschaftsethische Analyse globaler Profitschöpfungsketten kann einen weiteren, wesentlichen Aspekt nicht ausblenden: Die gegenwärtige Organisation der Weltwirtschaft durch globale

Profitschöpfungsketten steht in direktem Zusammenhang mit dem ressourcenintensiven Lebensstil der westlichen Extremkonsumgesellschaften. Dieser Lebensstil ist mitverantwortlich für globale Ausbeutungsprozesse, für die tägliche Überschreitung der biophysikalischen Grenzen des Planeten und den gegenwärtigen Ökozid. Das Hauptgutachten des Wissenschaftlichen Beirats Globale Umweltveränderungen der deutschen Bundesregierung sieht deshalb die Notwendigkeit einer „großen Transformation": Die wohlhabenden Länder müssten ihren Ressourcenverbrauch um 80 bis 90 Prozent senken (WBGU 2011).

Soziale Ungleichheit

Der WDR kommt zur Erkenntnis, dass drei Dekaden GVC-induziertes Wachstum in den Ländern des Globalen Südens die Einkommensungleichheit erhöht haben (World Bank 2019: 31). Als ein wesentlicher Grund für die steigende Ungleichheit wird von der Weltbank die zentrale Rolle von transnationalen Unternehmen bei der Organisation von Profitschöpfungsketten angeführt. Global agierende *lead firms* bestimmen Produktions- und Handelsstruktur, Arbeitsteilung und Zielmärkte sowie Prozess- und Produktstandards und indirekt die Arbeitsbedingungen. Hauptmotiv für den Aufbau einer globalen Profitschöpfungskette ist die Steigerung der Profite durch Kosten- und Risikoabwälzung. Da die transnationalen Leitfirmen über eine hohe Marktmacht verfügen, haben abhängige Zulieferer eine schwache Verhandlungsposition. Die Gewinnaufschläge von großen internationalen Unternehmen, die Teile der Wertschöpfungsaktivitäten auslagern, sind seit den 1980er Jahren deutlich gestiegen, die Gewinnaufschläge, die Zulieferunternehmen lukrieren konnten, sind hingegen gesunken. Ebenso ist die Lohnquote (der Anteil der ArbeitnehmerInnen-Entgelte am Gesamteinkommen) sowohl in den wohlhabenden wie auch in den ärmeren Ländern gesunken. Ebenfalls gesunken ist der Anteil der Beschäftigten an den Gewinnen transnational agierender Unternehmen im Verhältnis zum Anteil, den die KapitalbesitzerInnen für sich beanspruchen (ebd.: 89, 122). Globale Profitschöpfungsketten befördern also eine Umverteilung von Arbeit zu Kapital, von Süd zu Nord und von der Allgemeinheit (Steuern) zu Privat (Profite). In überraschender Klarheit – ohne daraus allerdings die nötigen politischen Schlussfolgerungen zu ziehen – ist im WDR zu lesen: „And indeed, it is widely accepted both theoretically and empirically that increased production fragmentation increases wage inequality in both advanced and less developed countries [...]" (ebd.: 126). Der WDR bestätigt auch die Kritik internationaler Menschenrechts- und ArbeitnehmerInnenorganisationen: Frauen in globalen Profitschöpfungsketten „are generally in lower value-added segments, and women owners and managers are largely absent in GVCs" (ebd.: 89).

Gesellschaftliche Vulnerabilität

Ein weiterer wesentlicher Aspekt von globalen Profitschöpfungsketten ist, dass durch die ökonomische Verflechtung und durch die dominierende Rolle von transnationalen Unternehmen die Vulnerabilität von Ländern, Regionen, kleineren Unternehmen und Beschäftigten steigt. Das ICTSD sieht die Gefahr von externen Schocks und Rezessionen, da: „[...] countries are increasingly connected through rigid production linkages that bind them to a common fate" (ICTSD 2016: 24). Mit zunehmender Verflechtung steigt auch das Risiko von gravierenden und plötzlichen Arbeitsplatzverlusten. Rund ein Fünftel aller Beschäftigten weltweit steht in Verbindung mit globalen Profitschöpfungsketten. In weniger als 20 Jahren hat sich die Zahl der Beschäftigten in diesen Ketten um über 50 Prozent erhöht. In der EU hängen 35 Prozent aller Arbeitsplätze an globalen Profitschöpfungsketten, in Taiwan sind es knapp 60 Prozent aller Arbeitsplätze (PIC 2017: 27f.). Diese Arbeitsplätze sind potenziell gefährdeter als Arbeitsplätze in regionalen Produktionsketten. Sie sind anfälliger für externe Schocks und für unternehmensstrategische Entscheidungen, da transnationale Unternehmen aus Kosten- und strategischen Gründen ihre Produktion und Beschaffung geografisch jederzeit neu organisieren können. Das ICTSD stellt fest, dass „Investment decisions of major firms determine which countries will participate in globalized production and trade networks through GVCs" (ICTSD 2016: 8). Es handelt sich dabei um relativ wenige Unternehmen: 40 Prozent der europäischen Exporte werden von nur einem Prozent der Unternehmen getätigt und 70 Prozent der Exporte von 5 Prozent der Unternehmen (PIC 2017: 29).

Die Verletzlichkeit von Gesellschaften durch globale Profitschöpfungsketten hat auch einen finanziellen Aspekt: die Erosion der Steuerbasis. Der WDR spricht diesen Aspekt mehrfach an: „Taxing capital, the big winner from globalization, is increasingly difficult in a GVC world, with global firms, fragmented production, and the growth in intangible assets like intellectual property" (World Bank 2019: 6). Unternehmen sind auch deshalb schwerer zu besteuern, da viele Transaktionen innerhalb eines Konzerns zwischen Mutter- und Tochtergesellschaft, oder zwischen Töchtern abgewickelt werden. Etwa ein Drittel des Welthandels ist konzerninterner Handel; in den USA macht dieser sogar mehr als 40 Prozent des gesamten Handels aus (ebd.: 59). Unternehmen können sich ihrer Steuerpflicht entziehen, indem sie Gewinne, Kredite und Schulden dort ausweisen, wo es am steuerschonendsten ist, und interne Leistungen zwischen Mutter und Tochter bzw. zwischen mehreren Tochterunternehmen so bepreisen, dass die Gewinne in Niedrigsteuerländern ausgewiesen werden (siehe Exkurs Apicella in diesem Band). Selbst die Weltbank beklagt die Konsequenzen dieser Praxis: „In 2013, non-OECD countries missed out on $200 billion in revenues as a result of this practice" (ebd.). Ein weiterer Aspekt, der zur Erosion der Steuerbasis beiträgt, ist der Steuerwettbewerb. Um ausländische Investoren anzulocken, senken Länder die Unternehmenssteuern – mit enormen Konsequenzen für die Finanzierung der Gemeinwesen: „In a race to the bottom, corporate income tax rates have declined by almost half since 1990" (ebd.: 133).

Pfadwechsel: Aspekte einer zukunftsfähigen Ökonomie

In globalen Profitschöpfungsketten verdichten sich nicht nur Grundüberzeugungen der dominanten neoklassischen Wirtschaftstheorie und neoliberalen Wirtschaftspolitik. Indem diese Ketten strukturell auf beständiges Wachstum ausgerichtet sind, stehen sie damit auch im Zentrum der gegenwärtigen globalen ökologischen Herausforderung. Der Nachhaltigkeitsforscher Samuel Alexander (2015) rechnet vor, wie realitätsfern die dominante Wachstumsdoktrin ist: Ausgehend von der Definition für nachhaltiges Wachstum der Vereinten Nationen, wie sie bei der Rio+20-Deklaration im Jahr 2012 verabschiedet wurde, stellt er die Frage, welches Ausmaß die globale Wirtschaft in 60 Jahren haben müsste. Wenn die Länder des Globalen Nordens jährlich um 3 Prozent wachsen und die Länder des Globalen Südens durch schnelleres Wachstum aufholen, und wenn wir weiters davon ausgehen, dass dann etwa zehn Milliarden Menschen den Planeten bewohnen werden, würde das bedeuten, dass wir allein für die Aufrechterhaltung der globalen Ökonomie eines Jahres 120 Planeten benötigen. SkeptikerInnen dieser Rechnung könnten einwenden, dass die Effizienzfortschritte durch neue Technologien nicht berücksichtigt sind. Tatsächlich – wenn wir die Effizienzfortschritte der letzten drei Jahrzehnte miteinrechnen, also jene Zeitperiode, in der die Menschheit die rasanteste technologische Entwicklung erlebte – reduziert sich die Zahl dann auf 72 Planeten.

Die schlechte Nachricht bleibt dieselbe: Wir haben nur einen Planeten. Ökonomisches Wachstum und die kosten-externalisierende betriebswirtschaftliche „Effizienz" haben sich als ungeeignet erwiesen, Armut systematisch zu beseitigen und soziale Ungleichheit zu reduzieren. Hinsichtlich der ökologischen Probleme sind sie strukturell Problemursache und keinesfalls Problemlöser. Da Ökonomie und Soziales von der Funktionsfähigkeit des ökologischen Systems abhängen, muss die Ökonomie innerhalb der Tragfähigkeit des Planeten bleiben. Nachhaltigkeit ist also nicht verhandelbar. Der – aus wirtschaftsethischer Perspektive – eindeutig negative Befund hinsichtlich der sozialen und ökologischen Auswirkungen globaler Profitschöpfungsketten erfordert einen drastischen Pfadwechsel. Ein solcher Pfadwechsel sollte vier Aspekte umfassen: Deglobalisierung und eine Ökonomie der Nähe, eine kulturelle Transformation der Lebensstile, transformationsförderliche strukturelle Rahmenbedingungen und neue Formen von Unternehmen.

Ökonomie der Nähe und Re-Regionalisierung

Globale Profitschöpfungsketten sind Ausdruck einer Ökonomie der Distanz. Zwischen (Teil-)Produktionsorten und Konsumort besteht eine große räumliche Distanz. Dies führt zu einem hohen Ressourcenaufwand für Transport und Verpackung; es erleichtert aber auch die Externalisierung von sozialen und ökologischen Kosten. Die Strategien der Unternehmen im Zentrum der Ketten beruhen darauf, Standorte mit günstigen Arbeitskosten und laxer Umweltgesetzgebung zu nützen. Die Produktion wird nach betriebswirtschaftlichen Kostenaspekten aufgespalten und global verteilt, die Güter gelangen zu den KundInnen in den wohlhabenden Ländern und die Abfälle gehen wiederum auf Müllhalden im Globalen Süden. Die räumliche Organisation der Produktion in globalen

Ketten folgt damit der Logik von Beschleunigung und Linearität (von der Fabrik zum Kunden zur Müllhalde, siehe Exkurs Laser/Schlitz in diesem Band). Die eine nachhaltige Ökonomie charakterisierenden langsamen und zirkulären Aktivitäten wie die Wartung und Reparatur von Gütern, Vermietung, Sharing, Re-use etc. sind damit nicht vereinbar (Millstone 2017). Die Alternative zu globalen Profitschöpfungsketten wäre also eine Re-Regionalisierung ökonomischen Handelns (Raith et al. 2017). Dies setzt aber eine Deglobalisierung von Güterketten und die Infragestellung des alten politischen Konsenses ökonomischer und entwicklungspolitischer Vorteile von internationalem Freihandel voraus. Die Länder des Globalen Südens wie des Globalen Nordens gewännen dadurch mehr Spielraum für den Aufbau lokaler und regionaler Wirtschaftskreisläufe und ein höheres Maß an Resilienz, da grundlegende Bedürfnisse regional befriedigt werden könnten.

Kulturelle Transformation und neue Lebensstile

Globale Profitschöpfungsketten sind das dominante Modell für die Herstellung der meisten Produkte, die wir konsumieren. Sie ermöglichen den Überkonsum, den die überwiegende Mehrheit in den reichen Ländern als dominanten Lebensstil angenommen hat. Dieser Lebensstil ist mitverantwortlich für Umweltzerstörung und Ausbeutung. Wir beanspruchen zu viel für uns. Der Wirtschaftsanthropologe Jason Hickel (2018) geht davon aus, dass – als Kehrseite dieses Lebensstils – vier Milliarden Menschen einen materiellen Lebensstandard haben, der zu wenig Nahrung beinhaltet, um die normale Lebenserwartung zu erreichen. Diesen einen menschenwürdigen Lebensstandard zu ermöglichen bedeutet, dass die westlichen Länder ihren materiellen Lebensstandard in Summe reduzieren müssen, um innerhalb der biophysikalischen Tragbarkeit des Planeten zu bleiben. Brand und Wissen (2017) bezeichnen diesen Lebensstil als „imperiale Lebensweise“ – ein Leben auf Kosten anderer. Der Versuch, durch ökonomisches Wachstum die Armen auf unseren ressourcenverschwendenden Lebensstil anzuheben wäre ökologisch katastrophal. Ein postkonsumistischer Lebensstil, der innerhalb der biophysikalischen Grenzen des Planeten bleibt, würde bedeuten, dass unsere westlichen Überkonsumgesellschaften um 90 Prozent weniger Ressourcen verbrauchen müssten (WBGU 2011).

Ernst-Friedrich Schumacher (2013 [1973]) hat in seinem Buch *Small is beautiful – Rückkehr zum menschlichen Maß* auf einen weiteren wichtigen Zusammenhang hingewiesen: Gesellschaften, die ihre materiellen Bedürfnisse geringhalten und mit lokalen Mitteln befriedigen, sind friedlicher als Gesellschaften mit hohen materiellen Bedürfnissen, die sie über internationalen Handel befriedigen. Wachstumsorientierte Gesellschaften eignen sich Ressourcen andernorts an und lagern die Kosten an Schwächere aus – sozial (an die Ärmeren), räumlich (an die Peripherien) und zeitlich (an die nächsten Generationen). Die große Herausforderung – vor der wir heute in den Ländern des Globalen Nordens stehen – ist es, eine geplante ökonomische Schrumpfung mit möglichst wenig Lebensqualitätseinbußen einzuleiten. Postkonsumistische Lebensstile wären *low-impact*-Lebensstile, die mit gemäßigtem Konsum auskommen, aber reich hinsichtlich nichtmaterieller Dimensionen von Wohlstand sein könnten: Zeitwohlstand, befriedigende soziale Beziehungen, lebendige und sorgende Gemeinschaften, existenzielle Sicherheit, ein sich entfaltendes Geistes- und Seelenleben, Zugang zu intakter Natur, Erfahrungen von Selbstwirksamkeit und Sinn etc. Die große kulturelle Herausforderung im Globalen Norden liegt darin, unsere Vision vom guten Leben, von Fortschritt und Zivilisation nicht mehr mit der Vorstellung von ökonomischem Wachstum zu koppeln. Dies würde den Ländern des Globalen Südens erlauben, ökonomisch soweit zu wachsen, dass sie in der Lage sind, grundlegende Bedürfnisse zu befriedigen.

Strukturelle Veränderungen hin zu einer Postwachstumsökonomie

Individuelle Lebensstilveränderungen reichen nicht aus, um die negativen Konsequenzen globaler Profitschöpfungsketten adäquat zu reduzieren. Unser Konsum findet innerhalb von Strukturen statt, die bestimmte Lebensstile fördern oder behindern. Globale Profitschöpfungsketten selbst sind zentrale Strukturen einer nichtnachhaltigen Wachstumsökonomie. Strukturelle Veränderungen müssen darauf ausgerichtet sein, einen ressourcenleichteren Lebensstil, den Ausstieg aus nichtnachhaltigen Industrien und eine Transformation hin zu einer nichtwachstumsabhängigen Ökonomie zu ermöglichen. Derartige Strukturen einer Post-Wachstums-Ökonomie wären darauf ausgerichtet, Effizienzfortschritte in weniger Produktion statt in immer mehr Produktion von Überflüssigem umzusetzen; in kürzere Arbeitszeiten statt in immer mehr Arbeit oder „Bull-shit-Jobs" (Graeber 2018), die keinerlei positiven gesellschaftlichen Wert haben.

Der Ökonom Manfred Max-Neef (1995) argumentiert, dass es für jede Gesellschaft einen Grenzwert gibt, ab dem ökonomisches Wachstum nicht mehr nützlich ist und ab der die Lebensqualität sinkt, wenn die Ökonomie weiterwächst. Nach Max-Neef sind die Extremkonsumgesellschaften des Globalen Nordens längst in eine Phase sinnlosen Wachstums eingetreten. Die ökologischen und sozialen Kosten übersteigen den materiellen Wohlstandsgewinn, aber die Ökonomie wächst dennoch weiter, weil im Rahmen des kapitalistischen Systems das Kapital verwertet, d.h. profitabel investiert werden muss. Jeder erfolgreiche Investitionszyklus setzt noch mehr Kapital frei, das auf der Suche nach Rendite ist. Deshalb wird jeder technologische Effizienzgewinn in noch mehr Produktion umgesetzt. Der ökonomische Wachstumspfad ist aber inkompatibel mit der nötigen Reduktion unseres ökologischen Fußabdrucks. Der Nachhaltigkeitsforscher Samuel Alexander (2015) nennt vier Gründe, warum die reichen Länder das Ziel ökonomischen Wachstums aufgeben sollten: Erstens erhalten ärmere Länder angesichts ökologischer und ressourcenmäßiger Beschränkungen so erst den Raum für ihre notwendige Entwicklung. Zweitens ist in den reichen Ländern weiteres Wachstum bereits unökonomisch, da es Wohlbefinden zerstört und nicht fördert. Drittens hat ökonomisches Wachstum in den reichen Ländern nicht dazu geführt, dass Ziele wie Vollbeschäftigung, Eliminierung von Armut und Umweltschutz verwirklicht werden konnten. Viertens ist Wachstum in den reichen Ländern nachweislich kein geeignetes Instrument, um die globale Armut zu lindern.

Das enorme Ausmaß der notwendigen Transformation und der Wille zur materiellen Selbstdeprivilegierung in den wohlhabenden Ländern setzt eine große Umverteilung voraus. Nur so können soziale Sicherungssysteme geschaffen werden, die Beschäftigte absichern, deren Jobs an globalen Profitschöpfungsketten und nichtnachhaltigen Branchen hängen. Für diese Transformation braucht es eine systematische Förderung von regionalen Wertschöpfungskreisläufen, von Sharing Economy und Reparaturwirtschaft, von öffentlicher Mobilität sowie eine auf das Ziel eines vernünftigen ökonomischen Schrumpfens angepasste Arbeits- und Sozialgesetzgebung. Politische Rahmenbedingungen müssten auf die Entwicklung von souveränen (nicht notwendigerweise autarken!) Wertschöpfungsräumen (statt auf die Förderung globaler, linearer Profitketten) zielen. Hilfreich wäre etwa die Besteuerung von Gütern in Abhängigkeit von damit verbundenen Transportkilometern. An die Stelle von profitgetriebenen Wettbewerbsmärkten müsste eine Ressourcenplanwirtschaft treten, um sicherzustellen, dass die Zuflussrate von Ressourcen in Einklang mit der natürlichen Regeneration der Ressourcenquellen steht. Marktmechanismen sind hierfür nicht geeignet. Die Bereitschaft, den gewünschten Preis für ein Barrel Öl zu bezahlen, sagt nichts über die Nachhaltigkeit und ethische Verantwortbarkeit seines Verwendungszwecks aus. Diese Maßnahmen bedeuten massive staatliche Eingriffe in den Markt. Das erfordert auch die Verstaatlichung oder staatliche Abwicklung von Unternehmen und die staatliche Absicherung von Beschäftigten jener Branchen, deren Produktion stillgelegt wird. Der Wirtschaftsethiker Ulrich Thielemann (2013) fordert eine radikale Beschränkung des Wettbewerbs und eine Entmachtung/Regulation des Finanzmarktes, der einen destruktiven Wettbewerb systematisch und strukturell fördert.

Neue Formen von Unternehmen

Eine weitere, zentrale strukturelle Veränderung beträfe die Unternehmensverfassung. Die Unternehmen, welche die globalen Profitschöpfungsketten – als zentrales Symptom einer nichtnachhaltigen Ökonomie – dominieren und prägen, wurzeln in der Logik des Wachstumskapitalismus und der industriellen Ära. Sie sind strukturell auf Profitmaximierung durch Externalisierung und den intensiven Gebrauch fossiler Energie ausgerichtet. Ihre Rechtsform – die Kapitalgesellschaft – weist spezifische und problematische Merkmale auf: Eine Kapitalgesellschaft hat eine Vielzahl von Eigentümern (mitunter tausende). Die Anteile an solchen Unternehmen sind meist spekulativer Natur – sie können auf Märkten gekauft und verkauft werden. Die profitierenden externen EigentümerInnen sind dabei weder moralisch noch rechtlich für die Handlungen des Unternehmens verantwortlich. Es ist naheliegend, dass derartige Unternehmen mit einer amorphen, über die Welt verteilten Masse externer Shareholder sich keinem konkreten Ort und keiner konkreten Gesellschaft gegenüber verantwortlich fühlen, da sie keine produktiven Beziehungen zu konkreten Orten aufbauen (Shrivastava/Kennelly 2013).

Diese strukturellen Merkmale – einschließlich der Eigentumsstrukturen und der rechtlichen Rahmenbedingungen, die das Prinzip der einseitigen Bevorzugung der Interessen der Kapitaleigner fördern – sind mit einer nachhaltigen Ökonomie nicht zu vereinbaren. Eine nachhaltige Ausrichtung benötigt deshalb auch eine Reform der Unternehmensverfassung – also der rechtlichen Grundlagen hinsichtlich der Art und Weise, wie Unternehmen gegründet, besessen und finanziert werden. Der dominante Typus von Unternehmen muss zugunsten von Unternehmensformen zurückgedrängt werden, die besser mit kurzen Wertschöpfungsketten, regionalen Kreislaufwirtschaften und ressourcenleichten Lebensstilen vereinbar sind: z.B. Genossenschaften, *community networks*, Non-Profit-Organisationen, Familienunternehmen, Handwerksbetriebe, Kommunalbetriebe, gemeinnützige Unternehmen (Posse 2015; Bender/Bernholt 2017). Derartige Unternehmen sind meist im Besitz von ArbeiterInnen und/oder NutznießerInnen der Produkte und Dienstleistungen. Diese sind nahe am Unternehmen und seinen gesellschaftlichen und ökologischen Auswirkungen und damit verantwortlichere Akteure als externe, spekulative Eigner. Derartige Unternehmen haben einen geringeren Wachstumsdruck, ein geringeres Interesse an ökonomischem Wachstum, eine größere Nähe zu den KundInnen und eine angemessenere Größe. Sie sind damit – im Gegensatz zu internationalen Kapitalgesellschaften – geeignet, positive Externalitäten zu schaffen. Dazu zählen u.a. Beiträge zur Ressourcenverbrauchsminderung oder zur Verbreitung einer Suffizienzorientierung von KonsumentInnen (z.B. indem sie Einfluss auf die Lebensstile nehmen, wie dies *community-supported agricultures* und Foodcoops tun).

Perspektiven

Eine ethisch akzeptable Reorganisation der Weltwirtschaft, welche die Entwicklungsbedürfnisse der Länder des Globalen Südens ernst nimmt, muss von den – die globale Ökonomie dominierenden – Ländern des Globalen Nordens ausgehen. Ein realistischer Blick zeigt allerdings nicht nur die Notwendigkeit einer postkapitalistischen, postkonsumistischen Wirtschafts- und Gesellschaftspolitik auf, sondern auch, dass die Aussichten darauf schlecht stehen. Wachstumsparadigma und Techno-Optimismus dominieren die öffentliche Debatte. Die Popularität eines solchen Transformationsprozesses dürfte also in den reichen Ländern gering sein. Deshalb ist von Regierungen auch nicht zu erwarten, dass sie eine führende Rolle in diesem Prozess einnehmen werden. Die Transformation wird nicht *top-down* stattfinden. Ein fundamentaler Wandel scheint nur möglich, wenn wir eine Kultur entwickeln, die strukturelle Änderungen von den politischen EntscheidungsträgerInnen einfordert. Das erfordert, dass sich Menschen in sozialen Bewegungen organisieren und das System von unten durch kollektives Handeln verändern. Initiativen und alternative Praktiken wie z.B. Transition-Town-Bewegung, Extinction Rebellion, Voluntary-Simplicity-Bewegung, *community-supported agriculture* und viele andere sind Schritte in die richtige Richtung. Sie alle säen Samen eines neuen Systems auf lokaler Ebene und innerhalb des alten Systems. Ob die Zeit dafür ausreicht, ist fraglich. Aber Samuel Alexander weist richtigerweise darauf hin, dass es nicht um die Frage geht, ob man erfolgreich sein wird, sondern darum, ob das, was man tut, das Richtige ist. Selbst wenn wir dabei nicht erfolgreich sind, hätten wir doch etwas gewonnen, was die konsumistische Wachstumsgesellschaft und globale Profitschöpfungsketten nie bereitstellen werden: ein Leben mit Sinn, Leidenschaft und Mitgefühl.

LERNFRAGEN

- Was wird aus wirtschaftsethischer Perspektive an Profitschöpfungsketten kritisiert?

- Welche Transformationsherausforderungen stellen sich auf individueller, kultureller und struktureller Ebene?

- Welche Ansätze einer nachhaltigen Organisation von Produktion und Konsum werden vorgestellt? Auf welcher räumlichen Ebene setzen sie an?

Basisliteratur

Alexander, Samuel (2015): Prosperous Descent: Crisis as Opportunity in an Age of Limits. Melbourne: Simplicity Institute Publishing.

Brand, Ulrich/Wissen, Markus (2017): Imperiale Lebensweise. Zur Ausbeutung von Mensch und Natur im globalen Kapitalismus. München: Oekom.

Brodbeck, Karl-Heinz (2005): Ökonomie der Armut. In: Sedmak, Clemens (Hg.): Option für die Armen. Freiburg/Basel/Wien: Herder, 59-80.

Brodbeck, Karl-Heinz (2007): Inszenierte Sachzwänge – Zur Globalisierung einer Untugend. http://www.khbrodbeck.homepage.t-online.de/downoek.htm , 15.11.2019.

Literatur

Bender, Harald/Bernholt, Norbert (2017): Unternehmen, die nicht wachsen müssen. Die Unternehmensverfassung einer solidarischen Postwachstumsökonomie – Reformschritte und Umsetzungschancen im europäischen Kontext. In: Adler, Frank/Schachtschneider, Ulrich (Hg.): Postwachstumspolitiken – Wege zur wachstumsunabhängigen Gesellschaft. München: oekom, 253-267.

Graeber, David (2018): Bullshit-Jobs. Vom wahren Sinn der Arbeit. Stuttgart: Klett-Cotta Verlag.

Hickel, Jason (2018): The Divide: A Brief Guide to Global Inequality and its Solutions. London: Windmill Books.

ICTSD – International Center on Trade and Sustainable Development (2016): Trade Policies and Sustainable Development in the Context of Global Value Chains. https://www.ictsd.org/sites/default/files/research/trade_policies_and_global_value_chains_final_version_final220816.pdf, 6.12.2019.

Max-Neef, Manfred (1995): Economic growth and quality of life: A threshold hypothesis. In: Ecological Economics 15 (2), 115-118.

Millstone, Carina (2017): Frugal Value. Designing Business for a Crowded Planet. Routledge: London.

PIC – Pöchhacker Innovation Consulting (2017): Global Value Chains – Arbeitsteilung in internationalen Wertschöpfungsketten. Studie im Auftrag des Bundesministeriums für Verkehr, Innovation und Technologie (BMVIT). https://www.pic.at/uploads/simplex/images/BMVIT%20Dossier%20Global%20Value%20Chains%202017%20FINAL.pdf, 20.3.2020.

Posse, Dirk (2015): Zukunftsfähige Unternehmen in einer Postwachstumsgesellschaft. Eine theoretische und empirische Untersuchung. Heidelberg: Schriften der Vereinigung für Ökologische Ökonomie.

Raith, Dirk/Deimling, Daniel/Ungericht, Bernhard/Wenzel, Eleonore (2017): Regionale Resilienz. Zukunftsfähig Wohlstand schaffen. Marburg: Metropolis.

Samuelson, Paul/Nordhaus, William (1998): Volkswirtschaftslehre. Wien: Ueberreuter.

Schumacher, Ernst-Friedrich (2013 [1973]): Small is beautiful – Rückkehr zum menschlichen Maß. München: Oekom.

Shrivastava, Paul/Kennelly, James (2013): Sustainability and place-based enterprise. In: Organization & Environment. 11 (26), 83-101.

Thielemann, Ulrich (2013): Es geht nicht ums Wachstum – Es geht um den Wettbewerb. https://www.postwachstum.de/author/ulrich-thielemann, 1.12.2019.

UNCTAD (2013a): World Investment Report 2013. Global Value Chains: Investment and Trade for Development. New York and Geneva: UN Publication.

UNCTAD (2013b): Global Value Chains and Development: Investment and Value Added Trade in the Global Economy. New York and Geneva: UN Publication.

WBGU – Wissenschaftlicher Beirat der Bundesregierung Globale Umweltveränderungen (2011): Welt im Wandel - Gesellschaftsvertrag für eine Große Transformation. https://www.wbgu.de/fileadmin/user_upload/wbgu/publikationen/hauptgutachten/hg2011/pdf/wbgu_jg2011.pdf, 9.12.2019.

World Bank (2019): World Development Report 2020. Grey Cover Draft, June 24, 2019.
https://openknowledge.worldbank.org/handle/10986/32437, 7.12.2019.

Julia Eder

MIT REGIONALEN GÜTERKETTEN ZUM ERFOLG? EINE BESTANDSAUFNAHME DER GEMEINSAMEN INDUSTRIEPOLITIK DES MERCOSUR

Als in Brasilien (2003), Argentinien (2003), Uruguay (2005) und Paraguay (2008) linksorientierte Regierungen an die Macht kamen, wirkte sich das auch auf deren regionalen Zusammenschluss im Gemeinsamen Markt des Südens (MERCOSUR) aus. Beim MERCOSUR handelt es sich um einen 1991 gegründeten Binnenmarkt (Freihandel zwischen den Mitgliedsländern und gemeinsamer Außenzoll) zwischen Argentinien, Brasilien, Paraguay und Uruguay. Bereits im Konsens von Buenos Aires (2003) hielten die Präsidenten Argentiniens und Brasiliens fest, in Zukunft soziale und produktive Aspekte im MERCOSUR stärken zu wollen. Die beiden kleinen Partnerländer – Uruguay und Paraguay – sahen ihre Chance gekommen und kritisierten die großen Asymmetrien im MERCOSUR, durch die sich die Gewinne der regionalen ökonomischen Integration in den beiden größeren Staaten – Argentinien und Brasilien – konzentrierten. Zur Korrektur dieser Ungleichheit wurden zwei zentrale Initiativen gesetzt. Einerseits wurde der Fonds für strukturelle Konvergenz (FOCEM) geschaffen, der vor allem von Brasilien und Argentinien gespeist wurde, aber vorrangig die Infrastrukturentwicklung in Paraguay und Uruguay förderte. Andererseits wurde ein Programm zur Stärkung der produktiven Integration der Region entworfen, das mittels Industriepolitik globale Produktionsketten verkürzen sollte.

Im MERCOSUR war umstritten, wie stark sich die gemeinsame Industriepolitik auf den regionalen Binnenmarkt oder auf globale Wertschöpfungsketten konzentrieren sollte. Diese Frage wurde ab 2003 vermehrt unter dem Begriff der „produktiven Integration" diskutiert. Laut Porta (2011: 155) entsteht produktive Integration, wenn zwei oder mehrere Unternehmen übereinkommen, sich langfristig und in wechselseitiger Ergänzung in ihrer Produktion zu spezialisieren. So entstünden Wettbewerbsvorteile, die den Unternehmen in allen Mitgliedsländern das Upscaling der Produktion für den regionalen Markt ermöglichen, weil durch die abgestimmte Spezialisierung die Konkurrenz zwischen ProduzentInnen derselben Güter reduziert und somit der Absatzmarkt vergrößert würde. Dies könnte, so Porta, eventuell auch die Austauschbeziehungen mit Drittstaaten positiv beeinflussen (Porta 2011: 150). Die Region ist bei dieser Herangehensweise der zentrale Rahmen der Akkumulation, die durch aktive Industriepolitik gefördert werden soll.

Es gab allerdings eine konkurrierende Definition, bei der regionale produktive Integration vorrangig der Stärkung nationaler Produktionsapparate vor der Eingliederung in globale Wertschöpfungsketten diente (Rozemberg 2015). Diese kann vertikal durch die Integration vor- oder nachgelagerter Produktionsschritte erfolgen oder horizontal durch die Integration auf gleicher Ebene (Botto/Molinari 2013: 7). Letztendlich wich dieser Zugang kaum vom „offenen Regionalismus" der 1990er Jahre ab, bei dem die Region der Industrie als Sprungbrett dienen sollte, um für den Weltmarkt wettbewerbsfähig zu werden. Portas Zugang (2011) hingegen geht stärker in die Richtung eines entwicklungszentrierten Regionalismus, der die industrielle Entwicklung für und durch den regionalen Binnenmarkt zum Ziel hat (Eder 2019).

Im Jahr 2008 beschloss der Rat des MERCOSUR das „Programm der produktiven Integration", das verschiedene staatliche Förder- und Unterstützungsmaßnahmen beinhaltete. Das Ziel war die Stärkung der produktiven Komplementarität der Unternehmen im MERCOSUR, mit besonderer Förderung der kleinen und mittleren Unternehmen (KMUs) sowie der Unternehmen aus den kleineren Mitgliedstaaten. Gemeinsam mit der Förderung einer intrasektoralen Spezialisierung sollten so neue Wettbewerbsvorteile entstehen, indem sich Unternehmen desselben Produktionszweigs auf unterschiedliche Produkte konzentrieren. Als horizontale (=allen Sektoren zugängliche)

Fördermaßnahmen wurden vom Fonds für strukturelle Konvergenz Mittel für die produktive Integration bereitgestellt und ein Garantiefonds für KMUs geschaffen. Außerdem sollten die Zusammenarbeit zwischen Forschungseinrichtungen und der Technologietransfer gestärkt werden (Rat des MERCOSUR 2011 [2008]).

Zusätzlich war auch sektorale Industriepolitik vorgesehen. In Branchen, in denen die MERCOSUR-Staaten miteinander konkurrierende Produktionsstrukturen aufwiesen – zum Beispiel in der Spielzeug- oder Schuhindustrie – war horizontale Integration das Ziel. Unternehmen, die konkurrierende Produkte herstellten, sollten sich untereinander abstimmen und sich mit ihrem Angebot auf dem Markt wechselseitig ergänzen (z.B. Produktion unterschiedlicher Schuharten; Porta 2011). Dieser Zugang trat der in der Theorie weitverbreiteten Annahme entgegen, dass regionale Integration genau durch verstärkten Wettbewerb Effizienzgewinne erreichen würde. In anderen Sektoren wurde eine Verstärkung der vertikalen Integration angestrebt, zum Beispiel im Gas- und Erdölsektor, der eng mit der Automobilindustrie verwoben ist. Das brasilianische staatliche Erdölunternehmen Petrobras sollte als Ankerbetrieb KMUs als Zulieferer in seine Wertschöpfungskette integrieren (Botto/Molinari 2013: 16). Durch dieses Vorgehen sollten große lateinamerikanische Unternehmen, die sogenannten *Multilatinas*, die produktive Integration im MERCOSUR befördern.

Initiativen für die „produktive Integration" konnten die Mitgliedstaaten, aber auch private Unternehmen zur staatlichen Förderung einreichen. Es wurden mehr als ein Dutzend Projekte vorgeschlagen, in so unterschiedlichen Sektoren wie Gas- und Erdölverarbeitung, Spielzeugproduktion, Holzverarbeitung und Möbelproduktion, Schiffbau, Metallindustrie und alternative Energien (Botto/Molinari 2013: 15-20). In die konkrete Umsetzungsphase gelangten die Projekte aber nur vereinzelt. Deshalb gilt die zwischenstaatliche Initiative zur Förderung der produktiven Integration der MERCOSUR-Länder heute weitgehend als gescheitert, obwohl Lateinamerika nach wie vor zentral für den Export von Industriegütern ist.

Die Gründe für die mageren Erfolge sind vielschichtig. Eine wichtige Rolle spielte, dass die Regierungen ihre nationalen Entwicklungsstrategien kaum regional abstimmten. Weder die makroökonomische Politik (Wechselkurspolitik, Zinssätze etc.) noch die Regulierung der ausländischen Direktinvestitionen wurde koordiniert. Aufgrund von Leistungsbilanzungleichgewichten wurden auch immer wieder vorübergehend und kurzfristig Handelsbarrieren von einzelnen Ländern eingesetzt – auch gegenüber den anderen MERCOSUR-Staaten. Für Unternehmen und InvestorInnen war der Marktzugang zum gesamten MERCOSUR-Binnenmarkt deshalb nie gesichert. Eine funktionierende Zollunion ist aber eine Grundvoraussetzung für produktive Integration, da diese auf blockadefreiem Handel aufbaut. Außerdem wurde wiederholt darauf hingewiesen, dass die staatliche Förderung der produktiven Integration ein voluntaristisches Projekt der PräsidentInnen war und die Privatwirtschaft nur unzureichend dahinterstand. Besonders vonseiten der brasilianischen Industrieunternehmen war das Interesse an einer staatlich gesteuerten produktiven Integration gering (Eder 2019; Porta 2011; Rozemberg 2015).

Das bedeutet aber nicht, dass jegliche Form der produktiven Integration im MERCOSUR gescheitert wäre. Transnationale Konzerne haben die komplementäre Spezialisierung im MERCOSUR bereits weit vorangetrieben, zum Beispiel in der Automobil- und Autozulieferindustrie (Rozemberg 2015). Auch die Internationalisierungsstrategie brasilianischer Unternehmen ab den 1990er Jahren vertiefte die produktive Integration deutlich (Porta 2011: 153f.). Offensichtlich war die unternehmensgetriebene Integration von Produktionsstrukturen über Ländergrenzen hinweg bisher erfolgreicher als die staatlich organisierte. Für die Umsetzung zwischenstaatlicher Industriepolitik fehlte es wichtigen wirtschaftlichen und staatlichen AkteurInnen an Durchsetzungsfähigkeit und zum Teil auch an Interesse. Eine Reihe von politischen und ökonomischen Schwierigkeiten müsste demnach zukünftig gelöst werden, um die produktive Integration im MERCOSUR doch noch zu steigern.

Literatur

Botto, Mercedes/Molinari, Andrea (2013): Un Análisis sobre las Políticas de Integración Productiva en el MERCOSUR. In: Cuaderno De Negocios Internacionales e Integración 17 (77), 4-25.

Eder, Julia (2019): Integración regional y políticas de industrialización en América Latina: la historia de un amor conflictivo. In: Revista de Estudios Sociales 68, 38-50.

Porta, Fernando (2011): Algunas consideraciones sobre la dinámica de la integración productiva en el Mercosur. In: Programa de Cooperación MERCOSUR-AECID (Hg.): La integración productiva en la nueva agenda del Mercosur. Montevideo: AECID, 147-163.

Rat des MERCOSUR (2011 [2008]): Programa de Integración Productiva del MERCOSUR. Decisión CMC 12/08. In: Programa de Cooperación MERCOSUR-AECID (Hg.): La integración productiva en la nueva agenda del Mercosur. Montevideo: AECID, 246-253.

Rozemberg, Ricardo (2015): Integración regional y cadenas de valor en el MERCOSUR. http://latn.org.ar/wp-content/uploads/2015/01/WP_157_Cadenas-de-valor_Rozemberg.pdf, 14.4.2020.

HerausgeberInnen und AutorInnen

Sabrina Apicella hat am Institut für Soziologie und Kulturorganisation der Leuphana Universität Lüneburg zu Streikmotivationen im europäischen Versandhandel promoviert. Ihre Forschungsschwerpunkte sind ArbeiterInnenbewusstsein, der Wandel der Verkaufsarbeit und Streiks am Beispiel der Amazon-Distributionszentren.

Christian Bellak ist Professor am Institut für Volkswirtschaftspolitik und Industrieökonomik der Wirtschaftsuniversität Wien. Forschungsschwerpunkte: Bilaterale und multilaterale Abkommen, Determinanten und Effekte von Direktinvestitionen, Politikevaluierung, Metaanalysen, Politische Ökonomie von internationalen Investitionsschutzabkommen.

Florian Butollo leitet die Forschungsgruppe „Arbeiten in hochautomatisierten digital-hybriden Prozessen" am Weizenbaum-Institut für die vernetzte Gesellschaft. Zugleich ist er Mitarbeiter am Wissenschaftszentrum Berlin für Sozialforschung. Er arbeitet zu Fragen des industriellen Wandels und seinen Folgen für die Erwerbsarbeit.

Julia Eder ist wissenschaftliche Mitarbeiterin am Marie Jahoda – Otto Bauer Institut in Linz und absolviert ihr Doktoratsstudium in Sozial- und Wirtschaftswissenschaften an der Johannes Kepler Universität Linz. Ihre Forschungsschwerpunkte sind Industriepolitik, Handelspolitik und gemeindebasierte Entwicklungsstrategien.

Karin Fischer ist wissenschaftliche Mitarbeiterin am Institut für Soziologie der Johannes Kepler Universität Linz und Leiterin des Arbeitsbereichs Globale Soziologie und Entwicklungsforschung. Forschungsschwerpunkte: Entwicklungstheorien, Ungleichheit in transnationaler und historischer Perspektive, Nord-Süd-Beziehungen und Globale Warenketten sowie neoliberale Transformation und Gegenbewegungen in Lateinamerika.

Jörg Flecker ist Professor am Institut für Soziologie der Universität Wien. Forschungsschwerpunkte: Wandel der Beschäftigungssysteme im internationalen Vergleich, Arbeit in transnationalen Wertschöpfungsketten, dynamische Vernetzungen von Organisationen und die Qualität der Arbeit, Transformation öffentlicher Dienstleistungen in europäischen Wohlfahrtsstaaten.

Martin Franz ist Professor am Institut für Geographie der Universität Osnabrück. Seine Forschungsschwerpunkte: Geografische Handelsforschung, Globalisierungsforschung, Ländliche Entwicklung, Nachhaltigkeitstransition und Flächennutzung.

Claudius Gräbner ist wissenschaftlicher Mitarbeiter am Institut für Sozioökonomie der Universität Duisburg-Essen und am Institut für die Gesamtanalyse der Wirtschaft an der Johannes Kepler Universität Linz. Sein Forschungsfokus liegt in der Komplexitätsökonomik.

Jan Grumiller ist wissenschaftlicher Mitarbeiter bei der Österreichischen Forschungsstiftung für Internationale Entwicklung (ÖFSE) in Wien. Seine Forschungsschwerpunkte sind globale Wertschöpfungsketten und Produktionsnetzwerke, internationaler Handel und Industriepolitik.

Kathrin Hartmann ist Journalistin und Autorin in München. In ihren Büchern „Ende der Märchenstunde“, „Aus kontrolliertem Raubbau“ und „Grüner wird's nicht“ beschäftigt sie sich kritisch mit Greenwashing und grünem Wachstum. „Die grüne Lüge“ wurde sowohl als Film – mit Regisseur Werner Boote – wie auch als Buch ein großer Erfolg.

Michael Jonas ist Senior Researcher am Institut für höhere Studien (IHS) in Wien. Forschungsschwerpunkte: Praxistheoretische empirische Forschung, Stadt- und Regionalsoziologie, Politische Soziologie, Wirtschafts- und Konsumsoziologie, Gesellschaftliche Transformationsforschung und Nachhaltigkeitsstudien.

Jakob Kapeller ist Professor am Institut für Sozioökonomie der Universität Duisburg-Essen. Forschungsinteressen: Ökonomischer/Sozialer Wandel, Menschliches Handeln und institutioneller Kontext, Politische/Ökonomische Ideengeschichte, Politische/Heterodoxe Ökonomie, Wissenschaftstheorie der Sozialwissenschaften/Sozialphilosophie.

Klemens Kaps ist Senior Lecturer am Institut für Sozial- und Wirtschaftsgeschichte der Johannes Kepler Universität Linz. Forschungsgebiete: Wirtschafts- und Sozialgeschichte, Globalgeschichte, Geschichte der Habsburgermonarchie zwischen dem 17. und frühen 20. Jahrhundert, Spanische Geschichte im 18. Jahrhundert, Theorien wirtschaftlicher Entwicklung und Postkolonialismus.

Johannes Knierzinger ist Senior Lecturer am Institut für Internationale Entwicklung der Universität Wien. Er arbeitet zu europäischer Rohstoffpolitik, Bergbau in Westafrika, globalen Güterketten und internationaler Arbeitsteilung.

Andrea Komlosy ist a.o. Professorin am Institut für Wirtschafts- und Sozialgeschichte der Universität Wien. Forschungsschwerpunkte: Wirtschafts- und Sozialgeschichte der Habsburgermonarchie, Grenze/Migration/Ungleiche Entwicklung, Industriegeschichte/Arbeitswelt/Musealisierung, Globale Arbeitsgeschichte.

Ernst Langthaler ist Professor am Institut für Sozial- und Wirtschaftsgeschichte der Johannes Kepler Universität Linz. Seine Forschungsinteressen umfassen Agrar- und Ernährungsgeschichte, Global- und Regionalgeschichte sowie historische Theorien und Methoden.

Stefan Laser ist wissenschaftlicher Mitarbeiter am Lehrstuhl für Kulturpsychologie und Wissensanthropologie der Ruhr-Universität Bochum. Forschungsinteressen: Ökonomien des Mülls und Recycling, Elektroschrott, Energie, Digitalisierung, Science & Technology Studies, Wirtschafts- und politische Soziologie, ethnographische Methoden.

Boy Lüthje ist Professor am Institute für Public Policy (IPP) an der South China University of Technology in Guangzhou, China. Er forscht zu den Themen: Politische Ökonomie von Produktion und Innovation, Globale Produktionsnetzwerke und Digitalisierung, Industrielle Beziehungen in China.

Patrick Neveling ist Lecturer in Sozialwissenschaften an der Universität Bournemouth sowie assoziierter Forscher am Historischen Institut der Universität Bern und am Institut für Sozialanthropologie der Universität Bergen. Seine Forschungsschwerpunkte: Globale Systeme, Kapitalistische Weltwirtschaft (19. und 20. Jahrhundert), Internationale Organisationen und Handelsabkommen, Industrielle Arbeit, Warenketten.

Franziska Ollendorf ist wissenschaftliche Mitarbeiterin an der Abteilung Betriebs- und Strukturentwicklung im ländlichen Raum des Leibniz-Instituts für Agrarentwicklung in Transformationsökonomien in Halle (Saale). Arbeitsschwerpunkte: CSR in globalen Wertschöpfungsketten, Wandlungsprozesse im ländlichen Raum, Empirische Methoden der Sozialforschung.

Stefan Ouma ist Professor am Lehrstuhl für Wirtschaftsgeografie des Geografischen Instituts der Universität Bayreuth. Sein Forschungsinteresse gilt einer gesellschaftstheoretisch informierten wirtschaftsgeographischen Globalisierungsforschung, die sich vor allem auf Einsichten sozio- und politökonomischer, politökologischer und praxistheoretischer Forschungsansätze stützt.

Leonhard Plank ist Senior Scientist am Forschungsbereich Finanzwissenschaft und Infrastrukturpolitik des Instituts für Raumplanung der Technischen Universität Wien. Forschungsschwerpunkte: Globale Produktionsnetzwerke, Kritische Infrastrukturforschung und Finanzialisierung.

Isabella Radhuber ist wissenschaftliche Mitarbeiterin am Institut für Politikwissenschaft der Universität Wien. Ihre Forschungsschwerpunkte liegen im Bereich der Demokratisierung, Dekolonisierung und Umwelt- und Ressourcenpolitik.

Christian Reiner ist Professor (FH) für Statistik und Ökonomie an der Lauder Business School in Wien. Er forscht zu Strukturwandel und Grünes Wachstum. Seine Schwerpunkte liegen in der angewandten empirischen Forschung in den Bereichen Innovation, Industrie- und Regionalökonomie.

Tijo Salverda ist Professor am Institut für Kultur- und Sozialanthropologie der Universität Wien. Sein Schwerpunkt ist die Wirtschaftsanthropologie. Er forscht zu Eliten und Macht, Widerstand sowie zu Großunternehmen und ihren KritikerInnen.

Nicolas Schlitz ist wissenschaftlicher Mitarbeiter am Institut für Geographie und Raumforschung der Universität Graz. Forschungsschwerpunkte: Ökonomien des Mülls und Recycling, Informelles Plastikrecycling, Urbane Politische Ökologie, Stadtgeographie, Umweltorientierte Wirtschaftsgeographie, Gesellschaftliche Naturverhältnisse, Umweltgerechtigkeit.

Elke Schüßler ist Professorin für Betriebswirtschaftslehre am Institut für Organisation der Johannes Kepler Universität Linz. Sie forscht zu Arbeits- und Umweltstandards in globalen Wertschöpfungsketten, neuen Formen der Arbeit, insbesondere auf digitalen Plattformen, sowie der Organisation von kreativen Prozessen und Innovation.

Cornelia Staritz ist Tenure Track Professorin für Entwicklungsökonomie am Institut für Internationale Entwicklung der Universität Wien. Ihre Forschungsschwerpunkte sind Entwicklungsökonomie und -politik, Internationaler Handel und Handelspolitik, Globale Produktionsnetzwerke und Warenketten sowie rohstoffbasierte Entwicklung.

Julian Stenmanns ist wissenschaftlicher Mitarbeiter am Lehrstuhl für Wirtschaftsgeografie des Geografischen Instituts der Universität Bayreuth und beschäftigt sich in seiner Promotion mit der Rolle der Logistik für die Raumökonomie des gegenwärtigen Kapitalismus.

Roman Stöllinger ist Ökonom am Wiener Institut für Internationale Wirtschaftsvergleiche (WIIW). Seine Forschungsschwerpunkte umfassen internationale Handelsbeziehungen, ausländische Direktinvestitionen, Industriepolitik sowie internationale Makroökonomie.

Bernhard Tröster arbeitet als wissenschaftlicher Mitarbeiter bei der Österreichischen Forschungsstiftung für Internationale Entwicklung (ÖFSE) in Wien. Arbeitsgebiete: Entwicklungsökonomie und -politik, Internationaler Handel und Freihandelsabkommen, Rohstoffe und Entwicklung, Globale Wertschöpfungsketten und Produktionsnetzwerke.

Bernhard Ungericht ist Professor an der Universität Graz und leitet den Arbeitsbereich „Nachhaltige Wirtschaft – Ethik und Transformation" am Institut für Unternehmensrechnung und Reporting, sowie die spezielle BWL „Wirtschaftsethik und betriebliches Verantwortungsmanagement". Er forscht zu strategischer Unternehmensführung, Unternehmenskultur und Wirtschaftsethik.

Miriam Wenner ist wissenschaftliche Mitarbeiterin am Geographischen Institut der Universität Göttingen. Ihre Forschungsinteressen: Lokale Politik, Patronage und Brokerage, Autorität, informelle Souveränität und Legitimität, Beziehungen zwischen Politik und Ethik, soziale Bewegungen, geografische Imaginationen.

Reihe: Gesellschaft – Entwicklung – Politik (GEP)

Bis jetzt erschienene Bände

1. Die Praxis der Entwicklungszusammenarbeit
   Akteure, Interessen und Handlungsmuster

2. Bewegung macht Geschichte
   Globale Perspektiven für Gesellschaftsveränderung

3. Entwicklung und Unterentwicklung
   Eine Einführung in Probleme, Theorien und Strategien

4. Globalisierung Ent-wickeln
   Eine Reflexion über Entwicklung, Globalisierung und Repolitisierung

5. Ökonomisierung der Bildung
   Tendenzen, Strategien, Alternativen

6. Einführung in die Entwicklungssoziologie
   Themen, Methoden, Analysen

7. Entwicklungszusammenarbeit
   Akteure, Handlungsmuster und Interessen

8. Nord-Süd-Beziehungen
   Kolonialismen und Ansätze zu ihrer Überwindung

9. Kapitalistische Entwicklung in Nord und Süd
   Handel, Geld, Arbeit, Staat

10. Rassismus
    Beiträge zu einem vielgesichtigen Phänomen

11. Klassiker der Entwicklungstheorie
    Von Modernisierung bis Post-Development

12. Soziologie der globalen Gesellschaft
Eine Einführung

13. Politik und Peripherie
Eine politikwissenschaftliche Einführung

14. Ökonomie der internationalen Entwicklung
Eine kritische Einführung in die Volkswirtschaftslehre

15. Qualitative Methoden in der Entwicklungsforschung

16. Nord-Süd-Ost-West-Beziehungen
Eine Einführung in die Globalgeschichte

17. Entwicklungstheorien
Klassiker, Kritik und Alternativen

18. Politik und Peripherie
Eine politikwissenschaftliche Einführung

19. Globale Ungleichheit
Über Zusammenhänge von Kolonialismus, Arbeitsverhältnissen und Naturverbrauch

Weitere Informationen:
https://www.mattersburgerkreis.at/site/de/publikationen/gep